當代新儒學叢書

郭齊勇 高柏園
主編

胡治洪新儒學論文精選集

胡治洪 著

臺灣 *學生書局* 印行

當代新儒學叢書序

　　現當代新儒學思潮是從中國文化自身的大傳統中生長出來的、面對強勢的西方文化的挑戰應運而生的、20 世紀中國最具有根源性的思想文化的流派，是在現代中國反思與批判片面的現代性（包括全盤西化或俄化）的思想流派，也是在現代中國積極吸納西學、與西學對話，又重建傳統並與傳統對話的最有建設性與前瞻性的思想流派。這一思潮是非官方、非主流的，其代表人物都是在野的公共知識分子，故深具批判性與反思性，又是專家、學者兼教師，在哲學、史學與教育界等領域有著卓爾不群的建樹。這一思潮發揚中國傳統的人文精神，既有終極性的信念信仰，又不與自然或科學相對立，堅持社會文化理想與具體理性，揚棄工具理性，開啟了 21 世紀中國重釋、重建傳統與批判現代性弊症的文化走向，又延續至今，在中國思想文化界繼續發揮著積極健康的作用。在西化思潮席捲全球、包舉宇內的時代，國人把儒學棄之如敝屣，洋人視儒學為博物館、圖書館，當此情勢下，有現當代新儒家興焉。這一思潮的代表人物正視儒學為活的生命，真正能繼承、解讀、弘揚儒學的真精神，創造性地轉化包括儒家、道家、佛教等思想資源在內的傳統文化，把中華文明的精華貢獻給全人類，積極參與世界與中國現代文明的建構，其功甚偉！所以，這一學派雖然很小，影響力有限，在臺灣也是寂寞的，但因思想深刻，不隨波逐流，值得人們珍視。

　　現當代新儒學思潮形成於 1915-1927 年發生的東西文化問題論戰與 1923 至 1924 年發生的「科學與人生觀」論戰期間。最早的代表人物是梁漱溟、張君勱、熊十力、馬一浮等。以上也可以視為本思潮發展的第一階段。以後的三個階段，時空轉移，頗有意思。第二階段發生在抗戰時期與勝利之後的中國大陸，第三階段發生在 1950 至 1970 年代的臺灣與香港地區，第四階段

發生在 1970 至 1990 年代的海外（主要是美國），改革開放後又由一些華人學者帶回中國大陸。第一階段可以簡稱為五四以後的新儒學（家），第二階段可以簡稱為抗戰時期的新儒學（家），第三階段可以簡稱為港臺新儒學（家），第四階段可以簡稱為海外新儒學（家），改革開放後返輸中國大陸。其代表人物包括三代四群十六人：第一代第一群：梁漱溟、熊十力、馬一浮、張君勱；第一代第二群：馮友蘭、賀麟、錢穆、方東美；第二代第三群：唐君毅、牟宗三、徐復觀；第三代第四群：余英時、杜維明、劉述先、成中英、蔡仁厚。此外，現代新儒家陣營中，還應包括如下人物：陳榮捷、陳大齊、謝幼偉、張其昀、胡秋原等。

隨著對現當代新儒學思潮與人物研究的開展，兩岸三地湧現出一批專家學者及其研究成果。

2015 年，友人、學者高柏園教授與我商量在臺灣學生書局出版當代新儒學叢書事，他提出了本叢書的構想、計畫及兩岸三地的作者人選。當時柏園兄擔任校長職，公務繁忙，諸事請學生書局主編陳蕙文女史籌畫。陳蕙文主編很有眼光，又很幹練，很快寫出本叢書出版與編輯計畫書，全面闡述了出版緣由及具體方案，祈望本叢書的出版，能更進一步闡明現當代新儒家學說，以利儒家思想之傳播，為民族復興盡綿薄之力。

本叢書名為：當代新儒學叢書。叢書主編是高柏園教授與在下。擬收輯臺灣、大陸、香港、海外學者共 30 位。每本字數：25-30 萬字。叢書各冊為論文集形式，各篇論文多寡長短不限，也不論其是否曾經發表出版。每冊書後附作者簡介，與該作者新儒學研究論著目錄。

本叢書各冊擬於 2020 年及以後陸續出版，衷心感謝各位作者及學生書局各位同仁的辛勤付出，懇望得到學術界、讀書界的朋友們的指教！

是為序。

郭齊勇
2019 年夏天於山東嘉祥

當代新儒學叢書序

　　子曰：必也正名乎！今逢《當代新儒學叢書》開始陸續出版之際，正可對「當代新儒學」一名之意義做一說明，並指出其中可能的發展與價值之所在。

　　儒學可大分為三期，其一為孔孟荀為主軸的先秦儒學，其核心關懷是周文疲弊的問題。其二為宋明新儒學，牟宗三先生認為其新有二義，其一是宋明理學之伊川朱子學，此為歧出轉向之新，其二是伊川朱子學之外者，其乃調適上遂之新。宋明儒學的核心關懷是回應佛老在文化與學術上之挑戰，並積極建構儒學自身的學問系統。今日所言之當代新儒學乃是屬於中國哲學史上第三期儒學，其代表性人物有熊十力、梁漱溟、張君勱、唐君毅、牟宗三、徐復觀等人，其核心關懷乃是中國及其文化，在面對西方文化入侵與挑戰之時，如何一方面靈根自植，真實護持中國文化之價值，另一方面遍地開花，對文化、民主、科學等問題，予以全面性、整體性的批判、回應與建構。其實，這樣的關懷並非當代新儒家的專利，也是當代中國人的共同關懷，而當代新儒家之為當代新儒家，乃是對此問題有其特殊的角度與立場，此即是當代新儒學的特質所在，也可以說是當代新儒學的理論性與系統性所在。

　　儒釋道三教是中國文化的主要內容，而三教之為三教在其有各自的教相，也就有其特殊性與系統性，缺少系統性就無法成為一套特殊的立場與教相。當代新儒家的教相或系統性有三個重點：其一是道德的理想主義，理想主義可以有不同型態，而當代新儒家乃是以道德為首出的理想主義。道德的理想主義不但不排除任何客觀知識，反而是要吸收、消化客觀知識，以幫助其道德理想之實現，因此當然不是反智論。同時，道與德乃是對所有人開放

的存在，因此也沒有人有絕對的優位性去宰制他人，反而是尊重每個人對道德的體會與價值的實現，當代新儒家在此排除了良知的傲慢與文化的自大，而是重視對話、溝通與和諧。以道德的理想主義為基礎，當代新儒家特別強調生命實踐之學的重要與必要。道德的理想主義不只是一種理念，更是一種實踐的方向與內容，而此方向與內容也就落在日常生活中加以實現，也就是一種生命的學問，一種生命實踐之學。如佛經所謂「說食不飽」，生命之學不只是知道聖賢之道，而更要成為聖賢，具體真實地善化、實現、圓滿我們的生命。因為生命之學的推動，道德的理想主義才在具體的實踐中彰顯天道性命之永恆與普遍。更進一步，則無論是道德的理想主義或是生命實踐之學，都是在仁心無限的基礎上展開。仁者親親仁民愛物，其心一方面自覺、自在、自由，一方面則以一切存在為其所關懷、參與、與轉化的對象與內容，此即所謂自由無限心。此自由無限心之圓滿境界，即是天人物我合一之學，此義分四層，天是指超越界，說明儒家並非只是侷限在人間世，而保有一定的超越性。此超越性也呈現為一種無限性與絕對性，滿足儒家的宗教性。地則說明人與存在之關係，所謂「萬物皆備於我」、「大人者與天地萬物為一體」，接著強調人與自然、人與環境的本一與合一。本一就存在說，合一就價值說，其本一也。如果只是偏指自然環境，則人便是特指人文社會的存在，也就是文化的內容。孔子盛讚周文之郁郁乎文哉，其實也正是強調人文化成的價值與重要。人固然是活在自然環境之中，然而人也同時活在人文世界、意義世界之中，人是以其傳統文化為其前理解，進而與世界進行溝通與互動。而當代新儒家之重視道德，其實也就是重視文化，重視我們生命不可或缺也無可逃的前理解。這樣的態度並不是一種封閉的命定主義，而是指出歷史文化的必然影響，當我們如是說時，其實也說明我們對歷史文化已有充分的自覺與反省，這也就成為我們由繼承而創造，日新又新的動力與基礎所在。道德是自覺，而理想主義就表現為動力與目標，知行一也。知行無他，即是我之知、我之行，也就是人的主體性與主體自覺之問題。主體並非憑空而至，它乃是在歷史文化與生活世界中，逐步成長的存在。它具有歷程性、開放性與超越性，它是在我們的道德實踐的過程中，逐步形成的價值內

容的創造者與參與者，它具價值義與實踐義。所有的道德工夫修養，皆是依心而發，也就是主體性的自我實現的自覺表現。

　　孟子讚孔子為聖之時者，今由天地人我合一之學觀之，則當代新儒家除了繼承並發揚傳統文化之價值之外，尤其重視時代的感受與回應。21 世紀的人類文明與宗教問題，這是天；人與環境、自然之關係，這是地；人與社會、家庭之關係，這是人；人與自己的心靈、身心之關係，這是我。我想，面對 21 世紀當代新儒家並未缺席，反而更積極地參與世界的改造與進化。以中華文化、孔孟思想、宋明理學、當代新儒家為前理解，以獨特的思想提供給人類社會，這是我們的責任與義務，也是我們的價值與喜悅。

　　《當代新儒學叢書》得以出版，要感謝學生書局陳仕華教授的倡議，郭齊勇教授的支持，學生書局陳蕙文小姐與其團隊的努力，以及所有學者的共襄盛舉。叢書的出版一方面是總結成果之豐碩，更重要的是它將成為我們了解儒學之前理解，從而將迎來更令人讚歎的學術文化迴響，人能宏道，非道宏人。且讓我們以豪傑之士自許，雖無文王，而儒學猶興。

高柏園

序於淡江大學中文系

2019 年 8 月 1 日

胡治洪新儒學論文精選集

目　次

辛亥革命與熊十力的哲學創構

　　熊十力作為中國現代哲學史上第一位依據傳統學術思想資源創構「新唯識論」體系的哲學大家，在辛亥革命前後的近二十年間卻曾是一位革命志士和政界人物。從革命志士和政界人物到哲學大家，熊十力這一「直是再生時期」的「一生之大轉變」[1]的原因何在？其「新唯識論」哲學體系的旨歸究竟為何？其生平思想的轉變蘊涵著何種啟發意義？這些都是很值得探討的問題。

熊十力早年革命與從政經歷

　　熊十力於 1885 年出生在湖北黃岡農村一個貧寒的耕讀之家，少時為鄉鄰牧牛，至十歲方入父親掌教的鄉校發蒙，「先習五經章句，次及史」；未及兩年，因父親病逝而失學。[2]就在這一時期，受父親影響，他已萌生了民族革命思想。[3]越三年，熊十力又由長兄送至父親友人何檉處受教，但因不堪約束，僅半年便棄學而歸，[4]其畢生學歷遂盡於此。爾後熊十力一面泛觀

---

[1]　《熊十力全集》（武漢：湖北教育出版社，2001 年），卷 4，頁 425。

[2]　參見《熊十力全集》卷 8，頁 869、874-875。熊十力還記述其少年發蒙的學習經歷說：「幼小趨庭，備聞魯論」，「（先父）初授《三字經》，吾一日讀背訖。授四書，吾求多授」（見《熊十力全集》卷 4，頁 20、424），正是這一經歷在他心中縈下了深固的傳統學術根柢。

[3]　其曰：「吾年十歲，聞先君說魏收詈南朝為島夷，吾怒罵魏收為犬豕，聞談《南北史》，胡禍之慘，吾哀憤不可仰。少時革命思想，由此而動。」見《熊十力全集》卷 3，頁 804。

[4]　參見《熊十力全集》卷 3，頁 760。

博覽，奠定了厚實的學術功底，鍛煉了窮玄極奧的思維能力；一面在無所羈絆的生活環境中充分發展了孤傲狂放甚至叛逆的性格。其自述曰：「先長兄仲甫先生讀書至十五歲，以貧，改業農。農作則帶書田畔，抽暇便讀，余亦效之。……年方弱冠，鄰縣有某孝廉上公車，每購新書回里，如《格致啟蒙》之類，余借讀，深感興趣。」[5]又曰「自幼喜發奇想，及長而回憶，皆哲學問題也」，[6]「余少失怙，貧不能問學。年十三歲，登高而傷秋毫，頓悟萬有皆幻。由是放蕩形骸，妄騁淫佚，久之覺其煩惱，更進求安心立命之道」云云。[7]而其放蕩形骸的典型表現就是「慕子桑伯子不衣冠而處之風，夏居野寺，輒裸體，時出戶外，遇人無所避。又喜打菩薩」。[8]好學深思與狂放不羈這兩方面誠然相互影響，但就其主要作用而言，前者成為熊十力日後回歸學術、創構體系的深厚根基，後者則成為他投身於當時社會革命運動的主觀動因。

1901 年前後，熊十力「閱當時維新派論文與章奏，知世變日劇」，復「稍讀船山、亭林諸老先生書，已有革命之志」。[9]此時他結識了同縣何自新以及鄰縣蘄水王漢等反清革命志士，日聚高談，以志氣相砥礪，而盡棄舊學。[10]越明年，熊十力赴武昌，入新軍當兵，「潛通諸悍卒」，[11]以圖「默運行伍，不數年可行大事」，並與何自新一道力辟革命陣營內部流傳的武昌

5　見《熊十力全集》卷 4，頁 424。

6　見《熊十力全集》卷 4，頁 19。

7　見《熊十力全集》卷 1，頁 5。

8　見《熊十力全集》卷 4，頁 425。

9　見《熊十力全集》卷 4，頁 424-425。

10　「（何自新）遂與蘄水王漢、同縣熊子真之倫，為新學會，日聚年少高談，非堯舜、薄周孔，無所避。」見《熊十力全集》卷 1，頁 16。按熊十力字子真。又，「憶弟年事未乃冠，似已得一部《格致啟蒙》，讀之狂喜。後更啟革命思潮，六經諸子，視之皆土苴也，睹前儒疏記，且擲地而罵」。見《熊十力全集》卷 4，頁 111。按「乃冠」疑為「及冠」之誤。又，「吾儕少時，輕堯舜、薄文周、非孔孟，宋明更不值一罵」。見《熊十力全集》卷 5，頁 488。

11　見《熊十力全集》卷 4，頁 155。

不易發動起義之說。[12] 1905 年，王漢於河南彰德刺殺清朝大臣鐵良不果而自盡，噩耗傳回武昌，劉敬庵即憤而發起成立革命團體日知會，熊十力與焉。[13]不久，同盟會成立，日知會員多加入同盟會，熊十力亦在其中。[14] 1906 年，熊十力與諸同志創設黃岡軍學界講習社，名為黃岡旅省人士聯誼組織，實際上廣泛聯絡各軍營兵士及各學堂學生，以積蓄革命力量。他的行動被湖北提督兼第八鎮統制張彪偵知，幸得同志通風報信而逃脫緝捕，遂與因受萍瀏醴起義牽連而遭通緝的何自新一道亡命江西，復潛歸黃岡。[15]

　　辛亥革命爆發後，熊十力參與黃岡光復，不久重返武昌，任湖北都督府參謀。[16] 1912 年，他受中華民國副總統兼湖北都督黎元洪的指派，任都督府特設武昌日知會調查記錄所編輯，參與編纂《日知會志》，大力表彰為反清革命而獻身的密友王漢、劉敬庵、余仲勉、何自新、朱元成等。[17]在此前後，熊十力還廣泛結交革命志士以及民國政要和聞人，諸如黎元洪、孫武、蔡濟民、季雨霖、宋教仁、胡瑛、張難先、呂大森、梁耀漢、詹大悲、居正、彭程萬、石瑛、吳崑、白逾桓、蔡元培以及董必武等等，在民國政界特別是湖北地方較有名聲，但亦於此時漸萌歸與之念。1913 年，熊十力辭去所任職務，攜黎元洪發給的遣散費近三千元，回到兄弟遷居的江西德安，將遣散費悉數交予長兄購置田產，與兄弟一道躬耕墾畝，農作之暇則讀書為文。[18]不過熊十力此次辭職歸田卻並未絕意政事，1917 年護法運動爆發後，他由江西入湖南，參加抗擊北洋軍閥的民軍；隨後赴廣州，入孫中山幕為僚

12　參見《熊十力全集》卷 4，頁 159。另參見《熊十力全集》卷 8，頁 264。

13　參見《熊十力全集》卷 4，頁 155。

14　「海外同盟會成於乙巳之秋，其中要人，多出日知會」，見《熊十力全集》卷 1，頁 11。「武昌日知會，當時實加入同盟會」，見《熊十力全集》卷 4，頁 156。「及日本同盟會成立半年，吾始加入同盟會」，見《熊十力全集》卷 8，頁 542。

15　參見《熊十力全集》卷 4，頁 160、425。

16　據郭齊勇撰《熊十力年表》「一九一一年辛亥」條，見《熊十力全集》卷 8，頁 899。

17　參見《熊十力全集》卷 1，頁 11。

18　參見《熊十力全集》卷 8，頁 843、847-848。

佐，居半年，「賴天之誘，忽而發覺」，「於是始決志學術一途」。[19]此後五十年間，熊十力再未參與任何政事，而以學術終其一生。[20]

　　熊十力早年曾自負有命世之才，且不無功名之心。其密友何自新「嘗謂十力曰：『君弱冠能文，奮起投筆，可謂有英雄之氣，然解捷搜玄，智窮應物，神解深者機智短也。學長集義，才愧經邦，學問與才猷不必合也。夫振絕學者，存乎孤往，君所堪也。領群倫者，資乎權變，君何有焉？繼往開來，唯君是望。事業之途，其可已矣』」，熊十力聞言怫然對曰：「天下第一等人，自是學問事功合轍，兄何薄吾之甚耶？」[21]由此可見熊十力當時之自許。晚年熊十力亦自承「當初不無求名之意，……我在三十五以前，雖有聰明，而俗念未去」。[22]從熊十力結交的民國政要來看，他若有意委身於政界，亦當不乏汲引之助。但他何以竟「徹頭徹尾改換一副面目，與前者判若兩人」，[23]以至時人讀過他於 1918 年刊行的《心書》之後，不禁「竊怪子真年少從軍，謀斃某帥，幾罹不測，辛亥參鄂軍府，義氣激昂，似非能沉潛於學問思索中者，今所造竟若此」！[24]這一轉變的原因究竟是什麼？

熊十力棄政歸學的原因

　　熊十力晚年自陳生平轉變的原因說：「余生而孤窮，十歲始讀父書，已有澄清天下之志。唯性情迂固，難與世為緣。久乃自省，吾之識足以知周萬物而會其總、洞其微，吾才過短，不足以蒞眾而應變也。識者無為而見理，

19　參見《熊十力全集》卷 4，頁 425。另參郭齊勇撰《熊十力年表》「一九一七年丁巳」條，見《熊十力全集》卷 8，頁 900。
20　熊十力於 1956 年被增選為全國政協委員，多次參加全國政協會議，但實際上只是備員而已，並未參與政事。
21　見《熊十力全集》卷 4，頁 160。
22　見《熊十力全集》卷 8，頁 758-759。
23　見《熊十力全集》卷 8，頁 389。
24　丁去病《心書》跋，見《熊十力全集》卷 1，頁 42。

才者有為而開物，能兼之者罕矣，於是決志學術一途。」[25]這是將其生平轉
變的原因歸於天賦秉性，既為夫子自道，當然殊堪重視。問題是熊十力決志
於學術之後，雖然日益孤冷，不能與世周旋，但由上可見，當他投身革命和
政事期間，卻是頗能結交同志、聳動群倫的，正因此，當知交何自新指出他
因性情之故不堪成就事功時，他曾拒不認同。由此看來，早年熊十力的性情
實具熱中與孤冷兩種可能趨向，若無特別刺激，即使性情迂固，他也未必難
守一官以終老政界；但恰恰由於受到特別刺激，他性情中的孤冷一面便充分
發展起來，以至似乎成為他棄政歸學的唯一原因了。中肯而論，熊十力性情
的迂固孤冷是其棄政歸學的深層原因，而他受到的特別刺激則是其棄政歸學
的直接原因，這種作為其棄政歸學之直接原因的特別刺激，據熊十力大量記
述文字可知，就是辛亥革命之後因官紳士民道德墮落而導致的政界乃至社會
的亂象。

　　綜觀熊十力著述，其中對於辛亥革命之後政界乃至社會亂象的記述和指
斥比比皆是，難以亦且不必包羅無遺，僅舉數端可概其餘。關於政界，熊十
力 1913 年〈復吳貫因〉說：「今之執政，不學無術，私心獨斷，以逆流為
治，以武力剝削為能，欲玩天下於掌上，其禍敗可立俟。」[26]大致作於同時
的〈憂問〉說：「今吾國人浸淫滿清汙俗，利祿蕩其廉恥，而自私自利之習
成。登庸濫，而僥倖之風長；專錮久，而智昏。為新為舊，同忧於外人，而
貌襲以相應，實無改其貪賊險詐濁亂荒淫之心理。靈台既蔽，一切學說，皆
逢惡之媒，一切政法，皆濟奸之具。滅絕仁義，自胡清已然矣。迄於民國，
而偉人之縱淫，袁氏之盜竊，藩鎮之駮戾，率天下以不仁不義，淫情軼
分。」[27] 1934 年所作〈英雄造時勢〉直接批評辛亥革命黨人道：「到辛亥
武昌起義，革命黨也曾掌握過南方許多省。而新官僚氣味重得駭人，暴露浮
囂侈靡淫佚種種敗德。一時輿論都感覺革命只是換招牌。而過去腐惡的實
質，不獨絲毫沒有改變，且將愈演愈凶。於是預料革命黨自身沒有新的力

25　見《熊十力全集》卷5，頁616。
26　見《熊十力全集》卷1，頁20。
27　見《熊十力全集》卷1，頁36。

量，當必為袁世凱所摧折。又料自此以後，腐惡的勢力只有繼長增高。」[28]
乃至 1950 年所寫的〈與友人論張江陵〉還說：「民國承亡清之弊，國體、
政體乃至一切法度變革紛紜，不知紀極。……政以賄成，居上者懷私以庇巨
室，任其毀法亂紀，覆國絕類而無悔。政令蕩廢，奚止懈馳，尚可期以謹嚴
之度乎？」[29]至於所謂「民國以來，黨禍至烈」、[30]「深覺吾黨人絕無在身
心上作工夫者」、[31]「辛亥革命，帝制已廢，而總統、閣員皆首先毀法之
人」、[32]「辛亥起義後默〔察〕北洋昏亂，黨〔人〕習氣又頗難言」[33]云
云，隨處批評，更是不一而足。

　　與政界情形相應，辛亥革命之後的中國社會也是亂象叢生。1913 年，
熊十力作〈證人學會啟〉，痛斥當時俗習曰：「士大夫喪心病狂，樹黨挾
私，傾軋異己，淆亂是非，不顧大計，浮陋無藝，虛而為盈，服食儀表，競
染洋習，奢侈相尚，恬不為恥。爭利爭權，貪忍險詐。奸蠹在位，萑苻滿
野；劫盜懷彈，窺伺朝市。禍害之烈，逾於洪水猛獸，而昧者不知也。習氣
所成，即為造化。眾生芸芸，胥與化移。輾轉渝陷，將人而蔑不禽獸矣。」[34]
1916 年，熊十力作〈某報序言〉曰：「民國以來，上無道揆，下無法守，
朝不信道，工不信度，君子犯義，小人犯刑，上無禮，下無學，賊民興，上
下交征利，不奪不饜，是故上下之間，無是非可言。……嗜欲之薰蒸，害氣
之充周，視眩而聽熒，曹好而黨惡，圖私利，忘大禍，修小怨，結繁冤，一
夫唱之，萬夫和之，不崇朝，而喧闐流沔，溢於四海，惡業既滋，不可瘳
矣。載胥及溺，何是非足云。」[35] 1945 年，熊十力作《讀經示要》，追憶

28　見《熊十力全集》卷 8，頁 73。在這段話後面，熊十力說「那時我個人就采了獨善的
　　政策」，正表明他的棄政歸學乃是受了辛亥革命之後亂象的刺激。
29　見《熊十力全集》卷 5。頁 599。
30　見《熊十力全集》卷 3，頁 689。
31　見《熊十力全集》卷 4，頁 425。
32　見《熊十力全集》卷 5，頁 593。
33　見《熊十力全集》卷 8，頁 535。
34　見《熊十力全集》卷 8，頁 3。「渝陷」疑為「淪陷」之誤。
35　見《熊十力全集》卷 1，頁 18。

「鼎革以來，道德淪喪，官方敗壞，士習偷靡，民生凋敝，天下無生人之氣，由來者漸」，並自注：「袁氏首壞初基，軍閥繼之。貪污、淫侈、殘忍、猜妬、浮誇、詐騙、卑屈、苟賤，無所不至其極，人道絕矣。」[36]

目睹耳聞政界和社會的極度亂象，熊十力對辛亥革命的成果產生了強烈的排拒感，他認為「前清之世，朝廷無是非，而草野有之；小人無是非，而君子有之。故亂矣，而未至於極也。……民國五年之間，各種制度，各種人物，無一不經試驗，而無一可加然否。自三五以降，吾國之不道，而至於無是非，未有如今日。故亂極而不知反也」，[37]直將民國判定為自三皇五帝以來最無道德的社會！晚年他甚至追悔自己的革命經歷，坦言「革命二字，吾痛之則將四十年矣」，並注明其所痛之原因是「昔之小朝廷尚有人氣，今不然矣」，[38]這是痛罵辛亥之後偌大的民國嗅不到絲毫人的氣味！對於這種污濁的現實，秉持由蒙學教養而深植於內心的為人準則的熊十力與之漸行漸遠，終於格格不入，他的迂固孤冷性格相應地日益伸張。他基於道德立場反省自己熱中世事的經歷說：「吾亦內省三十餘年來皆在悠悠忽忽中過活，實未發真心，未有真志，私欲潛伏，多不堪問。」通過反省，「忽而發覺，無限慚惶。又自察非事功之材，不足領人，又何可妄隨人轉？於是始決志學術一途，時年已三十五矣」。[39]熊十力將這一轉變視為自己的「再生時期」，此後他再未涉足社會政治領域，而以學術終其一生。

那麼熊十力對辛亥革命之後政界和社會狀況的嚴厲批評是否為一己之見和偏頗之論呢？從諸多曾經抱持開明甚至激進立場的人物在辛亥之後發表的言論來看，答案是否定的。例如改良主義者鄭觀應描述民國初年的情勢說：「遍地哀鴻，政府粉飾因循，各圖私利，竟無治安之策，惟借債過日，致利

36　見《熊十力全集》卷3，頁626。

37　見《熊十力全集》卷1，頁18-19。

38　見《熊十力全集》卷8，頁565。熊十力還說：「弱冠革命一事無成，常在愧與悔交集之中。」見同卷，頁734。

39　見《熊十力全集》卷4，頁425。

權外溢，而內亂外侮交逼。中國二十一省已危如累卵，急不可待。」[40]「中原逐鹿，南北分馳，眾虎環伺，各逞其併吞割據之謀。政府失權，軍、黨只爭私人之利。時局如斯，分裂不遠，所謂危急存亡之秋、三期浩劫將臨之日乎？」[41]又如啟蒙思想家嚴復說：「民國之建亦有年矣，他事未效，徒見四維弛，三綱隳，吏之作奸，如蝟毛起，民方狼顧，有朝不及夕之憂。」[42]再如反清革命鬥士章炳麟說：「綜觀開國以來十餘年中，贊帝制，背民國，延外患，參賄選，及諸倍義賣友之事，革命黨之不肖者皆優為之。」[43]而集啟蒙主義者和民主主義者於一身的魯迅，則以小說和散文的形式表達了對於辛亥革命的冷峻批判。[44]據此可以說，熊十力對於辛亥革命之後政界和社會亂象的形容，即使不無基於激憤的誇張，但大體上卻是客觀真實的寫照。這種普遍道德墮落的亂象，正是「幼小趨庭，備聞魯論」[45]因而在心靈深處確立了道德尺度的熊十力棄絕社會政治而沉潛於學術的直接原因。

熊十力哲學體系的旨歸

熊十力棄政歸學之初的數年間，出於對上述污濁現實的絕望以及對高深學理的嗜好和親友凋喪的悲感，曾經傾心於佛學。[46]他由大乘有宗唯識學進入，但卻逐漸發現唯識學在學理上的破綻，諸如以無量種子為色心諸法之因緣的多元論、種界與現界相互對立的兩重世界觀、既以種子為諸行之因而又

---

40 見《鄭觀應集》下冊（上海：上海人民出版社，1988 年），頁 102。

41 見《鄭觀應集》下冊，頁 144。

42 見《嚴復集》第二冊（北京：中華書局，1986 年），頁 351。

43 見《章太炎全集》（五）（上海：上海人民出版社，1985 年），頁 141。

44 如《吶喊》中的〈阿 Q 正傳〉、〈風波〉，《彷徨》中的〈在酒樓上〉，《朝花夕拾》中的〈范愛農〉等。

45 見《熊十力全集》卷 4，頁 20。

46 熊十力說：「三十後，更探佛氏大乘法而酷嗜之。」見《熊十力全集》卷 5，頁 329。又說：「兄弟喪亡略盡，余愴然有人世之悲，始赴南京問佛法於歐陽竟無先生。」見《熊十力全集》卷 4，頁 425。

肯認真如為萬法實體的二重本體論，這使他認定唯識學「根本不曾證得本體」，[47]從而轉向對大乘空宗真如一元本體論的服膺。[48]然而後來他卻又發現，空宗雖然於真如本體具有極其高明的體認，但由於一概遮撥法相，遂唯有本體論而無宇宙論，亦即有體無用，「稍有滯寂溺靜的意思，便把生生不息真機遏絕了」，因此空宗不能領會性德（即本體內涵及其功能）之全。[49]至此熊十力認識到：「爰有觀體承當，順吾所固有生生不息之機，虛而不屈者其神全，動而愈出者其誠至，新新而不用其故，進進而無有所凝，會萬物為一己，運形氣以從心，即流行即主宰，即有待即無待，是乃體乾元而立人極，即人道而識乾元，其為宣聖《大易》之旨歟。」[50]加以他自省「終非釋迦氏之徒」，[51]表明他於世事並不能真正忘懷，由此他歸宗儒家，本於《大易》精神，並揚棄地汲取佛家般若空宗本體論和有宗唯識學，創構了體大思精的「新唯識論」哲學體系。熊氏弟子黃艮庸曾記述這一過程道：「熊先生之學，據其自述，從少年以至中年，本經無數變遷。弱冠革命，曾毀宣聖、謗六經；中間曾歸心佛家唯識論；四十左右，復不滿於唯識師之一套理論，頗傾向空宗；其後對佛家出世思想認為是由厭離生死海之動機而有反造化之異想，此等出世法未免偏而失中、奇而失正，在熊先生本人頗不贊同，因此反己體認人生真性，歷有年所，漸悟天人不二之旨。忽然回憶少時所讀《易經》，始覺己所驚為自得者，乃吾聖人所已寓之於《大易》，但卦爻之理不易明，其辭皆象，又非泥於象者所可喻。自此乃歸宗儒家《大易》而毀其舊日依據世親迄十師遺教所造之《唯識學概論》，遂改作《新唯識論》。明體

---

[47] 參見《熊十力全集》卷3，頁82-83、148-150、212-234、282-284，引文見頁233。熊十力對唯識學種子說的理解是否正確，是一個有爭議的問題，茲不及詳。

[48] 熊十力說：「空宗的全部意思，我們可蔽以一言曰：破相顯性。……我和空宗特別契合的地方，也就在此。」「我們在本體論方面，對於空宗滌除知見的意思，是極端印可，而且同一主張的。」「空宗這種破相顯性的說法，我是甚為贊同的。古人談本體者，只有空宗能極力遠離戲論。」見《熊十力全集》卷3，頁163、165、170。

[49] 參見《熊十力全集》卷3，頁163-178，引文見頁173。

[50] 見《熊十力全集》卷4，頁19-20。

[51] 見《熊十力全集》卷4，頁20。

用不可分而又無妨分，雖無妨分而究不二，融貫天人，融佛入儒，本諸其所自見與自信，非故意抑揚也。」[52]

「新唯識論」一般地說是關於本體－宇宙論的哲學體系，但特別是關於人生德性論的哲學體系。熊十力於《新唯識論》首章開宗明義指出：「今造此論，為欲悟諸究玄學者，令知一切物的本體，非是離自心外在境界，及非知識所行境界，唯求反求實證相應故。」[53]表明「新唯識論」主要解決本體論的問題。在接下來的〈唯識〉、〈轉變〉、〈功能〉、〈成物〉諸章中，他論述了把握本體的方式、本體的性狀、功能及其生成宇宙萬物的機理。關於本體的性狀與功能，熊十力說：「本體所以成其為本體者，略說具有如下諸義：一、本體是備萬理、含萬德、肇萬化、法爾清淨本然。法爾一詞，其含義有無所待而成的意思。清淨者，沒有染汙，即沒有所謂惡之謂。本然者，本謂本來，然謂如此。當知，本體不是本無今有的，更不是由意想安立的，故說本來。他是永遠不會有改變的，故以如此一詞形容之。二、本體是絕對的，若有所待，便不名為一切行的本體了。三、本體是幽隱的，無形相的，即是沒有空間性的。四、本體是恆久的，無始無終的，即是沒有時間性的。五、本體是全的，圓滿無缺的，不可剖割的。六、若說本體是不變易的，便已涵著變易了，若說本體是變易的，便已涵著不變易了，他是很難說的。本體是顯現為無量無邊的功用，即所謂一切行的，所以說是變易的；然而本體雖顯現為萬殊的功用或一切行，畢竟不曾改移他的自性。他的自性，恆是清淨的、剛健的、無滯礙的，所以說是不變易的。」[54]這個備萬理、含萬德、肇萬化、自在、絕對、清淨、剛健、超時空、無滯礙、整全圓滿、大生廣生而恆常自如的本體，不容已地要舉體成用。本體既是渾全的，又是分殊的，含納無量無邊互相涵攝的極微功能。所有功能都處於一翕一辟、剎那生滅的運動中，其中翕勢雖無瞬間留住，但因續流迅疾不已，從而詐似凝聚為「未成乎形，而有成形的傾向」的形向，亦名小一；無量小一相摩相蕩，

---

[52] 見《熊十力全集》卷5，頁458-459。另參見《熊十力全集》卷3，頁135-136。

[53] 見《熊十力全集》卷3，頁13。

[54] 見《熊十力全集》卷3，頁94。

時位相值者即互相親比，遂成一系；系與系合，則成系群；「及大多數的系群相比合，則象乃粗顯。……日星大地，靡不如是。及吾形軀，亦復如是」，包括人身在內的宇宙萬物便由此幻現跡象，物質世界於是乎得以安立。[55]熊十力說：「稱體而談，萬物本空。隨情安立，則以所謂凝勢，元是本體流行。即依此流行之跡象而成萬物，於義無遮。」[56]

　　包括人身在內的宇宙萬物不僅只是幻現的跡象，而且由於皆本翕勢以凝成，因翕「即本體之動而反其自性者」，[57]亦即「恆轉（即本體之別名）顯現為翕的勢用時，幾乎要完全物化，若將不守他底自性」，[58]所以萬物以及人身也都是背反本體性向的。然而「本體畢竟不可物化，畢竟不舍自性。方其動而翕時，即有剛健、純淨、升進、虛寂、靈明及凡萬德具備的一種勢用，即所謂闢者，與翕俱顯。於以默運乎翕之中，而包涵無外」，[59]「這個勢用，是能健以自勝，而不肯化於翕的。申言之，即此勢用，是能運於翕之中而自為主宰，於以顯其至健，而使翕隨己轉的」。[60]由闢勢所具備的德性可見，其與本體完全契合，「唯闢則不舍其體之自性，可以說闢即體之如其自性而呈顯；只有闢才是大用流行，也可以說闢即是體」，[61]「闢具剛健、升進、虛寂、清淨、靈明或生化不息及諸萬德。此本體自性之顯也。故於用

55　參見《熊十力全集》卷3，頁286-309，引文見頁290、307。另參見頁98-99。

56　見《熊十力全集》卷3，頁308-309。熊十力說：「本書談轉變，即於一切行，都不看作為實有的東西。就這點意思說，便和舊說諸行無常的旨趣是很相通的了。但是，本書的意義，畢竟有和舊學天壤懸隔的地方，就是舊師於一切行而說無常，隱存呵毀，本書卻絕無這種意思。因為我們純從宇宙論的觀點來看，便見得一切行，都無自體。實際上這一切行，只是在那極生動的、極活潑的、不斷的變化的過程中。這種不斷的變化，我們說為大用流行，這是無可呵毀的。我們依據這種宇宙觀，來決定我們的人生態度，只有精進和向上。其於諸行，無所厭舍，亦無所謂染著了。」見同卷，頁86-87。

57　見《熊十力全集》卷3，頁348。

58　見《熊十力全集》卷3，頁99。

59　見《熊十力全集》卷3，頁349。

60　見《熊十力全集》卷3，頁99。

61　見《熊十力全集》卷3，頁256。

而識體，即可於辟說為體」，[62]因此，辟之轉翕從己，也就是將萬物以及人生導於合乎本體的性向。

由於辟與翕俱，「無始時來有翕即有辟，有辟即有翕」，所以翕勢凝成的萬物乃至人類無不內含辟的作用，「自然或一切物並非真個是拘礙的東西。他們內部確有一種向上而不物化的勢用即所謂辟潛存著」。[63]不過，對於無機物、有機物或人類來說，辟的作用是不同的，「無機物資於翕故，凝為形體。亦資於辟故，含有精英。故謂其無心靈者，甚不應理。然無機物之結構，未免鈍濁，極簡單而無精微靈巧之組織，曰鈍。粗笨而不足為心靈發抒之具，曰濁。故雖本具心靈，終亦不得顯發，而疑於無」；[64]「及到有機物發展的階段，這種勢用便盛顯起來，才見他是主宰乎物的。不要說動物，就是在植物中已可甄明這種勢用，如傾向日光及吸收養料等等，都可據以測驗植物具有曖昧的心理狀態」；[65]「由低等生物而至高尚的人類，我們可以見到辟的勢用逐漸伸張，而能宰制乎翕的一切物了」。[66]辟的作用之所以唯獨在人類這裡可能宰制物化的翕勢，是因為人類具有本心，而本心實質上就是辟。熊十力說：「恆轉現為動的勢用，是一翕一辟的，並不是單純的。翕的勢用是凝聚的，是有成為形質的趨勢的，即依翕故，假說為物，亦云物行。辟的勢用是剛健的，是運行於翕之中，而能轉翕從己的，即依辟故，假說為心，亦云心行。」[67]關於心的性狀，熊十力說：「所謂心者，確是依著向上的、開發的、不肯物化的、剛健的一種勢用即所謂辟，而說名為心。」[68]可見心與辟的性狀是一致的。由於辟合本體，甚至於辟即本體，所以心

---

[62] 見《熊十力全集》卷3，頁358。

[63] 見《熊十力全集》卷3，頁109。

[64] 見《熊十力全集》卷3，頁347。

[65] 見《熊十力全集》卷3，頁109。

[66] 見《熊十力全集》卷3，頁104。

[67] 見《熊十力全集》卷3，頁101。

[68] 見《熊十力全集》卷3，頁110。另參見頁18。

（嚴格地說即人的本心[69]）亦合於甚至就是本體，故熊十力說：「吾心與萬物本體，無二無別」，「實則人人各具之心，即是宇宙統體之心」。[70]正是在這一意義上，熊十力才說「一切物的本體，非是離自心外在境界」。[71]

　　但是，人類雖然無不秉具本心，但卻往往依習心行事，習心乃因根身假借本心之靈明而迷逐於物以形成，[72]「一般人大抵都為無量無邊的習氣所纏縛固結，而習氣直成為吾人的生命。易言之，即純任習心趣境，而不自識何者為其自家寶藏或本來的心」。[73]所謂習心，即「向外逐境之心」，[74]「是物化者也，是與一切物相對待者也」。[75]既向外逐境，「則本心恆蔽錮而不顯。是以吾人一切見聞覺知，只是於境物上生解，終不獲見自本性」，[76]「因此其在生活方面，常有追逐外物而不得饜足之苦」；[77]既物化而與一切物相對待，則「吾人很容易為形軀所使，而動念即乖，以障礙其自性。由障礙故，本性雖至足，卻是潛伏不顯。由此，吾人生活方面，則以拘於形，而陷於相待之中，遂常常感得不足，並且不足之感極迫切。因此便有一個極大的危機，就是要向外追求。追求略判以二：曰向下，即物欲的追求是；曰向上，如斬依神帝，注想真極，及所謂鵠懸法界皆是也。上下雖殊，向外則一。外則離本，雖存乎上，而虛浮無實，與下同歸」，[78]並且「只狥形骸之私，便成乎惡，王陽明先生所謂『隨順軀殼起念』是也」。[79]總之，「惑習潛存，任情卜度，都無智炬；逞臆尋求，難探道要；障真理之門，絕生民之

---

[69]　熊十力說：「心有本、習之殊。實則只有本心，可正名曰心，而習心直不應名為心也。」見《熊十力全集》卷3，頁379。

[70]　見《熊十力全集》卷3，頁20、343。

[71]　見《熊十力全集》卷3，頁13。另參見頁18-20。

[72]　參見《熊十力全集》卷3，頁375-376、385-388。

[73]　見《熊十力全集》卷3，頁379。

[74]　見《熊十力全集》卷3，頁385。

[75]　見《熊十力全集》卷3，頁382。

[76]　見《熊十力全集》卷3，頁382。

[77]　見《熊十力全集》卷3，頁376。

[78]　見《熊十力全集》卷3，頁417。

[79]　見《熊十力全集》卷3，頁266。

慧；人生悖於至道，安於墮沒，甚可悲也」！[80]可以說，習心乘權而障蔽本心，乃是人生與社會之罪惡和苦難的根源。[81]

　　熊十力汲汲於指點由習心返歸本心的門徑，由此形成其工夫論，要之即自識獨體，勿舍存持，勤加涵養，隨順保任，精進無足。[82]其曰：「故吾平生獨持返本之學，唯求見自性。須知吾人自性，雖一向被障，畢竟無有減損，卻常在障礙中流露至誠無息真幾。吾人保任此真幾，才仗著他來破除障礙，而把自性中潛伏的圓滿充周、無所不足的德用，源源的顯發出來。這種顯發，就個人生活上言，他是破除障礙，而不斷的創新。其實正是返本。因為個人的生活日益創新而愈豐富者，都是其自性的德用，不匱的發展。非若無源之水，驟形竭涸。所以有本才得創新，創新亦是返本。這個道理，真是妙極。夫本體至神而無相，若不現為物，則無資具以自顯。及其現為物也，則物自有權。而至神無相之體，所以成乎物而即運行與主宰乎物者，便有受拘於物的形軀之勢。故必待己之能健以勝物而消其拘礙，乃得以自顯發。否則物乘其權以自逞，而錮其神，則本體終不得自顯。佛家所云真如在纏，亦此義也。《論語》：『人能弘道，非道弘人。』其義蘊蓋在此。苟深見此義，則知至神無相者，雖主乎吾之一身，而吾不能曰反求而得其至足者，更無所事事也。識得本體已，不可便安於寂。要須恆不違真，勇悍精進，如箭射空，箭箭相承，上達穹霄，終無殞退，如是精進不已，是謂創新不已。如是創新不已，實即本體呈露，其德用流出，無有窮極。故修為進進，即是本體顯發無窮。」[83]這是倡導通過返本之學、精進之行，破除習障，克服物化，彰顯本心，盡人合天，從而實現真實而至善的人生與社會，《新唯識論》以詳述心法、提撕工夫的〈明心〉二章結穴於此，熊十力哲學體系的旨

---

[80]　見《熊十力全集》卷3，頁195。

[81]　熊十力將「習心」或「習氣」分疏為「染習」和「淨習」，但「淨習」「實以本心發用」，「淨習屬心」（見《熊十力全集》卷3，頁461），故嚴格說來，習心唯指染習。

[82]　參見《熊十力全集》卷3，頁385、395、460。

[83]　見《熊十力全集》卷3，頁417-418。

歸亦在於此。這一旨歸深蘊療救辛亥革命之後政界以及社會普遍道德墮落的苦心，觀熊十力自謂「三十左右，因奔走西南，念黨人競權奪利，革命終無善果，又目擊萬里朱殷，時或獨自登高，蒼茫望天，淚盈盈雨下，以為禍亂起於眾昏無知，欲專力於學術，導人群以正見」，[84]可為明證。

結　語

　　熊十力創構「新唯識論」哲學體系，上述平章儒佛的學思經歷當然是必要條件，這是許多研究者都注意到了的。但是，還應該注意的是，辛亥革命之後政界以及社會普遍的道德墮落導致熊十力棄絕政界、疏離社會而沉潛於書齋，徹底轉變其生存樣態；用熊氏自己的話說是「徹頭徹尾改換一副面目，與前者判若兩人」，[85]這也是熊十力創構哲學體系的必要條件，甚至是比前一個必要條件更具有前提性的必要條件，若無這一轉變，熊十力在客觀上以及主觀上都將難以從事學術研究和撰述，中國現代哲學史上很可能就沒有這樣一個以體用、翕辟、心物、本心、習心、工夫、性智、量智等範疇架構的道德形而上學體系。但是，又當看到，熊十力雖然疏離社會沉潛書齋，卻終究不能遺忘世事，而是對人生懷有無盡的眷顧和憂念，他抱持這種憂念進行哲學創構，旨在啟導國族乃至人類掙脫習心的錮蔽而自識本心，識破亦真亦幻的物質世界而透悟究竟真實至善的本體，從而去妄歸真，棄惡向善，此中蘊含的救世願望是非常深沉而執著的。熊十力的哲學體系對於物欲橫流的現實社會能夠發生多少實際作用，實在不能作過高的估計，他多次引述明儒吳康齋所謂「佇看風急天寒夜，誰是當門定腳人」，就表達了他的自知之明。但「風雨如晦，雞鳴不已」，迷者自迷，悟者自悟，[86]要之，「新唯識論」哲學體系不愧為中國現代哲學思想的精華，不愧為人類哲學思維的傑

---

[84]　見《熊十力全集》卷 1，頁 659。

[85]　見《熊十力全集》卷 8，頁 389。

[86]　熊十力說：「真理本自昭著，但迷者不悟，我們只期能悟者同悟而已。」見《熊十力全集》卷 3，頁 244。

作。熊十力的哲學成就與其所處時代的弔詭，還透露出清人趙甌北所謂「國家不幸詩家幸」的辛酸，由此昭示於世人的是，任何社會運動都應該指向世道人心的良善，否則就不必是可欲的，就不免受到當時或後世的批評，無論是所謂改良、維新、革命還是改革等等，概莫能外。

熊十力「新唯識論」之
本體－宇宙論梳釋

　　熊十力的哲學思想，散見於他的諸多著述和文札之中，但最為集中全面地表達其「新唯識論」哲學體系的，則是《新唯識論》語體文本，故熊十力說「平生心事，寄之此書」。[1]該書開篇即指出：「今造此論，為欲悟諸究玄學者，令知一切物的本體，非是離自心外在境界，及非知識所行境界，唯是反求實證相應故。」[2]此語雖在說明把握本體的途徑或方式，卻也指出了「新唯識論」首先是關於本體論的哲學。[3]

一、對歷來本體論的批判

　　在熊十力看來，歷來哲學家多未能證見本體。他說：「哲學家談本體

---

[1]　《熊十力全集》卷 3（武漢：湖北教育出版社，2001 年），頁 3。熊十力在 1949 年以後又對《新唯識論》進行刪改，成《新唯識論刪定本》（1953）、《體用論》（1958）、《明心篇》（1959）諸書，其《體用論・贅語》有謂「此書既成，《新論》兩本俱毀棄，無保存之必要」（見《熊十力全集》卷 7，頁 7。按「《新論》兩本」指《新唯識論》文言文本和語體文本）。熊氏此語多多少少與時勢有關，而非純粹的學術判斷。實際上，刪改諸書在系統性和深刻性等方面難以比肩於《新唯識論》語體文本，故劉述先論之曰「衰年之作，質素已不如前」（見氏著《儒家思想的轉型與展望》，石家莊：河北人民出版社，2010 年，頁 87）。

[2]　《熊十力全集》卷 3，頁 13。

[3]　熊十力說：「今在此論，唯欲略顯體故。」自注「本體亦省言體」。見《熊十力全集》卷 3，頁 17。

者，大抵把本體當做是離我的心而外在的物事，因憑理智作用，向外界去尋求。由此之故，哲學家各用思考去構畫一種境界，而建立為本體，紛紛不一其說。不論是唯心唯物、非心非物，種種之論要皆以向外找東西的態度來猜度，各自虛妄安立一種本體。這個固然錯誤。更有否認本體，而專講知識論者。這種主張，可謂脫離了哲學的立場。因為哲學所以站腳得住者，只以本體論是科學所奪不去的。我們正以未得證體，才研究知識論。今乃立意不承有本體，而只在知識論上鑽來鑽去，終無結果，如何不是脫離哲學的立場？凡此種種妄見，如前哲所謂『道在邇而求諸遠，事在易而求諸難』。此其謬誤，實由不務反識本心。易言之，即不了萬物本原與吾人真性，本非有二。遂至妄臆宇宙本體為離自心而外在，故乃憑量智以向外求索，及其求索不可得，猶復不已於求索，則且以意想而有所安立。學者各憑意想，聚訟不休，則又相戒勿談本體，於是盤旋知識窠臼，而正智之途塞，人顧自迷其所以生之理。古德有騎驢覓驢之喻，蓋言其不悟自所本有，而妄向外求也。慨斯人之顛倒，可奈何哉？」[4]這主要是批評西方思辨哲學傳統以及作為其反動的由現代西方邏輯實證主義引發的「拒斥形而上學」思潮，觀熊十力所謂「印度外道以及西洋的哲學家，大都是把本體當做外在的物事來猜度。這樣一來，誠無法見真理」、「西洋談形而上學者，要皆憑量智或知識去構畫」、「西洋哲學家談實體及現象，為不可融一之二界」及其對於「厭聞本體」的哲學家的意思的撮述與反駁，可以證明。[5]熊十力也直接或間接地批評了神本論，他說：「許多哲學家談本體，常常把本體和現象對立起來，即是一方面，把現象看做實有的；一方面，把本體看做是立於現象的背後，或超越於現象界之上而為現象的根源的。這種錯誤，似是由宗教的觀念沿襲得來，因為宗教是承認有世界或一切物的，同時，又承認有超越世界或一切物的上帝。哲學家談本體者，很多未離宗教觀念的圈套」，「實則本體不可視同宗教家所擬為具有人格的神」，「或以為本體是超越於宇宙之上，而能宰制萬

4　《熊十力全集》卷 3，頁 17-18。

5　參見《熊十力全集》卷 3，頁 177、200、274、91-93。

有的一個造物主，遂名主宰，這等見解，便是大錯而特錯了」，「若離群動而求有所謂體，便與宗教家臆想有個超越萬有的上帝，同其迷妄了」，[6]此所謂「宗教」顯然是針對亞伯拉罕三大一神教、特別是基督教而言。熊十力還批評了叔本華以盲目意志為宇宙本體、柏格森以綿延或持續的生力之流為宇宙生化之源以及哲學上的二元論、多元論乃至「建立一法為萬物所由始」的一元論。[7]

　　對於佛教大乘空有二宗的本體論，熊十力也作出了分析和批評。他指出，有宗將本來遮撥法相的緣生說改變為一種構造論，是肯定現象為實有；建立無量種子為心物諸行之因緣，乃是多元論；以諸識所涵相、見二分以及有漏、無漏二性為各有其種子，頗有二元論的意義；將種子與現行截為二片，則為兩重世界觀；既建立種子為諸行之因，又要遵守佛家一貫相承的真如本體論而以真如為萬法實體，以至種子自為種子、真如自為真如，實乃二重本體論；又謂人人各具阿賴耶識，含藏一切種子，生起心物諸行，則與外道神我論同其根底，且為極端的多我論；職是之故，「可見有宗實不曾證體，即不悟體必成用，遂墮入戲論」，因此熊十力說「我於舊師的種子論，根本要斥破的」。[8]至於空宗本體論，熊十力一方面高度肯定道：「空宗密意唯在顯示一切法的本性。所以，空宗要遮撥一切法相，或宇宙萬象，方乃豁然徹悟，即於一一法相，而見其莫非真如。空宗這種破相顯性的說法，我是甚為贊同的。古今談本體者，只有空宗能極力遠離戲論。空宗把外道，乃至一切哲學家，各各憑臆想或情見所組成的宇宙論，直用快刀斬亂絲的手

6　《熊十力全集》卷 3，頁 74、95、105、240。

7　參見《熊十力全集》卷 3，頁 192-193、305。熊十力說：「一元論者，若只建立一法為萬物所由始，則所謂一元者與本論的意思要自判以天壤。」自注：「本論亦不妨說為一元。然一即含多，多即是一。此義淵微，應如理思。」見同卷，頁 305。

8　參見《熊十力全集》卷 3，頁 73-75、80-83、147-150、217-234、283，引文見頁 232、54。熊十力對有宗學說的理解是否正確，一直是有爭議的問題，茲不涉論，有關情況可參見《熊十力全集》附卷（上）第一部分「儒佛之爭或唯識華嚴之爭」；景海峰著《熊十力哲學研究》第三章之三「現代佛學的一大公案」（北京：北京大學出版社，2010 年）。

段，斷盡糾紛，而令人當下悟入一真法界。這是何等神睿、何等稀奇的大
業！」[9]另一方面他也表明「於空宗還有不能贊同的地方」，他說：「空宗
詮說性體，大概以真實、不可變易及清淨諸德而顯示之。極真極實，無虛妄
故，說之為真。恆如其性，毋變易故，說之為如。一極湛然，寂靜圓明，說
為清淨。如上諸德，尤以寂靜提揭獨重。……本來，性體不能不說是寂靜
的。然至寂即是神化，化而不造，故說為寂，豈舍神化而別有寂耶？至靜即
是謐變，變而非動，故說為靜，豈離謐變而別有靜耶？夫至靜而變，至寂而
化者，唯其寂非枯寂而健德與之俱也，靜非枯靜而仁德與之俱也。……談至
此，空宗是否領會性德之全，總覺不能無疑問。空宗於寂靜的方面，領會得
很深切，這是無疑義的。但如稍有滯寂溺靜的意思，便把生生不息真機遏絕
了。其結果，必至陷於惡取空，至少亦有此傾向。……吾嘗言，空宗見到性
體是寂靜的，不可謂之不知性。性體上不容起一毫執著，空宗種種破斥，無
非此個意思。我於此，亦何嘗乖異？然而，寂靜之中即是生機流行，生機流
行畢竟寂靜。此乃真宗微妙，迥絕言詮。若見此者，方乃識性德之大全。空
宗只見性體是寂靜的，卻不知性體亦是流行的。吾疑其不識性德之全者，以
此。」[10]由此指出了空宗本體論的偏失。

　　相比於佛教大乘空宗，熊十力認為，儒家本體觀更為如實應理，其曰：
「佛家證到本體是空寂的，他似乎是特別著重在這種空寂的意義上。易言
之，不免有耽空滯寂之病。……夫滯寂則不悟生生之盛，耽空則不識化化之
妙。此佛家者流，所以談體而遺用也。儒者便不如是。夫空者，無礙義，無
礙故神，神者言乎化之不測也。寂者，無滯義，無滯故仁，仁者言乎生之不
竭也。故善觀空者，於空而知化，以其不耽空故。妙悟寂者，於寂而識仁，
以其不滯寂故。我們於儒家所宗主的《大易》一書，便知他們儒家特別在生
生化化不息真幾處發揮。他們確實見到空寂，如曰『神無方，易無體』，曰
『寂然不動』。寂義，既有明文，無方、無體，正彰空相。我們須知，不空

9　《熊十力全集》卷 3，頁 170，另參見同卷頁 147-150、163-165、217-234。
10　《熊十力全集》卷 3，頁 171-175。

則有礙，而何化之有？不寂則成滯，而何生之有？惟空寂始具生化，而生化
仍自空寂。《大易》只從生化處顯空寂，此其妙也。佛家不免耽空滯寂，故
乃違逆生化，而不自知。」[11]又曰：「孔子嘗曰：『仁者靜』，『仁者
壽』。又曰：『仁者樂山。』孔子所謂仁，即斥指心體而目之也。（自注：
心體，即性體之別名。）仁者，即謂證得仁體的人。靜者，遠離昏沉、囂動
等相。壽者，恆久義。山者，澄然定止貌。是則性體寂靜，孔子非不同證。
然而，孔子不止說個寂靜，亦嘗曰：『天何言哉？四時行焉，百物生焉，天
何言哉？』夫孔氏所言天者，乃性體之別名。無言者，形容其寂也。至寂而
時行物生，時行物生而復至寂，是天之所以為天也。談無為空者，何其異是
耶？」[12]由此基本肯定儒家識得性德之全。不過熊十力又認為，儒家本體論
也有不足之處，「其談本體，畢竟於仁或生化的方面提揭獨重。《大易》
《論語》，可以參證。……偏言仁，卻恐末流之弊只見到生機，而不知生生
無息的真體本自沖寂也」。[13]所以，熊十力強調「儒佛二家，通之則兩全，
離之則各病」，[14]需要「會通佛之寂與孔之仁，而後本體之全德可見」，[15]
他自承「因以會通空宗與《大易》之旨。吾知生焉，吾見元德焉，此本論所
由作也」，[16]又說「本論會佛之寂與孔之仁，以言本體」，[17]這就點明了
「新唯識論」本體論的思想資源和理論內容。

　　需要特別說明的是，熊十力堅決否認他的本體論只是「援儒入佛」或
「糅雜儒佛」的結果，他說：「一般人說我是援儒入佛者，這等論調是全不
知道學問的意義和甘苦。須知，此理不是可以隨便援這家入那家來說的。」
[18]「時人識得學問的意義者已甚少，其於《新論》妄以糅雜儒佛相攻訐，固

[11]　《熊十力全集》卷3，頁187-188。
[12]　《熊十力全集》卷3，頁176。
[13]　《熊十力全集》卷3，頁406。
[14]　《熊十力全集》卷3，頁202。
[15]　《熊十力全集》卷3，頁406。
[16]　《熊十力全集》卷3，頁173。
[17]　《熊十力全集》卷3，頁412。
[18]　《熊十力全集》卷3，頁136。

無足怪。」[19]他聲明他的哲學體系是在出入百家、觀其會通的基礎上，反己自求、自家體認所得，是「自觀，自喻，而後參證各家之旨，得其會通」。[20]他斷然宣稱：「吾始治佛家唯識論，嘗有撰述矣。後來忽不以舊師持義為然也，自毀前稿。久之，始造《新論》。吾惟以真理為歸，本不拘家派，但《新論》實從佛家演變出來，如謂吾為新的佛家，亦無所不可耳。然吾畢竟遊乎佛與儒之間，亦佛亦儒，非佛非儒，吾亦只是吾而已。」[21]

二、即體即用，即用即體

在《新唯識論》以及其他一些著述中，熊十力給予本體以諸多不同稱謂，諸如本、本原、本源、本真、本明、本性、本心、本來的心、本來面目、道、道體、德、獨、獨體、大本、大全、大總相法門、法身、法性、法界、功能、恆轉、究極義、絕對的真實、空理、空寂海、理、理體、良知、命、明德、冥寂自性、能變、涅槃、乾、乾元、清淨本然、清淨法界、仁、仁體、如、如來、如來藏、神、生命、實體、實相、實性、實理、實際、實際理地、勝義、體、天、天性、天命、天理之心、天地精神、太極、太易、無窮、無為、萬化之源、萬善之宗、心、心源、心體、形上、性、性體、性海、性真、性智、一、一真、一真法界、一極、一切法真實相、意、圓成、圓成實性、源底、宇宙之大心、知、智、真、真體、真源、真極、真際、真相、真宰、真宗、真如、真實、真性、真理、真己、真的自己、至誠、至道、主宰、自性、造物者等等。[22]這當然不是隨意玩弄概念，而是力圖從多

---

[19]　《熊十力全集》卷3，頁200。

[20]　《熊十力全集》卷3，頁173。另參見同卷頁135-137。

[21]　《熊十力全集》卷3，頁203。

[22]　上列本體諸異名，本見《熊十力全集》卷3頁135；本原見同卷頁164、247、628；本源見同卷頁735；本真見同卷頁215、405；本明見卷4頁14、卷8頁341；本性見卷3頁168、344、375、376、382、427；本心見卷2頁337、卷3頁189、263、346、374、396、397、493、528、632、666、715、716；本來的心見同卷頁51；本來面目見同卷頁795；道見同卷頁278、298、393、521、528、543、555、569、570、571、

層面揭示本體的性質、功能及其存在方式，凸顯本體無在而無不在、無能而無不能、無為而無不為、無形無相而舉體顯現為無量無邊的功用，要之，即體用不二。熊十力說：「體用二詞，只是約義分言之，實則不可析為二片的物事。……余嘗默然息慮，遊心無始，而知體用畢竟不可分為二片。使其可分，則用既別於體而獨存，即是用有自體，不應於用之外更覓一物說為本體。又體若離於用而獨存，則體為無用之體，不獨是死物，亦是閑物。往復推徵，體用畢竟不可分，是事無疑。今當以二義明不可分：一曰，即體而言用在體。夫體至寂而善動也，至無而妙有也。寂無者，是其德恆常而不可易也。動有者，是其化至神而不守故也。非恆德將焉有神化？無神化何以顯恆德？唯具神化與恆德，故稱為體。體者，絕對的真實義。其德恆，其化神，所以為真實之極也。然而，寂無則說為體之本然，動有亦名為體之妙用，本然不可致詰，妙用有可形容，是故顯體必於其用。誠知動有，元無留跡，則於動有而知其本自寂無矣。故夫即用而顯體者，正以即用即體故也。（自注：兩即字吃緊，正顯體用不二。）所以說用在體者，在字須活看，意云此用即是體之顯現，非有別異於體而獨在的用故。二曰，即用而言體在用。此與前義本一貫，特反復以盡其蘊耳。前就體言，本唯一真而含萬化，故用不異體。今就用言，於茲萬化皆是一真，故體不異用。由體不異用故，故能變與恆轉及功能等詞，是大用之殊稱，亦得為本體或真如之異名。以體不異用故，遂從用立名。綜上二義，可知體用雖若不一而實不二。攝動有歸寂無，泊然無對；會寂無歸動有，宛爾萬殊。故若不一。然寂無未嘗不動有，全體成大用故；動有未嘗不寂無，大用即全體故。故知體用畢竟不二。」[23]又說「是故用外無體，體外無用，體用只是隨義異名，二之則不是」，「故曰即體即用，即用即體，不可析而二之也」，「本論意思，只是體用不二」。[24]

卷頁 15、546；真的自己見同卷頁 15；至誠見同卷頁 135；至道見同卷頁 584；主宰見同卷頁 105；自性見卷 2 頁 8、卷 3 頁 362、417；造物者見同卷頁 775。各名稱後面所標頁碼不一定包舉該名稱在《熊十力全集》中作為本體之異名出現的情況。

23　《熊十力全集》卷 3，頁 238-240。

24　《熊十力全集》卷 3，頁 274、378、406。

在實存狀態中，體用本來是一而不二的；但在理論上，為了呈現體用之性相，卻又不得不析體用而言之。熊十力說：「本體是必現為大用，是即體即用，而不可分體用為二的。但是，我們為講說的方便計，姑且把體別離開用來說」；「吾平生談本體，原主體用不二。但既立體用二詞，即其義不能無辨」；「體用本不可分。但既說體用二詞，則體用畢竟有辨」。[25]那麼從體用相分的角度來看，本體的性相如何呢？熊十力對此作了大量論述，撮其要者，有謂：「若乃玄學上所謂一切物的本體，是至大無外的，（自注：此大不和小對。）是虛無的，（自注：所謂虛無，不是空洞的意義，不是沒有的意義，只是恆久的存在，而無跡象可見的意義。）是周遍一切處，無欠缺的，是具有至極微妙、無窮無盡的功用的。」[26]「體以其至無（自注：無形相、無方所、無造作，故說為無，實非空無。）而顯現萬有，以其至寂（自注：寂者，寂靜無擾亂相故。）而流行無有滯礙。」[27]「真理是無有定在的而亦是無所不在的。（自注：此中真理，即本體之別名。）真理雖復本無形相，而是賅備萬德、具足眾理的，是其舉體顯現為無量無邊的功用，即所謂一切有的。（自注：舉體之舉字吃緊，謂真理悉舉其全體而顯現為功用，即用外無體。）」[28]「本體所以成其為本體者，略說具有如下諸義：一、本體是備萬理、含萬德、肇萬化、法爾清淨本然。法爾一詞，其含義有無所待而成的意思。清淨者，沒有染汙，即沒有所謂惡之謂。本然者，本謂本來，然謂如此。當知，本體不是本無今有的，更不是由意想安立的，故說本來。他是永遠不會有改變的，故以如此一詞形容之。二、本體是絕對的，若有所待，便不名為一切行的本體了。三、本體是幽隱的，無形相的，即是沒有空間性的。四、本體是恆久的，無始無終的，即是沒有時間性的。五、本體是全的，圓滿無缺的，不可剖割的。六、若說本體是不變易的，便已涵著變易了，若說本體是變易的，便已涵著不變易了，他是很難說的。本體是顯現為

---

[25]　《熊十力全集》卷3，頁359、416、491。

[26]　《熊十力全集》卷3，頁41。

[27]　《熊十力全集》卷3，頁83。

[28]　《熊十力全集》卷3，頁90。

無量無邊的功用，即所謂一切行的，所以說是變易的；然而本體雖顯現為萬殊的功用或一切行，畢竟不曾改移他的自性。他的自性，恆是清淨的、剛健的、無滯礙的，所以說是不變易的。」[29]「本體只是無能而無所不能。他顯現為萬殊的功用或一切行，所以說是無所不能。他不是超脫於萬殊的功用或一切行之上而為創造者，所以說無能。故假說為能變。上來把本體說為能變。我們從能變這方面看，他是非常非斷的。因此，遂為本體安立一個名字，叫做恆轉。恆字是非斷的意思，轉字是非常的意思。非常非斷，故名恆轉。我們從本體顯現為大用的方面來說，則以他是變動不居的緣故，才說非常，若是恆常，便無變動了，便不成為用了。又以他是變動不居的緣故，才說非斷，如或斷滅，也沒有變動了，也不成為用了。不常亦不斷，才是能變，才成為大用流行，所以把他叫做恆轉。」[30]「至真至實，無為而無不為者，是謂體。無為者，此體非有形故，非有相故，非有意想造作故。無不為者，此體非空無故，法爾生生化化、流行不息故。……無形者，空寂也。（自注：空者，以無形無染名空，非以空無名空。）無相者，亦空寂也。無想者，亦空寂也。空寂復空寂，離諸滯礙，含藏萬有，具備萬德或萬理，無可稱美而贊之以至神。」[31]「本體是實有，不可視同假法。……既是實體，所以不須別找材質。理體淵然空寂，空故神，寂故化。神化者，翕辟相互而呈材。生滅流行不已，而造化之情可見。是故材質者，理之流行所必有之勢也，其情之至盛而不匱故也。材呈，故謂之相。故曰理之現相，不待別立材質而與之合。以其為至實而非無故也。」[32]「是故會寂與仁，而後見天德之全。（自注：天者，本體之代詞，非謂神帝也。）……夫寂者，真實之極也，清淨之極也，幽深之極也，微妙之極也。無形無相，無雜染，無滯礙，非戲論安足處所。默然無可形容，而強命之曰寂也。仁者，生生不容已也，

29　《熊十力全集》卷 3，頁 94。

30　《熊十力全集》卷 3，頁 95-96。

31　《熊十力全集》卷 3，頁 274。

32　《熊十力全集》卷 3，頁 365-366。熊十力說：「本論乃直指本體而名之以理。」見同卷頁 365。

神化不可測也，太和而無所違逆也，至柔而無不包通也。本體具備萬德，難以稱舉。唯仁與寂，可賅萬德。……夫真實、清淨，生生所以不容已也；幽深、微妙，神化所以不可測也。無方相乃至無滯礙，而實不空無者，唯其仁也。故寂與仁，皆以言乎本體之德。寂故仁，仁亦無不寂。則本體不可執一德以言之也明矣。」[33]概括而言，本體是本來自在、絕對無待、圓滿無缺、無始無終、無形無相、無所不在、至寂至仁、清淨剛健、賅備萬德、具足眾理、極虛而實、極靜而動、含藏萬有、肇生萬化、無所不能、舉體成用而永葆自性的。

不過，即使對本體作再多的描述，也很難用名言來確切說明本體的性相，「因為一切名言的緣起，是吾人在實際生活方面，要應用一一的實物。因此，對於一切物，不能不有名言，以資詮召。……我們用表物的名言來表超物的理，這是多麼困難的事」，[34]所以，「我們要談本體，實在沒有法子可以一直說出。……我以為所謂體，固然是不可直揭的，但不妨即用顯體。（自注：用者，具云功用。）因為體是要顯現為無量無邊的功用的，（自注：桌子哪、椅子哪、人哪、鳥哪，思想等等精神現象哪，乃至一切的物事，都不是一一固定的相狀，都只是功用。）用是有相狀詐現的，（自注：相狀不實，故云詐現。）是千差萬別的。所以，體不可說，（自注：言說所表示，是有封畛的。體無封畛，故非言說所可及。）而用卻可說。（自注：上來已云，用是有相狀的，是千差萬別的，故可說。）用，就是體的顯現。（譯者按：如大海水，顯現為眾漚，……大海水，可以喻體。眾漚，可以喻用。）體，就是用的體。（譯者按：仍舉前喻，如一一的漚，各各以大海水為體。大海水，即遍與眾漚為體，非超脫於眾漚之外而獨在。）無體即無用，離用元無體。所以，從用上解析明白，即可以顯示用的本體。簡單言之，我們剋就大用流行，詐現千差萬別的法相上，來作精密的解析，便見得

---

[33] 《熊十力全集》卷3，頁405-406。

[34] 《熊十力全集》卷3，頁78。熊十力解釋說：「此中超物的理，即謂至一的理。」（見同頁）又說：「這至一的理，是遍為萬有的實體。」（見頁77）可知此所謂「理」即本體之異名。

大用流行不住，都無實物，即於此知道他只是真實的顯現。（自注：此中真實一詞即謂本體，後准知。）易言之，我們即於無量的分殊的功用上，直見為一一都是真實的顯發而不容已」。[35]這就又回到體用不二的前提，指明了在這一前提下通過大用流行把握本體的門徑，所謂「離流行，不可覓至寂的，故必於流行而識至寂。離顯現萬有，不可覓至無的，故必於萬有而識至無」。[36]

三、翕辟成用，即用顯體

弔詭的是，要通過大用流行把握本體，卻又必須首先瞭解本體是如何顯現為大用流行的，亦即只有明瞭大用流行的生成及其性相，才能夠即用顯體。那麼本體是如何顯現為大用流行的呢？熊十力對此作了系統的闡述，由此構成其宇宙論。他說：「我以為物質宇宙是本來無有，而不妨隨俗建立。我要說明這個意思，又非從宇宙真際說起不可。（自注：中譯佛籍以真際為真如異名。真如又即本體之異名。）真際者，恆轉也。（自注：恆轉即本體之異名。）恆轉是至無而健動的。無者，無形，非是空無。無形故絕待，絕待故至真至實，真實故健。無形而健，故生化無窮，亦名為動。」[37]這個至無健動、生化無窮的本體，既是渾一的整體功能，又含有無量的互相融攝的分殊功能，熊十力說：「恆轉亦名功能。又復說言，功能是渾一的全體，但不是一合相，而是有分殊的。（自注：即全中有分。）雖是分殊的，而亦不是如各別的粒子然，卻是互相融攝，成為一體的。（自注：即分中見全。）……功能既有分殊，即不妨於全體中假析言之，而說為一個一個的，

---

[35] 《熊十力全集》卷 3，頁 79-80。此段中作按語的譯者乃為熊十力弟子錢學熙，1938年冬，錢在熊的指導下，將《新唯識論》文言文本的〈明宗〉章、〈唯識〉上下章以及〈轉變〉章的首節譯成語體文，參見同卷頁 5。

[36] 《熊十力全集》卷 3，頁 83。熊十力自注：「至寂是體，流行是體成為用」，「至無是體，顯現是體成為用」，見同頁。

[37] 《熊十力全集》卷 3，頁 285。

或許許多多的功能。換句話說，即是一為無量。亦復應知，無量功能互相即，互相涉，而為渾一的全體，非一一功能各各成獨立而不相涉不相即之小粒子。應復說言，無量為一。」[38]這無量的互相融攝的分殊功能，就是物質宇宙的基本單位，熊十力在同一意義上名之為形向、積、動圈、小、凝勢、小一、勢速、微勢、剎那等等；[39]其小至極，無復更有小於此者，故不可再加剖析，相比現代科學所發現的所謂基本粒子來說，「科學家所謂元子、電子等等，不過圖摹多數小一所比合而成的系群之跡象，實無從測定小一也」，[40]即是說，原子、電子之類的所謂基本粒子，根本不是物質宇宙的基本單位，而已經是粗顯的物質了。

在無量的分殊功能中，各各包含著翕闢兩種動勢，翕的動勢是收攝凝聚，闢的動勢是剛健開發，兩種動勢都處於剎那生滅、無常無斷的變化之中。[41]當翕之剎那，物質宇宙之基本單位亦即所謂動圈於是形成，「這種動圈的形成，就因為翕的勢用，是儘量收凝。我們可以把每個收凝的動勢，均當做一單位。……實則功能所以有分殊，而可說為一個一個的者，只以翕之故，才有分殊耳」。[42]由於翕是剎那生滅的，所以由翕凝成的基本單位並無瞬間暫住，「一切小一，都是頓現。（自注：一剎那頃，才起即滅，不暫住故。故云頓現。）前不至後，後不承前。此不至彼，彼不因此。所以一切小一，各各均是剎那頓現」，[43]「如實而談，凡諸小一，都是剎那詐現。一剎那頃，才起即滅，本來無有絲微的物事可容暫住，故云詐現。本無自性。（自注：猶云沒有獨立存在的自體。）原其所自，蓋乃寂然真體，確爾顯

---

[38] 《熊十力全集》卷 3，頁 286-287。另參見本卷頁 137-138、249-250、252-254、301。

[39] 參見《熊十力全集》卷 3，頁 98、111、290、296、307。熊十力說：「每一動圈，即一單位。這些單位，就是物質宇宙的基本。」見同卷頁 289-290。

[40] 《熊十力全集》卷 3，頁 307；另參見頁 290、302-303。

[41] 參見《熊十力全集》第三卷，頁 98-135、250-252。

[42] 《熊十力全集》卷 3，頁 287-288。熊十力又說：「就功能之收凝的方面而言，便謂之翕。翕故成為動圈。動圈一詞即表示每個收凝的動勢，可當做一單位」。見同卷頁 288。

[43] 《熊十力全集》卷 3，頁 294-295。

現。（自注：小一非有質也，只是一種凝斂的勢用而已。此即真體之顯現也。）」[44]但是，翕雖剎那生滅，以至其所凝成的基本單位並無瞬間暫住，卻不可因此淪於空見，「剋約一剎言，恍惚不可把捉。通多剎言，前剎才滅，若有跡象，似未全消，（自注：跡象者，譬如音樂才止，尚有餘音繞梁。若有之言，顯不可執為實物故。似未之言，顯非不消滅，但幻跡耳。）後剎新生，與前俱有。（自注：後剎正生時，值前跡象未即滅時。是俱有也。）准此而談，前後剎間，未可淪空。雖前後都不住，卻也不是空洞無物。譬如電光的一閃一閃，本經多剎，曾無一剎得住。但其前後之間，儼然是前剎之一閃，與後剎之一閃，分明俱有的，何可說空？以此類況，前剎後剎小一，其相鄰者，可言俱有。又復無量小一，同時現者，不妨假說彼此。（自注：注意假說二字。若計有即時間，及計小一為個別的實物可分彼此者，便大謬。）由諸小一，可假說前後及彼此各各別有故」。[45]因此，「今所謂小一，雖復各別頓現，無一小一得有自類生滅相續，猶如幻化。然諸小一，亦非如空華無體。每一小一，其體即是真如妙性故。故知小一，非無體法」。[46]亦因此，由翕之凝，至無之本體始將顯現為有，「夫翕者，於至無而動之中，始凝而兆乎有者也。至無者，言乎體也。至無而動，則體之顯現而為萬殊的妙用也。妙用之行，必有其收凝的一方面。此收凝即有之幾兆，所謂翕是也。動勢之始凝，本無形也，而已凝焉，則有之幾也。形物著見，名之為有。收凝之勢，雖未成乎形，而已為形物所自始，故曰始凝而兆有也」。[47]

　　由翕勢之凝成物質宇宙的基本單位，以至於包括人身在內的宇宙萬物的生成，其間機理為：「無量小一，相摩蕩故，有跡象散著，命曰萬物。（自注：摩者，兩相近也，即是相比合的意思。蕩者，交相激也，即是相乖違的意思。）所以者何？小一雖未成乎形，然每一小一，是一剎那頓起而極凝的

---

[44]　《熊十力全集》卷3，頁292。

[45]　《熊十力全集》卷3，頁308。

[46]　《熊十力全集》卷3，頁297。

[47]　《熊十力全集》卷3，頁288。

勢用。此等勢用，既多至無量，則彼此之間，有以時與位之相值適當而互相
親比者，乃成為一系。（自注：此中時與位，原是假設。因為說到小一併起
而相值，便不能不假說時位以形容之。若究其原，便無時位。）亦自有不當
其值而相乖違者。此所以不唯混成一系，而各得以其相親比者互別而成眾
系。……無量小一，有相摩以比合而成一系。有相蕩以離異，因別有所合，
得成多系。此玄化之秘也，凡系與系之間，亦有相摩相蕩。如各小一間之有
相摩蕩者然。系與系合，說名系群。二個系以上相比合之系群，漸有跡象，
而或不顯著。及大多數的系群相比合，則象乃粗顯。如吾當前書案，即由許
許多多的系群，互相摩而成象，乃名以書案也。日星大地。靡不如是。及吾
形軀，亦復如是。故知萬物，非離小一有別自體。」[48]至此，熊十力解釋了
通常所謂物質宇宙的生成及其性相。這個以剎那不住的翕勢所凝聚的物質宇
宙，從根本上說是幻有的，「實則所謂物者，並非實在的東西，只是依著大
用流行中之一種收凝的勢用所詐現之跡象，而假說名物。若離開收凝的勢
用，又有什麼叫做物呢？……物者，只是我所謂收凝的勢用所詐現之跡象而
已。收凝的勢用，名為翕，翕即成物。（自注：翕便詐現一種跡象，即名為
物。）所以，物之名依翕而立」，[49]「夫大用流行中，不得不有所凝斂以為
健進之具。然依凝斂，乃有萬物可言，不凝斂，即無物矣。但所云物者，幻
跡耳，非有實物也」，[50]在這一觀點上，熊十力申明他「與空宗密意有相通
處」。[51]但是另一方面，物質宇宙卻又是無可呵毀的，「因為我們純從宇宙
論的觀點來看，便見得一切行，都無自體。實際上這一切行，只是在那極生
動的、極活潑的、不斷的變化的過程中。這種不斷的變化，我們說為大用流
行，這是無可呵毀的。我們依據這種宇宙觀，來決定我們的人生態度，只有

---

[48]　《熊十力全集》卷 3，頁 306-307。

[49]　《熊十力全集》卷 3，頁 111-112。

[50]　《熊十力全集》卷 3，頁 294。

[51]　《熊十力全集》卷 3，頁 150。熊十力又說：「本書談轉變，即於一切行，都不看作
　　　為實有的東西。就這點意思說，便和舊說諸行無常的旨趣是很相通的了。」見同卷頁
　　　86。

精進和向上。其於諸行，無所厭舍，亦無所謂染著了」，所以，熊十力又說「本書的意義，畢竟有和舊學天壤懸隔的地方，就是舊師於一切行而說無常，隱存呵毀，本書卻絕無這種意思」。[52]在真諦與俗諦二分的前提下，熊十力認為「我們還可以假施設一外在世界或經驗界，不屬玄學領域，在這裡對於情見或知識，不妨承認其有相當的價值」，「如此便有宇宙論可講，亦可予科學知識以安足處」，「俗情於此，庶幾無怖也歟」。[53]

但若僅僅到此為止，還只是表現了大用流行的一個方面，由這一方面並不能即用顯體，因為，翕雖亦屬用，且為即用顯體所必需的資具，但根本上卻是近於物化而背反本體自性的。熊十力說：「翕自是用，此何待言？但是本體之現為功用時，必起一種反的作用，即所謂翕者。以有此翕，乃得為闢的勢用所依據以顯發焉，於是而翕乃物化，疑於不成為用矣。我們只好於闢上識得大用。易言之，即唯闢可正名為用，而翕雖亦是用，但從其物化之一點而言，幾可不名為用矣。……必有闢故方見大用流行，亦即於流行而識得主宰。」[54]這就在遮撥翕的同時，點明了即用顯體唯有通過大用流行之另一方面亦即闢的勢用才可達成。熊十力闡釋體、翕、闢的關係說：「依恆轉故，而有所謂翕，才有翕，便有闢。唯其有對，所以成變，否則無變化可說了。恆轉是一，恆轉之現為翕，而幾至不守自性，此翕便是二，所謂一生二是也。然恆轉畢竟常如其性，決不會物化的。所以，當其翕時，即有闢的勢用俱起，這一闢，就名為三，所謂二生三是也。……一只是表示體之將現為用的符號，二和三都是表示用的符號，則以翕和闢，均是剋就用上而目之故也。就一言之，於此尚不足以識全體大用，因為說個一，只是虛擬體之將現

---

[52]　《熊十力全集》卷3，頁86-87。另參見頁170-178。

[53]　《熊十力全集》卷3，頁163、242、367-368。熊十力說：「實則，物界本依俗諦施設。（自注：世俗共許為實有者，曰俗諦。亦云世諦。隨情安立故。）於真諦中，本無有物。（自注：超越世間情計，契應真理者，曰真諦。）……我們談到小一，卻是依據真諦以假設俗諦。故乃權宜方便，顯示真體成用，其健進也，必有所凝斂，而始資之以顯健德，不凝斂則大用之行亦浮游無據，無以成其健進矣。唯凝斂，乃成為無量的小一，而群有遂兆於茲。此俗諦所以不妨施設。」見同卷頁295-296。

[54]　《熊十力全集》卷3，頁104。

為用。就二言之，於此亦不足以識全體大用，因為說個二，只是表示大用之流行，不能沒有內在的矛盾，決不是單純的。因此，有個近於物化的翕。這個翕，似是大用的流行，須自現為似物的式樣，來作自己運轉的工具，才有這一翕，所以就翕上看，便近於物化，難得於此而識全體大用了。只有三，（自注：即是闢的勢用。）既是依據一而有的，卻又與二相反，而即以反乎二之故，乃能顯發三的力用，得以轉二使之從己。據此說來，三是包含一和二的。只於此，才識大用流行，也只於此，可以即用而識體。申言之，就是於三而識全體大用。我們即於三而說之為體，也是可以的。假若離了三，便無可見體。我們即於三之不可物化處，便識得這種勢用雖是變動的，而其本體元是不變的。三之不可物化，就因為他底本體是如此的。換句話說，恆轉之常如其性，即可於此而知了。」[55]這就清楚表達了體闢一如、即闢顯體的意思。

　　那麼即闢顯體是如何實現的呢？此中蘊奧在於，依據本體而起的、為本體自性之顯現的闢因與翕共同包含於每一個分殊的功能之中，且自為主宰而轉翕從己，[56]所以，由這種功能所凝成的宇宙萬物以及人本身便無不具有闢的勢用，從而無不表現出合乎本體的傾向，由人物之闢發方面所顯之大用流行也就無非本體的朗現了。熊十力說：「自然或一切物並非真個是拘礙的東西。他們（自注：一切物。）內部確有一種向上而不物化的勢用即所謂闢潛存著」[57]「所謂物者，只是收凝的勢用即翕之所詐現，並非有實在的物質，但因其現似質礙的東西，卻又不妨名之為物。然復須知，所謂物，也就如其所現的樣子。至於包涵此物與滲透和運行此物之中者，別有所謂剛健的、開發的、不物化的一種勢用，即所謂闢，這個，決定不是從物的自身中產生出來的，而是與現似物相的收凝的勢用即所謂翕，同時俱顯而不可剖分的。……須知，剛健的不物化的勢用即闢，是遍涵一切物而無所不包，是遍在一切物而無所不入。這種勢用，雖與翕而成形的物同為恆轉的顯現，而闢

55　《熊十力全集》卷3，頁99-100。

56　關於闢依據本體而起、為本體自性之顯現，參見《熊十力全集》卷3，頁99、100、104、114；關於闢自為主宰而轉翕從己，參見同卷頁99、101、104、112-113。

57　《熊十力全集》卷3，頁109。

確是不失恆轉的自性。所以，於此而識得本體，亦即於此而可說為本原的」，[58]「即於生生不息，而見為至誠，（自注：至誠，亦實體之別名。此非超越生生不息的萬象而獨在，故於生生不息的萬象，直作至誠觀，便於相對中見絕對。）於流行而識得主宰。……滅故所以生新，大化無有窮盡，森然萬象，皆一真的顯現也。（自注：一真即謂本體。）」[59]

　　需要說明的是，辟與翕雖然共同包含於每一個分殊的功能之中，但由於辟乃如本體自性之呈顯，因而辟在實際上乃是渾全的、無對的、無封畛的、無差別的。熊十力說：「每一個翕既似形成一極小圈子，若有粒子性者然。（自注：注意似字，及若有等字，非實成粒子故。）因此，則運於翕中之辟的勢用，也就和此翕同一小圈子，而這個圈子其實也只是一個動圈。如此一翕一辟之和合而成一圈者，假說為一個功能，亦得謂之一單位。無量的功能，每個都是如上所說。我們應知，功能所以非一合相者，其妙就存乎翕。有翕便有分化，才不是一合相。假使沒有所謂翕就無從顯出對待，無有萬殊可言。據此，則翕是分化的，每一個翕，是自成一極小圈子。今試剋就辟言，此辟是否真個隨翕而分成各個的圈呢？應知，辟的勢用雖運於一切翕之中，恆隨各個的翕而分成各圈，但辟的本身確是渾一的。可分與不可分，於此都不妨說。（自注：辟的勢用，既不同實物，不妨說不可分。他是隨一切翕，而皆運乎其間的，亦不妨說可分。）……統一的辟即是隨各個翕而成為各圈的辟；各圈的辟，也即是統一的辟。豈其有二？」[60]之所以如此，乃是「因為小一，即是大一之凝以成多。而大一本來力用，周流遍運於其所內含的無量小一中者，雖隨小一成多，即於全中有分。然大一自身畢竟無有封畛，無有限量。故全不礙分，而分即是全。一不礙多，而多即是一」。[61]因

---

[58]　《熊十力全集》卷3，頁113-114。

[59]　《熊十力全集》卷3，頁135。熊十力釋「大化」曰「猶言大用」，見同卷頁300。

[60]　《熊十力全集》卷3，頁255-256。另參見同卷頁373。

[61]　《熊十力全集》卷3，頁305。小一即物質宇宙基本單位的別名之一，已見上文；大一即辟，觀熊十力在相同意義上使用「至健至神的力用」、「健進」、「辟」、「大用」、「渾全」、「大一」等詞語可證，參見同卷頁304。

此，闢既殊異於分化的相對的翕，又有別於整全的絕對的體，而為翕與體之中介，以其剛健的力用轉翕從己以至復歸於體。

熊十力又將闢稱為心，他說：「恆轉現為動的勢用，是一翕一闢的，並不是單純的。翕的勢用是凝聚的，是有成為形質的趨勢的，即依翕故，假說為物，亦云物行。闢的勢用是剛健的，是運行於翕之中，而能轉翕從己的，即依闢故，假說為心，亦云心行。」[62]「實則所謂心者，確是依著向上的、開發的、不肯物化的、剛健的一種勢用即所謂闢，而說名為心。若離開這種勢用，還有什麼叫做心呢？……我以為流行無礙而不可剖析的和剛健的與向上的勢用，即所謂闢，這才可說名心。」[63]包括人身在內的一切物都具有闢的勢用，因而也都具有心，所以闢可謂「宇宙的心」。[64]熊十力說：「闢或心是到有機物發展的階段才日益顯著，卻不能因此便懷疑有機物未出現以前，就沒有闢或心這種勢用的潛存。一顆電子的振動，並不是循一定的規律的。電子總是在許多軌道中跳來跳去，他一忽兒在此一軌道上消失，一忽兒在另一軌道又產生，也不是有外力使之然的，這就是由他內部具有闢或心這種勢用為之主宰。不過，這種勢用潛存乎一切物之中，而不易察見耳。……應知，闢或心的勢用，當其潛存的時候，如於有機物未出現，我們無從甄明他闢或心的時候，他確實普遍周浹於翕而將形的一切物，而無所不在。只是他的表現之資具如有機體尚未構成，所以不曾顯發出來，因此，說名宇宙的心。……一一物各具之心，即是宇宙的心；宇宙的心，即是一一物各具之心。」[65]「無機物非無心靈。……無機物資於翕故，凝為形體。亦資於闢故，含有精英。（自注：此中精英一詞，即謂心靈。然不直曰心靈者，蓋在

---

[62] 《熊十力全集》卷3，頁101。

[63] 《熊十力全集》卷3，頁110。

[64] 參見《熊十力全集》卷3，頁109、110、112。

[65] 《熊十力全集》卷3，頁109-110。按前句「一一物各具之心」之「各」誤作「名」，徑改。順便指出，由熊十力所舉的電子運動的例子，可知他對測不準定律是有所瞭解的。《新唯識論》以及熊十力的其他著述中還涉及不少現代科學問題，表明他對現代科學的關注。當然，他對現代科學的解釋則是基於他的哲學觀而作出的。

無機物中，心數未得光顯發皇，只是可說為一種微妙的力用，故名以精英而已。）故謂其無心靈者，甚不應理。」[66]無機物如此，有機物更不待言，「不要說動物，就是在植物中已可甄明這種勢用，如傾向日光及吸收養料等等，都可據以測驗植物具有曖昧的心理狀態。植物的心，實隱然主宰其形幹，而營適當的生活，這是無可否認的」，[67]概括地說，「如生物的發展，由低等生物而至高尚的人類，我們可以見到辟的勢用逐漸伸張，而能宰制乎翕的一切物了。」[68]

當然，如上可見，辟的勢用或曰宇宙的心在宇宙萬物以及人那裡的表現又是有差等的，「這種勢用，要顯發他自己，是要經過相當的困難。當有機物如動物和人類尚未出現以前，這種勢用，好似潛伏在萬仞的深淵裡，是隱而未現的，好像沒有他了。及到有機物發展的階段，這種勢用便盛顯起來，才見他是主宰乎物的」；[69]「無機物之結構，未免鈍濁。極簡單而無精微靈巧之組織，曰鈍。粗笨而不足為心靈發抒之具，曰濁。故雖本具心靈，終亦不得顯發，而疑於無」；[70]「夫自無機物而至有機物與人類，始顯心靈，乃不容已之真所必至者」；[71]「唯人類心靈特著，充其智，擴其量，畢竟足以官天地，府萬物。……故人類之在天地萬物中也，殆猶大腦之在人體內，獨為神明之司，感應無窮之總會焉。自然之發展，至人類而益精粹，心靈於是乎昭現」。[72]即是說，辟的勢用或宇宙的心在無機物和有機物中的植物以及除人以外的動物那裡，或是潛存的、不曾顯發的、不易察見的，或是隱然、曖昧的，總之都是不能完全主宰物的方面因而不免陷於物化的；唯有人類心靈能夠完全彰顯辟的勢用亦即宇宙的心，從而能夠主宰包括自身形軀在內的

---

[66] 《熊十力全集》卷 3，頁 346-347。

[67] 《熊十力全集》卷 3，頁 109。

[68] 《熊十力全集》卷 3，頁 104。

[69] 《熊十力全集》卷 3，頁 109。

[70] 《熊十力全集》卷 3，頁 347。

[71] 《熊十力全集》卷 3，頁 344。

[72] 《熊十力全集》卷 3，頁 345-346。

由翕勢凝成的一切物，而免於物化之虞。正因為人類心靈能夠完全彰顯闢的勢用，而闢乃如本體自性之呈顯，故作為即用顯體之集中體現的即闢顯體，又可進一步歸結為即人心而呈顯本體，熊十力說：「夫心者，以宰物為功，此固是用。而即於用識體，以離用不可得體故。是故剋就吾人而顯示其渾然與宇宙萬有同具之本體，則確然直指本心。人人可以反求自識，而無事乎向外追索矣。」[73]亦因此，所謂體用不二，極而言之也就是本體與人心無二無別，[74]正是在這一意義上，熊十力《新唯識論》才開宗明義即曰：「今造此論，為欲悟諸究玄學者，令知一切物的本體，非是離自心外在境界，及非知識所行境界，唯是反求實證相應故。」[75]由此，熊十力便將把握難以言表的本體的門徑最終落實於人心之中，「新唯識論」的本體－宇宙論也就由此轉入了心性論。

---

[73] 《熊十力全集》卷 3，頁 378。

[74] 熊十力說：「吾心與萬物本體，無二無別，其又奚疑？」見《熊十力全集》卷 3，頁 20。在《新唯識論》中，熊十力多處強調人心與本體的同一性，略見同卷頁 18、21、181、344、377、410、416、417、418、427、429。

[75] 《熊十力全集》卷 3，頁 13。熊十力又說：「設有問言：『既體非外在，當於何求？』應答彼言：求諸己而已矣。求諸己者，反之於心而即是。豈遠乎哉？」見同卷頁 18。

熊十力「新唯識論」之心性工夫論梳釋

　　熊十力認為，雖然本體與人心無二無別，即用顯體或即辟顯體可以歸結為即人心而呈顯本體，但是，呈顯本體的人心卻並不是常人慣習之心。常人慣習之心非但不能呈顯本體，反而恰恰障蔽本體。呈顯本體之心乃是人的真心或曰本心，而障蔽本體之心則為人之妄心或曰習心。熊十力說：「提到一心字，應知有本心習心之分。唯吾人的本心，才是吾身與天地萬物所同具的本體，不可認習心作真宰也。（自注：真宰者，本心之異名。）」[1]

　　關於習心的性質，熊十力指出：「故習心，物化者也，與凡物皆相待相需，非能超物而為御物之主也，此後起之妄也。」「一切壞的慣習的勢力現起，名為習心。」「有取之心，謂習心也。習心常有所追求，常有所執著，故云。」[2]習心又與習氣相關聯，「習心，則習氣之現起者也。其潛伏而不現起時，但名習氣」；「習心，即染汙習氣之現起者是」。[3]此染汙習氣亦即染習「恆有使吾人生活日究乎汙下的傾向」，[4]其主要表現為貪、嗔、癡，「貪者，染著相，謂於自身及一切所追求境，皆深染著，不能蕩然無系故。嗔者，憎恚相，謂於他有情不能容受故，每懷憎惡故。癡者，迷闇相，謂於真理無證解故，即於宇宙本原或人生真性曾不自識故，於一切事不明析故，於諸所作任倒見故。此三本惑，（自注：三者又通名為惑，是一切惑之根本，故云本惑。）一切染業，依之得起。……要之，此三都非本來清淨性海中所固有，只因拘於形骸而始有的。易言之，即吾人的生命，纏錮於物質

---

[1]　《熊十力全集》卷 3，頁 18。

[2]　《熊十力全集》卷 3，頁 20、72、195；另見頁 382、428。

[3]　《熊十力全集》卷 3，頁 374、426；另見頁 376。

[4]　《熊十力全集》卷 3，頁 263。

中，而吾人只是頑然一物，所以無端而起種種惑相。物交物，故染著生；
（自注：吾人拘於形，故自成為一物，以此物與他物交，則有染著，如顏料
之於絲然，欲免於染不得也。）物相排拒，故憎恚生；物本拘礙，故迷闇
生。總之，吾人受拘形骸，或淪溺物質生活中，（自注：物質生活無可歸
咎，只淪溺便成大咎。）才有一切惑業，成為惑習。（自注：即染習。）惑
習潛存，復乘機現起而為新的業，則惑益增盛。此人生所以陷於物化之慘，
無由復其性也」。[5]當然，習氣也有淨習，「如儒者所謂操存涵養，或居敬
思誠種種工夫，皆是淨習。生命之顯發，必由乎是」；「如操存涵養等工
夫，此類作業所成習氣，（自注：操存涵養等工夫，好是吾人自己努力向上
的一種作業，其萌於意與發於身語者，無非清淨。這種作業的餘勢潛存者，
是為淨習。）無障染性故，其潛力恆使吾人生活日益向上故，吾人本來的生
命，恆賴有此淨習而後得顯發」。[6]但是，即使淨習也依然不是本心，而對
本心的呈顯仍有所障礙，熊十力說：「然凡習（自注：凡者，通染淨言
之。）要皆於生命為資具，染習只是不良的資具而已。但人生的通患，常是
把資具當做了本來的生命，不獨染習乘權，是取生命而代之的，即淨習用
事，亦是以人力來妨礙天機，（自注：人力，謂淨習。天機，謂生命。）以
後起的東西（自注：謂淨習。）誤認為本來面目，（自注：謂生命。）人生
之喪其真也久矣。所以前哲用功，染習固克治務淨，即淨習亦終歸渾化。程
子說：『明得盡時，渣滓便渾化。』此間極深微。淨習者，所仗以達於本體
呈露之地也。本體呈露方是明，必使本體毫無蔽障方是明得盡。至此，則淨
習亦渾融無跡，即習乃轉化而成性也。程子所謂渣滓，即指習言。習雖淨，
若未渾化，猶是渣滓也。」[7]更何況人們連這種淨習也很難獲得，「不幸人

5　《熊十力全集》卷 3，頁 266-267；另參見頁 445-452，該處更列出無明（即癡）、
　　貪、嗔、慢、惡見五者為染習的主要表現。

6　《熊十力全集》卷 3，頁 259、262。

7　《熊十力全集》卷 3，頁 263。熊十力另有數處談及淨習，或曰「一旦功行純熟，則
　　業或習乃渾化而與性為一矣」（同卷頁 268）；或曰「習氣畢竟與功能不似也，功能
　　則決不可計為斷故」，而「習氣者，非定不斷，亦非定斷」（同卷頁 273）；或曰

生恆與壞習為緣，當陷入可悲之境」；「眾生只任有漏習氣作主，故習氣便成為生命，而本來的生命反被侵蝕了」；「一般人大抵都為無量無邊的習氣所纏縛固結，而習氣直成為吾人的生命。易言之，即純任習心趣境，而不自識何者為其自家寶藏或本來的心」，[8]可見實際生活中的常人慣習之心，無非由習氣現起之習心而已。

那麼人的本心為什麼會轉變為習氣或習心呢？熊十力解釋其機理說：「習心亦云量智，此心雖依本心的力用故有，（自注：習心非本心，而依本心之作用故有，譬如浮雲非太空，要依太空故有。）而不即是本心，畢竟自成為一種東西。原夫此心雖以固有的靈明為自動因，（自注：固有的靈明，猶言本心的力用。）但因依根取境，而易乖其本。根者，即佛家所謂眼等五根是也。此根乃心所憑以發現之具，而不即是心，亦不即是頑鈍的物質。今推演其旨，蓋即有機物所持有之最微妙的生活機能。其發現於眼處，謂之眼根；發現於耳處，謂之耳根；乃至發現於身處，謂之身根。身處，略當今云神經系。故根者，非即是眼等官體或神經系，但為運於眼等官體或神經系中最微妙的機能而已。此種機能，科學家無可質測。然以理推之，應說為有。此心必憑藉乎根而始發現，故云依根。取者，追求與構畫等義。境者，具云境界。凡為心之所追求與所思構，通名為境。原夫本心之發現，既不能不依借乎根，則根便自有其權能，即假心之力用，而自逞以迷逐於物。故本心之流行乎根門，每失其本然之明。是心借根為資具，乃反為資具所用也。而吾人亦因此不易反識自心，或且以心靈為物理的作用而已。心理學家每從生理的基礎如神經系等來說明心，或徑以心理作物理觀，亦自有故。夫根既假本心力用為己有，而迷以逐物。即此逐物之心，習久日深，已成為根之用，確

「淨習畢竟不可斷。不斷故，恆與根同行，與心相應。故未有心得孤起而無習與俱者也」（同卷頁 392）；或曰「蓋人生本來之性，必資後起淨法，始得顯現」（同卷頁 462）；或曰「人能自創淨習，以顯發天性」（同卷頁 465），云云，似乎在淨習渾化或斷滅從而本心方能完全呈露與本心呈露必待淨習之資方能實現這兩種觀點之間遊移。

8 《熊十力全集》卷 3，頁 259、272、379。

與其固有靈明不相似。而人顧皆認此為心，實則此非本心，乃已物化者也。
此心既成為一物，而其所交接之一切境，又莫非物也。故孟子有物交物之
言，是其反觀深徹至極，非大乘菩薩不堪至此。然是物也，勢用特殊。雖才
起即滅，而有餘勢流轉，如瀑流然，不常亦不斷。不常不斷者，謂其為物，
是個生滅滅生相續不絕的。如前剎那方滅，後剎那即緊相接續而生。剎那剎
那，前前滅盡故不常，後後相續生故不斷。此不常不斷的物事，實為潛在於
吾人生活的內部之千條萬緒互相結合之叢聚體，是故喻如瀑流。此紛紜複
雜，各不相亂，而又交相涉入，以形成浩大勢用的瀑流。當其潛伏於吾人內
在的深淵裡，如千波萬濤鼓湧冥壑者，則謂之習氣。即此無量習氣有乘機現
起者，乃名習心。……習心既異本心，因此其在生活方面，常有追逐外物而
不得饜足之苦。」[9]於是人的本心乃物化，人因而成為私意、私欲、惑障、
染汙的存在，[10]「只徇形骸之私，便成乎惡，王陽明先生所謂『隨順軀殼起
念』是也」，[11]人類社會也就充斥著非道德、反道德或無道德現象，心之本
體當然也被完全障蔽了。

　　不過，雖然人類從無始時來，個體則自形生神發開始，便往往為無量無
邊的習氣所纏縛固結，[12]但是，「從人生的本性來說，畢竟是不墮於形氣
的，是夐然超脫的。因為本性上毫無障染，（自注：譬如太陽，雖有雲霧起
為障染，而其赫然光明之體，恆自若也。雲霧何曾障礙得他，染汙得他。本
性無障染，義亦猶是。）毫無滯礙，毫無虧欠，所以可形容之，而說為吾人
固有的活力。這種活力是精剛勇悍能主宰形氣，而不拘於形氣的。吾人具大

---

[9]　《熊十力全集》卷 3，頁 375-376。另參見同卷頁 20、25、56、385-389、392、426-
　　428，其中頁 385-387 對佛家關於根或根身之說作了比較詳細的解說，頁 426-427 表明
　　熊十力對根的理解不同於佛家本義。

[10]　參見《熊十力全集》卷 3，頁 383。

[11]　《熊十力全集》卷 3，頁 266。

[12]　熊十力解釋「由生化而有的附贅物」說：「附贅物，謂眾生從無始來所有迷執的習
　　氣。」見《熊十力全集》卷 3，頁 189；又說「習氣無論為好為壞，都是自形生神發
　　而始起的」，見同卷頁 261；又說「吾人生活內容，莫非習氣。吾人日常宇宙，亦莫
　　非習氣，則謂習氣即生命可也」，見同卷頁 272。

有的無盡藏，而無待求足於外者，就是這種活力」；[13]「妄緣雖障礙心性，而心性恆自如故，不可變易，即是不隨妄緣遷改，所謂無染是也。譬如客塵，障於明鏡，而明鏡自體，恆自如故，不受客塵汙玷。故拂拭客塵，還復朗鑒。心性亦爾，但舍離妄緣，即還復本來明覺」。[14]只是人的本來心性或固有活力儘管恆常自在，卻並不能於習氣習心之中輕易顯發，「人生梏於形氣，縛於習染，欲其滌除情見，此極難能，矧欲滌除盡淨，談何容易哉？（自注：情見，即緣形氣與習染而始有。）」[15]所以，人若要於習氣習心之中顯發本來心性或固有活力，「一視其有無滌除情見工夫，及其用功純一與否以為斷」，[16]由此，熊十力將心性論導入工夫論。

　　熊十力說：「夫神明沖寂，（自注：神明，謂本心。）而惑染每為之障。（自注：惑染無本根，而足以障礙本心。如浮雲無根，而能障日。）真宰無為，（自注：真宰，謂本心。）而顯發恆資保任。嚴矣哉保任也。真宰不為惑染所障而得以顯發者，則以吾人自有保任一段工夫故耳。保者保持，任者任持。保任約有三義：一、保任此本心，而不使惑染得障之也。二、保任的工夫，只是隨順本心而存養之。即日常生活，一切任本心作主，卻非別用一心來保任此本心也。三、保任的工夫，既是隨順本心，即任此心自然之運，不可更起意來把捉此心。程子所謂未嘗致纖毫之力是也。若起意，則是妄念或習心竊發，而本心已放失矣。善夫陽明學派之言曰：『即工夫即本體。』一言而抉天人之蘊。東土諸哲，（自注：如儒與佛及老聃派）傳心之要皆不外此旨也。工夫則萬行之都稱。行者，修行，亦云進修。吾人日常生活中，不論閒靜時，或動作萬端時，總期念念之間，恆由本心為主，毋任惑染起而間之。然欲致此者，要當有不斷的努力，非廢然放縱而可至也。此云不斷的努力者，即修行或進修之謂。行而曰萬者，修行非一端而已。人各因

---

[13]　《熊十力全集》卷 3，頁 260-261。另參見同卷頁 453。

[14]　《熊十力全集》卷 3，頁 383，熊十力自注曰：「習氣者，妄緣也。」另參見同卷頁 273、389。

[15]　《熊十力全集》卷 3，頁 197。

[16]　《熊十力全集》卷 3，頁 197。

其所偏失而期以自克焉。故修行不泥於一軌也。如佛家有六度，乃至十地等無量行。儒者於人倫日用之地，或以居敬為要，或以主忠信為先，乃至種種，亦非孤尚一行以為法程也。工夫誠至，即本體呈露。若日用間工夫全不得力，則染習熾，邪妄作，斯以障礙本體而喪其真矣。（自注：真謂本體。）故曰『即工夫即本體』，此盡人合天之極則也。工夫只是保任，（自注：無量的工夫，無非保任此本心而已。）原非於本體有所增益。但勿為染習所縛，勿順軀殼起念，（自注：人只為染習所縛，即順軀殼起念，而本心乃梏亡矣。王陽明教學者，每於此處提醒。）而使本心恆為主於中，（自注：恆字吃緊。有不恆時，即本心放失，便無主人公也。）則大明朗乎無極，性海淵兮絕待。（自注：本心即是吾人與萬物同具的本體，故說為性海。）斯以靜涵萬理，（自注：靜謂泯絕外感時。）動應萬變。（自注：動謂事物紛然交感時。）動應則神不可測，靜涵則虛而不屈。是為動靜一原。（自注：吾人日用間，不論靜時動時，通是本體渾然流行。故靜涵萬理者，靜時是本體實現故。動應萬變者，動時是本體實現故。此緣一向工夫沒有鬆懈，所以本體呈露，有動靜一原之妙。若工夫不得力，即染習乘機而起，靜時便昏沉，無從發現涵萬理的本體；動時便浮亂，無從發現應萬變的本體。王學末流，或高談本體，而忽略工夫，卻成巨謬。）」[17]這就將工夫對於轉習（習氣習心）歸本（本心本體）的作用、工夫的方法、工夫與本體的關

---

[17] 《熊十力全集》卷 3，頁 395-396。此段主要標舉保任方法；熊氏言及保任方法者還見於同卷頁 9、195、264、303、380、389、392、397、404、415、417、460。另外熊氏還言及存養（例如同卷頁 56），破除見網（例如同卷頁 189），克治情見（例如同卷頁 199），克己、斷惑、破執（例如同卷頁 259），收心（例如同卷頁 380），存持（例如同卷頁 385），守護根門、不走作（例如同卷頁 389），深造自得、居安資深、左右逢原（例如同卷頁 393），反身而誠（例如同卷頁 413），強恕而行（例如同卷頁 414）等工夫方法，這些工夫方法歸根到底也都是保任本心。保任也就是孟子所謂「勿忘勿助長」，「孟子云勿忘勿助長者，謂吾人涵養的工夫，必於本心念念保任之，勿令放失，故云勿忘。又保任之功，須隨順本心昭靈自在之用，不可著意把持，而欲助其長盛。如欲助長，則是自家習氣用事，斯時本心已被障礙，而不得顯發矣」，見同卷頁 263-264。

係、廢棄工夫的危害以及工夫誠至所達到的境界等等揭示出來。

熊十力反對以輕率的態度對待心性工夫，他引述明儒史玉池之言曰：「今時講學者，率以當下指點學人，此是最親切語。及叩其所以，卻說饑來吃飯困來眠，都是很自然的，全不費工夫。見學者用工夫，便說本體原不如此，卻一味任其自然，縱情縱欲去了。是當下反是陷人的深坑。不知本體、工夫是分不開的。有本體自有工夫，無工夫即無本體。試看樊遲問仁，是未識自家仁體而興問。夫子卻教他做工夫，曰：『居處恭，執事敬，與人忠。』凡是人，於日用間總不外居處、執事、與人這些生活情況。居處時便恭，執事時便敬，與人時便忠。此本體即工夫。學者求仁，居處而恭，仁就在居處。執事而敬，仁就在執事。與人而忠，仁就在與人。此工夫即本體。仁體與恭、敬、忠，分析不開。此方是真當下，方是真自然。若饑食、困眠，禽獸都是這等的，以此為當下，便同於禽獸，豈不是陷人的深坑。且當下全要在關頭上得力。今人當居常處順時，也能恭敬自持，也能推誠相與。及到利害的關頭，榮辱的關頭，毀譽的關頭，生死的關頭，便都差了。則平常恭、敬、忠，都不是真工夫。不用真工夫，卻沒有真本體。故夫子指點不處不去的仁體，卻從富貴貧賤關頭。孟子指點不受不屑的本心，卻從得生失死關頭。故富貴不淫，貧賤不移，威武不屈，造次顛沛必於是，捨生取義，殺身成仁，都是關頭時的當下。此時能不走作，才是真工夫，才是真本體，才是真自然，才是真當下。」[18]熊十力贊道：「玉池這段話，確極真切，……皆不失孔孟精神也。玉池謂有本體自有工夫，無工夫即無本體，此是的然見道語。」[19]

在熊十力看來，心性工夫必須精進以求，「精進數者，對治諸惑故，令心勇悍故，故名精進。由如理作意力故，有勇悍勢用俱起，而葉合於心同所行轉。凡人不精進者，即役於形，錮於惑，而無所堪任。是放其心以亡其生理者也。精進者，自強不息。體至剛而涵萬有，（自注：人性本來剛大，而

---

18 《熊十力全集》卷 3，頁 402-404。按：熊十力所引與《明儒學案‧東林學案‧太常史玉池先生孟鱗》原文頗有差異，但大意無違。

19 《熊十力全集》卷 3，頁 404。

役於形，錮於惑者，則失其性。故必發起精進，以體合乎本來剛大之性。夫性惟剛大，故為萬化之原。）立至誠以宰百為。（自注：誠者，真實無妄，亦言乎性也。立誠即盡性也。百為一主乎誠，即所為無不順性，一切真實而無虛偽。故是精進。）日新而不用其故，（自注：唯其剛健誠實，故恆創新而不守故。）進進而無所於止。故在心為勇悍之相焉。……孔子曰：『我學不厭，而誨不倦也。』又曰：『發憤忘食，樂以忘憂，不知老之將至云爾。』又曰：『忘身之老也，不知年數之不足也。俛焉日有孳孳，斃而後已。』此皆自道其精進之概。總之，人生唯於精進見生命，一息不精進，即成乎死物。故精進終無足也」。[20]所謂「精進終無足」，乃是針對「學者或以悟入冥寂自性，（自注：即本體。）便安於寂，而為止境」的陷身惰性、故步自封、停滯不前狀況而言，熊十力痛斥這種狀況說：「孰謂一旦悟入自性，便可安享現成，無所事事哉！明季王學末流之弊，甚可戒也。（自注：一旦有悟，便安享現成，流入倡狂一路。晚明王學，全失陽明本旨，為世詬病。夫陽明自龍場悟後，用功日益嚴密，擒宸濠時，兵事危急，絕不動心。此是何等本領，然及其臨歿，猶曰：『吾學間才做得幾分。』後學空談本體，非陽明之罪人哉！）」[21]與這種狀況相反，熊十力認為心性工夫應是人生終生不輟的事業，其曰：「至神無相者，雖主乎吾之一身，而吾不能曰反求而得其至足者，更無所事事也。識得本體已，不可便安於寂。要須恆不違真，（自注：恆字吃緊。真謂本心或本體。）勇悍精進，如箭射空，箭箭相承，上達穹霄，終無殞退，如是精進不已，是謂創新不已。如是創新不已，實即本體呈露，其德用流出，無有窮極。故修為進進，（自注：進而不已，曰進進，即精進義。）即是本體顯發無窮。妙用自然，不涉為作，又烏有不寂者乎？是故返本之學，初則以人順天而自強，（自注：人，謂修為的工夫。天者，本體之代詞。工夫實即本體德用之顯發。自強，謂吾人精進不息也。吾人不息的工夫，實即本體德用顯發無窮。人能皆本天性故。）久則即

---

[20] 《熊十力全集》卷3，頁459-460。
[21] 《熊十力全集》卷3，頁419-420。

人而天，純亦不已。（自注：初時工夫猶未純，久則純熟，天理全顯，斯是即人即天。純亦不已者，天德至純、無雜染故。不已者，天之德用，無窮盡故，無止境故。）不已者，彰其剛健。純者，顯其寂寂。然則吾人以知本而創新，創新而返本。到得返本，亦剛健，亦寂寂。何至有陷身惰性之事乎！其陷於惰，必未真證本體者也。」[22]只有通過終生不輟的精進工夫，人生才可能轉習歸本、盡人合天，以虛寂明覺的本心呈顯至無妙有、至寂神化、賅備萬德、具足眾理的本體；[23]同時也才可能主宰翕聚的形軀，控馭逐物的官能，止息利害的計較，超脫外物的拘牽，突破生命的險陷，「染汙不得為礙，戲論於茲永熄，是盛德之至也」，成為熊十力所稱的「無寄真人」或「大自在者」。[24]實際上，將人生導向這種盛德之至的境界，正是熊十力「新唯識論」哲學體系的旨歸，其《新論》九章，由〈明宗〉、〈唯識〉上下、〈轉變〉、〈功能〉上下、〈成物〉而結穴於〈明心〉二章，可以為證；其自謂「三十左右，因奔走西南，念黨人競權奪利，革命終無善果，又目擊萬里朱殷，時或獨自登高，蒼茫望天，淚盈盈雨下，以為禍亂起於眾昏無知，欲專力於學術，導人群以正見」，[25]更是明證。

---

[22] 《熊十力全集》卷 3，頁 418-419。「至神無相者」謂本體，熊十力說「夫本體至神而無相」，見同頁。熊十力〈覆呂澂〉（一九四三年四月十八日）一函中有大致相同的文字，見《熊十力全集》卷 8，頁 442-443。《尊聞錄》有一段記述熊十力關於自創人能的工夫論，極好言語，可與此處相參發明，見《熊十力全集》卷 1，頁 605-608。

[23] 關於本心義相，參見《熊十力全集》卷 3，頁 18。

[24] 參見《熊十力全集》卷 3，頁 370。

[25] 《熊十力全集》卷 1，頁 659。

熊十力「新唯識論」之量論思想梳釋

熊十力說：「本心亦云性智，（自注：從人生論與心理學的觀點而言，則名以本心。從量論的觀點而言，則名為性智。）是吾人與天地萬物所同具之本性。……習心亦云量智」，[1]即是說，從心性工夫論方面而言的本心、習心，從量論（亦即認識論[2]）方面來說則為性智、量智，這兩個論域的共同旨歸都是要將人生導致冥應本體，[3]但前者主要論述人生冥應本體的修為工夫，後者則主要論述人生冥應本體的認識途徑；前者重在行，後者重在知，知行合一，庶幾乎得之。

一、《量論》終未作成之原因

至遲從 1923 年起，熊十力就有心寫作《量論》，在當年出版的《唯識學概論》書首弁言中，他說：「此書區為二部：部甲，《境論》。法相法性目之為境，是所知故。部乙，《量論》。量者量度，知之異名，雖談所知，知義未詳，故《量論》次焉。」[4]但實際上該書內容唯有「部甲境論」之「識相篇」，並無「部乙量論」，熊十力在此只是為作為《唯識學概論》之

1　《熊十力全集》卷 3，頁 374-375；另參見同卷頁 12、16、454、490、528，卷 8 頁 415。

2　熊十力說：「量論，相當俗云知識論或認識論。量者，知之異名。佛家有證量及比量等，即關於知識之辨析也。」見《熊十力全集》卷 3，頁 6；另參見卷 4 頁 397，卷 5 頁 512、661。

3　關於量論旨歸，熊十力說：「我們正以未得證體，才研究知識論。」（見《熊十力全集》卷 3，頁 17）可見量論亦是冥應本體的手段。

4　《熊十力全集》卷 1，頁 45。

組成部分的《量論》預留位置而已。在 1926 年出版的第二種《唯識學概論》緒言中，熊十力又說：「此書凡為二論：曰境論、量論。境論有二：一、法相篇，二、法性篇。量論有二：一、分別篇，二、正智篇。（自注：俗言理智，略當分別。正智者，證體之智。）觀境誠妄，率視其量。故此二論，綺互作焉。」[5]但此書內容也只有「境論一」之「法相篇」，既無「法性篇」，更無「量論」。1930 年出版的《唯識論》導言，基本上重復第二種《唯識學概論》緒言的說法，[6]而該書內容同樣只有「境論一」之「法相篇」而無「法性篇」和「量論」。至 1932 年熊十力完成徹底超脫唯識舊學的《新唯識論》（文言文本），其結構卻仍然承續以往各著，「擬為二部，部甲曰《境論》。……部乙曰《量論》」，只不過「本書才成《境論》，而《量論》尚付闕如」。[7]但此後熊十力對《量論》的安排有了新的考慮，在1934-1935 年間的一篇書札中，他說：「病軀如得漸添生意，將來起草《新論》部乙之《量論》，即當試用新文體。惟文體既變更，則其書成，當離《新論》而別為單行本，即書之題名，亦俟屆時擬定。此意經多番審慮而後決。」[8] 1942 年《新唯識論》（語體文本）之〈初印上中卷序言〉進一步表達了《量論》獨立成書的意思，其曰：「原本擬為二部：曰《境論》，曰《量論》。只成《境論》一部分，《量論》猶未及作。今本則不欲承原本之規畫，如將來得成《量論》時，即別為單行本，故今本亦不存《境論》之目。以《境》《量》二論相待立名，今《量論》既不屬本書組織之內，則《境論》之名亦不容孤立故。」[9]在熊十力關於唯識舊學和新論的一系列著作中，至此不再以「境論」、「量論」兩個部分來設置全書結構，而專屬「境論」的《新唯識論》（語體文本）已自成一部完整的著作。由此體現的

5　《熊十力全集》卷 1，頁 413。

6　參見《熊十力全集》卷 1，頁 497。

7　《熊十力全集》卷 2，頁 8-9。

8　《熊十力全集》卷 2，頁 273。此札收入《十力論學語輯略》之「甲乙錄（甲戌、乙亥合編）」，甲戌、乙亥當 1934-1935 年。

9　《熊十力全集》卷 3，頁 6。

熊十力的隱衷似乎是，《量論》能夠完成當然更好，即或不然，亦不致影響《新唯識論》的完整性，其中透露出熊十力對於寫作《量論》的諸多無奈，觀其慨歎「不卜將有作者起而彌吾缺憾否耶」、「來者悠悠，將有成吾願者乎」云云可知。[10]在《新唯識論》（語體文本，1944）以及後來的《讀經示要》（1945）、《十力語要》（1947）、《讀智論鈔》（1947-1948）、《十力語要初續》（1949）、《摧惑顯宗記》（1950）、《論六經》（1951）等著作以及一些函札中，熊十力反反復復表達了寫作《量論》的志願，不勝枚舉，但這一綿延了近三十年的志願卻並未實現，熊十力最終也沒有寫出《量論》。

熊十力為什麼未能寫出《量論》？他自己反反復復道出了諸多原因，如謂「世變日亟，疾病交摧。（自注：十年來，患腦病、胃墜，常漏髓，背脊苦虛，近方有轉機。）《量論》欲賡續成之，亦大不易」，[11]「吾欲《量論》中詳談理，老當昏世，恐未能也」，[12]「頗欲於《量論》中詳認理智，老來精力乏，未知能否執筆耳」，[13]「吾三十年來含蓄許多意思，欲俟《量論》暢發。而以神經衰弱，為漏髓病所苦，一旦凝思構文，此病輒發，便不可支，此苦非旁人可喻。……《量論》之所以難以寫出者，自度精氣只如此，欲本不苟之心作去，乃大不易耳」，[14]「然以暮境而際明夷，《量論》且未知能作否」，[15]「余擬於《新論》外，更作《量論》，與《新論》相輔而行。老當衰亂，竟未得執筆」，[16]「《新論》刊行之一部分只是談體，但此書孤行，讀者總多隔閡，誠如來函，須完成《量論》為佳。然衰世百艱，又且忽焉老至，精力實不堪用，此誠無可如何」，[17]「誠欲別寫一部《量

10　《熊十力全集》卷3，頁528、798。
11　《熊十力全集》卷2，頁9。
12　《熊十力全集》卷3，頁280。
13　《熊十力全集》卷3，頁429。
14　《熊十力全集》卷3，頁526-528。
15　《熊十力全集》卷3，頁760。
16　《熊十力全集》卷4，頁12。
17　《熊十力全集》卷4，頁195。

論》，恐環境益厄，精力日差，終是難寫出也」，[18]「超知與反知截然不相似，余本欲於為《量論》時暢發之，惜遭時昏亂，不暇及也」，[19]「世亂方殷，老懷愁慘，《量論》未能作，又何堪及此乎」，[20]「余嘗欲通究華梵洋三方思想，別異同，衡得失，以衷諸至當而造《量論》一書。抗戰入川，不遑從事，今衰矣，恐難果此願也」，[21]「因二十年來，每思為《量論》，將取西洋知識論與佛氏《大般若》、儒家《大易》參研並究，而會歸通衢。此業極艱巨，未可粗疏著手。從前大病十餘年，繼以國難十年，民勞國瘁之感，礙吾昭曠深密之思，《量論》竟不獲作，何能別有所事」，[22]「吾欲出入華梵西洋而為《量論》，胸中已有一規模，然非精神飽滿、興會時發，斷不能提筆。人或勸余急寫一綱要，其實綱要二字談何容易。真正著述確是不堪苟且，老而愈不敢苟也。綱要如能作，亦決不同於西洋知識論之內容與體式，自別是一種作意，然暮年意興消沮，恐終不能作也」，[23]凡此均將不能寫作《量論》的原因歸諸世道亂離、疾病折磨以及年老神衰，這些當然都是不能寫作《量論》的原因，但似乎並非主要原因，因為在完成《新唯識論》之後，同樣是在世道亂離、疾病折磨以及年老神衰的條件下，熊十力卻也寫出了《佛家名相通釋》、《中國歷史講話》、《讀經示要》、《中國哲學與西洋科學》、《讀智論鈔》等著作，其中不乏鴻篇巨制；且 1949 年以後，在疾病更甚、年事愈高的情況下，他還完成了《論六經》、《原儒》、《體

---

[18] 《熊十力全集》卷 4，頁 295。

[19] 《熊十力全集》卷 4，頁 377。

[20] 《熊十力全集》卷 5，頁 57。

[21] 《熊十力全集》卷 5，頁 545。

[22] 《熊十力全集》卷 5，頁 660。

[23] 《熊十力全集》卷 5，頁 662。劉虎生等撰〈印行十力叢書記〉曰：「先生原擬為《量論》，（自注：即知識論。）以西洋尚理智思辨，印度佛家雖任思辨，而要歸禪定止觀，中國則於實踐中體現真理，三方各有其特到之精神，當析其異而會其通，毋拘一隅之見。此書若成，則於未來新哲學之發生，所關極巨。先生輒歎老當衰亂，未遑執筆。吾儕猶望杖履餘暇，略提綱領。」（見《熊十力全集》卷 4，頁 24）此或即熊十力所謂「人或勸余急寫一綱要」的原由。

用論》、《明心篇》、《乾坤衍》等著作，因此，不能寫作《量論》的主要原因就不應在於世道、疾病和年歲方面。

熊十力還有一段話涉及不能寫作《量論》的原因，他說：「弟常欲別為一書，以相輔翼，總苦精力不給。大抵此等處最感困難者，為科學知識之缺乏。吾儕不幸少年無治科學機緣，今已老大，夫復何言？每有思維所及，自驚神解，卻未能搜檢各種科學上之材料以為推證之助。即令筆述所懷，反懼單詞奧義，無以取信於人，故提筆而又輟者屢然也。」[24]此所謂「科學知識」或「科學」，大致就是西方學術文化之代稱，觀其所謂「西洋之學科學為主」，[25]及其自陳「我相信，我如生在西洋，或少時喝了洋水，我有科學上的許多材料，哲學上有許多問題和理論，我敢斷言，我出入百家，一定要本諸優厚的憑藉，而發出萬丈的光芒」，[26]「我所以常恨少年時未得出洋，我所差的是科學。若得出洋，我自信要開一道光明」，[27]都是將「西洋」與「科學」相掛搭，可以為證。熊十力對中國傳統知行論及印度佛家量論都有極高造詣，這兩方面的學思準備，對於寫作《量論》是不成問題的。對於西方認識論，他借助於譯著，也確實達到了相當精深的解悟。[28]不過，如果要撰寫一部「通究華梵洋三方思想，別異同，衡得失，以衷諸至當」的體系性的《量論》，僅靠對於西方認識論的這種解悟，而沒有對於西方認識論的直接、全面、系統、深入的把握，無疑還是難以完成的。熊十力所缺乏的正是對於西方認識論的直接、全面、系統、深入的把握，這應該是他不能寫作《量論》的主要原因。

---

[24] 《熊十力全集》卷 4，頁 182。此段話為熊十力與滿革翁討論《新唯識論》所發，熊氏所謂「常欲別為一書，以相輔翼」，雖未點明書名，但當指《量論》無疑。

[25] 《熊十力全集》卷 8，頁 753。

[26] 《熊十力全集》卷 8，頁 759。

[27] 《熊十力全集》卷 8，頁 765。

[28] 熊十力說：「西洋知識論，吾未能直閱外籍，然佛氏有言『於一毫端見三千大千世界』，吾就譯本而窮其所據，察其所持，推其論之所必至，亦可以控其要而知其所抵之域矣。」見《熊十力全集》卷 5，頁 662。

二、量智論與性智論

　　體系性的《量論》誠然沒有寫出，但熊十力關於量論的論說卻大量散見於他的多種著作之中，如其所說：「《量論》雖未及作，而吾之意思於《新論》及《語要》中時有散見，若細心人自可看出。」[29]其實不止《新唯識論》和《十力語要》，在《佛家名相通釋》、《讀經示要》、《中國哲學與西洋科學》、《十力語要初續》、《摧惑顯宗記》、《論六經》等著作中也都有關於量論的論說，這些論說主要包括量智論和性智論。

　　量智亦即理智、思量、思辨、思議、知識、知見、情見、情識、推度等等，熊十力說：「量智，是思量和推度，或明辨事物之理則，及於所行所歷，簡擇得失等等的作用故，故說名量智，亦名理智。……宗門所謂情見或情識與知見等者，皆屬量智」，「思議是發自量智」，「此中量智，謂理智作用，或知識，亦即是情見」，「凡吾所云理智者，即剋就思辨或推度的作用而目之。《新論》亦謂之量智，他只是作用，而不是體」。[30]由於量智亦即習心，故其來源也就如同習心源自本心一樣，乃是等同於本心的性智之發用，熊十力說：「吾人承認有本來固具的性智，則說理智亦是性智的發用，但他是流行於官體中而易為官能假之以自逞，又有習染之雜。他畢竟不即是性智，這是不可混淆的。……須知，妄識亦依性智故有，譬如浮雲雖無根底，亦依太空故有，所謂依真起妄者是也。」「此智，元是性智的發用，而卒別於性智者，因為性智作用，依官能而發現，即官能得假之以自用。易言之，官能可假性智作用以成為官能之作用，迷以逐物，而妄見有外，由此成習。而習之既成，則且潛伏不測之淵，常乘機現起，益以障礙性用，而使其成為官能作用。則習與官能作用，恆葉合為一，以追逐境物，極虛妄分別之能事，外馳而不反，是則謂之量智。故量智者，雖原本性智，而終自成為一種勢用，迥異其本。」[31]量智之根源雖然在於性智的發用，但其發展以至盛

---

[29]　《熊十力全集》卷5，頁205。

[30]　《熊十力全集》卷3，頁16、144、188、548。

[31]　《熊十力全集》卷3，頁12、16。

大，卻是由於物質世界的經驗所得，熊十力說：「元來吾人底理智，雖一方面是依著固有的東西而起之作用，（自注：此中固有的東西，即謂心體，亦即《新論》所謂智。）但其發展，確是從實際生活裡面滋長出來的。他雖有跡先的根據，而畢竟是跡後的東西，（自注：跡先跡後，猶云先天後天。）所以可與知識一例看，而不能說他即是《新論》所謂智。」[32]又說：「所謂量智者，本是從向外看物而發展的。因為吾人在日常生活的宇宙裡，把官能所感攝的都看作自心以外的實在境物，從而辨識他、處理他。量智就是如此而發展來。所以量智，只是一種向外求理的工具。」[33]

熊十力對量智的作用做了充分的肯定，他說：「然玄學要不可遮撥量智者，見體以後大有事在。若謂直透本原便已千了百當，以此為學，終是淪空滯寂，隳廢大用，畢竟與本體不相應。譬之遊斷航絕港而蘄至於海，何其謬耶？大人之學，由修養以幾於見道，（自注：見道，即見體之謂。）唯保任固有性智，而無以染習障之，無以私意亂之，使真宰恆時昭然於中，不昏不昧，只此是萬化根原，通物我為一，陽明詠良知詩：『無聲無臭獨知時，此是乾坤萬有基。』實了義語也。此種境地，豈可由量智入手得來？然到此境地卻又不可廢量智。須知：量智云者，一切行乎日用，辨物析理，極思察推徵之能事，而不容廢絕者也。……然若謂見體便遊乎絕待，可以廢絕量智；抑或看輕量智，以格物致知之學為俗學，無與於大道，此則前賢所常蹈其弊，而吾儕不可復以之自誤而誤人也。」[34]又說：「極萬有之散殊，而盡異可以觀同；察眾理之通貫，而執簡可以御繁；研天下之幾微，而測其將巨；窮天下之幽深，而推其將著。思議的能事，是不可勝言的。並且思議之術日益求精。稽證驗以觀設臆之然否，求軌範以定抉擇之順違，其錯誤亦將逐漸減少，我們如何可廢思議？」[35]對於量智所成就的科學知識，熊十力評價甚高，其曰：「自科學發明以來，其方法與結論，使人類智識日益增進，即人

---

[32] 《熊十力全集》卷2，頁337。

[33] 《熊十力全集》卷3，頁22；另參見同卷頁144、163、164、294。

[34] 《熊十力全集》卷3，頁529-530。

[35] 《熊十力全集》卷3，頁146。

類對於生命之價值，亦大有新意義。略言之：如古代人類對於自然勢力之控制與危害吾人者，唯有仰其崇偉，而莫敢誰何。科學精，而後人有勘天之勝能，可以控制自然，解其危害，而利用之以厚吾生者，猶日進未已。人類知識之權能日高，遂得昂首於大自然之表，取精多，用物宏，其生命力得以發舒，無復窘束之患。此科學之厚惠一也。古代社會，有治人者，治於人者，及貧富與男女間，種種之大不平，幾視為定分而不可易。自科學興，而注重分觀宇宙，（自注：即於宇宙萬象，而分析研究之。）與實事求是之精神。於是對於社會上種種大不平，能析觀，以周知各方之利害。綜核，以確定改造之方針。向之大不平者，漸有以除其偏敝，而納之均平。人道變動光明，已遠過古昔。此科學之厚惠二也。古代人類常屈伏於神權之下，如蠶作繭自縛。科學進步，已不限於實用，而常為純理之探求。見理明，而迷信自熄。人生得解脫神權之束縛，而自任其優越之理性。此科學之厚惠三也。略說此三，而科學之重要已可知。」[36]基於對量智的這種認識，故當有人懷疑熊十力輕視量智時，他斷然反駁道「若疑吾有輕量智之嫌，則或於吾書有未子細看也」。[37]

　　熊十力誠然充分肯定量智的作用和成就，但這種肯定卻是有限度的。量智的限度就在於不可能把握本體，「本體唯是實證相應，不是用量智可以推求得到的。因為量智起時，總是要當做外在的物事去推度，如此，便已離異了本體而無可冥然自證矣」，「所以我們主張量智的效用是有限的。量智只能行於物質的宇宙，而不可以實證本體」，「量智只是推度。推度作用起時，便與所推度為二，而已離自本體矣。量智之效能，自有限度。未可以此證得本體也」。[38]若以量智構畫本體，必然導致將本體視為尋常物事，從而「著物」，因為量智「是從歷練於事物方面而發展的。因此，本量智以窮究

---

[36] 《熊十力全集》卷 3，頁 724-725；另參見卷 1 頁 600，卷 2 頁 313。

[37] 《熊十力全集》卷 3，頁 526。熊十力肯定量智的言論所在多有，參見卷 1 頁 596-600、604-605，卷 2 頁 314，卷 3 頁 200、242、526、580、673，卷 4 頁 12、150、200-201、336-337、377、439，卷 5 頁 10，卷 8 頁 164。

[38] 《熊十力全集》卷 3，頁 21、22-23、752。另參見同卷頁 200。

道理時，總不免依據物理界的經驗去推索。而於理之極至，本不可當做一物事以推之者，彼亦以物推觀。此之謂著物」，[39]如此構畫的所謂「本體」無一不是荒謬的，熊十力斥之為「戲論」，嘲之以「如蛛結網」、「盲人摸象」、「貧子說金」，其曰：「因為吾人的理智作用，是從日常實際生活裡面，習於向外找東西的緣故，而漸漸的發展得來。因此，理智便成了一種病態的發展，常有向外取物的執著相。於是對於真理的探求，也使用他的慣技，把真理當做外在的物事而猜度之。結果便生出種種戲論。（自注：古今哲學家，一人一義，十人十義，百人百義，其不為戲論者有幾？）」[40]「哲學家談本體者，皆任理智去構畫。易言之，即皆以思維，造作如彼如彼義相，說為本體。其實，此等皆是戲論。本體離一切相，意想所構相，決不與實體相應。故非破相，無以顯體。」[41]「世之言哲學者，不求自明，不知反己，唯任理智思構，或知見卜度，只是向外尋求，尋求愈深，去真理愈遠。構畫愈精，迷謬愈甚。（自注：哲學家各有一套理論，如蛛結網，自縛其中而不悟。）」[42]「若夫恃理智或知識，而期有以見體者，此如盲人摸象，只是誤猜。貧子說金，不可得飽。古今墮此陷阱者不少，而終不一悟何耶？」[43]正因為量智不可能把握本體，所以量智雖然能夠得到現象界的真實，卻不可能獲具本體之真善全德，熊十力說：「（由量智成就的）科學所求者，即日常經驗的宇宙或現象界之真。易言之，即一切事物相互間之法則。凡物皆下墜，凡人皆有生必有死，地球繞日而轉，此等法則，即事物之真，即現象界的實在。但此所謂真，只對吾人分辨事物底知識的錯誤而言。發見事物間必然的或概然的法則，即得事物底真相，沒有以己意造作，變亂事物底真相，即沒有錯誤，故謂之真。是所謂真底意義，本無所謂善不善。此真既不含有善的意義，故可與善分別而說。」然而「哲學所求之真，乃即日常經驗

---

[39] 《熊十力全集》卷3，頁294。此所謂「理之極至」即本體之異名。

[40] 《熊十力全集》卷3，頁78-79。此所謂「真理」即本體之異名。

[41] 《熊十力全集》卷3，頁797。

[42] 《熊十力全集》卷3，頁633。另參見同卷頁548。

[43] 《熊十力全集》卷3，頁729。另參見卷2頁309，卷4頁361、574。

的宇宙所以形成的原理，或實相之真。（自注：實相猶言實體。）此所謂真，是絕待的，是無垢的，是從本已來自性清淨，故即真即善。……絕對的真實故，無有不善；絕對的純善故，無有不真。真善如何分得開？真正見到宇宙人生底實相的哲學家，必不同科學家一般見地把真和善分作兩片說去。」[44]總之，量智終究只能纏縛於物質世界而不得超脫，如此，「若性智障蔽不顯，則所有量智唯是迷妄逐物，縱或偶有一隙之明，要不足恃。人生唯淪溺於現實生活中，喪其神明以成乎頑然一物，是可哀可慘之極也」，「夫人生不得超脫有限，以離系，而冥於真極。此人生之至慘也」！[45]「人生畢竟在迷妄中過活，始終不見自性，始終向外狂馳，由此等人生態度而發展其知識技能，外馳不反，欲人類毋自相殘殺而何可得耶」！[46]

　　至於性智，則與量智既有關聯，但又迥然不同。二者的關聯在於，性智並不棄絕感官經驗，因而性智也包具量智的作用，或者說量智就是性智的發用，熊十力說：「《新論》以量智為性智之發用，此義深微。……應知性智者，斥體立名，是克就其超物的意義上說；量智是作用之名，而作用雖云即是本智流行，但其發現也，不能不以形軀或五根為工具，因此便有為工具所累慮。又此作用之發，恆有無量習氣乘機躍現與之緣附若一，故此作用依五根、緣習氣而發，乃易違其本體，可以成為另一物事，而不即是性智也。但若以之與性智截離，如佛氏所謂後得對根本，似無融會處者，則期期以為不可。只要性智得恆為主於中，其發而為量智也，雖依根而不隨根轉，能斷染習而不受雜染，則量智即是性智之流行，體用異故，稱名不一，（自注：依本體而名以性智，依本體之發用而緣慮於事物，乃名以量智。）而實非二物也。」[47]又說：「性智者，即是真的自己底覺悟。……此具足圓滿的明淨的覺悟的真的自己，本來是獨立無匹的。以故這種覺悟雖不離感官經驗，要是不滯於感官經驗而恆自在離系的。他元是自明自覺，虛靈無礙，圓滿無缺，

[44] 《熊十力全集》卷2，頁307-308。
[45] 《熊十力全集》卷3，頁529、729。
[46] 《熊十力全集》卷4，頁353-354。
[47] 《熊十力全集》卷5，頁37-38。

雖寂寞無形，而秩然眾理已畢具，能為一切知識底根源的。」[48]又說：「性智，即仁體也；證量，即由不違仁，而後得此也；思辨，即性智之發用，周通乎萬事萬物，萬理昭著。」[49]而二者的迥異之處則在於，性智能夠把握量智所絕不可能把握的本體，熊十力說：「我們須知道，真理唯在反求。我們只要保任著固有的性智，即由性智的自明自識，而發見吾人生活的源泉。這個在我底生活的源泉，至廣無際，至大無外，至深不測所底，至寂而無昏擾，含藏萬有，無所虧欠，也就是生天生地和發生無量事物的根源。因為我人的生命，與宇宙的大生命原來不二，所以，我們憑著性智的自明自識才能實證本體，才自信真理不待外求，才自覺生活有無窮無盡的寶藏。若是不求諸自家本有的自明自識的性智，而只任量智，把本體當作外在的物事去猜度，或則憑臆想建立某種本體，或則任妄見否認了本體，這都是自絕於真理的。」[50]又說：「故玄學見體，唯是性智，不兼量智，是義決定，不應狐疑。」[51]從根本上說，性智就是本體，熊十力說：「性智者，即是真的自己底覺悟。此中真的自己一詞，即謂本體。在宇宙論中，賅萬有而言其本原，則云本體。即此本體，以其為吾人所以生之理而言，則亦名真的自己。即此真己，在量論中說名覺悟，即所謂性智。」[52]又說：「《新論》卻破除能所對待觀念，乃即吾人與天地萬物所共有之性海而言，則曰真如；克就其在己而言，亦曰自性；更就其主乎己之身而言，復曰本心。即此本心，元是圓明昭澈、無有倒妄，又曰性智。……故智即是如，如即是智，非可以智為能、

---

[48]　《熊十力全集》卷 3，頁 15-16。

[49]　《熊十力全集》卷 4，頁 12。熊十力還說：「經學畢竟可以融攝科學，元不相忤。」此所謂「經學」即指性智，「科學」即指量智，其意乃謂性智「雖以涵養本體為宗極」，但卻包具量智的作用，「而於發展人類之理性或知識，固未嘗忽視也」（見《熊十力全集》卷 3 頁 673）。

[50]　《熊十力全集》卷 3，頁 22。

[51]　《熊十力全集》卷 3，頁 528-529。熊十力還說：「夫冥極實體，廓然無物，此蓋明智之極詣，決非知識所臻。」（見《熊十力全集》卷 1 頁 597）此所謂「明智」即性智之義，而「知識」亦即量智之義。

[52]　《熊十力全集》卷 3，頁 15。

如為所，而判之為二也。」[53]至所謂「性智是本心之異名，亦即是本體之異名」、「本體在人，亦云性智，純淨圓明，而備萬理，是為一切知識之源」、「性智，即本體之名」，[54]此類論說在熊十力著述中所在多有。[55]一旦克盡己私或障染，使心靈得以淨化，性智也就能夠顯發出來，「非克己或斷障至盡，則性智不顯，不得有體認也」；[56]一旦性智顯發，人生便與本體合一，臻於至真至善的境界，熊十力說：「本體就是吾人固有的性智。吾人必須內部生活淨化和發展時，這個智才顯發的。到了性智顯發的時候，自然內外渾融，冥冥自證，無對待相，即依靠著這個智的作用去察別事物，也覺得現前一切物莫非至真至善。」[57]

三、量智、性智與中西文化

熊十力肯定量智和性智皆為人類所共同具有，其曰：「量智云者，一切行乎日用，辨物析理，極思察推徵之能事，而不容廢絕者也。」[58]又曰：「性智是人人本來同具的。雖情見錮蔽，要不無智光微露時。」[59]此即其所謂「人類思想大致不甚相遠，所貴察其異而能會其通也」。[60]不過他又認為，從主導方面來看，西方人畢竟偏重於量智，而以儒佛為代表的東方人（主要落實於中國人）則既不廢量智（但或不免有所輕視量智）而又歸本於性智，由此形成東西（中西）文化的基本差異。他說：「哲學，大別有兩個路向：一個是知識的，一個是超知識的。……西洋哲學，大概屬於前者。中

53　《熊十力全集》卷 3，頁 490。

54　《熊十力全集》卷 3，頁 528，卷 4 頁 7、15。

55　如謂「原來所謂明智，就是個證體之智，換句話說，智即本體」，見《熊十力全集》卷 1，頁 597。「明智」之義說見注 51。

56　《熊十力全集》卷 4，頁 15。

57　《熊十力全集》卷 3，頁 23。

58　《熊十力全集》卷 3，頁 529。

59　《熊十力全集》卷 3，頁 198。

60　《熊十力全集》卷 5，頁 11。

國與印度哲學，大概屬於後者。前者從科學出發，他所發見的真實，只是物理世界底真實，而本體世界底真實，他畢竟無從證會或體認得到。後者尋著哲學本身底出發點而努力，他於科學知識亦自有相當的基礎。（自注：如此土先哲於物理人事亦有相當甄驗。）而他所以證會或體認到本體世界底真實，是直接本諸他底明智之燈，易言之，這個是自明理，不倚感官的經驗而得，亦不由推論而得，所以是超知識的。」[61]又說：「中學以發明心地為一大事，（自注：借用宗門語，心地謂性智。）西學大概是量智的發展，……若肯承認吾前文所說之不謬，即中學歸極見體，易言之，唯任性智，從修養而入，則西學是否同此蹊徑，似不待申辯而知其判然矣。夫體認之境，至難言也。由修養深純，滌除情識而得到之體認，此天人合一之境地，（自注：實則即人即天，合一猶是費詞。）中土哲人所為至卓絕也。西學一向尚思維，其所任之量智，非必為性智顯發而後起之量智也。何者？反求本心，吾似未聞西哲有以此為學者也。夫思想之用，推至其極，不眩則窮。窮與眩異者，眩則思之多端，雜亂而成惑；窮者，思能循律而極明利，然終止乎其不可思，故窮也。思至於窮，則休乎無思，而若於理道有遇焉。此任量智之學者所自以為體認之候也，西哲所有者當不外此，而格以吾先哲之體認，則似之而非也。非從修養入手，則情識未淨。乘思之窮，而瞥爾似有默遇焉，非果與真理為一也。要之，此事難言，必其從事於儒道佛諸氏之學，而非但以見聞知解或考核為務者，有以真知前哲之用心，然後知西哲自有不得同乎此者。……如賢者所說：西哲自昔即有言體認者，然此必非西洋哲學界中主要潮流。猶如晚周名家，似亦偏尚量智，然在中土哲學界終不生影響，可以存而不論。」[62]東西（中西）文化的這種差異各有其長短，「中國人在哲學上，是真能證見實相。所以，他總在人倫日用間致力，即由實踐以得到真理的實現。如此，則理性、知能、真理、實相、生命，直是同一物事而異其名。中人在這方面有特別成功。因此，卻偏於留神踐履之間，如吾兄所謂本

---

[61]　《熊十力全集》卷 1，頁 601。
[62]　《熊十力全集》卷 3，頁 530-531。

身底修養，便不能發展科學」，[63]而「西洋哲學，其發源即富於科學精神。故能基實測以游玄，庶無空幻之患；由解析而會通，方免粗疏之失。西學之長不可掩，吾人儘量吸收，猶恐不及，孰謂可一切拒之以自安固陋哉」，[64]但「西洋哲學，辨物析理極多精闢。然本原莫究，逞臆割裂宇宙，唯心唯物各執一端，余未敢苟同也」，[65]總之，「如上所說，可見中西學問底不同，只是一方在知識上偏著重一點，就成功了科學，一方在修養上偏著重一點，就成功了哲學。中人得其渾全，故修之於身而萬物備。真理元無內外。西人長於分析，故承認有外界，即理在外物，而窮理必用純客觀的方法」，[66]因此熊十力主張東西（中西）會通，他說：「中國哲學，於實踐中體現真理，故不尚思辨。西洋哲學，唯任理智思維，而能本之徵驗，避免空幻。但其探求本體，則亦以向外找東西的態度去窮索，乃自遠於真理而終不悟也。印度佛家，其功修吃緊，只是止觀。其極乎空脫，而造乎幽玄，終以般若為至。蓋止觀雙運，至般若觀空，而後窮於讚歎矣。今後言哲學，必於上述三方，互融其長，而去其短。」[67]「今謂中西人生態度須及時予以調和，始得免於缺憾。中土聖哲反己之學，足以盡性至命，斯道如日月經天，何容輕議？至於物理世界，則格物之學，西人所發皇者，正吾人今日所當挹取，又何可忽乎？今日文化上最大問題，即在中西之辨。能觀異以會其通，庶幾內外交養而人道亨、治道具矣。吾人於西學，當虛懷容納，以詳其得失，於先哲之典，尤須布之遐陬，使得息其臆測，睹其本然，融會之業，此為首基。」[68]

　　東西（中西）會通當然是人類文化的理想取向，但剋就這兩種各有長短的文化比較而言，熊十力認為東方或中國的性智文化要優越於西方的量智文

---

[63]　《熊十力全集》卷 2，頁 308。

[64]　《熊十力全集》卷 3，頁 725。

[65]　《熊十力全集》卷 2，頁 608。另參見卷 2 頁 297。

[66]　《熊十力全集》卷 2，頁 310。

[67]　《熊十力全集》卷 3，頁 798。

[68]　《熊十力全集》卷 4，頁 439。另參見卷 2 頁 310，卷 3 頁 530、629、729-730、735-736、857，卷 4 頁 356、361、566、584，卷 8 頁 648。

化，這是因為性智能夠把握量智所絕不可能把握的本體，從而提升人生道德境界而避免量智所導致的人生因逐物而墮於物化的後果，他說：「西洋人大抵向外發展之念重，努力於物質與社會等方面生活資具之創新，其神明全外馳。夫人之神明，炯然不昧，卓爾無倚，儒者所謂獨體是也。今一意向外馳求，而不務凝然內斂，默然自識，以泯絕外馳之紛，則神明恆與物對，而不獲伸。即失其卓爾無倚之獨體。是則馳外之所獲者雖多，（自注：如自然界之所發見，及一切創造。）而神明畢竟物化。（自注：神明亦成為一物也。）人生不得離有對而入無待，故曰其失也物，此西洋人所不自知其失者也。……然必有象山所謂『先立乎其大』一段工夫，使獨體呈露，自爾隨機通感，智周萬物，畢竟左右逢源。如此，乃為極則。」[69]「若性智障蔽不顯，則所有量智唯是迷妄逐物，縱或偶有一隙之明，要不足恃。人生唯淪溺於現實生活中，喪其神明以成乎頑然一物，是可哀可慘之極也。若修養不懈，性智顯發，則日用間一任性智流行於萬物交錯、萬感紛綸之際，而無遺物以耽空、屏事以溺寂。至靜之中，神思淵然，於物無遺，而於物無滯，是所謂性智流行者，亦即是量智。但此云量智，乃性智之發用，與前云性智障蔽不顯時之量智，絕非同物。從上聖哲為一大事因緣出世，兢兢於明體立極之學，豈無故哉！得此學者，方成乎人，方善其生；否則喪其生而不人矣。」[70]「中夏聖賢之學與西學判天壤者，即聖學是從大體之學，而西洋哲學雖談宇宙論，亦只是各弄一套空理論，與自家履踐處無絲毫關係。從大體之意義，西洋學人根本夢想不到。」[71]因此，熊十力所主張的東西（中西）會通，就不是雙方對等拼合，而是有主有從的，其曰：「今日言哲學，宜向西洋理智、思辨路數多用功夫，然後蕩之以佛老，嚴之以宋明儒，要歸於乾元行健、富有日新、擴充無已之盛。」[72]「西哲之學終須更進，而會吾《大易》忘象忘言之旨。即二氏於此之所獲，其足為西學對治錮蔽者，正不淺

---

[69]　《熊十力全集》卷 3，頁 579-580。

[70]　《熊十力全集》卷 3，頁 529-530。

[71]　《熊十力全集》卷 8，頁 752。

[72]　《熊十力全集》卷 4，頁 150。

耳。」[73]即是說，西方文化固然有其可取之處，但必須提升至以儒道佛為核心的東方文化精神，而歸極於儒家《大易》，才是人類文化的正道。

四、量智、性智的現實境況及其應然取向

與熊十力的期望相反，近現代以來人類文化的趨向不是西方文化向著東方文化的提升，而是東方文化向著西方文化的沉淪，西方量智文化極度擴張，「發展小體到極大極高，無有已至。因為自恃小體之知能可以征服大自然，操縱大自然，改造大自然。知能即是權力。小體有此無限的權力，縱橫於宇宙中，此西洋自希臘而後，到近四百餘年來小體發展之運會也」，[74]受此影響，「歸本躬行」的東方學術因「歐風東漸」而不免於「此意蕩然」，[75]剋就中國而言，「自西洋科學思想輸入中國以後，中國人皆傾向科學，一切信賴客觀方法，只知向外求理而不知吾生與天地萬物所本具之理元來無外。中國哲學究極的意思，今日之中國人已完全忽視而不求瞭解」，[76]「吾國後生，習於西學，亦早喪失固有精神，無可與言矣」，[77]「今後生談哲學者，崇西洋而賤其所固有，苟以稗販知識資玩弄，至將學問與生活分離，仁學絕而人道滅矣」！[78]這種席捲全球的量智文化已經造成極其嚴重的弊害，對於人生來說，「近世學術，重客觀而黜反觀，雖於物理多所甄明，而於宇宙真理、人生真性之體驗，恐日益疏隔而陷於迷離狀態矣」，[79]「人類由科學之道，終不能窮極性命寶藏，即不能濬發與含養其德慧，不能有天地萬物一體之量，不悟性分自足，無待於外之樂。如是，則人類終困於嗜欲無饜之

---

[73] 《熊十力全集》卷 4，頁 574。

[74] 《熊十力全集》卷 8，頁 753。

[75] 《熊十力全集》卷 2，頁 222。

[76] 《熊十力全集》卷 4，頁 202。

[77] 《熊十力全集》卷 8，頁 752。

[78] 《熊十力全集》卷 4，頁 576-577。

[79] 《熊十力全集》卷 4，頁 167。

狂馳，其禍或較抑遏嗜欲而尤烈」，[80]「人生畢竟在迷妄中過活，始終不見自性，始終向外狂馳，由此等人生態度而發展其知識技能，外馳不反，欲人類毋自相殘殺而何可得耶」；[81]對於社會來說，「西洋自科學發達以來，社會與政治上之各種組織日益嚴密。……然組織不可過分嚴密，至流於機械化，使個人在社會中思想與言論等一切無自由分。個人失其思想等自由，即個人全被毀壞。此於社會亦至不利。個人之在社會，如四肢之在全身。四肢有一部失其活動力而全身不利。個人不得自由發展，而社會又何利之有？尤復當知，集團之組織如過分嚴密，則將有梟桀之富於野心者出於其間，且利用此等組織，視群眾如機械而唯其所驅動。將以侵略之雄圖擾亂天下，毀滅人類，而不慮自身與族類亦必與之俱殉。若希特勒之所為是其征也」，[82]「西學精神唯在向外追求，其人生態度即如此。……由向外追求，而其生命完全殉沒於財富與權力之中，國內則剝削貧民，國外則侵略弱小，狼貪虎噬猶不足喻其殘酷，使人與天地不仁之感。受壓迫者一旦反抗，則其報之亦有加無已」，[83]「若夫西人之治，獎欲尚鬥，長此不變，人道其絕矣」，[84]「近世科學技術發展，人類驅於欲望，而機械大備，又不得不用之以求一逞。於是相率趨於爭鬥，而兵器之窮凶極慘，且未知所底」，[85]「大戰之一再爆發，而猶未知所底，是其征也」；[86]對於自然界來說，「西洋人承希臘哲人之精神，努力向外追求，如獵者強力奔逐，不有所獵獲不止。其精神常猛屬辟發，如炸彈爆裂，其威勢甚大。於其所及之處，固有洞穿堡壘之效。……然西洋人雖有洞穿大自然堡壘之偉績，而其全副精神外馳，不務反己收斂以體認天道不言而時行物生之妙，不能超越形限而直與造化者遊，其

---

[80]　《熊十力全集》卷3，頁735。

[81]　《熊十力全集》卷4，頁353-354。

[82]　《熊十力全集》卷4，頁577。

[83]　《熊十力全集》卷4，頁574。

[84]　《熊十力全集》卷3，頁629。

[85]　《熊十力全集》卷3，頁733。

[86]　《熊十力全集》卷3，頁735。

生命畢竟有物化之傷。西洋人固自演悲劇而猶不悟也」，[87]總之，量智文化片面地極度發展，已將人類導入斷潢絕港，「今日人類漸入自毀之途，此為科學文明一意向外追逐、不知反本求己、不知自適天性所必有之結果」，[88]這就是近現代以來人類的深刻危機。

熊十力認為，當今之世，「欲救人類，非昌明東方學術不可」，[89]進而認為「非講明經學，何以挽物競之橫流哉」，[90]「人生如欲超脫有限，離系，而冥真極，則舍六經所云德行修養之功，終無他術」，[91]最終將救世的希望寄託於儒家教旨。針對作為量智文化之集中表現的科學，他說：「科學自身元是知能的。而運用此知能者，必須有更高之一種學術。此更高之學術似非求之儒家《大易》不可。略言其故。《大易》雙闡變易不易二義。自變易言，宇宙萬有皆變動不居，科學所究者固在此方面。自不易言，則太極為變易之實體。而吾夫子於《乾》卦，即用顯體，直令人反求自得者，曰仁而已矣。仁，本心也。其視天地萬物，皆吾一體。……吾人必須識得仁體，好自保任此真源，不使見役於形氣。易言之，吾人日常生活能自超脫於小己軀殼之拘礙，而使吾之性分得以通暢，自然與天下群生同其憂樂，生心動念，舉手下足，總不離天地萬物一體之愛。人類必到此境地，而後能運用科學知能以增進群生福利，不至向自毀之途妄造業也。夫求仁之學，源出《大易》。《論語》全部，苟得其意，不外言仁。宋明諸師猶承此心傳。老持慈寶，佛蓄大悲。真理所在，千聖同歸，非獨儒家以此為學也。」[92]「科學雖於人道，多所發明，然終不涉及本體。其所任者理智，其方法為外求。至於反求諸己，而自得其萬化之源，萬善之宗，真實彌滿，而發以不容已者，此

---

[87]　《熊十力全集》卷4，頁570-571。

[88]　《熊十力全集》卷4，頁294。

[89]　《熊十力全集》卷4，頁294。

[90]　《熊十力全集》卷3，頁629。

[91]　《熊十力全集》卷3，頁729。

[92]　《熊十力全集》卷4，頁575-576。

則經學之所發明，而非科學之所過問。」[93]「孔子《大易》之道，強於智周
萬物，備物致用，而必歸於繼善成性，反本立極，辨小而究於物則，默說而
全其天性，科學知能與哲學智慧之修養二者並進，本末兼賅，源流共貫。此
《易》道之所以大中至正而無弊也。」[94]「頗聞人言，科學似不當向人類自
毀之方向努力，此意甚善。然如何轉移方向，則非識仁不可。非通隱不可。
今後世界學術當本《易》學之隱，以融西學推顯之長，而益發揮本隱之顯之
妙。」[95]這顯然是在肯定科學亦即量智地位、主張東西（中西）會通的基礎
上，強調東方、特別是中國、又特別是儒家性智文化的正當性、至上性和主
導性，觀熊十力所謂「吾以儒學為哲學之極旨，天下有識，當不河漢斯
言。……西洋哲學，紛無定論，當折衷於吾儒。此可百世以俟而不惑也」，
[96]可以為證。也正是由於熊十力對於儒家文化之正當性、至上性和主導性的
信念，從而貞定了他的現代新儒家立場。

---

[93]　《熊十力全集》卷3，頁734-735。

[94]　《熊十力全集》卷4，頁571。

[95]　《熊十力全集》卷4，頁584。

[96]　《熊十力全集》卷3，頁752-753。

《大學》朱王之爭與熊十力的評論

　　《大學》朱王之爭是宋明儒學史上的一椿重要公案，這場爭論展開了程朱理學與陽明心學各自的根本義理，很大程度上規定了此後數百年間士人的依違範圍和抉擇路向，也成為爭訟不已的課題。[1]熊十力先生在中西文化交會的時代背景中，基於自己的平生關切和哲思主旨，對《大學》朱王之爭作了別開生面的評論，其會通朱王的學思成果對於今人把握德性與知性或道德意識與科學認識的關係頗具啟發意義。

一、《大學》朱王之爭概況

　　從唐孔穎達編撰《禮記正義》可見，《大學》為《禮記》四十九篇之第四十二篇。孔穎達採用東漢鄭玄注本，以鄭注將《大學》正文分為四十一段，首四段揭示明明德、親民、止於至善的大學之道以及格物、致知、誠意、正心、修身、齊家、治國、平天下的本末之序，但下文卻並未完全遵照首四段所列節目的次序，而將關於格物知致的內容附於第四段之末，將關於誠意的內容置於第五、六段，將關於止於至善的內容置於第七、八、十一、十二段，將關於明明德的內容置於第九段，將關於親民的內容置於第十段，將關於本末的內容置於第十三、十四段；以下正心修身（第十五段）、修身

---

[1]　嚴格地說，《大學》朱王之爭並非朱子與陽明直接相爭，而首先是陽明單方面對朱子關於《大學》的成說予以辯駁，其次是陽明學派與朱子後學之間的爭論。熊十力先生評論道：「此一爭端，實漢以後吾國學術史上最重要之一問題。直至今日，此問題不獨未解決，更擴大而為中西學術是否可以融通之問題。」（《熊十力全集》第三卷，湖北教育出版社 2001 年版，頁 665）

齊家（第十六段）、齊家治國（第十七至二十一段）、治國平天下（第二十二至四十一段）倒是依次闡述，而這似乎恰可反證上文各節亦當依次闡述，或是由於簡編錯亂散佚才導致內容顛倒闕失。[2]

迄於宋代，二程首先對《大學》文本作了調整和校改。大程子將明明德、親民（新民）、止於至善與格物、致知、誠意、正心、修身、齊家、治國、平天下分為兩段，再將下文相關內容分別依次繫於兩段後面，只有關於止於至善的部分內容和關於本末的內容夾雜在關於治國平天下的內容之中，隱然表現了《大學》分經分傳以及經文分別綱領與條目的思想，而經文所列節目與傳文編排次序也基本相對應。小程子卻將明明德、親民（新民）、止於至善與格物、致知、誠意、正心、修身、齊家、治國、平天下合為一整段，然後將下文相關內容大致按首段節目依次排列，不過將關於本末的內容置於第一（當為第四），將關於格物致知的內容置於第二（當為第五），另外與大程子一樣將關於止於至善的部分內容夾雜在關於治國平天下的內容之中，而治國平天下的內容次序也有某些調動，其經傳相分的意思更加顯豁，但傳文次序與經文節目的對應卻不如大程子整飭。小程子對《大學》文本所做的另一項工作就是校改文字衍訛和比勘文句異同，在「大學之道在明明德在親民」之「親」字後面，小程子批曰「當作新」，因為傳文引《湯之盤銘》、《康誥》、《詩》反復突出「自新新民」，卻並未涉及「親民」；在「子曰聽訟吾猶人也必也使無訟乎無情者不得盡其辭大畏民志此謂知本」句下，小程子批曰「四字衍」，蓋因「此謂知本」在《大學》中兩見，故以一處為衍文；在「身有所忿懥則不得其正」之「身」字後面，小程子批曰「當作心」，因為按照經文節目，「身」乃與「修」相配，「心」方與「正」相配；在「所謂齊其家在修其身者」之前一「其」字後面，小程子批曰「其字衍」，這是比照上下文「所謂修身在正其心者」、「所謂治國必先齊其家者」、「所謂平天下在治其國者」的句式作出的判斷；在「見賢而不能舉舉

而不能先命也」句下，小程子批曰「作怠之誤也」，意即「命」為「怠」之
訛，因為「命」義於此不通，鄭玄以為「慢聲之誤」，釋為「輕慢」，小程
子乃承鄭玄而轉釋為「怠」；在「彼為善之小人之使為國家」句下，小程子
批曰「一本云彼為不善之小人使之為國家」，這表明小程子之時《大學》尚
有不同版本。[3]二程的工作實為朱子《大學》改本導夫先路。

　　朱子高度肯定二程對《大學》所做的工作，其曰：「河南程氏兩夫子
出，而有以接乎孟氏之傳，實始尊信此篇而表章之，既又為之次其簡編，發
其歸趣，然後古者大學教人之法，聖經賢傳之指，粲然復明於世。」[4]他自
承踵武二程曰：「雖以熹之不敏，亦幸私淑而與有聞焉。」[5]但是他對二程
的工作卻並不完全滿意，認為經二程改正的《大學》「為書猶頗放失」，[6]
所以他便「因程子所定，而更考經文，別為序次」，[7]「間亦竊附己意，補
其闕略」，[8]從而成就了《大學章句》一書。所謂「別為序次」，就是對
《大學》文序再加調整，明確分別經一章與傳十章；將經一章中明明德、親
民（新民）、止於至善概括為三綱領，將格物、致知、誠意、正心、修身、
齊家、治國、平天下概括為八條目；而傳十章就嚴格按照釋明明德、釋新
民、釋止於至善、釋本末、釋格物致知、釋誠意、釋正心修身、釋修身齊
家、釋齊家治國、釋治國平天下的次序編排。朱子解釋如此調整的用意說：
「前四章統論綱領指趣，後六章細論條目功夫。其第五章乃明善之要，第六
章乃誠身之本，在初學尤為當務之急，讀者不可以其近而忽之也。」[9]表明
三綱領自為一單元，乃德業成就的極致或大學之道的歸宿，而八條目則是三
綱領得以實現的工夫。朱子此言似將傳五章所釋格物致知與傳六章所釋誠意

3　二程對《大學》所做的工作，見《程氏經說》卷六〈明道先生改正大學〉、〈伊川先
　　生改正大學〉。

4　《四書集注》，嶽麓書社 1998 年版，正文頁 3。

5　《四書集注》，正文頁 3。

6　《四書集注》，正文頁 3。

7　《四書集注》，正文頁 7。

8　《四書集注》，正文頁 3。

9　《四書集注》，正文頁 20。

同等看待，但深察其對傳六章所作的說明有謂「故此章之指，必承上章而通考之，然後有以見其用力之始終，其序不可亂而功不可闕如此云」，[10]可知他認定格物致知比誠意更為根本。然則格物與致知兩節的關係又如何？從朱子所作〈格物致知補傳〉可見端倪。

《大學》關於格物致知的內容只有「此謂知之至也」一句，朱子曰：「此句之上別有闕文，此特其結語耳。」又曰：「蓋釋格物致知之義，而今亡矣。」於是他便「補其闕略」，作〈格物致知補傳〉曰：「所謂致知在格物者，言欲致吾之知，在即物而窮其理也。蓋人心之靈莫不有知，而天下之物莫不有理，惟於理有未窮，故其知有不盡也。是以大學始教，必使學者即凡天下之物，莫不因其已知之理而益窮之，以求至乎其極。至於用力之久，而一旦豁然貫通焉，則眾物之表裏精粗無不到，而吾心之全體大用無不明矣。此謂物格，此謂知之至也。」[11]所謂「欲致吾之知，在即物而窮其理」，「惟於理有未窮，故其知有不盡」，「大學始教，必使學者即凡天下之物，莫不因其已知之理而益窮之」，都表明了格物或即物窮理乃是致知的源頭，這就確立了格物在作為實現三綱領之工夫的八條目中的始基地位，也正由此而展開了程朱理學的根本義理，即只有通過持之以恆（用力之久）地認識萬事萬物所賦得的天理（眾物之表裏精粗無不到），方可在知性明澈（一旦豁然貫通）的基礎上達至德性的朗現（吾心之全體大用無不明）。朱子這種取徑於知性而後趨歸德性的迂迴成德論，雖然在當時就被陸象山譏為「支離事業竟浮沉」，[12]但隨著朱子地位自宋理宗以後逐漸升格及其包括《大學章句》在內的《四書章句集注》從元仁宗開始成為科舉取士的基本程式，朱子《大學》改本也就成為士人乃至民眾修業進德的指標，以至青年王陽明也曾遵循這一指標從事格竹子的實踐而以罹疾告終。[13]

陽明格竹子的痛苦經歷當使他對朱子格物說產生深刻的失望和懷疑，也

10　《四書集注》，正文頁 12。

11　《四書集注》，正文頁 11。

12　《陸九淵集》卷三十四〈語錄上〉。

13　參見《王陽明全集》，上海古籍出版社 1992 年版，頁 1223。

應該是他後來龍場大悟「聖人之道，吾性自足，向之求理於事物者誤也」的遠因。[14]陽明大悟之後，便理所當然地要否定他所認定的求理於事物之誤，實質上也就是要顛覆朱子的格物說。他從重刻《大學》古本（亦稱舊本）入手，以不分經傳且不按所謂三綱領八條目次序編排的古本抵消通行於世的朱子改本，由此當然也就摒棄了作為朱子格物思想之集中體現的〈格物致知補傳〉。其曰：「舊本析而聖人之意亡矣。……合之以敬而益綴，補之以傳而益離。吾懼學之日遠於至善也，去分章而復舊本，傍為之什，以引其義。庶幾復見聖人之心，而求之者有其要。」[15]這是將程朱對《大學》古本的分析綴合提到喪失聖人之意的嚴重程度，將朱子所謂「無不敬而安所止」亦即通過敬而達到止於至善指為枝蔓，[16]將朱子〈格物致知補傳〉指為支離，而以恢復古本並作〈大學古本傍釋〉為重新呈現聖人本義。[17]陽明進一步對《大學》的旨要及其各節目的意涵、關係和地位作出自己的闡釋，其曰：「《大學》之要，誠意而已矣。誠意之功，格物而已矣。誠意之極，止至善而已矣。止至善之則，致知而已矣。正心，復其體也；修身，著其用也。以言乎己，謂之明德；以言乎人，謂之親民；以言乎天地之間，則備矣。是故至善也者，心之本體也。動而後有不善，而本體之知，未嘗不知也。意者，其動也。物者，其事也。至其本體之知，而動無不善。然非即其事而格之，則亦無以致其知。故致知者，誠意之本也。格物者，致知之實。物格則知致意誠，而有以復其本體，是之謂止至善。聖人懼人之求之於外也，而反復其辭。……是故不務於誠意而徒以格物者，謂之支；不事於格物而徒以誠意者，謂之虛；不本於致知而徒以格物誠意者，謂之妄。支與虛與妄，其於至

---

[14] 參見《王陽明全集》，頁 1228。陽明大悟的近因當是疏劾劉瑾所遭受的人事磨難。

[15] 《王陽明全集》，頁 243。

[16] 朱子之言見《四書集注》，正文頁 9。

[17] 〈大學古本傍釋〉見《王陽明全集》，頁 1192-1197。從〈大學古本傍釋〉所引《大學》文本次序可知，陽明之古本與孔穎達《禮記正義》之《大學》篇相一致。熊十力先生也說：「陽明並依《禮記大學》篇，定為古本。」（《熊十力全集》第三卷，頁665）

善也遠矣。……乃若致知，則存乎心；悟致知焉，盡矣。」[18]顯而易見，陽明此處對《大學》各節目的闡釋相當絞繞，似乎存心打亂朱子改本的次序，消解格物的始基地位，或許也體現了上根人物思維之靈動；不過稍加梳理還是大致可以把握他的思路。他以誠意亦即意歸於誠作為《大學》的旨要，以格物亦即端正事物作為誠意得以成功的前提，[19]以止至善作為誠意的極致；但意作為心受事物誘導之發動，究竟誠不誠或善不善尚在兩可之間，[20]唯有心之本體之知為至善而無不善，知推致於事物並落實於端正事物，[21]方能使心基於正當事物而發動誠意從而止於至善，所以致知乃是誠意的根本，也是止至善的準則；如果不以致知為根本而一味從事格物或誠意，結果都只能是虛妄，不可能臻於至善，因此陽明概歎「悟致知焉，盡矣」！這就將致知置於《大學》的始基地位，而格物、誠意、正心、修身、齊家、治國、平天下都等而後之，明明德和親民也只是致知在體與用、己與人或內與外方面的終極成就而已。致知正是陽明心學的根本義理。

朱子格物說和陽明致知說都以成德為旨歸，但格物說首重對事物的認識，從認識論趨歸德性論，由此可能在德性修養的過程中獲致事理物則的明晰，但其偏至也可能沉溺於事物而遺忘或放棄德性目的；致知說直捷了當肯定德性自足，專致於以德性賦予事物以當然之理並格正其非理，由此可能高揚道德主體性並挺立道德自信心，但其偏至則可能導致師心自用、倡狂恣肆而昧於事物且悖於天理，可謂彼亦一是非，此亦一是非。陽明學雖然始終沒有取得正統地位，但因陽明以功勳大臣倡導學術，在朝野士大夫中具有廣泛

---

18 《王陽明全集》，頁 242-243。

19 關於格物，陽明曰：「格者，正也，正其不正以歸於正之謂也。」（《王陽明全集》，頁 972）又曰：「事事物物皆得其理者，格物也。」（《王陽明全集》，頁45）

20 關於誠意，陽明曰：「凡意之所發必有其事，意所在之事謂之物」，「然意之所發，有善有惡，不有以明其善惡之分，亦將真妄錯雜，雖欲誠之，不可得而誠矣。故欲誠其意者，必在於致知焉。」（《王陽明全集》，頁 971-972）

21 關於致知，陽明曰：「致吾心良知之天理於事事物物，則事事物物皆得其理矣。致吾心之良知者，致知也。」（《王陽明全集》，頁45）

影響，後學興盛，支派繁衍，即使在明清鼎革之際一度受到王船山、顧炎武、顏習齋等人批判，卻仍足以與作為正統的朱子學分庭抗禮，所以致知說與格物說的爭論也就一直持續下來。

二、熊十力對《大學》朱王之爭的評論

　　熊十力先生對《大學》朱王之爭的關注和評論，幾乎貫穿於他的漫長學術生涯。現今可見熊先生最早言及這一爭論的是收入 1930 年印行的《尊聞錄》中的答弟子問，其曰：

> 伊川首言「性即理」也，至陽明乃易其詞，而唱「心即理」之論。其時為朱子之學者，則宗朱子〈大學格物補傳〉，而主理在物，非即心，以詆陽明。於是陽明益自持之堅，以與朱派之學者相非難。實則朱子〈格物補傳〉亦宗伊川。伊川嘗說「在物為理」，陽明卻道這話不通，要於在字上添一心字，說「心在物為理」才是云。……他底極端的「心即理」說，未免太過。沒有心，固無以見物之理，然謂「心即理」，則理絕不因乎物，如何得成種種分殊？即如見白不起紅解，見紅不作白了，草木不可謂動物，牛馬不得名人類，這般無量的分殊，雖屬心之裁別，固亦因物的方面有以使之不作如是裁別不得者也。而陽明絕對的主張「心即理」，何其過耶？又講哲學者，應該認定範圍。物不離心獨存，此在哲學另是一種觀點。若依世間底經驗說來，不妨承認物是離心獨存的，同時不妨承認物自有理的。因為現前事物，既不能不假定為實有，那末，不能說他是詭怪不可把捉的，不能說他是雜亂無章的，他自有定律法則等等，令人可以摹准辨析的。即此定律法則等等名之為理，所以物自有物之理，而非陽明所謂即心的。伊川「在物為理」之說，按之物理世界，極是極是，不須陽明於在字上添一心字，心不在，而此理自是在物的。陽明不守哲學範圍，和朱派興無謂之爭，此又其短也。吾今日因汝之問而答之，曉曉不已

> 者，則以「心即理」與「理在物」，直是朱子陽明兩派方法論上之一
> 大諍戰。主「心即理」者直從心上著工夫，而不得不趨於反知矣。主
> 「理在物」者便不廢致知之功，卻須添居敬一段工夫，方返到心體上
> 來。朱學以明體不能不有事於格物，主張甚是。王學力求易簡直捷，
> 在哲學上極有價值，惜不為科學留地位。[22]

這段圍繞朱王格物觀的評論發表於「新唯識論」哲學體系完成之前，或可視
為熊先生學思尚未成熟時的觀點，不過其中對於程朱格物明體思想的肯定以
及對於陽明物不離心主張的有限度的批評，卻是熊先生評論朱王之爭的複調
結構中的基調之一，所以在《新唯識論》文言本乃至語體本出版後，熊先生
還是不斷地說：「弟於《大學》，取朱子〈格物補傳〉，亦出此之故也。朱
子是注重修養的，也是注重知識的，他底主張恰適用於今日。陸王便偏重修
養一方面去了。」[23]「《大學》格物，當從朱注。……王陽明〈大學問〉發
明仁體，羅念庵稱其切要是也，而反對程朱〈大學格物補傳〉，則有體而無
用，甚違經旨，其末流成為禪學，為世詬病，有以哉！」[24]「朱子以致知之
知為知識，雖不合《大學》本義，卻極重視知識，而於魏晉談玄者揚老莊反
知之說及佛家偏重宗教精神，皆力矯其弊，且下啟近世注重科學知識之
風」，「程朱說理在物，故不能不向外尋理，由其道，將有產生科學方法之
可能」，「陽明以為善去惡言格物，不免偏於道德實踐方面，而過於忽視知
識，且非《大學》言格物之本義。」[25]「如只言致良知，即存養其虛明之本
體，而不務格物，不復擴充本體之明以開發世諦知識，則有二氏淪虛溺寂之
弊，何可施於天下國家而致修齊治平之功哉？故格物之說，唯朱子實得其
旨，斷乎不容疑也。古今談格物者凡六十餘說，要以朱子、陽明為大宗，而

22　《熊十力全集》第一卷，頁 601-603。
23　《熊十力全集》第二卷，頁 314。
24　《熊十力全集》第三卷，頁 582。
25　《熊十力全集》第三卷，頁 666-667。

朱子義長。」²⁶「余於《大學》格物，不取陽明，而取朱子。」²⁷「陽明
《大學問》始就吾心與天地萬物痛癢相關處指示仁體，庶幾孔顏遺意；惜其
忽視格物，卒莫能復儒之真也。」²⁸以至在 1954 年所作的《原儒》中，他
還說「陽明學派反對程朱〈大學格物補傳〉而譏其向外求理，實則就格物學
而言，非向外求理固不可。陸王後學誤陷於反知與遺物之迷途，而不自悟其
失也」，²⁹甚至到 1961 年出版的《乾坤衍》還指陽明「獨惜其雜染禪法，
喪失孔子提倡格物之宏大規模，王學終無好影響，此陽明之巨謬也」。³⁰

　　由於格物說乃是通過朱子《大學》改本、特別是〈格物致知補傳〉表達
出來，所以熊先生既肯定格物說，也就取改本而舍古本，從朱傳以補缺失，
相應地采新民而棄親民，其曰：「夫新民之義，宏遠極矣。而守文之徒輒欲
因仍訛誤，不顧經之自釋有〈湯銘〉、〈康誥〉諸明文，乃以新作親，雖以
陽明之睿智，猶樂沿用古本，吾不知其何為如此。」³¹又曰：「朱子〈補
傳〉之作，實因經文有缺失而後為之，非以私意妄增也。」³²熊先生還贊成
對《大學》文本分經傳以矯籠統，遵朱說而稱綱目，其曰：「陽明講《大
學》誠意處，談好惡確誤，吾《示要》已辨之。然只不應以此解《大學》誠
意傳文，其義亦自有適當處。」³³此所謂「《大學》誠意傳文」顯然相對經
文而言；又曰：「《大學》首章，以三綱領開端，繼以八條目。」³⁴所有這
些都是對程朱《大學》工作的認同，當然也就同時是對陽明關於《大學》的

26　《熊十力全集》第三卷，頁 670。

27　《熊十力全集》第五卷，頁 11。

28　《熊十力全集》第六卷，頁 210。

29　《熊十力全集》第六卷，頁 343。

30　《熊十力全集》第七卷，頁 583。

31　《熊十力全集》第三卷，頁 642。《讀經示要》疏釋《大學》首章，所引三綱領徑作
　　「在明明德，在新民，在止於至善」，下文對「親」當作「新」且多有辨說（《熊十
　　力全集》第三卷，頁 629、639-645）。

32　《熊十力全集》第三卷，頁 668。

33　《熊十力全集》第八卷，頁 353。

34　《熊十力全集》第三卷，頁 664。

某些觀點的背離。

　　但是在致知一節，熊先生的評論就幾乎倒轉過來了。他說：「朱子《集注》訓致知之知曰：『知猶識也。推極吾之知識，欲其所知無不盡也。』夫人之知識是否可推極以至無不盡，姑置勿論，而知識多者遂可誠意正心乎？此則吾所不敢苟同者。」[35]對朱子致知說表示質疑並且不同意。而他評論陽明致知說則曰：「陽明以致知之知為本心，亦即是本體，不獨深得《大學》之旨，而實六經宗要所在，中國學術本原確在乎是。中國哲學由道德實踐而證得真體（自注：真體猶云宇宙本體），異乎西洋學者之搏量構畫而無實得（自注：無實得者，言其以窮索為務，終不獲冥應真理，與之為一也），復與佛氏之畢竟歸寂者有殊。且學者誠志乎此學，則可以解脫於形累之中而獲得大生命，通天地萬物為一體。今後人類之需要此等哲學，殆如饑渴之於飲食，否則人道熄而其類將絕矣！」[36]可謂評價極高。熊先生又說：「致之為言盡也。朱子訓為推極，亦通。盡者，謂識得良知本體，便存持勿失，使其充塞流行，無有一毫虧蔽也（自注：充塞言其全體呈現，流行言其大用無息）。」[37]熊先生復引陽明之言統釋致知之義為「致吾良知之天理於事事物物，則事事物物皆得其理」，[38]這當然就將作為三綱領實現之工夫的八條目的始基落實在致知一節了，故熊先生說：「《大學》首章以三綱領開端，繼以八條目，卻自平治齊修正誠一層一層遞推，歸本到致知上，向後只格物一條目，便換語氣，足見致知處正是會歸本體，直揭心源。」[39]這是遵從陽明而與朱子迥異其趣的，由此形成熊先生評論朱王之爭的複調結構。

　　其實僅從《大學》行文的語氣並不足以支持致知作為八條目的始基，因

---

[35]　《熊十力全集》第三卷，頁663。

[36]　《熊十力全集》第三卷，頁666。

[37]　《熊十力全集》第三卷，頁662。

[38]　《熊十力全集》第三卷，頁665。

[39]　《熊十力全集》第三卷，頁664。熊先生還說：「八條目中，一層一層逐次總歸到致知上，向後格物一層便以致知為本，致知之知即是良知。」「經文自欲明明德於天下者先治其國，向下逐層推到致知而止，更不曰欲致其知者先格其物。」（《熊十力全集》第三卷，頁646、667）

為《大學》雖然在「欲誠其意者先致其知」一句後面換一種說法曰「致知在格物」，似乎不如前一句顯然以致知作為誠意的前提那樣也以格物作為致知的前提，但是緊接著「致知在格物」句後的「物格而後知至」一句卻又明確表達了格物先於致知的意思，[40]所以行文語氣說只能視為門面語，而熊先生遵從陽明以致知作為始基乃是另有考慮。他說：

> 陽明嘗曰：為學須得個頭腦。致良知是學問大頭腦。如不能致良知，而言即物窮理，則是徒事知識而失卻頭腦，謂之支離可也。今已識得良知本體，而有致之之功，則頭腦已得，於是而依本體之明去量度事物，悉得其理，則一切知識即是良知之發用，何至有支離之患哉？良知無知而無不知（自注：非預儲有對於某種事物的知識，曰無知。而一切知識要依良知得起，若無良知本體，即無明辨作用，如何得有對於事物之經驗而成其知識乎？故良知是一切知識之源，所以說為無不知），如事親而量度冬溫夏清與晨昏定省之宜，此格物也，即良知之發用也。入科學試驗室而量度物象所起變化是否合於吾之所設臆，此格物也，即良知之發用也。當暑而量舍裘，當寒而量舍葛，當民權踐蹦而量度革命，當強敵侵凌而量度抵抗，此格物也，皆良知之發用也。總之，以致知立本（自注：致知即本體呈現，主宰常定，私欲不得亂之，故云立本）而從事格物，則一切知識莫非良知之妙用，夫何支離之有乎？[41]

這就是說，如果專務格物，只能得到一些支離破碎的知識；而以致知亦即良知推擴主導格物，便能使知識合乎天理人道，所以致知是格物的大頭腦。熊先生重申此旨曰：「然已致知，已見體者，則其格物也，即此良知之應物現

---

[40] 熊先生說：「『物格而後知至』者，至，極也。言於物能格量而得其則，然後良知之用乃極其盛也。」（《熊十力全集》第四卷，頁406）不啻肯定了格物先於致知。

[41] 《熊十力全集》第三卷，頁668-669。

形隨緣做主。」[42]

　　熊先生固然遵從陽明以致知作為八條目的始基，但卻並不同意陽明特別是其後學忽視格物，這一點從上文所引熊先生論說已可略見，而他對陽明及其後學忽視格物的批評尚所在多有，如謂「然陽明說《大學》格物，力反朱子，其工夫畢竟偏重向裏而外擴終嫌不足」，[43]「然陽明反對格物，即排斥知識，則由其學雜老與禪，遂成此大錯」，[44]「（陽明）末流不免為狂禪或氣矜之雄，卒以誤國。陽明教人，忽略學問與知識，其弊宜至此也」，[45]「陽明後學多喜享用現成良知而忽視格物，適以自誤，此亦陽明講格物未善所至也」。[46]不過他又力圖為陽明開脫而曰：「陽明歿後，凡為致良知之學而至於不事格物者，皆非陽明本旨也，而論者歸咎陽明可乎？陽明安定西南功績赫然，不格物而能之乎？」[47]這更構成熊先生評論朱王之爭的多重複調結構。總而言之，熊先生在此表達的意思是致知必須導向格物，他說：「夫經言致知在格物者，言已致其知矣，不可以識得本體便耽虛溺寂而至於絕物，亡緣返照而歸於反知（自注：亡緣者，泯絕外緣也。返照者，《論語》所云『默識』，《莊子》所云『自見自明』，佛氏所云『內證』，皆是也。陽明後學或只求見本體，而疏於格物，不復注重知識之鍛煉，晚明諸老如亭林、船山等病其空疏，亦有以也），此經之所以結歸於在格物也。」[48]熊先生進一步強調格物對於致知的重要作用，他說：

　　　　夫周於格物，乃以極盡良知之用而無所虧蔽，則發念皆當，匪獨私欲
　　　　不得相干，而良知之明由量度於物理者，愈精而愈增，則無誤犯之

[42]　《熊十力全集》第三卷，頁 669。

[43]　《熊十力全集》第五卷，頁 8，另見第八卷頁 357。

[44]　《熊十力全集》第七卷，頁 254。

[45]　《熊十力全集》第三卷，頁 690。

[46]　《熊十力全集》第四卷，頁 407。

[47]　《熊十力全集》第六卷，頁 634。

[48]　《熊十力全集》第三卷，頁 668。

愆，故曰知至而後意誠也。夫人不幸而作惡以自欺其本意者，非獨私
欲之為累也，蓋有發念之初，公私之辨未明，結果遂成乎私，而違其
本意。此其所由然，蓋只於靜中從事致知，務涵養本體，而罕於動應
之地注重格物工夫。其本體或良知之明雖未嘗不炯然在中，但空守其
明，卻未嘗量度於庶物而得其則，則未能極盡良知之妙用，而審事恒
疏，應物常誤。前世理學家不獨以短於實用見譏，而行事亦頗有不為
人所諒者，蓋亦格物工夫太缺略，而良知之妙用不能充之以極其盛，
則擇善不精，而動念即乖，以欺蔽其本意。故必格物而後良知之功用
始極其盛，良知愈精明則擇善必精而執之也固，私欲不得相侵，故曰
知至而後意誠也。[49]

由此，熊先生便趨向於會通朱王、兼綜格致的理論旨歸，他說：「余以為致
知之說，陽明無可易；格物之義，宜酌採朱子。」[50]「夫推擴吾良知之明去
格量事物，此項工夫正因良知本體元是推擴不容已的，工夫只是隨順本體，
否則無由實現本體，此不可不深思也。哲學家有反知者，吾甚不取。明乎
此，則吾言致知格物，融會朱王二義，非故為強合，吾實見得真理如此，朱
王各執一偏，吾觀其會通耳。」[51]這種會通就是以良知本體主導格物工夫，
在以德統知的前提下達至德知雙彰，從而使《大學》朱王之爭歸於整合。在
學術脈絡上則是以經過揚棄的陽明心學為主而接納經過揚棄的程朱理學，構
成熊先生學術思想體系的一個組成部分，也成為現代儒學新的形態之一。

三、熊十力評論《大學》朱王之爭的動因及其意義

　　熊先生是在中西文化交會的時代背景下進行《大學》朱王之爭評論的。
其時西方文化基於精研事物理則而取得的先進科技成就致使中國知識界形成

---

[49] 《熊十力全集》第三卷，頁 670-671。
[50] 《熊十力全集》第三卷，頁 667。
[51] 《熊十力全集》第四卷，頁 405。

了強勁的科學思潮，這一點由 1923 年科玄論戰中科學派的盛大氣勢以及玄學派也承認科學在物質領域中的重要作用而表現出來。[52]熊先生受時代思潮的影響，對科學的作用作了充分肯定，他說：「自科學發明以來，其方法與結論使人類智識日益增進，即人類對於生命之價值亦大有新意義。略言之：如古代人類對於自然勢力之控制與危害吾人者，唯有仰其崇偉而莫敢誰何。科學精而後人有勘天之勝能，可以控制自然，解其危害，而利用之以厚吾生者猶日進未已。人類知識之權能日高，遂得昂首於大自然之表，取精多，用物宏，其生命力得以發舒，無復窘束之患。」[53]而要成就科學，基本的方式就是通過廣泛深入地認識客觀事物，以獲得系統精確的科學知識，這在當時是以科學為主的西學之長，[54]但是朱子〈格物致知補傳〉所謂「欲致吾之知，仕即物而窮其埋」卻早已表達過這一思想，所以熊先生認為朱子格物說「下啟近世注重科學知識之風」，「由其道，將有產生科學方法之可能」；[55]且「朱子在其即物窮理之一種意義上，亦若與西洋哲學遙契」，[56]這就是說，朱子格物說是中國產生科學的固有思想資源，也是中西文化融通的一個契機。基於這種認識，熊先生就一定要肯定朱子格物說。

熊先生對朱子格物說的肯定也與他的平生關切相關。他早年參加反清革命活動，革命成功後卻因不滿黨人惡習而棄政從學，但當初懷抱的民主、平等一類社會政治理想卻始終橫亙胸臆，在他一生的言論和著述中時常有所表現。他認為科學進步有益於實現社會民主與平等，故曰：「如自然對於人生底種種妨害以及社會上許多不平的問題，如君民間的不平，貧富間的不平，男女間的不平，如此等類，都緣科學發展乃得逐漸以謀解決。」[57]「古代社會有治人者、治於人者及貧富與男女間種種之大不平，幾視為定分而不可

---

[52] 參見張君勱、丁文江等著《科學與人生觀》，嶽麓書社 2012 年版。

[53] 《熊十力全集》第三卷，頁 724-725。

[54] 熊先生說：「西洋之學，科學為主。」（《熊十力全集》第八卷，頁 753）

[55] 《熊十力全集》第三卷，頁 666。

[56] 《熊十力全集》第五卷，頁 11。

[57] 《熊十力全集》第二卷，頁 313。

易。自科學興而注重分觀宇宙（自注：即於宇宙萬象而分析研究之）與實事求是之精神，於是對於社會上種種大不平能析觀以周知各方之利害，綜核以確定改造之方針，向之大不平者，漸有以除其偏敝而納之均平，人道變動光明已遠過古昔。」[58]「自科學發達，物理大明，而人事得失亦辨之極精，不道德之行為改正者多，如男女平等及民主政治與社會平均財富，此等大改革皆科學有補於人類道德行為之大端也。」[59]熊先生是在與格物相等的意義上理解科學的，所以他說：「是故格物之學興而後人知即物窮理，則其於人事之得失利弊必隨在加以探究，審於得失者必知天下之勢不可偏重而求執其中也，明於利弊者必知天下之利不可私專而求協於公也。知之明乃以處之當，則本仁心以行仁政，而治功成矣。」[60]正因熊先生認為格物或科學有助於實現他終生憧憬的社會民主與平等，所以他也一定要肯定朱子格物說。

　　熊先生肯定陽明致知說則是由他的哲學主旨所決定的。「新唯識論」哲學體系確立含萬善、備萬理、肇萬化的宇宙本體，本體無始無終不容已地自發為剎那生滅的翕闢運動，演化為大用流行；其翕勢宛然凝成包括人身在內的宇宙萬物，乃與本體自性似相背反；而與本體自性相一致的闢勢也同時內在於萬物乃至人身，導引人物複合於本體。但無生物、生物中的植物以及除人類以外的動物所含具的闢勢均不同程度地錮蔽甚深；唯有人類所秉賦的闢勢最為明朗，是即人之本心，乃與本體自性一致不二，這就是人類德慧的根源。但人自呱呱墜地時起便因感官與外物相交而形成習氣，從而蒙蔽本心；唯有通過不廢量智而歸本性智的體認活動和剛健精進的修養工夫才能剝落習氣、呈現本心、返善復始而臻於天（本體）人（本心）合一。[61]「新唯識論」哲學體系的主旨就是啟發人們轉習歸本，保任本心，以本心主宰思慮云為；而本心也就是陽明所標舉的良知，熊先生說：「人類一切道德行為皆發於吾人內在固有之真源，此真源即所謂本體；但以其主乎吾身而言，則名之

58　《熊十力全集》第三卷，頁725。

59　《熊十力全集》第四卷，頁440。

60　《熊十力全集》第三卷，頁582。

61　參見《熊十力全集》第三卷《新唯識論》（語體文本）。

曰心；以之別於私欲，則曰本心；《易》之《乾》卦則謂之仁，亦謂之知；
孟子、陽明謂之良知；宋儒謂之天理；《新論》謂之性智。」[62]因此熊先生
當然要肯定陽明致知說。

　　熊先生兼綜格致且以致知主導格物的理論旨歸則因痛感於其時科學大盛
而道德淪落的現實而思有以救治之。近代科學在給人類帶來前所未有的福利
的同時，也給人類造成層出不窮的負面問題甚至深重災難，梁啟超、張君勱
等直將第一次世界大戰的原因歸於科學偏勝而道德缺失，雖有失之簡單之
虞，但卻不無見地。[63]熊先生既已充分肯定科學對於人類的利用厚生價值；
又且指出科學本身是中性的，「至以科學知能為自毀之具，罪不在科學，而
由於無本原之學以善用此科學知能也」；[64]但他敏銳發現科學若無道德指導
和約束而為惡劣欲念所支配，將對人類精神、社會政治、國際關係諸方面產
生嚴重危害。他說：「然人類如只要科學而廢返己之學，則其流弊將不可
言。返己之學廢，即將使萬物發展到最高級之人類，內部生活本來虛而不
屈、動而愈出者，今乃芒然不自識，其中藏只是網罟式的知識遺影堆積一
團，而拋卻自家本有虛靈之主，不求所以養之，人類殆將喪其內部生活。」
[65]「人類如只注重科學知識而不求盡性，則將喪其生命，而有《禮經》所謂
人化物也之歎，此人生之至不幸也。」[66]「夫獨裁得助於科學，而萬物為芻
狗，水益深、火益熱矣。」[67]「然則今日科學家發明殺人利器，為侵略者
役，非無故也，其源不清也。……去歲原子彈發現，說者皆驚其慘酷。頗聞
人言，科學似不當向人類自毀之方向努力，此意甚善。然如何轉移方向，則
非識仁不可。」[68]「近世科學技術發展，人類驅於欲望而機械大備，又不得

---

[62]　《熊十力全集》第四卷，頁第 568。

[63]　參見梁啟超《歐遊心影錄》，載《二十世紀哲學經典文本‧中國哲學卷》，復旦大學
　　出版社 1999 年版；張君勱《中西印哲學文集》，臺灣學生書局 1981 年版。

[64]　《熊十力全集》第二卷，頁 649。

[65]　《熊十力全集》第七卷，頁 303。

[66]　《熊十力全集》第三卷，頁 673。

[67]　《熊十力全集》第五卷，頁 386。

[68]　《熊十力全集》第四卷，頁 583-584。

不用之以求一逞，於是相率趨於爭鬥，而兵器之窮凶極慘且未知所底。……如是則人類終困於嗜欲無饜之狂馳，其禍或較抑遏嗜欲而尤烈，大戰之一再爆發而猶未知所底，是其征也。」[69]有鑒於此，熊先生強調「今日人類漸入自毀之途，此為科學文明一意向外追逐、不知反本求己、不知自適天性所必有之結果。吾意欲救人類，非昌明東方學術不可」，[70]「人生畢竟還需要一種超知能的哲學，即《大學》『明明德』之學是也。如欲根本改善人類生活，何可偏恃科學」，[71]「生心動念，舉手下足，總不離天地萬物一體之愛，人類必到此境地，而後能運用科學知能以增進群生福利，不至向自毀之途妄造業也」，[72]此所謂「東方學術」、「超知能的哲學」、「《大學》『明明德』之學」、「天地萬物一體之愛」，與上文所謂「本原之學」、「返己之學」、「盡性」、「識仁」，都是指目道德意識，亦即陽明致良知之教，而為科學不可或缺的大頭腦。所以熊先生在兼綜格致的同時一定要以致知主導格物。

　　熊先生對朱子格物說和陽明致知說的雙向揚棄為《大學》朱王之爭別開生面，在中國學術思想史上具有里程碑意義。他在中西文化交會的時代背景中，通過對《大學》朱王之爭的評論，實質上解答了科學、民主、道德各自的地位及其關係問題；他對由格物所引申的科學與民主的肯定表露出對於西方文化和現代性的接受，而他對由致知所包含的道德的推尊則體現了對於中國文化特別是儒家傳統的堅守，由此貞定了他作為現代新儒家的身分。他的會通朱王、兼綜格致而以致知主導格物的學思成果，在科學、民主一類啟蒙理念日益畸變但卻仍然風行於世而道德愈加邊緣化、虛無化的當今社會，對於人們把握德性與知性或道德意識與科學認識的關係具有不容忽視的啟發作用。

69　《熊十力全集》第三卷，頁 733、735。

70　《熊十力全集》第四卷，頁 294。

71　《熊十力全集》第三卷，頁 644。

72　《熊十力全集》第四卷，頁 576。

熊十力的經義說

　　無論是相信傳世六經主體上為孔子真本，還是否定其為孔子真本而只認為其中保存了一些孔子微言，熊十力都始終一貫地認定六經的內容不外乎內聖與外王兩個方面。他說：「《大學》三綱八目，總括群經。……如《大學》三綱八目，立內聖外王之極則，由此而體道，由此而修學，由此而致治，由此而位天地、育萬物、贊萬化，此便是當然，不可異此而別有道。」[1] 這是說，《大學》一篇作為六經之要最，以三綱八目彰顯了內聖外王之道。他又說：「孔子之道，內聖外王，其說具在《易》、《春秋》二經。餘經（自注：《詩經》、《書經》、《禮經》、《樂經》。）皆此二經之羽翼。《易經》備明內聖之道，而外王賅焉。《春秋》備明外王之道，而內聖賅焉。」[2] 這則是說，領率群經的《易》與《春秋》皆兼賅內聖外王之道而各有倚重。他又說：「孔子六經雖遭竄亂，然由《大易》、《春秋》、《周官》三經，參以《禮記》諸經，謹於抉擇，猶可見內聖外王之大體。」[3] 乃進一步以為《大易》、《春秋》、《周官》、《禮記》均深蘊內聖外王意涵。他還說：「是故通六經之旨，體道以立人極，官天地，府萬物，成天下之大業，極富有以無窮，恒日新而不用其故，何假趣寂以近於鬼，自逆性真為哉！道得於己之謂德，則備萬物而非為物役，本無物化之患，斯無往而不逍遙矣。是故究其玄，則極於無聲無臭，未嘗不空，然與耽空者畢竟殊趣；顯諸用，則曲成萬物而不遺，未嘗不有，然非執有者所可托。至哉六經之

---

[1]　《熊十力全集》第三卷，頁 554-555。

[2]　《熊十力全集》第三卷，頁 1015。

[3]　《熊十力全集》第六卷，頁 332。

道！大中至正，遍諸天，歷萬劫，而斯道無可易也！」[4]「夫經學者，舊云聖學。其為道也，以見自性為極，以會物歸己為本，以反身而誠、樂無不備為功修之實，以己立立人、己達達人、極乎裁成輔相、參贊位育為功修之盛。」[5]乃至所謂「六經為內聖外王之學」，[6]「六經發明內聖外王之道，本來一貫，宜觀其會通也」，[7]這就徑以內聖外王作為全部六經的根本內容了。

內聖外王語出《莊子‧天下》篇，其曰：「天下大亂，賢聖不明，道德不一，天下多得一察焉以自好，譬如耳目鼻口皆有所明，不能相通。猶百家眾技也，皆有所長，時有所用，雖然，不該不遍，一曲之士也。判天地之美，析萬物之理，察古人之全，寡能備於天地之美，稱神明之容。是故內聖外王之道闇而不明，鬱而不發，天下之人各為其所欲焉以自為方。」郭慶藩疏曰：「玄聖素王，內也。飛龍九五，外也。既而百家競起，各私所見，是非殽亂，彼我紛紜，遂使出處之道闇塞而不明，鬱閉而不泄也。」[8]雖然點出了內聖外王立德立功的含義，但直將其解作出處之道。熊十力對內聖外王的看法，上文所引諸語業已略明，而他還有更加清楚的解釋說：「成己說為內，成物說為外。其實成物即是成己，本無內外可分，而復言內外者，乃隨俗假設耳。（自注：世俗皆以己為內，以天地萬物為外在，故不得不隨俗假說內外。）聖者，智仁勇諸德皆備之稱。王者往義，物皆嚮往太平，其願望無已止也。」[9]可見內聖意謂主體成就自己的德性，外王則意謂主體輔贊萬物之嚮往太平的取向。熊十力又說：「六經為內聖外王之學，內聖則以天地萬物一體為宗，以成己成物為用；外王則以天下為公為宗，以人代天工為

4　《熊十力全集》第三卷，頁 580-581。

5　《熊十力全集》第三卷，頁 710。

6　《熊十力全集》第六卷，頁 457。

7　《熊十力全集》第七卷，頁 447。

8　〔清〕郭慶藩《莊子集釋》（北京：中華書局，1961 年），頁 1071-1072。

9　《熊十力全集》第六卷，頁 342。

用。」[10]「仁智交修，謂之內聖學，若採用今世通行之名，亦不妨稱哲學。」[11]「外王學是關於政治社會諸大問題之探索與解決。」[12]「內聖學解決宇宙人生諸大問題，《中庸》所謂成己之學在是也。外王學解決社會政治諸大問題，《中庸》所謂成物之學在是也。」[13]更點明了內聖學涉及道德的本原及其實現亦即本體宇宙論和人生工夫論；外王學則涉及維繫人類社會的多方面問題，諸如經濟、社會、政治、國際、生態以及科技等等。至於內聖外王的各自地位及其相互關係，熊十力認為「內聖外王，元是一貫。而不明儒家之本體論者，即未足與言儒家之政治理想」，[14]「且外王骨髓在內聖，不解內聖休談外王。……聖學歸根，在天地萬物一體處立命，外王學之骨髓在此」，[15]「聖人作《易》創明內聖外王之道，而內聖實為外王之本」，[16]「實則外王本諸內聖，孔子《周易》一經，雖內聖外王皆備，究以內聖為外王之原」，[17]「可見內聖學是外王之本，而外王與內聖又確為一貫」，[18]這都表明內聖外王一體貫通，但究極而言則以內聖居於根本地位。

一、內聖說

內聖為外王之根本，而宇宙本體又為內聖之根本，亦即道德之本原。[19]熊十力認為，六經對本體論多有發明。針對唐玄奘鄙薄儒學「六爻深賾，拘

---

[10]　《熊十力全集》第六卷，頁 457-458。

[11]　《熊十力全集》第七卷，頁第 271。

[12]　《熊十力全集》第七卷，頁 427。

[13]　《熊十力全集》第七卷，頁 676。

[14]　《熊十力全集》第三卷，頁 1031。

[15]　《熊十力全集》第六卷，頁 345-346。

[16]　《熊十力全集》第六卷，頁 556。

[17]　《熊十力全集》第七卷，頁 448。

[18]　《熊十力全集》第七卷，461。

[19]　宇宙本體實為包括人類在內的萬物的本原，由於此處克就內聖語境而言，故單指宇宙本體為道德的本原。

於生滅之場；百物正名，未涉真如之境」亦即以為儒家不見體的說法，他反質道：「孔子繫《易》，曰『易有太極』，六十四卦之義，皆此一極之散著，又無不會歸此一極，謂《易》不見體可乎？《春秋》本元以明化，董子《繁露·重政》云『元猶原也』，此則與《易》義相會。《易》曰『大哉乾元，萬物資始』，《春秋》建元即本斯旨，一家之學，宗要無殊。《春秋》正人心之隱慝，順群化以推移，其義據則一本於元，（自注：元者，萬物之本真，純粹至善者也。其在於人則為本心，而抉擇是非或善惡者，即此本心為內在的權度。）謂《春秋》不見體可乎？」[20]他還說「《易》為義海，六十四卦顯無量義，要歸『易有太極』一語，謂《易》無本體論可乎」，[21]「乾元者，物之本體，豈可云無」，[22]「《春秋》與《大易》相表裏，《易》首建乾元，明萬化之原也，而《春秋》以元統天，與《易》同旨」，[23]「原夫《大易》言天道者，即哲學上之本體論」，反復強調《大易》首要內容就是本體論。由於「《易》為五經之原」，「五經根本大義皆在於《易》」，[24]於是熊十力乃逕言「夫六經廣大，無所不包通，而窮極萬化真源」，[25]「六經之學雖不主反知，不遺物理，而畢竟歸於見道」，[26]「六經明萬化之大源，人生之真性」，[27]此所謂萬化真源、道、萬化之大源、人生之真性云云，皆為本體之別稱，可見熊十力終歸以為六經無不見體。

　　熊十力依據《大易》、《春秋》諸經，抉發本體法爾充周之仁、健、

---

[20] 《熊十力全集》第三卷，頁 180-181。相近文字又見 1953 年《新唯識論》（刪定本），其中在「孔子繫《易》曰『易有太極』」一語下自注曰「太極即本體之名」，見《熊十力全集》第六卷，頁 121。相近文字還見於 1958 年《體用論》，見《熊十力全集》第七卷，頁 54。

[21] 《熊十力全集》第三卷，頁 503。

[22] 《熊十力全集》第三卷，頁 933。

[23] 《熊十力全集》第三卷，頁 1019。

[24] 《熊十力全集》第三卷，頁 880、881。

[25] 《熊十力全集》第三卷，頁 691。

[26] 《熊十力全集》第三卷，頁 729。

[27] 《熊十力全集》第三卷，頁 762。

誠、覺、大明、虛靈、純粹、通暢、諧和、正固等等德性，但無論如何羅列顯然都不足以窮盡本體無量至善之德，故熊十力又往往概稱本體「涵萬理、備萬善」、「備萬理、含眾善」或「備萬理、含萬德」，[28]他說：「《易》贊乾元曰『元者善之長也』，此善字義廣，乃包含萬德萬理而為言。長字讀掌，長者，統攝義。萬德萬理之端皆乾元性海之所統攝，（自注：乾元即是本體之名。以乾元之在人而言，則名之曰性。以乾元統含萬德萬理之端則譬之曰海，海至深廣，寶藏富故。）故曰元者善之長也。（自注：元之為言，明其為萬德萬理一切善端之統攝者也。本體如不具善端，即是空空洞洞，本無所有，何得為宇宙之原乎？）所以知乾元為善之長者，人道範圍天地，曲成萬物，無有不循乎理而可行，無有不據於德而可久。德理者，人道之大綱也，失其綱則人道無與立。人道之有是理與是德也，非由意想安立，非從無中生有，乾元性海實乃固有此萬德萬理之端，其肇萬化而成萬物萬事者，何處不是其理之散著、德之攸凝？（自注：本體是含有萬理之端，其肇始變化而成一切物事，皆理之散著耳。本體必具無量盛德乃得成為萬物之本體，如剛健也、生生也、誠也、常恒也，皆本體所固有，乃至眾德不可勝舉者，莫非本體潛伏其端。是故《大易》、《中庸》並有天德之言，而天則與天理亦見於《易》及《禮記》。）惟人也，能即物以窮理，（自注：理雖散著乎庶物，而會通與主領之者則心也。）反己以據德，（自注：蓄德在反己，而施之於物則須格物。）而總持之，（自注：德理雙持，缺一即虧其本。）以實現天道於己身，而成人道，立人極。此其所以範圍天地之化而不過，惟有理以利於行；（自注：天地謂大自然。明於庶物之理，故能以人工操縱與利用自然，專以興利，使自然效其用而無過差。）曲成萬物而不遺，惟有德以善其守。（自注：人類以德相孚，故能互相輔導，賢能則彼此相勗而俱進，其於不材者則扶之進於材。因其人之資性而委曲成全曰曲成，無有一人被遺棄者故曰不遺。人類能守德而不偷薄，故相輔如是之固也。）是故徵驗之人道，而知萬德萬理之端，一皆乾元性海所固有，易言之，即天道所本具。

---

[28]　《熊十力全集》第三卷，頁917、947；第五卷，頁308。

《易》贊乾元曰『善之長也』，非洞徹天人之故者，能言及此哉？」[29]這就表明本體乃眾善之長、萬德之源，同時也表明包括人類在內的萬物皆由本體造化從而皆秉至善本性。

關於本體化生萬物以及人類並賦予人物以至善本性的契悟，熊十力認為諸經多有表現。他說：「夫《易》之乾元，即是仁體，萬物所資始也。《春秋》以元統天，與《易》同旨。（自注：成形之大者為諸天，皆乾元仁體之凝成也。舉天則賅萬有可知。）」[30]「六經究萬有之原而言天道。天道真常，在人為性，在物為命。（自注：物稟天道而生，即一一物皆天道呈顯，不可說天道超脫萬有而獨在也。此中言物亦攝人，言命亦攝性。命以所受言，性謂人物所以生之理，言異而其實一也。）性命之理明，而人生不陷於虛妄矣。」[31]「《論語》、《大易》、《大戴禮》、《中庸》之言道，互相證明。而《春秋》之元，亦同此旨。夫道，生生也。生天生地生人，只是此道。……至哉道也！生生不息，真常維極。反己自識則萬化在我，萬物同體。（自注：道者，吾人稟之以有生，萬物稟之而成形，故人與萬物同體，無二本故也。）仁覆天下而我無功名，本性自足而脫然離系。（自注：體道者，則大生廣生之實，官天地府萬物之富有，反之自性而得矣。）」[32]「《易·無妄》之象曰『動而健』，此全《易》主旨也，天道人事於此得其貫通。……夫動而健者，天之化道也，而人體之以自強，所謂盡人合天是也。」[33]「大哉乾元，贊乾元始萬物之道大也。……萬物資始者，仁體生生不息，萬物所資之以始。（自注：先儒云：生天生地，生人生物，只是此個仁體。）」[34]「愛者，仁體之流行，非有所為而為之也。生天生地生人生

---

[29]　《熊十力全集》第六卷，頁 567-568。

[30]　《熊十力全集》第三卷，頁 400。

[31]　《熊十力全集》第三卷，頁 554。

[32]　《熊十力全集》第三卷，頁 576-577。熊先生說：「夫道者，宇宙本體之目。」「道者，本體之異名。」均見《熊十力全集》第三卷，頁 729。

[33]　《熊十力全集》第三卷，頁 917。

[34]　《熊十力全集》第三卷，頁 947。

物，同此愛種，（自注：愛種謂仁體。）如何遏絕得？」[35]「性善之性則指吾人所得於天命以有生者，是乃至善無惡也。夫無聲無臭、備萬理、含萬德而為萬有之原者，是謂之天；即於天之流行不息，名之以命；天命名二而實一也。吾人稟天命以有生，即於天命在人而言，則名曰性，故性即命也、即天也。《中庸》曰『天命之謂性』，之謂二字宜深玩。只天命在人謂之性，非性與天命有層級之分、內外之判也。故性者即萬理萬德咸備之實體，不可疑其有惡根也。」[36]「《易》曰『乾知大始』，此言乾元有虛靈之德，故能大始萬物也。知者虛靈無垢義，非知識之知，乾以其虛靈無垢而為萬物所資始，孰謂物以惑始耶？萬物同資始於乾元而各正性命，以其本無惑性故。證真之言莫如《易》，斯其至矣！是故於此心識得吾人真性，亦即於此心識得天地萬物本體。」[37]如此等等，不遑縷述。

不過，熊十力指出，諸經雖然肯定本體化生的萬物及人類皆秉至善本性，卻並不承認人物可以無差別地顯發其本性。他說：「《蒙卦》明物之性猶未得遽顯，如無機物始成，只是頑然一物質宇宙耳；及植物始生，則生命漸著，即乾元之性若將顯而猶未也；至動物雖有心靈，而心為形役，其性終不克顯，此正《屯卦》所云難也；唯至人類則陰閉之勢將解，即其形已改造，而大腦發達，迥別於動物，故云陰閉之勢將解。形屬陰也，夫形者，心靈之工具也，工具改進，而心靈乃得利用之以發展，於是而性有全顯之可能。」[38]又說：「《易》明乾元始萬物，故曰萬物各正性命。……萬物之本性皆是乾元。……乾元即仁，亦即良知，可見仁或良知即是萬物或一切法共有的本性，（自注：言萬物而人類在其中。）豈唯人類獨有之乎？……夫仁或良知雖一切法同有，而植物及無生物則不能顯發之；……但動物雖有此端倪，而畢竟甚曖昧，未能顯發；能顯發之者，厥惟人類。故從萬物本性上說，任何物通有仁或良知，不唯人類有之而已。從萬物不免受形氣之限而

35　《熊十力全集》第四卷，頁 575。

36　《熊十力全集》第五卷，頁 308。

37　《熊十力全集》第六卷，頁 31。

38　《熊十力全集》第三卷，頁 933-934。

言，則唯人類能顯發其仁或良知，而可以謂之特殊。」[39]這就確切表明無生物、植物以及人類之外的其他動物都根本上或基本上不能顯發本體賦予的本性，只有人類因其身心構造而為萬物之中唯一可能顯發至善本性的特殊者。

那麼是不是說人類無論何時何地都必然顯發至善本性呢？熊十力認為諸經持論不僅決非如此，而且恰恰相反！「吾人常易為形骸所役，以殉乎私欲，則未能盡吾之性，而吾且成為頑然之一物，乃將天賦本命完全障礙，從此隕墜日深，欲還復天命，得其本體，良非易至」，[40]這是《周易‧繫辭》期以「窮理盡性至命」加以療救的人病。「人固常有心為形役之患，而易為鳥獸之歸。心為形役即陽被陰錮，蒙昧之象也」，[41]這是《周易‧蒙卦》對人生愚闇的揭露。「然而人之生也，便成為形氣之個別物事，俗云我者是也，此我乃與我以外之人或物對峙，且不能不迫於實際生活，於是挾自為之私而處處計利，因此難全其天命之本然，人生有失其本性而物化之虞，有墮沒之險」，[42]這是《周易‧震卦》告誡「君子以恐懼修省」的原因。質言之，人類的至善本性往往因如王陽明所謂「隨順軀殼起念」而被形體感官所錮蔽，被私心物欲所惑亂，遂使「人可以放失其良知，人可以喪亡其本性，人可以造罪惡」！[43]人決不因稟受天賦善性就一定能夠將其顯發出來，也決不會是現成聖賢，[44]實際上「人之作惡犯罪者確爾不為少數」！[45]所以，人若有志於克服錮蔽與惑亂而顯發至善本性，唯有惺惺不昧、終生不輟地進行心性修養，所謂「《易》曰『君子懼以終始』，人生無一息而自放逸也」。[46]而心性工夫論正是諸經最為豐富的內容，「聖賢垂訓，莫非教人去人欲而

39　《熊十力全集》第五卷，頁 468。

40　《熊十力全集》第三卷，頁 732。

41　《熊十力全集》第三卷，頁 933。

42　《熊十力全集》第五卷，頁 308。

43　《熊十力全集》第七卷，頁 269。

44　熊先生反對「人也該不待用力而皆為聖人」的說法，斥之曰「此大錯誤」！見《熊十力全集》第八卷，頁 519。

45　《熊十力全集》第七卷，頁 269-270。

46　《熊十力全集》第三卷，頁 429。

存天理之方，若五經四書是已」，[47]熊十力對之作了大量闡發。

　　熊十力所闡發的諸經心性工夫論，如謂「在《易》乾為天道，坤為人道。坤以順承天故，為善繼乾健之德。（自注：《坤卦》表示後起底物事，吾人自創淨習，以引發天性，即坤法天之象。）是故學者繼善之事，及其成也性焉。《論語》曰『人能弘道，非道弘人』。《論語》言道，當此所謂性。人能自創淨習，以顯發天性，是人能弘大其道也。人不知盡性，即化於物，而性有不存者矣，故云非道弘人」，[48]以乾坤之道表明繼善成性之理；「恕者，推己及人，即於己之所欲，而知人之所欲亦如己，必須兼顧。己所不欲，勿施於人。所惡於左，無以交於右；所惡於右，無以交於左。人人能推此心，而天下之人各得其所，天地位，萬物育。曾子曰：『夫子之道，忠恕而已矣。』孟子曰：『強恕而行，求仁莫近焉。』《大學》言平天下本之絜矩；絜矩，恕也。言恕而以天下為量」，[49]以恕道成就一體之仁；「誠者，忠信之謂。忠信是真實無妄義，誠亦真實無妄義。《易》曰『忠信所以進德也』。《論語》言『主忠信』。忠信是工夫，亦即是本體。天地萬物元從一個真實無妄的至道發現，即此至道名為萬物本體。（自注：言萬物而人與天地在其中也。）吾人能持忠信於日用踐履之間，即日用踐履莫非真實無妄至道之昭著，故曰工夫即本體。孔子在《論語》及《易》言忠信，而於《中庸》演《易》之旨則言誠，其義一也。……《中庸》曰：『誠者天之道也，誠之者人之道也。』上句克就本體言，下句約工夫言。盡人所以合天，合天即超越小己，而會萬物為一體。何以知然？未能合天，則執形而昧其性，即有小己與萬物對立。能合天矣，即澈悟萬物與我同性，故不見有小己，而萬物皆吾一體，見性則亡形礙故也。然則離有對而入無待者，其至誠之謂歟？遊無待者，無有我與物對，無有物與我對，徹體真實，靈通無間，是以成己成物，己立立人，己達達人，無有一物在己性外故也」，[50]以至誠

---

[47]　《熊十力全集》第三卷，頁 695。

[48]　《熊十力全集》第三卷，頁 465。

[49]　《熊十力全集》第三卷，頁 583。

[50]　《熊十力全集》第三卷，頁 584-585。

忠信作為盡人合天的通途；「《中庸》曰『知恥近乎勇』，蓋言知恥則自尊
自貴，不肯為汙賤之行，而後能勇於為善也」，[51]以知恥為勇於為善之端；
「《禮運》篇曰：『不能反躬，天理滅矣。』鄭玄注：『反躬猶言反己。』
按反己二字，確是孔孟最上一著工夫。……天下之理得者，言自反而識得吾
生之真，則萬化之源，萬物之本，無待外尋，吾與天地萬物非有二本故，此
就源頭上立言也」，[52]以反己為知性知天的源頭；「君子以自強不息者，此
言人當體乾元之健德，盡其在己而無所虧也。……人道當體天德之健而實現
之，積至剛以持之終身。百年之內，萬變之繁，無一息不在強毅奮發之中。
智周萬物，而不敢安於偷以自固。道濟天下，而不敢溺於近以自私。立成器
以為天下利，其勇於創作也。洗心退藏於密，其嚴於自修也。此所以體乾之
由初至上，潛見躍飛，積健不已，盡人道而合天德，故曰君子以自強不息
也」，[53]以強毅奮發而成己成物；「吾人必須識得仁體，好自保任此真源，
不使見役於形氣。易言之，吾人日常生活能自超脫於小己軀殼之拘礙，而使
吾之性分得以通暢，（自注：性分即謂仁體。）自然與天下群生同其憂樂，
生心動念，舉手下足，總不離天地萬物一體之愛。……夫求仁之學，源出大
《易》。《論語》全部，苟得其意，不外言仁」，[54]以保任真源而仁民愛
物；「夫禮之為學，其要在行。知而不行，未證所知；行而弗力，無所得
果。三《禮》精神，只一行字，因行制禮，從禮起行」，[55]以力行而證知得
果；「唯有盡性工夫不容稍懈，盡者，吾人以精進力（自注：《易》曰『自
強不息』。）顯發自性固有之無窮德用，毫無虧欠，故說為盡。盡之工夫，
正是無盡。《大般若經》有善譬，如箭射空，箭箭相承而上，永不退墜，如
此方是盡」，[56]以勇猛精進顯發本性全德；「禮者，敬以持己而不敢偷，敬

---

51 《熊十力全集》第三卷，頁 598。
52 《熊十力全集》第三卷，頁 812-813。
53 《熊十力全集》第三卷，頁 953-954。
54 《熊十力全集》第四卷，頁 576。
55 《熊十力全集》第五卷，頁 675。
56 《熊十力全集》第六卷，頁 344。

以待人而不敢侮，修於外以養其內也。樂者，沖和而不倚，同物而無己，誠於中以形諸外也。禮樂交修，則和與敬之德本醇固。（自注：和與敬皆萬德之本。）」[57]以禮樂涵養道德根本；「吾注重良知主宰是要『致』，即推擴工夫之謂。推擴工夫即順良知主宰而著人力，人能弘道以此也。順著主宰而推擴去，才無自欺，故曰欲誠意者先致其知也。不能順良知主宰而努力推擴，鮮不陷於自欺者。《新論・明心章》特提揭即工夫即本體，此予苦心處。若無推擴之人工，主宰只是無為，將被私欲隔礙以至善善不能行，惡惡不能去，非道弘人故也」，[58]以人力推擴良知主宰；「《大學》者，大人之學，根本就已立志者說，故於誠意處單刀直入而言毋自欺，此親切至極也。余以為志者，天人之樞紐。人得之以復其天，而不至流於物化者，志為之也。志不立，則人之於天直是樞斷紐絕，將成乎頑物，何可復其天乎？孔子自言十五志學。《孟子・養氣章》說『志，氣之帥也』。有志以為氣之帥，則人之所以通乎天之樞紐在是。循此樞紐而動用一順乎天，久之則人即天而天即人」，[59]以立志為即人即天之樞紐。此類論說，在熊十力著述之中難以罄盡。

　　熊十力對諸經心性工夫論的闡發，基本上貫穿著一個思路，即人類本性誠然秉具宇宙本體的萬德萬善，但至善本性卻因時時處處被形體錮蔽和外物引誘以至萎縮或梏亡，所以若要護持並彰顯本性之德，就必須以強力奮鬥的方式實行心性修養，以上引文所謂「自創淨習」、「強恕而行」、「盡人合天」、「勇於為善」、「至剛持身」、「強毅奮發」、「親知力行」、「勇猛精進」、「著力推擴」、「立志復天」等等，都表明這一思路，熊十力更有集中論述說：

　　　　《易》曰「聖人成能」，這個意思非常重要。人只要自成其為人之能，不可說天性具足，只壹意撥除障蔽就夠了。先儒以為良知本來自

---

[57]　《熊十力全集》第六卷，頁461。
[58]　《熊十力全集》第八卷，頁526。
[59]　《熊十力全集》第八卷，頁528-529。

足，但把後天底染汙滌盡，而其本體之明自然顯現。（自注：宋明儒者都是偏於這般主張，此與晚周儒大不同處，當別論。）我也承認天性是具足的，是無虧欠的，無奈人之生也，形器限之，他既限於形，就難把他具足的性顯現出來。你看自然界從無機物到生物，乃至從動物到人類，從人類到其間底聖智，一步一步漸漸改造他底形，解放他底形之限，完成他自己底能，才得顯現他底性。如果沒有成能工夫，從何處見性來？老實說，成能才是成性。性之顯乎人者具足與否，就看其人成能之大小強弱。成能小而弱者，其性分便虧損。成能大而強者，其性分便充實。（自注：此中言強者，不是強暴之強，乃日進於高明而不退墜之謂。若強暴之強，正是顛倒退墜，正是弱也。）這是從自然界底進化可以徵明的。先儒多半過恃天性，所以他底方法只是減。明道說：「學者今日無可添，只有可減，減盡便沒事。」此雖明道一人之言，實則宋明儒大概都作這種工夫。他們以為只把後天底染汙減盡，天性自然顯現，這天性不是由人創出來。若如我說，成能才是成性，這成的意義就是創，而所謂天性者，恰是由人創出來。此非我之私見，上稽晚周故籍，《易》曰「聖人成能」，又曰「成之者性也」，又曰「成性存存，道義之門」，乃至孟子言性善而主擴充，荀卿言性而曰善者偽也，（自注：偽，為也，非虛偽。）都可與吾說相印證。夫天性是固有的，何可說由人創得？且是具足的，又何待人創得？不知固有具足云者，原夫人之所以生之理，初非有待於外，而誘焉自生，不謂之固有具足焉不得也。若乃當其有生而即性以成形，形既成矣，而日趨於凝固，性且受範於其所成之形，而流行或滯，則形有餘而性若不足矣。況復人有是形，而其惑也忽與形俱起，則又聽役於形體，以與物相靡。目靡於色，耳靡於聲，口靡於味，意念靡於貨財等等，由此化於物，將他固有具足的天性剝喪了。雖剝未至盡，也不過保留一線殘餘，如草木摧折之餘，僅有一點萌蘗。所以《大易》立乾坤，以陽顯天性，以陰顯形體，陽數奇，陰數偶，陽少陰多。蓋人生總受限於形體，形累日甚，結果把他所以成是形者之天性剝喪到

最少，甚或等於零了，人只有一副頑固的形，他底天性、本心、明智不過是殘餘的萌蘗，吾人若不積極的利用這點萌蘗去努力創生，若火始燃，若泉始達，而徒消極的減去染汙之足為害者，則安可望此萌蘗之滋長盛大，若火勢燎原，若泉流洋溢成江海乎？減的工夫亦不可少，然一味注意減則不可。或問：宋明諸大師豈徒用力於減而不知創者乎？曰：此固難言。若全不解創，他如何生活得下去？即以其文言考之，自有時說到創的意思。不過他們底根本主張總是偏於減的，所以他們的末流不免空虛迂固，抑或狂廢，絕少活氣。吾儕今日求為己之學，只有下創的工夫。凡言創者，皆有所依據憑藉以為創也，不是突然憑空撰出甚物事而始謂之創也。汝自有殘餘的天性底萌蘗，幸未斬絕，此便是汝所可依據憑藉以為創者。這個萌蘗如絲之端緒，握著這端緒，便創出無限經綸來。若不去創，則端緒雖具，也沒有經綸。創只要不懈怠。若問何得不懈怠，且思如何是懈怠。當知懈怠即無心也。才覺得心亡失，沒感發，沒新機，即已化於物而鄰乎槁死，便努力振作，直從枯木生華、死灰發燃一般，將令新新不竭，有施於四體不言而喻之樂矣。故夫人之有是天性也，本心也，明智也，自人創之而已。若過恃固有具足，而徒以減除物欲為功，則夫物欲者亦斯人生生之具，豈其皆惡害而皆可減哉？縱減到至處，亦將明於天而蔽於人矣。故吾之為學也，主創而已，此乃吾所切驗而亦徵之孔孟遺訓以得其符者也。[60]

熊十力又說：

君子實用自力，以修其所固有之天德，非可曰天德在我，不假修為也。夫人稟天德以生，既生則形氣限之，而天德難顯也，若非人能奮其自力，以修養所性之德，則將蔽於形氣，而不得顯發內在寶藏，

（自注：所性之德者，此天德乃為吾人所稟之以為性者，故云。內在寶藏亦謂天德。）此人道所以常陷於險阻也。《坎卦》之象，其取義極深遠，而憂虞已切矣。《論語》「人能弘道，非道弘人」，道猶云天德也。道者，人所固有，故人能強於自修，以弘大其道也。然道雖在人，而人若不能自強以體道，即心為形役，而人乃喪道以成為頑物，故非道可以弘大其人也。[61]

熊十力闡發的諸經之剛健有為、精進無已的心性工夫論，為人類超脫軀殼錮蔽及外物誘惑而顯發至善本性，從而首出庶物、成聖成賢、與天合德，指點了一條直截了當的途徑。在他看來，諸經內聖學之結穴正在於此。

顯而易見，熊十力從本體宇宙論和心性工夫論方面對諸經內聖學的梳理，與他的「新唯識論」哲學體系甚相契合，他自己對這一點也坦言直認，他說：「議者或謂余實以《新論》說經，（自注：《新論》具云《新唯識論》。）是固然矣。……余非敢以己意說經，實以所悟，證之於經而無不合，豈忍自陷誣經謗聖之罪哉！」[62]這是說，他以諸經內聖學確證他的哲學，同時也就是以他的哲學發揮諸經內聖學。諸經內聖學是他的哲學基礎，他的哲學是基於諸經內聖學的建構；諸經內聖學是他的哲學思想資源，他的哲學思想是對諸經內聖學的闡發；諸經內聖學是他的理論框架，他的理論是對諸經內聖學的充實。一言以蔽之，熊十力的經學思想與其哲學思想是析言有別而渾言無異、融會貫通而相得益彰的。

二、外王說

外王是內聖在社會政治乃至宇宙生態領域中的實現。由於內聖在歷史情境中或者歸於無從確證的傳說，或者處於聖、王分離的狀況，所以儒家外王

---

[61]　《熊十力全集》第三卷，頁954。

[62]　《熊十力全集》第三卷，頁556-557。

說基本上不是對社會歷史實際的記述，而是關於社會政治和宇宙生態的理想表達或制度設想，其不朽意義在於為人類提供了批判現實、改良社會的參照指標。

　　熊十力一生對諸經外王說作了大量闡發。在經濟方面，他指出「《易‧序卦》曰『物不可不養也，故受之以需。需者，飲食之道也』，此義宏通，深得治母，未有民困至不給於食飲而可為治也」，[63]表明諸經以物質生活或經濟利益為一切政治的根本前提，所以熊十力又說「《周禮》於經濟問題已盛有發明；《大學》言理財歸之平天下；……《易》之《乾》曰『利者義之和』，尤為精義；《尚書》論治，以正德利用厚生為常經；此實千古不磨之訓，何嘗有如後世小儒空談仁義而諱言利者乎」，[64]由此確證聖賢不僅不諱言利，而且重視經濟問題。不過諸經雖然不諱言利，但卻反對不公平地攫取佔有經濟利益，而主張均平大公之道，「《大學》言平天下而本之絜矩。（自注：絜矩，所以求平也。只計及我一方面的利害而不顧他方面，即非絜矩之道，即無以求平。）《周禮》立政，唯本均平。將來世界人類而有自覺之一日也，舍平等執中之道而何以焉」，[65]「《論語》『不患寡而患不均』。《大學》以理財歸之平天下。而官吏不許與民爭利，《禮》有明文，不獨防商賈壟斷而已。《易》之《損》、《益》二卦，明兩利為真利，損己益人非利也，損人益己亦非利，損上益下非利也，損下益上亦非利；國家與人民之利益，必斟酌以得其平，一國與他國之利益，必斟酌以得其平；此損益之宏旨。通古今萬國經濟學說、經濟政策，格以吾群經均平之大義，而其得失可知也」，[66]「是故吾古昔聖帝明王以禮讓化民，使人皆知讓而無相侵，其有不率教者，則又本禮讓之意以制法，故豪強占田多者有禁，均田限田之議不絕於士大夫之口，工商壟斷貨利者有禁，自周、漢以來，歷世承此政策。又以行法自在位始，《春秋》之義，君子不盡利以遺民，《詩》云

---

[63]　《熊十力全集》第五卷，頁680。按「物不可不養也」當作「物稚不可不養也」。

[64]　《熊十力全集》第八卷，頁47。

[65]　《熊十力全集》第二卷，頁668。

[66]　《熊十力全集》第三卷，頁583。

『彼有遺秉，此有不斂穧，伊寡婦之利』，故君子仕則不稼，田則不漁，食時不力珍，大夫不坐羊，士不坐犬。天不重與，有角不得有上齒，故已有大者，不得有小者，天數也。故聖明象天所為，為制度，使諸有大奉祿，亦皆不得兼小利，與民爭利業，乃天理也」，[67]「《公羊春秋》與《禮運》皆除私有財產之弊，使民習於群體生活，而勉進大公之道」，[68]「《大學》蓋孔門之學規，文雖簡寡，而義則總括六經。其言天下大同之道，特揭示一條根本原則，曰平而已。平無私也，平無偏也，平無詐也。天下者，天下人共有之天下，彼此同恪守大平至平之原則，一切圖謀、一切事業、一切建設皆從大平至平而發出，自然天下一家。反乎平，則大亂之道也」。[69]由均平大公之主張，體現出諸經的社會主義取向，「《易》言開物成務，裁成天地，輔相萬物。而《論語》言治，既庶必富，（自注：富歸眾庶，不可專之一人或一階級也。）既富必教；其答子貢問政曰『足食，足兵，民信之矣』，皆通於《易》。足食、足兵、民信三者，是言立政規模，其實施之曲制法度，要在因時制宜，故不虛擬也。足食之原則云何？證以《論語》『患不均』之言及一部《周官》大意，則孔子注重社會主義及生產發達可見，此與《易》之開物成務等意思正合」，[70]「孔子明其所志曰『老者安之，少者懷之』，明是社會主義，以養老、育幼由公共團體負責，與《禮運》不獨親親子子適合」，[71]「惟《地官》有保息六法，以養萬民，可略窺其社會政策。保息六者：一曰慈幼，二曰養老，三曰振窮，四曰恤貧，五曰寬疾，六曰安富。愚按此六法甚切要。《周官》為社會主義，其振興產業既以國營為主，人民私營之業當受限制，如此則家庭組織必縮至極小，否則不能化家庭為社會，不能化私為公，故慈幼養老必須由公家負責。至於純粹共產制，當難一蹴而幾，私有制仍為有限度之保留，而人民之體力、腦力不必同等，則其自營之

[67] 《熊十力全集》第三卷，頁 595-596。

[68] 《熊十力全集》第三卷，頁 614。

[69] 《熊十力全集》第七卷，頁 634。

[70] 《熊十力全集》第三卷，頁 867。

[71] 《熊十力全集》第五卷，頁 678。

能力有小大，窮者、貧者、疾者皆社會所必不能無，故疾有寬，貧有恤，窮有振，亦公家之任也。唯民之能自致於富者，在私有制之限度內，公家當平其徭役，不可苛取於富民，使民安享其富，於社會繁榮大有裨益也，安富一條即為保護私營之原則」，[72]「《大易》有《比》與《同人》，（自注：比者，比輔義。伊川《比卦》傳曰萬物以互相比而生。《同人》之卦亦與《比》卦互相發明。）社會主義原於此也」，[73]「《周官》建國之理想在成立社會主義之民主國，以農工為主體，此非附會之詞。細考《地官》鄉遂之大多數農民與各種職工互相聯繫，或直接參預國營事業，或選舉代表，及國有大故，得出席全國會議之類，可為農工居主體地位之確證」。[74]而唯有以均平大公為原則的社會主義，使「天下之利歸之天下之人人，而無有一夫得自私者」，才可能臻於「至均而太和」的太平世界，[75]熊十力認定「治今日中國，道必由是；為人類開萬世太平之基，道必由是」！[76]至若「西人言治者，大抵因人之欲而為之法紀度制以調節之，將使人得各遂所欲而已。然欲則向外追逐無饜，非可自外調節者也，故其馳逐，卒成滔天之勢。資本家之專利，帝國主義者之橫暴，皆欲壑難填，而罔恤其他。甚至顛狂之獨裁，束其國人如機械，而用之以狼奔虎逐於天下，恣其凶噬，遂使坤輿之內，鳥斃於空，魚爛於澤，腥聞於天，帝閽難訴，則人道至此而窮矣」，[77]「近世帝國主義者，內則庇護資產階級以剝削勞苦眾庶，外則侵略弱小之國，其禍患既大且深，而極難挽矣！……全世界人類所以陷於自毀者，則以強者擁有天下之財權而不恤弱小之怨惡，以為其怨惡無足輕重，吾可弗慮也，不知天下之勢，屈伸恒相報，伸之已甚而其勢終窮，屈之既久則其勢已鬱積甚深，將

---

[72] 《熊十力全集》第五卷，頁 691-692。

[73] 《熊十力全集》第五卷，頁第 701。

[74] 《熊十力全集》第五卷，頁 729。

[75] 《熊十力全集》第三卷，頁 1068。

[76] 《熊十力全集》第四卷，頁 262。

[77] 《熊十力全集》第三卷，頁 585-586。熊先生還說：「晚世列強之政，使其民逞嗜欲而習爭噬，將使人道毀絕。」見同卷頁 868。

一發而不可禦」，[78]「帝國主義國家對內則剝削大多數勞動人民，對外則侵略弱小的眾國，人間世根本找不出一個平字，此真人道之憂也」，[79]即是說，以私有制為基礎的現代資本主義帝國主義必將刺激人類最惡劣的私心與貪欲，不公平的財富擁有狀況則必將導致階級之間、國族之間的無盡衝突，致使人類永無寧日甚至爭鬥毀滅，熊十力因而慨歎「惜其不聞聖學也」！[80]

　　關於人在社會中的存在狀態，熊十力指出諸經是主張人應該自由平等的，「中土聖哲是主張人生有自由，如《易》與《中庸》說聖人範圍天地、曲成萬物及位育參贊等功用，你看他主張個人自由的力量多麼大」，[81]「人各自治而亦互相為理也，人各自尊而亦互不相慢也，人各自主而亦互相聯繫也，人各獨立而亦互相增上也，（自注：增上者，扶助義，借用佛典名詞。）人皆平等而實互敦倫序也，全人類和諧若一體，無有逞野志、挾強權以劫持眾庶者，此亦群龍無首之眾」，[82]「《春秋》之道，歸於去尊以伸齊民。（自注：貶天子，退諸侯，討大夫，是不容有統治階級也，人民皆得自治自由自尊自主，所以致太平。）」，[83]「就萬物各具辟之全以言，則萬物平等一味。《大易》『群龍無首』，莊生『太山非大，秋毫非小』，皆此意也。若推此意以言治化，則當不毀自由，任物各暢其性。各暢者，以並育不相害為原則」，[84]「古者儒家政治理想，本為極高尚之自由主義，以個人之尊嚴為基礎而互相協和，以成群體，期於天下之人人各得自主而亦互相聯屬也，各得自治而亦互相比輔也。《春秋》太平之旨在此」，[85]「夫子於《春秋》著三世義，將使民眾各得自主自治自由自立，任大公而廢統治」，[86]

---

[78]　《熊十力全集》第五卷，頁 689-690。

[79]　《熊十力全集》第七卷，頁 634。

[80]　《熊十力全集》第三卷，頁 868。

[81]　《熊十力全集》第一卷，頁 590。

[82]　《熊十力全集》第三卷，頁 946-947。

[83]　《熊十力全集》第三卷，頁 1014-1015。

[84]　《熊十力全集》第四卷，頁 13。

[85]　《熊十力全集》第四卷，頁 148。

[86]　《熊十力全集》第四卷，頁 293。

「《大易》之社會政治理想，依據其玄學上『群龍無首』之宇宙觀，必以輔贊各個人之自主自治為主旨，而成立共同生活之結構。如《禮運》之大同規畫即依據此義，其中最要者，如『不獨親其親，不獨子其子』與『貨不必藏於己，力不必為己』諸條，皆所以導揚其協和精神，去個人自營之私，以適宜於集體生活。然於思想及言論等，均無有納於一軌、冶於一爐之規定。此所以輔贊個人自主自治之權能，而成天下為公之盛治也。《中庸》申《大易》之旨曰『萬物並育而不相害，道並行而不相悖』，此為太平自由之極則」，[87]熊十力此類闡述尚且多多。不過熊十力又抉發了諸經關於自由平等不是無條件的而是有條件的這一思想，其條件就是德性，他說：「故平等者，發於本心之不容已也，天性也。天性本來自在，本來灑脫，於一切時，於一切處，無有屈撓，是謂自由，自由正是天性，不待防檢。蓋自由與放縱異，才放縱時，便違天性，便已不是自由也。西諺曰，人得自由，而必以他人之自由為界，此非真知自由義者。真正自由唯是天性流行，自然恰到好處，何至侵犯他人？天性上本無物我分之，自然汎愛萬物，故博愛者，本心之不容已也，天性也。」[88]這是說，真正的自由平等以及博愛當是本體賦予主體的至善本性的稱體發用，任何違反本性的防檢和放縱都不是自由平等。由此，熊十力反復申說「《春秋》太平世，人人有士君子之行，是為眾陽，是為群龍；無首者，至治之隆，無種界，無國界，人各自由，人皆平等，無有操政柄以臨於眾庶之上者，故云無首」，[89]「仁以貞天下之志，禮以通天下之情，天下自消其險阻，而遊於大同之宇。（自注：大同之世，人各自由而互不相礙也，人各自治而亦互相助也，不相礙而互助，亦自有組織與經綸大業。）」，[90]「《易·乾卦》曰群龍，所以比喻太平世全球大同，全人類皆有聖人之行也，故其時之人在共同生活之結構內，各各皆得自主自由，互相比輔，至賾而不亂，無有野心家敢挾私侮眾者，故不須首長，故曰無

87　《熊十力全集》第四卷，頁 577-578。

88　《熊十力全集》第二卷，頁 662-663。

89　《熊十力全集》第三卷，頁 618。

90　《熊十力全集》第三卷，頁 967。

首」，[91]「『群龍』者，全人類之道德、智慧以至知識、才能皆發展到極盛，是謂群龍。古代以龍為至靈至貴之物，全人類皆聖明，故取譬於群龍也。是時人類皆平等，無有領導與被領導之分別，故云無首」，[92]「《春秋經》言太平世，天下之人人皆有士君子之行。士君子者，道德、智慧、材能三者莫不淳備也。天下之人人皆成士君子，即皆有純健之德，（自注：天下者，謂普天之下，猶言全世界。人人者，則總括全人類而言之也。）正符合於《乾卦》六爻皆陽之象。全人類無有一個不是健者，即人人各各自主自治而未嘗不同群合作，人人各各自由而未嘗不各循規矩，人人皆務變化日新而無或偷安守故。至此則人類一齊純健，都不需要領導，亦無敢以領導者自居。《乾卦》『用九，見群龍無首，吉』，乃此象也。此為《春秋》太平世之極軌」，[93]乃以「天下之人人皆有士君子之行」、「全人類皆有聖人之行」、「全人類皆聖明」亦即道德的普遍實現作為真正自由平等的前提條件。但是反觀由西方價值主導的現代世界，熊十力概歎「此學此理在今日無可與人說，今人精神完全向外追逐，其為學又純恃客觀方法，不知有反求內證之功，故於此學竟成隔膜，其聞天性二字，且不知作何感想也。總之，道德有其內在的源泉，即本心不容已處是也，即天性是也。若不於此處用力，只在倫類間的關係上講求種種規範，謂之道德，仍是外面強作安排，非真道德也。人類終古不得復其天性中自然之善，而互相攻奪，無可倖免，終必自毀而已矣」！[94]他比較儒家傳統自由理想與現代西方社會現實說：「《中庸》申《大易》之旨曰『萬物並育而不相害，道並行而不相悖』，此為太平自由之極則。西洋之治，去此遠甚。（自注：有謂民主之治頗合於『群龍無首』義者，此說未允。今之民主國家，勞資尚未躋於平等，對外亦難言放棄宰割也。）」顯然將儒家自由理想作為人類的歸宿。

在政治方面，熊十力肯定諸經乃以民主政治為社會理想，他說：「夫民

---

[91] 《熊十力全集》第五卷，頁 683。

[92] 《熊十力全集》第七卷，頁 571。

[93] 《熊十力全集》第七卷，頁 632-633。

[94] 《熊十力全集》第二卷，頁 663。

主之法治，必於個人自由與群體生活二者之間斟酌其平，吾儒《禮經・中庸》一篇明其原則曰『萬物並育而不相害，道並行而不相悖』。並行並育，則注重群體可知；不相悖害，則不妨礙個人自由可知。聖言高遠，所以為萬世準也。」[95]「《春秋》於升平世為虛君共和之治。《周官》之王，虛位而已。虛君制不必可實現於後世，然《周官》要旨在發揚民主之治，猶是《春秋》升平之境，其去群龍無首、天下為公之盛猶迢乎遠矣。故國界未泯，暫存虛君，其勢然也，但在實際上確是民主。」[96]熊十力著眼於《周官》治起於下、人民選舉、全民參政、窮民之法、三詢之制等制度設計，論證「《周官》之政治思想，推翻統治，純為民主，使其融己入群，會群為己，（自注：《周官》之鄉遂制度，其精神即在不許小己得孤立，必融合於大群之中。）故其經濟制度與政策完全化私為公，（自注：《禮運》主張天下為公。）而小己在大群中，乃得各盡所能，各足所需，以成大均至均之治，此《周官》全經宗趣也。……《周官》之政治，已推翻王權而為民主共和政體，此民主政體之經濟制度則破除私有制而為群眾共同生活之均產制，是乃以經濟與政治互相聯繫、互相促進，但其間主動力卻在政治為民主」。[97]不過，與對自由平等的看法相似，熊十力認為民主的實現也是有條件的，其條件仍然在於道德。他說：「儒者本以王道寓其至治之理想，必人人皆有王德，然後天下可言太平大同。」[98]「蓋治道必以真正民主自由為極則，《春秋》太平大同之隆，由此道也。然真正民主自由，必如《春秋》所謂天下之人人皆有士君子之行，而後可獲致，談何容易哉！」[99]在《讀經示要》中，熊十力將群經之言治者歸納為「仁以為體」、「格物為用」、「誠恕均平為

---

[95]　《熊十力全集》第五卷，頁 295-296。

[96]　《熊十力全集》第五卷，頁 682-683。

[97]　《熊十力全集》第五卷，頁 708，並參見同卷頁 695-708。

[98]　《熊十力全集》第二卷，頁 225。按熊先生每以《周易》所謂「群龍無首」、《春秋》所謂「太平」、《禮運》所謂「大同」指稱社會政治之至善境界，亦即德性民主之實現。

[99]　《熊十力全集》第五卷，頁 332。

經」、「隨時更化為權」、「利用厚生本之正德」、「道政齊刑歸於禮讓」、「始乎以人治人」、「極於萬物各得其所」，結穴方為「終之以群龍無首」，顯然將民主的實現建基於社會道德的充實浹洽之上，所以他說「治道必極乎萬物得所，而蘄向群龍無首之盛者，則亦仁體自然不容已之幾也」！[100]而在社會道德未臻充實浹洽之前，熊十力指出諸經主張實行保育主義，他有一段極其精彩的言論曰：

> 儒家經籍中，有一極精警之語曰「未有學養子而後嫁者也」。夫女子未嫁時，從不學養子之術，及已嫁而有子，則其養子之術至繁賾、至周密、至微妙，皆不學而自能者，何耶？彼不知其子與己為二也，彼之愛護其子者，一出於誠而不自知所以也，誠之至而術自出，無事於學也。儒家經典謂「王者為民之父母」，（自注：天下之所歸往曰王，聖人領導天下，故稱王，非必以為君主方謂之王。）此中意義深遠，惜從來學者作平常語句，輕忽過去。父母於子無彼我之分，愛護之如其自護自愛也，唯然，故父母教養其子，盡心調順扶導，（自注：調順一詞，意義無窮。佛度眾生，特注重調順，亦取法父母之道。扶者扶助，導者引導。）時或不便調柔，不堪隨順，則嚴加禁戒，納之正道。其子苟非生而氣質頑劣特甚者，當其受戒，立即感悟。子既長成，巍然獨立，秩然自由，完其天賦之良知良能，一切不曾受損，一切無所阻過。其所以如此者，則父母於子無有我與非我之對峙觀念，非若霸者視天下群眾為自我以外之物也。既無我、非我對峙，即無自視為統治者之觀念；無自視為統治者之觀念，即無宰制其子之觀念；無宰制其子之觀念，故有調柔隨順，有扶持引導，皆所以養成其子之獨立自由與發展其子之天賦良知良能；即或嚴加禁戒，亦所以養成其子之獨立自由與發展其子之天賦良知良能，何則？父母之禁戒其子，本於一體不容已之愛護，非有宰割劫制之意欲存於其間，

---

[100] 《熊十力全集》第三卷，頁 624-625，並參見同卷頁 581-621。

故其子於精神物質任何方面不唯無壓抑之感，而只覺嚴父慈母春溫秋
肅氣象，其感發興起於無形，不能自明所以。如人不謝覆載於乾坤而
以七尺昂然挺立，實由乾坤浩蕩，覆而無己，載而不有，故人得昂然
其間而相忘於無何有之鄉也。聖人責長民者以父母之道，此為真民主
自由之法治，人類如不自毀，必由此道無疑。真民主自由，今之英美
何堪語是？《讀經示要》第一講以九義明治化，未可忽而不究。欲達
到真民主自由，必如《春秋經》所謂天下人人有士君子之行，談何容
易哉？方其未至天下人人有士君子之行，則對於民群保育之功萬不可
無。而一言保育，則唯取法父母之道方不傷害人民之天賦良知良能與
其獨立自由，天地可毀，此理不可易！[101]

從聖賢主導的保育主義漸進至人各自治的群龍無首，這才是實現社會道德浹
洽的民主政治的正確途徑。若社會道德缺失，則根本不可能有真正的民主。
正是基於這一認識，熊十力才說「真民主自由，今之英美何堪語是」！他強
烈批評標榜為民主政體而耽溺嗜欲、貪利無義、率天下而食人的現代西方社
會，其曰：「西人言治者，大抵因人之欲而為之法紀度制以調節之，將使人
得各遂所欲而已。然欲則向外追逐無魘，非可自外調節者也，故其馳逐，卒
成滔天之勢。資本家之專利，帝國主義者之橫暴，皆欲壑難填，而罔恤其
他。甚至顛狂之獨裁，束其國人如機械，而用之以狼奔虎逐於天下，恣其凶
噬，遂使坤輿之內，鳥斃於空，魚爛於澤，腥聞於天，帝閽難訴，則人道至
此而窮矣！」[102]「近世列強之治，皆以利用厚生為本。吾先哲經義何嘗不
注重於此，然有根本不同者，則利用厚生必以正德為本也。……若唯以利用
厚生為本，則率億兆之眾共趨功利之途而競富強之效，行之一國縱可逞志，
然已使其國人唯嗜欲之殉，樂殺尚鬥以為能，則生人之理已絕矣。且功利之
習大開，富強之圖過甚，必求逞志於他國，其終必斃人以自斃，斷然無疑

---

[101] 《熊十力全集》第五卷，頁 330-331。
[102] 《熊十力全集》第三卷，頁 585-586。

矣！」[103]「今世所謂文明國者，其為治也，絕不知治道在使群生咸暢其性，咸遂其生；絕不知人類生活內容實超越形限而為全體性，常創新而富有，擴大而深厚，決非如草木之拘礙於蕞爾之頑形。申言之，西人唯拘於七尺之形，而不獲自識性分之至足至樂，故私其七尺，而向外爭奪不已。今戰禍既烈，識者亦凜然知人類自毀之可憂！」[104]面對現代西方政治大行於世的局面，熊十力痛言「聖學不修，人極不立，吾於斯世，有餘恫焉」，[105]於嚴斥西化狂潮的同時表達了經學救世的信念。

　　關於國際規則或世界秩序，熊十力主要依據《大易》、《春秋》、《禮運》、《中庸》，指出諸經皆以比助、太平、大同、尊親為旨歸。他說：「比道大明，而後世界大同可期。建萬國，親諸侯，即聯合世界上一切國家，而為統一之結構，此大同初步也。《春秋》太平之治，於斯肇端。」[106]「夫三世本為一事。一事者，撥亂世反之正也。撥亂世者，革命之事；反之於正者，明天下為公之道，創天下一家之規，為全人類開萬世太平之治，《易》云『開物成務』、『先天而天弗違』是也。……故大地人類無有距離遠近之分隔，無有曩昔大國小國之差異，乃渾然若一體也。」[107]「若夫世界大同，此在將來為勢所必至，無容疑者。……聖人為全人類計，必首破種界國界，以進於大同，使強無凌弱，眾無暴寡，智無詐愚，勇無侵怯。其時社會組織，必迥異乎種與種爭、國與國競之世，而與大同治道相應。」[108]「《禮記‧禮運》孔子曰：『大道之行也，天下為公。』案此言天下為一家，全人類若一體，故一切共同生活之組織，皆本天下人之公共意力以為

---

[103]　《熊十力全集》第三卷，頁591。

[104]　《熊十力全集》第三卷，頁597-598。

[105]　《熊十力全集》第三卷，頁1056。

[106]　《熊十力全集》第三卷，頁987。按此語是對《周易‧比卦》的闡發。

[107]　《熊十力全集》第六卷，頁490-492。按此語是對何休《春秋公羊經傳解詁》所說三世義的闡發，熊先生認為何休此說「獨傳孔子之真」。所謂三世，即「所傳聞之世見治起於衰亂之中」，「所聞之世見治升平」，「所見之世著治太平」。參見同卷頁485。

[108]　《熊十力全集》第三卷，頁619。按此語是對《禮記‧禮運》的闡發。

之，無有一人得參私意於其間者。……又世至大同，交通盡利，遠近若一，其時全球之上無量治區共講信義，互修親睦，而無量治區之間又必有聯合之總機構，庶幾全世界融通為一體，無麻木不仁之患。」[109]「《中庸》一書本為《易》、《春秋》二經之會要，惜乎秦漢間人多所改竄，而精義微言猶復不少。如今本《中庸》三十一章云『舟車所至，人力所通，天之所覆，地之所載，日月所照，霜露所墜，凡有血氣者，莫不尊親』，（自注：言全人類莫不互相尊，莫不互相親也。）此章從『舟車所至』迄『莫不尊親』，在古本《中庸》說，當是另為一章，其上下文句今無從考，然玩此數語，確是太平世天下遠近小大若一之義。」[110]這些論述都表達了諸經蘊含的聖人為萬世開太平的高遠理想。但是，現實與理想卻有著天壤之別，「今世列強，社會與政治上之改革與機械之發明可謂變動不居矣，然人類日習於兇殘狡詐，強者吞弱，智者侵愚，殺機日熾，將有人類自毀之憂。而昏亂之群復不思自存自立之道，且以其私圖而自傷同氣，尤為可憫。蓋今之人皆習於不仁，即失其所以為人之常道，宜其相殘無已也」，[111]「侵略他人或他群之財富與領土者，均謂之盜竊。逞獸欲、運奸謀而禍天下者，均謂之亂賊。今德、倭雖敗，而天下之為盜竊亂賊者，猶實繁有徒也，太平未卜何時也」，[112]熊十力認為這樣的世界就相當於《春秋》據亂世。[113]按照《春秋公羊傳》何休解詁所謂據亂世「內其國而外諸夏」乃至升平世尚須「內諸夏而外夷狄」，[114]故處在這樣的世界就必須秉持國家主義和民族主義，熊十力說：

---

[109] 《熊十力全集》第三卷，頁 1056-1057。

[110] 《熊十力全集》第六卷，頁 492。

[111] 《熊十力全集》第三卷，頁 554。

[112] 《熊十力全集》第三卷，頁 1059-1060。

[113] 熊先生概述據亂世說：「夫世方據亂，列國各有向外擴張之欲，亦各有對外抗拒之志，抗拒力大者存且強，抗拒力小者弱以亡，故抗拒之志不可無也。若乃導國者懷擴張之欲，雖併民力以向外，可收一時之效，而隱患亦萌於此矣。」（《熊十力全集》第六卷，頁 487）與他所處的時代社會狀況頗為符合。

[114] 《十三經注疏‧春秋公羊傳注疏》卷一（北京：中華書局，1980 年），頁 2200。

《春秋》三世義歸趣太平，國界種界終於泯除，人類一切平等，互相生養，猶如一體，無有相陵奪相侵害者。然在未入太平之前，則國家思想、民族思想必須涵養胚孳，不容捨棄。但其所謂民族，亦以同一國土、能敦義禮而認為同一族類，並非狹隘之血統觀念，此所以為人道之隆也。國各自愛自立，族各自愛自立，則無強凌弱、智欺愚、眾暴寡之事，而世界乃大同，人類始太平。倘有一國一族不自愛自立者，則人間世無可望平等，而弱者必見奪於強，愚者必見害於智，寡者必見侮於眾，世界惡乎大同？人道惡乎太平？《春秋》最高之蘄向在太平，而必以國家民族思想為達到太平之階梯，此義無可易也。但國族思想不容狹隘，自愛其國而不可侵他國，自愛其族而不可侵他族，若懷侵略之志，如今帝國主義者所為，則世界終無由大同，而人類將趨於自毀。《春秋》於侵略者斥之以夷狄，等之於鳥獸，其誅絕之嚴如此，聖人重人道而憂天下來世也無已，其仁矣哉！[115]

又說：

《春秋》三世義，由國家思想、民族思想而進入大同思想，此聖人權衡之妙。霸者利用人民之國族思想以發展野心，而逞侵略雄圖，則斥之為夷狄，等之於鳥獸，必誅絕之，不容存在，此聖人之秉大義以大雄無畏也。愚賤之徒剝喪人民之國族思想，甘為牛馬，效順於侵略者，亦等之於獸類。如《定四年經》：「夏四月庚辰，蔡公孫歸姓帥師滅沈，以沈子嘉歸，殺之。」沈子嘉平日無國族之愛，故政亂而不足自存，為蔡公孫歸姓所滅。書曰以歸殺之，猶曰獵得一獸，以獸歸殺之云爾。以者，賤極之辭也。此特一例，聖人於無國族思想者嫉且賤之如此其甚，何耶？如有甘為奴，方有奴人者，而世界無可大同，人類無可平等也。有甘受侵略，方有侵略者，而世界無可大同，人類

---

[115] 《熊十力全集》第五卷，頁212-213。

無可平等也。此聖人所以於受侵略及侵略者與為奴及奴人者兩皆鳥獸
之、誅絕之，兩皆不許存在，是聖人權衡至當也。聖人之仁義惠愛於
萬物也，欲全人類共存共榮也，欲全人類同得平等自由也。有為奴與
奴人者兩階級存在，即無平等自由可言，即無共存共榮可言。聖人削
除此兩階級，欲人各自愛自立，而後世界大同也，此聖人之仁義惠愛
也。[116]

這些言論雖也反對囿於血緣觀念和昧於私利貪欲的狹隘民族主義，但要在痛
斥面對強敵而自行泯滅民族國家思想的愚賤之徒，等之於獸類！熊十力依據
《春秋》經義反復申述據亂之世國際關係準則道：「自古有國者，虛內而結
好於外，將恃以不亡，則其亡可立而待也。恃人者，無論恃一二強國，或結
好於數強之間，要皆速其亡。惟卓然求內有以自恃，而不予人以可乘之隙，
國權所在，據理力爭，爭之不得，終不獻賂；彼侵略者雖強力侵奪，亦必犯
世界之忌，而有多行不義必自斃之日矣。」[117]「升平將進、據亂未離之
際，夷狄方以凶狡橫行，危害人類，諸夏之族若非互相結合，以強大武力制
止夷狄之行，則夷狄獸欲未有饜足，人相食之禍無已止也。故諸夏馭夷狄，
不宜退讓，而當持霸權以威服之。」[118]「弱小自暴自棄，其離人道而即禽
獸，使梟桀得縱其欲，罪不下於侵略者，則論者不可不察也。夫國雖小，苟
能憤發圖強，內修善政，外聯與國，雖有大邦，不敢啟戎心也。小國而不自
立，則授人以可攻之隙，罪不可逭也！若乃國大民眾而積弱不振，其群偷渙
無深慮，其持柄者闇而自私，專而無恥，則其國有危亡之禍，乃自作孽不可
活，非不幸也。……夫國於大地之上者，倘皆有以自立，雖或有梟桀之材，
亦當消其野心而歸於遜順，侵奪息而太平之瑞至矣。唯有不自立者，而後強
者肆志。故《春秋》誅侵略者，而於不求自立之弱小亦誅而無赦，此其用法

---

[116] 《熊十力全集》第五卷，頁 368-369。
[117] 《熊十力全集》第三卷，頁 1065。
[118] 《熊十力全集》第三卷，頁 1075。

所以為平且明也。」[119]表明據亂之世各國都須自主自立、憤發圖強、振武禁暴,而不可虛己恃人、自暴自棄、畏葸屈服。唯其如此,才可能「由國家思想、民族思想以漸開化夷狄,使其進於文明禮讓,而後乃歸趣太平」![120]

　　外王之極致在於宇宙萬物各得其所,各遂其性,生生不已,可大可久;而人類則應當親合、愛惜、輔助、尊重宇宙萬物,成就天人和諧的生態環境。熊十力勾稽了諸經關於這一方面的許多精彩表達,如謂「〈樂記〉篇有曰:『及夫禮樂之極乎天而蟠乎地,行乎陰陽而通乎鬼神,窮高極遠而測深厚。』又曰:『天地將為昭焉!天地欣合,陰陽相得,煦嫗覆育萬物,然後草木茂,區萌達,羽翼奮,角觡生,蟄蟲昭蘇,羽者嫗伏,毛者孕鬻,胎生者不殰,而卵生者不殈。』〈祭義〉篇曰:『樹木以時伐焉,禽獸以時殺焉。夫子曰:「斷一樹,殺一獸,不以其時,非孝也!」』《論語》:『子釣而不綱,弋不射宿。』物茂卿《論語徵》云:『天子諸侯為祭及賓客則狩,豈無虞人之供?而躬自為之,所以敬也。狩之事大,而非士所得為,故為祭及賓客則釣弋,蓋在禮所必然焉。天子諸侯田則三驅,士則不綱。不射宿,不欲必獲,所以惜物。上考《王制》言田狩之獵,天子不合圍,諸侯不掩群;獺祭魚然後虞人入澤梁;豺祭獸然後田獵;鳩化為鷹然後設罻羅;草木零落然後入山林;昆蟲未蟄,不以火田,不麛不卵,不殺胎,不殀夭,不覆巢。』《公羊春秋》主三時田。《說苑》曰:『夏不田何也?曰:天地陰陽盛長之時,猛獸不攫,鷙鳥不搏,蝮蛇不螫。鳥獸蟲蛇且知應天,而況人乎哉?』何氏《公羊解詁》曰:『不以夏田者,《春秋》制也。以為飛鳥未去於巢,走獸不離於穴,恐傷害於幼稚,故於苑囿中取之。』(自注:《禮經》言治,期於草木鳥獸咸遂其生,故不許輕損物命。中國數千年來服習禮

---

[119] 《熊十力全集》第三卷,頁 1090-1093。

[120] 《熊十力全集》第八卷,頁 283。熊先生反復指出《春秋》所謂「夷狄」「不以種類為分別,而實以文野為分別」;而「文者文明」,又「非徒以其知能大進、富於政治與文化各方面優越之創造已爾,而其特長在有禮義」,表明「夷狄」不是一個種族範疇,甚至不僅是一個文化範疇,而主要是一個道德範疇。見《熊十力全集》第三卷,頁 1068-1070,另參見第六卷,頁 485、488、493。

教，民食以五穀為主，極少用肉食者。海通以來，漸染西俗，肉食之風頓盛。禮失而物之受禍烈矣！）如上所述，可見禮治期於萬物皆得其所，一物失所，便非善治。《中庸》云『天地位，萬物育』，以是為治道之極則」，[121]「夫法天地之化者，法其因物付物而無私意私欲與其間也；無私意私欲與於其間，故不張己而輕萬物；不張己而輕萬物，故可類通萬物之情；類通萬物之情，則於物之傾者覆之，栽者培之，皆因物自然也。其於萬物並育而不相害、道並行而不相悖者，天亦因物自然而未嘗有愛憎於其間也」，[122]「儒者言治，極於草木鳥獸蟲魚各遂其生，各得其所，人之於物，不可非禮暴殺，此類章則，《禮經》詳載。近儒曾滌生猶言『一物未康，即虧吾性』，尚承經義」，[123]「自然雖為無窮無盡之大寶藏，然自然界之萬物不是為吾人而生，吾人卻資萬物以遂其生。人之資取於自然也，時有不獲滿足其欲求之患。自然之發展本未嘗為人謀，人固取給於自然，而自然不必供人之求，甚至予吾人以危害者尤不可勝言，故吾人與自然之間確有巨大矛盾存在。然則化除矛盾為吾人不容放棄之權責，固已甚明而無待論矣。矛盾如何化除？則在吾人對於大自然盡裁成之道、有輔相之宜而已耳。自然不曾留意於吾人，吾人要不得不關心自然。人道統天，毋自隳其主動之心也。……自然力量雖有豐富雄厚、無窮無盡之儲藏，終賴吾人輔相，而後睹其發展之盛，此輔相所為不可已也」。[124]凡此諸經體現的宇宙生態倫理原則和規範，熊十力預言乃是「將來人類所當取法者也」。[125]

　　熊十力還闡發了諸經所述之實現外王的手段，主要就是科學與革命。[126]他說：

---

[121] 《熊十力全集》第三卷，頁 616-617。

[122] 《熊十力全集》第五卷，頁 360。

[123] 《熊十力全集》第五卷，頁 369。所引曾國藩（滌生）語，見氏撰〈羅忠節公神道碑銘〉。

[124] 《熊十力全集》第六卷，頁 494-495。

[125] 《熊十力全集》第三卷，頁 617。

[126] 此所謂科學，大體包括認識世界、發明創造、利用厚生等意義。

吾《易》言大有，有而大者，富有而日新，此與西洋似同而實不同。
夫人之所茂者神明也，神明獨運，如日之升，光輝盛大，是謂生命創
新。若夫資生之具，人生不可或無，則備物致用尚焉。求豐於神而不
惜絕物，少數人以是孤修則可，率群眾為之，則貧於物者將累其神。
吾《易》已知此，而以制器尚象則物用不匱，而群生亦得有開通神智
之餘裕。《易》之言大有者，崇神而備物，物備則眾人之神得伸，故
備物所以全神也，惜後儒未能衍其緒耳。西洋人大抵向外發展之念
重，努力於物質與社會等方面生活資具之創新，其神明全外馳。夫人
之神明炯然不昧，卓爾無倚，儒者所謂獨體是也。今一意向外馳求，
而不務凝然內斂，默然自識，以泯絕外馳之紛，則神明恒與物對而不
獲伸，即失其卓爾無倚之獨體。是則馳外之所獲者雖多，（自注：如
自然界之所發見及一切創造。）而神明畢竟物化，人生不得離有對而
入無待，故曰其失也物，此西洋人所不自知其失者也。然則外馳之用
可廢乎？曰：否否！人生不能離萬物而生活，申言之，人生有實際生
活，即不能不設定有外界，而對於外界之瞭解與改造之希求，自為所
不容已者，云何可廢外馳之用？夫外馳而不迷於物則者，斯亦神明遍
照之功也，又何可廢？[127]

此語雖也批評一意外馳、神明物化之弊，但更明確肯定瞭解外界、制器尚
象、備物致用一類科學活動乃是人類社會生活趨於健全的必要資具。熊十力
還說「六藝皆實用之學，其在今日，相當於科學知識。利用厚生必講求科學
而後可期，此固近代思想所專注，而經義實已包舉之」，[128]「《禮·祭
法》曰『黃帝正名百物』，《論語》曰『名不正則言不順，言不順則事不
成』，《春秋繁露》『《春秋》辨物之理，以正其名。名物如其真，不失秋
毫之末』云云。夫名學者，本為研究思想軌範與論議律則之學，而施諸有

---

[127] 《熊十力全集》第三卷，頁 579-580。
[128] 《熊十力全集》第三卷，頁 591。

政，則正名甚為切要。名不正而可以立事者，古及今未嘗有也」，[129]「夫經學之於科學，本有可融攝而不待強為湊合者。《大學》之教注重格物，其源甚古。《易》之為書，名數為經，質力為緯，自然科學靡不包通；而制器尚象，則工程技術於是造端；窮變通久，裁成輔相，其道與《春秋》、《周官》、《尚書》諸經相表裏；通群變之萬殊而馭之有則，究治制之得失而損益隨時，均平以定天下之計，（自注：計者，猶言經濟。世界經濟問題，必依均平之原則而解決之。）公誠以開百代之治，（自注：治道唯公而無私，誠而無偽，可使萬物得所，人各足其分願。）大哉《易》也！政治社會之理想宏富無匹。《春秋》改制，《周官》法度，皆自《易》出，治社會科學者何可不取則於斯」，[130]表明諸經皆以為科學思維、科學知識、科學發明與社會經濟、政治之良善密切相關。不過，熊十力也反復陳述諸經對於科學的制約態度，他說：「人類如只注重科學知識，而不求盡性，則將喪其生命，而有《禮經》所謂人化物之歎，此人生之至不幸也。」[131]「由孔子之道，科學發明唯用於生產工具之改進，不得為帝者奴役，造作殺人利器。儒者以正德為利用厚生之本，與近世帝國主義之文明相較，其骨髓自迥別。位天地，育萬物，不由儒氏之道而何由哉？」[132]他指出諸經關於科學與道德之關係的觀點是二者並重而究以道德為本，其曰：「《中庸》演《易》之書也，首以性道教，即證體工夫也。然必極之於位育，則以離用無體，故必有位育工夫，即始用而發展其本體。《大學》以明明語始，而必極之於修齊治平誠正格致，其義與《中庸》同。不見體而格物，道德無根，認識無內在之源，自反無基。忽視格物之學而高談證體，即以萬德皆自性具足，其實遺下實物，德於何有？根本或良知唯說成大圓鏡，而不去格物，如何得發展其知？」[133]此言科學與道德並重；又曰：「近世列強之治，皆以利用厚生為

[129] 《熊十力全集》第三卷，頁598。
[130] 《熊十力全集》第三卷，頁726-727。
[131] 《熊十力全集》第三卷，頁673。
[132] 《熊十力全集》第五卷，頁669。
[133] 《熊十力全集》第八卷，頁644-645。

本。吾先哲經義何嘗不注重於此？然有根本不同者，則利用厚生必以正德為本也。……然經以六德六行居六藝之先，則仍以正德為本。會群經之通旨，亦無往不是歸本德治，所以立人極而臻上理者，誠無逾於此。」[134]此則顯然以道德為科學之本。熊十力對諸經關於科學與道德關係之觀點的闡發，與他尊崇性智而不遺量智的量論思想是一致的，也與他對宋明以降朱子（學派）與陽明（學派）關於《大學》格物致知的論爭的雙向揚棄是一致的。[135]

　　至於諸經論述革命對於社會的作用，熊十力說：「《春秋》撥亂世而反之正，貶天子、退諸侯、討大夫，曰貶、曰退、曰討，則革命之事，所以離據亂而進升平，以幾於太平者，非革命，其可坐而致乎？」[136]「庶人久受統治階層之壓抑與侵削，今始出而革命，故曰『首出庶物』。萬國庶民以共同的意力共理天下事，故咸寧。」[137]「《易經》是思想革命之寶典，開體用不二之洪宗，而天帝廢，人道立，上古術數之迷失其據，統天之義為科學思想導先路。……『群龍無首』與『首出庶物』諸義，則《春秋》廢統治、張三世與《禮運》之反對小康思想皆自《易》出，而為政治革命、社會革命之先聲。《周官》一切生產事業國營，發動人民合作，為生產革命之開端。」[138]「夫革命開始，消滅階級，是乃無首之初步，而非真無首也。《周官經》之制度，確是革命進程中之領導制，然王為虛位，六卿聯合領導；天官以六卿之一，兼領冢宰，聽眾議而裁決，不為專斷；三公參預大政，而持地方眾志以監之；則其集眾思，廣眾益之宏規，誠哉遠大矣！及天下庶民飛躍進上，達乎全人類純健之極頂，領導自然消失，是乃真正無首也。」[139]表明唯有通過革命，方才可能進於三世太平，實現萬國咸寧，滌

---

[134]《熊十力全集》第三卷，頁591。

[135]參見本書〈熊十力「新唯識論」之量論思想梳釋〉、〈《大學》朱王之爭與熊十力的評論〉。

[136]《熊十力全集》第五卷，頁667。

[137]《熊十力全集》第六卷，頁754。

[138]《熊十力全集》第七卷，頁383-384。

[139]《熊十力全集》第七卷，頁633。按原文「冢宰」誤為「冢軍」，徑改。

除迷信思想，趨向富有日新，終至於群龍無首的真正自由平等社會。

　　熊十力從以科學和革命為手段最終實現經濟均平、社會自由、人際平等、政治民主、世界大同、宇宙和諧的角度抉發諸經外王思想（實際上他最終也是以此作為判斷諸經真偽的依據），無疑體現了他對現代性的追求。而他一貫強調每個人或一切人的道德品質乃是經濟均平、社會自由、人際平等、政治民主、世界大同、宇宙和諧以至科學手段得以實現的根本，則確鑿表明他的儒家立場。熊十力對諸經抱有至高無上的信仰，他反復說：「至哉六經之道！大中至正。遍諸天，歷萬劫，而斯道無可易也！」[140]「嗚乎！是道也，豈惟吾地球人類所不容自外，使金星火星之上而或有人焉，其弗可自外於斯道也夫。」[141]「嗚呼！經學者，仁學也；其言治，仁術也；吾故曰常道也。常道者，天地以之始，生民以之生，無時可舍，無地可易也。而況經學之在中國也，真所謂日月經天，山河行地，其明訓大義，數千年來浸潰於吾國人者至深且遠。凡所以治身心、立人紀、建化本、張國維者，何一不原於經？則謂吾民族生命為經義之所滋潤焉孵育焉可也。」[142]「夫六經廣大，無所不包通，而窮極萬化真源，則大道恒常，人生不可不實體之也。若乃群變無常，敷宣治理，莫妙於經。……故經者常道，不可不讀。人生一方固須從事知識之學以通萬變，一方尤須從事超知之學，（自注：經學不限於知識之域，而給人以參造化、究天人之廣大智慧，故是超知的學問。）以於萬變中而見常道。人生如不聞常道，則其生活純為流轉，絕無可據之實；其行事恒隨利害易向，而不以公正為權衡，此古今所以治日少、亂日多也。」[143]「聖學廣大悉備，未始遺知能而實超過知能之境，此其所以別於宗教，（自注：宗教尚信仰而不任知能，求主宰於外而不見自性。）而為哲學之極詣。（自注：哲學家尚知能，馳思辨，未能返己而證物我同體，未能遺知而冥於無待，此哲學家之自畫也。儒者六經之道，方是哲學究極境

---

[140] 《熊十力全集》第三卷，頁 581。

[141] 《熊十力全集》第三卷，頁 618。

[142] 《熊十力全集》第三卷，頁 626。

[143] 《熊十力全集》第三卷，頁 691-692。

地。）甚深難窮哉！聖學也！」[144]由此可見，無論如何認可現代理念，熊十力終以儒家經典作為普遍的至上價值，如其所謂「人類如有趣向太平之幾，必待儒學昌明而後可，此余所斷然不疑者」，[145]這也正是他的經學思想的旨歸。

---

[144] 《熊十力全集》第三卷，頁 710。
[145] 《熊十力全集》第五卷，頁 23。

養活春意思　撐起窮骨頭
——《熊十力全集》第四、五卷述評

　　《熊十力全集》九卷十冊（武漢：湖北教育出版社 2001 年版），乃熊先生一生著述之集大成。熊先生由佛入儒，並究心諸子，留意西哲，通過平章三教，軒輊中西，戞戞獨造，自鑄「新唯識論」宏大體系，成一代哲人，其思想精華當在《全集》第二、三卷所收之《新唯識論》文言文本和語體文本。而最堪羽翼「新唯識論」、足以多側面反映熊先生成熟時期之思想者，則為《全集》第四、五卷所收著述。

一

　　《熊十力全集》第四卷收入《十力語要》、《中國哲學與西洋科學》、《讀智論鈔》三種著述。《中國哲學與西洋科學》為熊先生在黃海化學社附設哲學研究部所發表的一篇講詞，其內容如題所示，闡明了熊先生對於中西文化性質的分判。《讀智論鈔》是熊先生讀《大智度論》的筆記，其中的案語和夾註記錄了熊先生研究儒佛的心得，由之可見熊先生以儒解佛思想及其對佛教寂滅涅槃宗旨的批判。作為本卷主體部分的《十力語要》則纂輯熊先生所撰信札、講詞、序文、紀傳、墓銘以及先生門人記語凡一百九十餘通，雖為散篇短章，在系統、精深方面不如《新唯識論》等專著，但卻通過在各種不同語境中的論說而更為簡要直接地呈現了熊先生的哲學觀、文化觀、歷史觀和人生態度，具有獨特的價值。

　　綜《十力語要》而觀之，熊先生哲學的突出特點，一言以蔽之曰一切不

二：體用不二，變易不易不二，寂靜流行不二，心物（身）不二，人我不二，能所不二，知行不二，如此等等。據此，其方法論則可概括為即此即彼。要之，即用即體，即身即識，主體就是一個意識著的生命存在，其認識就是於現象當下識本體，於變動不居當下識永恆真際。熊先生將自己的哲學明確區別於唯心、唯物兩大派別，而名之曰「新唯識論」。其區別於唯物論自不待言；而從熊先生力斥宗教神格和絕對理念一類觀念、並界別於慈恩宗的「萬法唯識」論來看，應該承認其哲學確實有別於一般唯心論。不過，新唯識論在心物（身）關係方面特別突出心的地位，指出心並非心理科學所謂「心」，並不是腔子裏那一塊血肉，而與仁同義，而仁心即本體，本體亦即仁心，主體與本體通過仁心一體貫通，剋就主體方面來說，這無疑包襲了孔子「求仁仁至」和孟子「萬物皆備於我」的思想，故新唯識論的主觀唯心傾向仍是顯而易見的。但若置其哲學黨派屬性不論，則熊先生的哲學觀要在於推極主體地位，高揚剛健有為、自強不息的大人精神。

　　熊先生在汗漫通觀中、印、西三大哲學－文化系統的基礎上，覃思精求，攻錯揚棄，終歸於原始儒學，而特宗《大易》。他認為，西方哲學在心物關係問題上過於馳騖於外，誅求無已，終失人之本根；印度大乘佛學雖然標舉人（類）覺悟，但以寂滅涅槃為旨歸，無益於現實人生；道家作為中國哲學中差堪與儒學相頡頏的體系，除了老子思想因承襲《大易》而尚富有為精神之外，莊子以下則流於玩世或避世；唯《大易》標舉的剛健自強、厚德載物精神以及孔孟指陳的反求諸己、日新又新、推己及人、仁民愛物言教，方才給出了人（類）所以立於天地之間的究竟答案，誠所渭「極高明而道中庸」。基於上述認識，熊先生指出，當今時代，雖然以窮研物理為特徵的西方文化造就了科學發達，從而橫絕於世，但人類精神復歸的企望終究會導致中國文化、特別是原始儒學的復興。這種在人類諸大文明的比較中對於本位文化所表現出的樂觀與自信，便構成了熊先生的文化觀。

　　如果說熊先生的文化觀是樂觀主義的，他的歷史觀則恰恰相反。熊先生認為，就中國來看，漢唐宋明以迄於當今乃是一個漸趨頹靡的歷史過程；而整個人類歷史也表現出人心愈益愚黯狂悖、世道愈益澆薄詐偽的趨向。熊先

生這種悲觀主義歷史觀顯然是其樂觀主義文化觀的反襯，在他的歷史觀背後所隱寓的思想是，整個人類世界如欲撥亂反正，非復興原始儒學、造就普遍的大人人格而莫辦；而且人類歷史墮落的極至，也正是原始儒學復興的契機。

從《十力語要》可見，在人生態度方面，熊先生十分崇奉醇儒的忠恕人格和佛氏的慈悲情懷，內心深處富於感情，以至論學施教之間絮絮徵引大儒高僧語錄，為故人作傳銘墓以寄託追思亦似有不能自已者。但在品題歷史人物以及現實人際交往中，熊先生卻又更多地表現出狂狷行性，對古近人物如莊生、韓非、賈誼、曹氏父子、韓愈、蘇軾、朱熹、黃宗羲、鄒元標、龔自珍、康有為、章太炎等多所貶斥，對師友同儕及門生子侄也是常加呵責。熊先生自知失於善罵，每每歸因於生理不適導致心理煩躁，但深究原因當在於歷史現實與其道德理想主義的哲學─文化觀相去太遠，以這種哲學─文化觀衡諸歷史現實，不免多不愜意，故而毀訾便脫然出口了。但基於道德理想主義的哲學─文化觀而對歷史現實的責備卻又並不是排斥性的，毋寧說恰恰是包容性的，熊先生正是汲汲於將歷史現實導入一個仁心充盈周流的宇宙大化之中。由此可見，熊先生總是存在於他的哲學─文化觀之中，金岳霖先生評論熊先生哲學中有他這個人，《十力語要》為此語提供了充分的注腳。

二

《熊十力全集》第五卷收入《十力語要初續》、《韓非子評論》、《摧惑顯宗記》、《與友人論張江陵》、《論六經》五種著述。

《十力語要初續》體例一仍《十力語要》，輯錄熊先生信札、講詞及門人記語等凡四十餘通，弁以卷首語，附錄熊先生義女熊池生所撰《困學記》十餘篇。《初續》之基本內容仍在於平章儒、佛、道諸家及西方哲學。熊先生認為，西方哲學偏於外騖而忽於自求本心，偏於求知而忽於行己，偏於肯定物欲而忽於道德，導致天人割裂，鑄成侵略性民族性格；道家致虛極，守靜篤，貴雌柔，亦是分絕道器，且相對於大乘佛教普濟眾生的宏願而言，其

注重個人超脫的人生觀更形消極以至頹靡；佛家看破生死海苦，觀照恆常真如並精進以求，一切律之以三法印，終歸涅槃寂靜，故仍是隔截色空，無補於社會人生；唯原始儒家揭櫫體用不二之旨，即人即天，即器即道，即色即空，故人得與天地相參，輔贊化育，開物成務，剛健有為，富有日新，是為古今人類最為合理的宇宙觀和人生觀。

《韓非子評論》執筆者為熊先生門人胡哲敷，而思想觀點均得之於熊先生。《評論》梳理了韓非之學的淵源，指出韓非受業於荀卿，荀卿乃由道入儒，故韓非之學歸宗於黃老而雜以荀（卿）申（不害）商（鞅）之學。因此，黃老陰柔思想為韓學根蒂，荀學「性惡論」為韓學出發點，申商法術為韓學兼取而側重於申不害之術。《評論》勾稽出原始法家「法源於眾」、「法籍所以禁人君使無擅斷」的觀點，比較韓非「術不欲見」、「主所以執」的理論，從而指出韓學並非法家正統，而應別之為「法術家」。正是作為「法術家」的韓非之學斬截了原始民主制的餘緒，成為專制君主借權術陰謀和嚴刑峻法鉗制臣民的工具。韓學被秦始皇以來的歷代專制君主用於政治實踐，造成了中國二千餘年專制局面，扭曲了國民人格，為禍慘烈，流毒深遠。不過《評論》也肯定了韓學的某些歷史合理性。《評論》雖為學術思想論著，但亦多有對於社會政治的議論，這些議論雖不乏精見和快語，但學人議政所固有的理想主義乃至空想主義色彩也比較濃厚。

《摧惑顯宗記》為熊先生門人黃慶執筆，由熊先生改定；附錄熊先生〈與諸生談新唯識論大要〉和〈為諸生授新唯識論開講詞〉二文。《摧惑顯宗記》從反駁印順法師〈《評熊十力的《新唯識論》》一文入手，首先指出了印順對於「新唯識論」以及儒家精神的誤解，論析了作為佛徒的印順對於本宗要旨的淺見；進而基於熊先生對佛教的理解，詮釋了佛教一系列基本概念及其思想精髓，並闡述了「新唯識論」的旨歸；最後比較評價了儒佛二家宇宙觀、社會觀、人生觀的高下短長。此著的思想主旨，諸如尊佛而尤其崇儒、思契形上而不舍形下等等，與熊先生其他論著基本一致，不過作為一篇駁論，行文用語略帶意氣。

《與友人論張江陵》略類於《韓非子評論》，為學術思想與社會政治兼

論之作，唯《韓非子評論》對論主持否定態度，而此著則對論主作了高度肯定。熊先生披撥了張居正立言行政方面的法家表象，從張氏遺文中勾稽出其「宗本在儒而融攝佛老及法」的精神實質，認為張居正上抑君權、下制豪強、循法責吏、愛恤軍民、鼓勵耕織、積極用戰的政治作為，察微識幾的政治眼光，以及公而忘私、勇往直前的個人品格，均秉承於先儒仁智勇三達德及佛家慈悲、般若和大雄無畏精神，其政治直追漢唐宋明四代之隆，其富於學養而又盛於事功堪與諸葛武侯、王陽明比肩；而其推尊秦始皇、忽必烈的言論則實為憤於時事的矯枉過正之說。此著較為集中地體現了熊先生的社會政治理想和政治人格理想，其要點均在於以儒家仁政思想推行仁民愛物之政。熊先生此著中的議論同樣有較多空想成分。

　　《論六經》為中華人民共和國成立之初熊先生就國家思想文化建設問題致林伯渠、董必武、郭沫若諸先生的一封長信，而其內容實為一部論述中國傳統思想（側重於《易》、《書》、《詩》、《春秋》、《禮》、《樂》六經所體現的原始儒家思想）的專著。在此著中，熊先生梳理了六經產生的時代順序，並評價了其思想文化價值，認為《易》為六經之首，它所蘊含的無限豐富的天人關係思想為其餘諸經所本，其「群龍無首」的民主思想尤應奉為時代精神；《書》載堯舜以迄西周之世政事，因遭秦火再經後儒編綴，故真偽屢雜，但其中治世理想仍斑斑可考；《詩》興於周康之世，至平王東遷而詩事息，其中包含著豐富的原始民主制精神；《詩》亡而後有《春秋》，以微言寓「貶天子，退諸侯，討大夫，達往（王）事」之大義，亦為原始民主精神之孑遺；《周禮》為春秋儒生搜求上古制度輯成，其中體現的兼顧整體與個人、強調責任與權利的和諧有序的組織制度，實具社會主義性質，而《禮記》中表達的由據亂世入升平世進而入「天下為公」的太平世的理想，亦與社會主義思想遙相契合；《樂》疑即《禮記·樂記》，其中包蘊的和樂精神乃是民主政治不可或缺的內容。六經均經孔子刪定，成為為生民立命、為萬世開太平的不刊經典。秦漢以還，專制日熾，儒生畏禍，或守於章句而忽於義理，從而埋沒了六經真髓；更有甚者則篡改六經精神，使富於民主精華的經典衍為維護專制制度的工具，此罪在歷代奴儒而孔子不當負其咎。熊

先生認為，新中國初建，社會主義制度尚在萌芽，亟需本著毛澤東「批判繼承」的原則，發掘六經本有的民主精神以普及於世。為此，熊先生建議設立中國哲學研究所以整理中國傳統思想文化，並要求本著學術思想自由的原則，恢復呂澂的南京內學院、馬一浮的智林圖書館和梁漱溟的勉仁書院。此著以論學為主，可謂精見紛呈，但也頗有一些值得商榷的觀點。其中涉及時政的篇幅不多，但涉入程度卻較深，這方面的議論，體現了熊先生關於新的社會制度及其意識形態應該植根於深厚的民族傳統文化（特指其優良方面）的基礎之上的睿識，同時也表現出作為思想家的熊先生在政治上的某些或許可以稱作幼稚的書生氣，反映了作為舊學者的熊先生既保持固有學思立場、又向新社會靠近的努力。

三

《熊十力全集》第四、五卷所收著述，雖然都編定於《新唯識論》完成之後，但其中許多篇什實際上是熊先生在構撰《新唯識論》的前後或同時寫作（或由門人記錄）的。所有這些著述，與《新唯識論》一樣，乃是熊先生在實現由佛入儒的思想轉變之後以迄進入共和國時代思想再次發生某些轉變之前的心聲，是熊先生思想成熟時期的結晶。這些著述固然不如《新唯識論》那樣體系嚴整、博大精深，但卻更加汪洋恣肆、直截平易。其中專切或旁涉「新唯識論」所闡發的哲學思想，乃是把握「新唯識論」之大旨的捷徑，為治熊先生哲學者不能不讀的入門導引。而其中所表現的熊先生的治學領域、思想進路、文化取向、人生態度及其家世、生平、交遊、教學等等，則多不能從《新唯識論》所直接發見，故對於全面深入瞭解熊先生之為學為人具有獨特價值。在這些著述中，熊先生本體－宇宙論所具仁心充盈、剛健辟動的特點，學術文化思想所具涵納中西、斷以己意的特點，及其人格個性所具率然無羈、卓爾不群的特點，均得以清晰呈現。所有這些特點，恰可以熊先生在《十力語要》中多次稱引的曾文正公自撰對聯予以形象概括——「養活一團春意思，撐起兩根窮骨頭」！

從心之本體到心靈九境
——唐君毅哲學思想述論

　　宜賓唐君毅先生（1909-1978）是二十世紀文化中國最重要的哲學思想家之一。他承續儒家內聖成德之教，通過體知、推擴和形上提升而證立了普遍的道德性的「心之本體」範疇，並以「心之本體」作為生命存在層層提升的終極指向，創構了一個囊括人類各種心靈活動以及各大文化系統的「生命三向與心靈九境」體系，從而在肯定人類各種心靈活動以及各大文化系統的必然合理性的前提下，特別彰顯了儒家從盡性立命達至天德流行境界的至上性，為自西方文藝復興以降因迅速外轉、下轉而日益沉淪的當今人類指明了應然的價值取向。以「心之本體」為終極指向的「生命三向與心靈九境」體系因而既是一個超凡入聖的道德理想主義哲學體系，同時也是一個深刻嚴峻的批判現實主義哲學體系。梳理唐君毅從「心之本體」到「心靈九境」的哲思脈絡，揭示其以德性為旨歸的哲學思想內涵，不僅有助於瞭解這位當代大哲理論建構的進路，更重要的是有益於啟導「文明以止」的人生乃至「人文化成」的世界。

一、心之本體的證立

　　早在 1944 年，時年 36 歲的唐君毅就出版了《人生之體驗》和《道德自我之建立》兩部著作。這兩部著作為唐君毅終生看重，在晚年為其最後一部巨著《生命存在與心靈境界》所寫的「後序」中，唐君毅說：

> 吾於三十歲前後，嘗寫人生之體驗，與道德自我之建立二書，皆以一
> 人獨語，自道其所見之文。吾當時雖已嘗讀古今東西之哲人之書，然
> 此二書對他人之說，幾無所論列，而其行文皆極幼稚而樸實。然吾自
> 謂此二書，有一面對宇宙人生之真理之原始性，乃後此之我所不能
> 為。吾今之此書之規模，亦不能出於此二書所規定者之外。此固可證
> 吾之無大進步；然亦證宇宙人生中實有若干真理，歷久而彌見其新
> 也。至於此後三十年中，吾非無所用心，而知識亦盡有增加。然千回
> 百轉，仍在原來之道上。[1]

　　自承這兩部著作的思想內容乃後來所不可企及，三十年的學思發展終不
能逸出其途徑，甚至宏大而辟、深閎而肆的《生命存在與心靈境界》也在其
畛域之內，可見這兩部著作在唐君毅心目中的分量。

　　那麼這兩部著作究竟表達了什麼思想內容呢？《人生之體驗》的正文包
括「生活之肯定」、「心靈之發展」、「自我生長之途程」、「人生的旅
行」四個部分和「心理道頌」一個附錄，其中「人生的旅行」被唐君毅自定
為童話體裁，實際上可以看作一部哲理寓言；「心理道頌」則為四言詩體；
其餘部分均為思想隨筆。全書的文體完全不類理論著作，沒有系統的架構，
沒有邏輯的推論，也沒有廣博的徵引和繁複的辯析，而主要是以朋友傾談或
個人獨語的方式，娓娓言說一己體認的人生之智慧、世界之真理、寧靜之心
境、自我之確立、價值之體驗、生活之意義、心物之聯結、心靈之超越、精
神之信仰以及從呱呱墜地到德性養成的諸種人生境界。乍讀之下，很容易因
其形式的輕靈而忽視其意旨的深閎，但在實質上，這些自出機杼、無復依
傍、基於生存實感而探求宇宙人生之道體的思想隨筆所表達的，才是剝落了
學究氣而真正具有原創性的哲思。在該書「導言」中，唐君毅說：

> 現在許多人生哲學道德學之著作，大都是綱目排列得整整齊齊，一派

---

[1]　《生命存在與心靈境界》（北京：中國社會科學出版社，2005 年），頁 676。

一派學說，依次敘述，一條一條論證，依次羅列。這一種著作，我以
為除了幫助我在大學中教課，或清晰一些人生哲學道德學的觀念外，
無多價值。這種著作，只能與人以知識，不能與人以啟示，透露不出
著者心靈深處的消息。而且太機械的系統，徒足以窒息讀者之精神的
呼吸，引起與之對抗，去重建系統的好勝心。這一種著作方式，在現
在之時代，自有不得已而須採取之理由，然而我不喜歡。我對愈早之
人生哲學之著作，愈喜歡。我喜歡中國之六經，希伯來之新舊約，印
度之吠陀，希臘哲學家如 Pythagoras、Heraclitus 等之零碎的箴言。我
喜歡那些著作，不是它們已全道盡人生的真理。我喜歡留下那些語言
文字的人的心境與精神、氣象與胸襟。那些人，生於混沌鑿破未久的
時代，洪荒太古之氣息，還保留於他們之精神中。他們在天蒼蒼、野
茫茫之世界中，忽然靈光閃動，放出智慧之火花，留下千古名言。他
們在才鑿破的混沌中，建立精神的根基；他們開始面對宇宙人生，發
出聲音。在前不見古人，後不見來者之心境下，自然有一種莽莽蒼蒼
的氣象，高遠博大的胸襟。他們之留下語言文字，都出於心所不容
已，自然真率厚重，力引千鈞。他們以智慧之光，去開始照耀混沌，
如黑夜電光之初在雲際閃動，曲折參差，似不遵照邏輯秩序。然雷隨
電起，隆隆之聲，震動全宇，使人夢中驚醒，對天際而肅然，神為之
凝，思為之深。[2]

　　在某種意義上，這正是唐君毅對其《人生之體驗》的文體和內容特點的
解說。也正因具有這種特點，所以他又說：「我以後可能要寫些比較更當行
的系統著述，用論證來成立我思想上之信仰，並討論到與其他派思想之異
同。但是那樣寫成的著作之價值，是否即高於此書，我現在不能說。直到現
在，我是寶愛我寫此書各部時之心境的。」[3]實際上，豈止是到唐君毅寫作

---

[2] 《人生之體驗》「導言」，見《人生三書》之一（北京：中國社會科學出版社，2005
　　年），頁3。

[3] 《人生之體驗》「導言」，見《人生三書》之一，頁2。

這篇「導言」的 1943 年，由上可知，他終生都是寶愛這部著作的。

　　唐君毅寫作《人生之體驗》的初機，源於 1939 年一個秋夜他在荒山古廟中生發的哲思。當時，他作為教育部職員，住在重慶歌樂山脈青木關鎮的一座古廟中，「惟時松風無韻，靜夜寂寥，素月流輝，槐影滿窗。倚枕不寐，顧影蕭然。平日對人生之所感觸者，忽一一頓現，交迭於心；無可告語，濡筆成文」，於是寫下了〈古廟中一夜之所思〉，這就是他的第一篇思想隨筆。這篇思想隨筆，大致涵括了《人生之體驗》一書關於宇宙人生的思索。

　　在這篇思想隨筆中，唐君毅從身邊環境所引發的感受著筆：

> 日間喧囂之聲，今一無所聞，夜何靜也？吾之床倚於神龕之側。吾今仰臥於床，唯左側之神，與吾相伴。此時似有月光，自窗而入，然月不可見。吾凝目仰睨瓦屋，見瓦之櫛比，下注於牆，見柱之橫貫。瓦何為無聲，柱何為不動。吾思之，吾怪之。房中有空，空何物也。吾若覺有空之為物，滿於吾目及所視之處。空未嘗發聲，未嘗動。然吾覺空中有無聲之聲，其聲如遠蟬之斷續，其音宛若愈逝愈遠而下沉，既沉而復起，然聲固無聲也。吾又覺此空，若向吾而來，施其壓力。此時吾一無所思，惟怪此無盡之靜闃，自何而來，緣何而為吾所感。

進而唐君毅念及自我在時空中的位置與境況，並由此推及一切人：

> 居如是地，在如是時，念過去有無量世，未來亦有無量世，然我當下之念，則炯然獨立於現在，此絕對孤獨寂寞之心念也。又念我之一生，處如是之時代，居如是之環境；在我未生之前，我在何處，我不得而知也；既死之後，我將何往，我亦不得而知也。吾所知者，吾之生於如是時，如是地，乃暫住耳。過去無量世，未有與我處同一境遇之我；未來無量世，亦未必有與我處同一境遇之我。我之一生，亦絕對孤獨寂寞之一生也。吾念及此，乃恍然大悟世間一切人，無一非絕對孤獨寂寞之一生，以皆唯一無二者也。

作為絕對孤獨寂寞的存在，人與人是那麼的隔膜，「一切所親之人、所愛之人、所敬之人、所識之人，皆若橫布四散於無際之星空，各在一星，各居其所。其間為太空之黑暗所充塞」；即使相知相愛之人或有無間之愛，也不過維持區區數十年，「數十年以前，吾輩或自始未嘗存，或尚在一幽渺之其他世界。以不知之因緣，來聚於斯土。以不知之因緣，而集於家，遇於社會。然數十年後，又皆化為黃土，歸於空無，或各奔一幽渺而不知所在之世界」；且這種無間之愛必將愈傳愈淡，「終將忘其祖若宗，忘其同出於一祖宗，而相視如路人，勢所必然也」。在這樣一種人間，充斥著無盡的冷酷，「試思地球之上，何處非血跡所渲染，淚痕所浸漬？而今之人類，正不斷以更多之血跡淚痕，加深其渲染浸漬之度」；而容納這種冷酷人間的宇宙，實「若一充塞無盡之冷酷與荒涼之宇宙」。

對於這種隔膜、無常、冷酷、荒涼的宇宙人生，唐君毅不勝其悲而又不捨其愛。他最後剖陳自己悲愛倚伏的矛盾情緒說：

> 吾念以上種種，吾不禁悲不自勝。吾悲吾之悲，而悲益深。然吾復念，此悲何悲也？悲人生之芒也，悲宇宙之荒涼冷酷也。吾緣何而悲？以吾之愛也。吾愛吾親愛之人；吾望人與人間，皆相知而無間，同情而不隔，永愛而長存；吾望人類社會，化為愛之社會，愛之德，充於人心，發為愛光，光光相攝，萬古無疆。吾於是有此悲。悲緣於此愛，愛超乎此悲。此愛也，何愛也？對愛之本身之愛也，無盡之愛也，遍及人我、彌綸宇宙之愛也。然吾有此愛，吾不知此愛自何而來，更不知循何術以貫徹此愛。尤不知緣何道使人復長生不死，則吾之悲，仍終將不能已也。然此悲出於愛，吾亦愛此悲。此悲將增吾之愛，吾願存此悲，以增吾之愛，而不去之。吾乃以愛此悲之故，而乃得暫寧吾之悲。[4]

4　以上引文均見《人生之體驗》「導言附錄——我所感之人生問題」，見《人生三書》之一，頁 13-17。

　　由此隱然透露出，其時唐君毅已在探求能將實存而極不完滿的宇宙人生導入至善之境的普遍之愛的形上本體，這一形上本體，在《道德自我之建立》中得到了呈現。

　　《道德自我之建立》的體裁大致同於《人生之體驗》，其正文三部「道德之實踐」、「世界之肯定」、「精神之表現」仍為自出機杼、不事徵引的思想隨筆，不過討論的分量稍重一些，故各部分的篇幅也稍大一些；附錄「人生略賦」則為分行的韻文。正文三部之第一部說明道德生活之本質；第二部說明道德自我之根源——心之本體之形上性；第三部說明此心之本體即充內形外之精神實在，為超現實世界、現實生活而又表現於現實世界、現實生活者。三部各自獨立而又義蘊流貫，互相照應。關於形上本體的思索，集中表現於第二部之中。

　　唐君毅基於對現實世界種種虛幻、無常、可悲、殘忍、不完滿的痛苦感受，而肯定有一能夠如此對照地感受現實世界的恆常真實的根原。他說：

> 在我思想之向前向下望著現實世界之生滅與虛幻時，在我們思想之上面，必有一恆常真實的根原與之對照。但是此恆常真實的根原，既與我們所謂現實世界之具生滅性與虛幻性者相反，它便不屬我們所謂現實世界，而亦應超越我們所謂現實世界之外。但是它是誰？它超越在我所謂現實世界之外，它可真在我自己之外？我想它不能在我自己之外。因為我不滿意我所對的現實世界之生滅與虛幻，即是我希望之現實世界生滅與虛幻，成為像此恆常真實的根原，那樣恆常真實。我之發此希望，即本於此恆常真實的根原，滲貫於我之希望中。我因被此恆常真實的根原所滲貫，然後會對於現實世界之生滅與虛幻，表示不滿。如我不被恆常真實的根原所滲貫，我亦只是一生滅者虛幻者，我便不會有此希望。我於是瞭解了，此恆常真實的根原，即我自認為與之同一者，當即我內部之自己。我之所以對現實世界不滿，即由於我內部之自己，原是恆常真實者，而所見之現實，則與之相違矛盾。我之不滿，是此矛盾之一種表現。此內部之自己，我想，即是我心之本

體，即是我們不滿現實世界之生滅、虛幻、殘忍不仁、不完滿，而要求其恆常、真實、善與完滿的根原。[5]

由此，唐君毅確認了一個較之生滅、虛幻、殘忍不仁、不完滿的現實世界更加恆常、真實、善與完滿的「內部之自己」，亦即作為道德主體的「心之本體」。

唐君毅以作為心之本體之發用的思想，來證明心之本體的恆常和真實性。他說：「我由心之思想，便知此心體超臨於時空之上。我的思想，明明可思想整個的時間空間，無限的時間空間。……我的思想，可與無限的時空，平等的延展，而在延展的過程中，時空永只為思想之所經度。我思想之『能』跨越其上而超臨其上。」[6]思想既超臨時空，則其所依之心之本體亦必超臨時空；心之本體既超臨時空，則無生滅流轉，而恆常真實。至於心之本體的至善和完滿性，唐君毅認為，「我善善惡惡，善善惡惡之念，所自發之根原的心之本體，決定是至善的」；而由於心之本體超臨跨越於無窮的時空之上，「無窮的時空中之事物，便都可說為它所涵蓋，它必然是完滿無缺」。[7]

基於人同此心、心同此理的思路，唐君毅將恆常、真實、至善、完滿的心之本體普及於現實中的他人；進而通過應然提升，將心之本體投射到涵天蓋地、主宰萬物的生命創造力之上，確認道德主體基於心之本體而通極於形上道體。他說：

> 我從現實的我身中，瞭解有一超越的心之本體在表現，便可推知，現實的他人身中，亦有一超越的心之本體表現。……所以他人的心之本體之存在，即由我所置定，遂可證他人的心之本體，不外於我的心之本體。但是這也並不陷於唯我論。因為從現實世界上看，我始終是與

5　《道德自我之建立》，見《人生三書》之二，頁 55-56。

6　《道德自我之建立》，見《人生三書》之二，頁 56。

7　《道德自我之建立》，見《人生三書》之二，頁 60。

人平等相對的存在。我的認識活動，遍到他人，他人之認識活動，亦遍到我。我與他人在現實世界中，以認識活動互相交攝，而在超越的心之本體處相合。

心之本體即人我共同之心之本體，即現實世界之本體，因現實世界都為他所涵蓋。心之本體，即世界之主宰，即神。……從今我對於現實世界之一切生滅，當不復重視，因為我瞭解我心之本體確確實實是現實世界的主宰，我即是神的化身。[8]

另一方面，唐君毅又將心之本體滲貫於形而下的現實世界之中，滲貫於有限的「我」之中，使之通過內在於形而下的現實世界以及有限的「我」，並層層破除這種有限性，而表現其無限性。他說：

它（案指「心之本體」）即是以「破除限」為它之本性，以破除限為它之內容。破除限，即所以界定它之為它者。它必有它所破除之限，又必有對此限之破除，唯合此二者，而後它成為它。所以它是無限，便必須有限，與之相對，然而它又不是此限，因為它要破除此限。因它破除限之活動，只能在限上表現，所以它本身一方超越一切限，而它本身之表現又內在於一切限。它之表現，內在於一切限，即一切限自己破除，而內在於它，上升於它。它是一切之限之本體，即繫於它之內在一切限，而一切限均要求自破除而內在於它之一點上。……它永遠是滲貫於限中，作它破除限制的工作。[9]

通過向著形而上的投射以及向著形而下的滲貫，心之本體獲具了內在而超越且超越而內在的性格，從而既凸顯了心體、性體、道體當下貫通的「性道一元」方面，又肯定了實存於現實世界的主體必須層層破限、自我提升的

8　《道德自我之建立》，見《人生三書》之二，頁 60-61。
9　《道德自我之建立》，見《人生三書》之二，頁 67。

道德踐履方面。心之本體因而既是形上的道德本體，同時也是實踐的道德主體。

在寫作《人生之體驗》和《道德自我之建立》時，唐君毅已在汗漫通觀中、西、印的基礎上歸宗於儒家。在《人生之體驗》「導言」中，他說：「孔子之言，皆不離日用尋常，即事言理，應答無方，下學上達，言近旨遠，隨讀者高低而各得其所得。然以其不直接標示一在上之心靈境界，故讀者亦可覺其言皆平凡，不及西哲之作，如引人拾級登山，勝境自闢。然『泰山不如平地大』，程明道此言，真足千古。在平地者誰知平地大？唯曾登泰山者，乃益知平地大。故必讀西哲印哲書，而後益知中國先哲之不可及，知其中庸之高明也。」[10]由此表達了對於儒家的極度推崇。在《道德自我之建立》「自序」中，他又說：「著者思想之來源，在西方則取資於諸理想主義者，如康得、菲希特、黑格爾等為多，然根本精神則為東土先哲之教。」[11]表明他對形上本體的求索，主要遵循儒家心性論的進路。這一學思路向，唐君毅後來唯有推進而再無任何改變，如其晚年巨著《生命存在與心靈境界》之超主觀客觀三境，大致就是《人生之體驗》第三部「自我生長之途程」所設定的十層人生境界之第八、九、十層的擴充。至於《道德自我之建立》所證立的心之本體，乃是唐君毅對於宇宙人生之真實存在的終極把握，這一道德性的心之本體，更是為唐君毅所終生服膺而未嘗懷疑。正因如此，晚年唐君毅才自承，在寫作這兩部著作以後的三十年中，儘管他的生平思想千回百轉，但卻「仍在原來之道上」。不過，從唐君毅求「體」、見「體」到立「體」的過程，仍可看出他早年所究心的西方哲學的影響。除了他肯認的西方理想主義哲學之外，引發他產生超越此在之哲思的那種絕對的孤獨感，當與存在主義的感染不無關係；而邏輯分析方法則使他所證立的心之本體獲得了形式上的合理性，從而避免了傳統本體論的獨斷性和神秘性，這也使得唐君毅的本體論哲學具有了現代形態。[12]

---

[10] 《人生之體驗》「導言」，見《人生三書》之一，頁10-11。

[11] 《道德自我之建立》「自序」，見《人生三書》之二，頁14。

[12] 如何評價唐君毅以邏輯分析方法證立本體，是一個值得討論的問題，容當別論。

二、心之本體的通貫

自從在 1944 年出版的《道德自我之建立》中證立心之本體之後，這一本體範疇便一直為唐君毅所持循，並絡繹表現於他的一系列論著之中。

1953 年，唐君毅出版《中國文化之精神價值》。此書以西方文化為參照，綜論中國文化、宗教、哲學、學術之起源，中國先哲之自然宇宙觀、心性論、道德理想論，以及中國人在農業生產、家庭生活、社會關係、政治活動、人格理想乃至教育、藝術、文學、信仰諸方面所表現的精神特質。對於這部洋洋三十餘萬言、「自謂有進於以前論中西文化者，而頗詳人之所略」的著作，唐君毅一言以蔽之曰：「余以中國文化精神之神髓，唯在充量的依內在於人之仁心，以超越的涵蓋自然與人生，並普遍化此仁心，以觀自然與人生，兼實現之於自然與人生而成人文。此仁心即天心也。此義在吾書，隨處加以烘托，以使智者得之於一瞬。」[13]這顯然是以超越而內在的心之本體作為悠久而博大的中國文化的始基。由於唐君毅此著專論中國文化，故而他特別突出了心之本體對於中國文化的意義，然而這並不意味著心之本體僅僅局限於中國文化而不具有普遍性。在 1954 年出版的《心物與人生》之第二部中，他就揭示了人類文化皆原於心靈精神之求實現真善美等價值這一主旨，無疑是將心之本體作為整個人文宇宙之根本。

1955 年，唐君毅又一部重要著作《人文精神之重建》出版。此書從科學世界、人文世界、理想世界諸層面，綜論中西文化源流及其精神之異同，並涉及中印宗教道德與人生智慧的互通，其主旨在於「疏解百年來吾人所感受的中西古今之若干文化思想觀念上的衝突，而嚮往一和融貫通而分途開展之理想的人文世界」。[14]在此書附錄〈我對於哲學與宗教之抉擇——人文精神之重建後序兼答客問〉中，唐君毅以思想自傳的形式，陳述了自己所宗主的哲學觀念與宗教信仰。關於哲學觀念，唐君毅說：

---

[13] 《中國文化之精神價值》「自序」（臺北：正中書局，2000 年），頁 7-8。

[14] 《人文精神之重建》「前言」，見《唐君毅全集》卷五（臺北：臺灣學生書局，1989年），頁 21。

在此科學知識所及世界外——即把一切可能成科學知識之對象全部合
起來所構成之世界外，仍然有另外的世界。此即關連於人之實踐理性
或情意之審美活動、實際行為活動、宗教信仰活動所發現之世界。而
這一切活動（包含純粹求知活動）與其所發現之世界，則共統攝於人
之超越自我。……而個人之能在原則上，或在特殊情形下，判斷此各
種活動與其成果之價值之高下，決定選擇那一種，亦即此自我之價值
意識，或良知。良知判斷我之科學的純知活動之價值，判斷我之實際
行為之價值，判斷我之藝術活動宗教活動之價值，即是看此等等之是
否合乎自己之內在的嚮往或標準，是否合乎良知之理。凡合者，謂之
是；不合者謂之非。良知是是而非非，亦即善善而惡惡，是為人一切
智慧道德實踐之原，人生之內在的至高無上的主宰。……
……而一切根據一種科學，以至綜合各種科學之結論而成之哲學，與
一切只將純知的理性客觀化與依純知理性去識取外在的共相形式之哲
學，亦皆不能真參透到宇宙人生之本源。因為這一切哲學，皆不知唯
有能自覺其純知活動而肯定其價值之自我之良知，能為一切純知活動
及此一切哲學之所依以存在者。而此自我之良知，則永能自己肯定其
自身之價值，肯定其自己之應有與當存在，因而自己為其自己所內具
之價值，及所由存在之來源。亦即能自己肯定自己之為人生活動之本
源者。而人欲參透入宇宙之形上的本源，或絕對的天理之所在，亦只
有由此良知，與其所肯定之全幅人生之有價值之活動以透入。[15]

　　唐君毅在此以「超越自我」亦即「自我之價值意識」或「良知」作為人
類一切活動及其所發現之世界的主宰，以及一切哲學所以存在的根據，乃至
主體契合「宇宙之形上的本源」或「絕對的天理」的唯一途徑，這顯然是將
「超越自我」或「自我之價值意識」或「良知」作為其哲學觀念的宗主；而
「超越自我」或「自我之價值意識」或「良知」，也就是那個較之生滅、虛

---

[15]　《人文精神之重建》附錄，見《唐君毅全集》卷五，頁 584-586。

幻、殘忍不仁、不完滿的現實世界更加恆常、真實、善與完滿的心之本體。

關於宗教信仰，唐君毅認為，儘管信仰各自終極存有的各種宗教存在著高下偏全的差異，但只要是高級宗教信仰，則基本上都以良知作為其本質特徵。他說：

> 依良知為標準，我們可說一切高級宗教中之超越信仰，皆出自人之求至善至真完滿無限永恆之生命之要求，求拔除一切罪惡與苦痛之要求，賞善罰惡以實現永恆的正義之要求，因而是人所當有的。……因為通過人之良知，去看此不完滿而充滿罪孽苦痛之自然世界現實世界，正是人望由道德實踐加以改造，加以否定的；亦即透過我們之道德實踐來看，當成為非真實，正逐漸成為非真實，而其本性即為非全真實者。[16]

又說：

> 依良知之標準，我們可說一切高級宗教中所講之上帝、阿拉、梵天，在究竟義上都不能與人之良知為二，而相隔離。如為二，則此二亦必須通過良知之肯定。此肯定即已通二為一，或使二者之關係成不離之相保合的關係。[17]

剋就基督教、回教、佛教與儒教來說，由於前三種宗教或以人的良知或靈魂被原罪所障蔽，必須依賴上帝拯救；或以人的良知或如來藏心被俗見所染汙，染汙不淨則良知終晦，故皆不能直接肯定人的良知；唯儒教則以人只要反身而誠，即可在一切罪惡心、染汙心中，當下顯發良知，返本見性。有鑑於此，唐君毅在信仰上宗主儒教，而究其實質，當然還是宗主良知，亦即

---

[16] 《人文精神之重建》附錄，見《唐君毅全集》卷五，頁589-590。

[17] 《人文精神之重建》附錄，見《唐君毅全集》卷五，頁590。

心之本體。從唐君毅將良知與不完滿而充滿罪孽苦痛之自然世界現實世界相對照、以前者為至善至真而以後者為非真實者來看，也可發現《人文精神之重建》乃是對《道德自我之建立》的主題的重現。

至於 1958 年出版的《中國人文精神之發展》和《文化意識與道德理性》，1961 年出版的《人生之體驗續編》，以及 1973 年出版的《中國哲學原論·原道篇》，也都貫穿著對於心之本體的張揚。《中國人文精神之發展》所收十六篇文章，闡述科學、民主與道德、宗教之關係，其主旨在於說明，人文精神之發展、道德意識之提升，理當與科學理智之發展、民主觀念之提升並行不悖，相得益彰；但在根本上，反求於本心的道德意識，終當成為馳騖於外物的科學理智和民主觀念的主宰。[18]《文化意識與道德理性》凡十章，分別論述家庭意識、經濟意識、政治意識、科學意識、哲學意識、藝術意識、文學意識、宗教意識、體育意識、軍事意識、法律意識、教育意識與道德理性之關係，全書中心意旨在於顯示，人類一切文化活動，均統屬於道德自我或精神自我、超越自我，而為其分殊的表現；一切文化活動之所以能夠存在，皆依於道德自我為之支持；道德自我是一、是本、是涵攝一切文化理想的，而文化活動則是多、是末、是成就文明之現實的。[19]《人生之體驗續編》七篇，相較於二十年前寫作的《人生之體驗》，更多地注意到人生在追求心性超升的過程中時刻存在的墮落趨向，從而承認人生實為超升與墮落交戰之區，亦即上帝與惡魔互爭之場。但指出人生的這種善惡二向性，完全不意味著對於道德心性的否棄，而恰恰在於警醒一切人生執定道德心性，杜絕墮落趨向，從而實現道德自我和太和世界。[20]《中國哲學原論·原道篇》綜論「道」在中國古代哲學思想史上的一脈貫通及其多向開展，而其宗趣，則不外於追溯中國先哲所開之諸方向之道，其本始乃在於民族生命心靈原有之諸方向；不外於突出「中國人之文化與哲學智慧之本原，即在吾人此

---

[18] 參見《中國人文精神之發展》，見《唐君毅全集》卷六（臺北：臺灣學生書局，1988年）。

[19] 參見《文化意識與道德理性》，（北京：中國社會科學出版社，2005年）。

[20] 參見《人生之體驗續編》，見《人生三書》之三。

身之心靈生命之活動者」。[21]當然，這也不是說唯有中國文化與哲學智慧才本於民族生命心靈之活動方向；此書「視中國哲學為一自行升進之一獨立傳統，自非謂其與西方、印度、猶太思想之傳，全無相通之義。然此唯由人心人性自有其同處，而其思想自然冥合」，[22]因此，通過闡論中國之「道」本諸民族生命心靈之活動這一個案，可以概見人類哲學思想無非由生命心靈所流出。

綜上可見，自 1940 年代發明「心之本體」之後，唐君毅便始終秉持這一範疇來思考人生、社會、歷史、文化乃至自然諸問題。儘管在不同時期不同著作中他使用了諸如本心、仁心、仁德、性理、天心、良知、道德理性、道德自我、精神自我、超越自我、生命心靈、絕對天理、內部之自己、宇宙之形上本源等概念，但所有這些概念要不過是心之本體的不同表達方式，或者說是析言有別而渾言無異的。在他看來，真實人生應是基於心之本體而不斷超升的過程，社會歷史應是隨著賦有心之本體的主體不斷超升而日益完善的時空，文化應是賦有心之本體的主體所創造並主宰的人文宇宙，而自然則應是心之本體為人文宇宙安立的托命之所。由此，他的哲學思想體現出鮮明的道德理想主義傾向和深沉樂觀的人文主義信念，這一特徵，在他生平最後一部巨著《生命存在與心靈境界》中得到充分表現。

三、生命三向與心靈九境

早在 1940 年代，唐君毅就有心寫作一部綜括知識論、形上學和人生哲學的體系化著作，但因考慮到涉及的問題非常廣泛而複雜，故遲遲未予動筆。自是以後，他有關人生哲學的思想觀點，陸續表現於 1944 年出版的《人生之體驗》、《道德自我之建立》、1954 年出版的《心物與人生》、1955 年出版的《人文精神之重建》、1958 年出版的《文化意識與道德理

---

[21]　《中國哲學原論・原道篇》「自序」（北京：中國社會科學出版社，2006 年），頁 5。

[22]　《中國哲學原論・原道篇》「自序」，頁 6。

性》和 1961 年出版的《人生之體驗續編》等著作中；而關於認識論與形上
學的思想觀點，則在 1961 年出版的《哲學概論》和 1966 至 1975 年間出版
的《中國哲學原論》四卷中稍有述及。1964 年，唐君毅於喪母的哀痛之
中，曾動念廢止著述之事。兩年後，他又因左眼視網膜脫落而有失明之患，
這使他更感到要完成一部規模宏大的著作幾無可能。但當他從喪母之痛中稍
得解脫，而目疾也終於未至失明，於是哲學建構的心志重又萌動，遂於
1967 年春夏之間寫成《生命存在與心靈境界》初稿，次年又對全稿改寫一
過。此後七八年間，唐君毅對該書稿反復增刪修改，最終於 1976 年春，基
於「世變日亟，吾目疾是否復發，或更有其他病患，皆不可知」[23]的考慮而
決定將書稿交由臺北學生書局付梓，由此似乎透漏出唐君毅對於冥冥定數的
前知。當年 8 月，他便被檢查出肺癌；此後一年半，他便與世長辭了，若非
提前半年決定將書稿付梓，他可能很難親自校對書稿，也必將見不到《生命
存在與心靈境界》這部巨著的出版了。

　　關於《生命存在與心靈境界》的大旨，唐君毅自承不出於《人生之體
驗》與《道德自我之建立》「此二書所規定者之外」，所謂「千回百轉，仍
在原來之道上」，「數十年來吾之為學，實只做得為吾少年時之此數度之經
驗之說明與注腳之事」。[24]此所謂「原來之道」以及「吾少年時之此數度之
經驗」云云，一言以蔽之，即「此心之能自覺之一義」。對於此義，唐君毅
稱：「吾於十五歲時，即見及，終身未嘗改。」[25]由此可見，《生命存在與
心靈境界》如同《人生之體驗》和《道德自我之建立》一樣，不過在於表現
心之本體的覺他與自覺。當然，三十餘年的學思畢竟有其進境，這在唐君毅
的思想上表現為「斬伐此中思想義理上之葛藤」，[26]亦即去除早先所歷之枉
用心思；而在其著述形態上則表現為由「帶文學性，而宛若天外飛來之獨

---

[23] 《生命存在與心靈境界》「自序」，頁 2。
[24] 《生命存在與心靈境界》，頁 676、702。
[25] 《生命存在與心靈境界》，頁 671。
[26] 《生命存在與心靈境界》，頁 702。

唱、獨語」的思想隨筆，轉變為「純哲學之論述」的體系化著作。[27]

　　《生命存在與心靈境界》一書的內容，在於闡論作為生命存在的人的種種心靈活動與其所感通的種種境界的關係，其旨歸則在於將人的生命心靈導向宇宙人生唯一至善光明之絕對真實之神聖心體。所謂境界，不僅包括客觀事物，而且包括心靈對於事物之意義的把握，甚至包括心靈對於內在目的理想的反觀，故境界乃是虛實相兼、主客融通的。唐君毅說：「物在境中，而境不必在物中，物實而境兼虛與實。如雲浮在太虛以成境，即兼虛實。又物之『意義』亦是境。以心觀心，『心』亦為境。」[28]而生命心靈感通境界的種種活動，要不過觀其層位、種類、次序三種；觀層位者為縱觀，觀種類者為橫觀，觀次序者為順觀；縱觀見體，橫觀得相，順觀呈用，此即構成生命心靈活動之三向。唐君毅說：「此上所說心靈活動與其所對境之種種，有互相並立之種種，有依次序而先後生起之種種，有高下層位不同之種種。此互相並立之種種，可稱為橫觀心靈活動之種種；依次序而先後生起之種種，可稱為順觀心靈活動之種種；有高下層位不同之種種，可稱為縱觀心靈活動之種種。凡觀心靈活動之體之位，要在縱觀；觀其相之類，要在橫觀；觀其呈用之序，要在順觀。……綜觀此心靈活動自有其縱、橫、順之三觀，分循三道，以觀其自身與其所對境物之體、相、用之三德，此即心靈之所以遍觀通觀其『如何感通於其境之事』之大道也。」[29]生命心靈活動之縱、橫、順三向，感通於由事物構成的客觀境、由感覺及意義構成的主觀境、由目的理想構成的超主觀客觀境，分觀三境之體、相、用三德，由此構成心靈九境。唐君毅說：「上文既說順觀、橫觀、縱觀之義，及體、相、用之義，即可更說此書之旨，不外謂吾人之觀客體，生命心靈之主體，與超主客體之目的理想之自體——此可稱為超主客之相對之絕對體，咸對之有順觀、橫觀、縱觀之三觀，而皆可觀之為體，或為相，或為用。此即無異開此三觀與所觀三境之

---

[27]　《生命存在與心靈境界》「自序」，頁 1。

[28]　《生命存在與心靈境界》，頁 2。

[29]　《生命存在與心靈境界》，頁 5。

體、相、用，為九境。」[30]唐君毅此處的體系結構形式，在總體框架上顯然借鑒了黑格爾精神哲學的三段論，而各部分具體環節的設置則有取於佛教「萬法三分」說，不過在內容上，這個體系非但沒有吸取黑格爾精神哲學和佛教，而且將它們都置於儒家所在的天德流行境之下位境界。

九境之第一境（客觀境第一境），為萬物散殊境，於其中觀個體界。一切關於個體事物之史地知識，個人之自求生存、保其個體之欲望，皆根於此境。而一切個體主義之知識論、形上學與人生哲學，皆歸為此境之哲學。之所以將此境定為九境之初始，唐君毅解釋說：「人之生命心靈活動，初不能自觀其為體與其相用。人之知，初乃外照而非內照，即覺他而非自覺。人之知，始於人之生命心靈活動之由內而外，而有所接之客境，此乃始於生命心靈活動之自開其門，而似遊出於外，而觀個體之事物之萬殊。」[31]

九境之第二境（客觀境第二境），為依類成化境，於其中觀類界。觀類之要，在於觀物之共相；更觀一物出入於類所成之變化。一切關於事物之類的知識，人之謀求延續其種類以成就家族之事，人之依社會風俗習慣而行之生活，乃至人類社會之職業分化，皆根於此境。而一切以事物種類為基礎的知識論、形上學與人生哲學，皆歸為此境之哲學。

九境之第三境（客觀境第三境），為功能序運境，於其中觀因果界、目的手段界。由此可見一物與他物之因果關係，人借物以成事之目的手段關係，此即一功用之次序運行的世界。一切以事物之因果關係為中心的自然科學、社會科學知識，人為其生存於自然或社會之目的而形成的應用科學知識，人以手段達到目的之行為及其功名事業心，皆根於此境。而一切以事物的因果關係為基礎的知識論、依因果觀念而建立的形上學、以及功利主義的人生哲學，皆歸為此境之哲學。

以上首三境，均屬與主體之生命心靈相對之客體世界。客體世界中的事物，對於主體之生命心靈而言，皆為他者。主體在此三境中的生命心靈活

30　《生命存在與心靈境界》，頁 22。
31　《生命存在與心靈境界》，頁 22。

動，皆在覺他；其用語言陳述此所覺，主要在於指示其所覺之客體；而主體對於覺他的生命心靈自身，則往往尚不自覺。覺他在主體之生命心靈活動中，乃是一個必不可少的初始階段。由此形成的知識與哲學，也永遠有其存在的理由。唐君毅說：「如人性情之對境，先有一以主觀向客觀，而相對為內外之方向。在此方向中，人之依其性情之感境而俱有之思想之明，皆向外照射，以求如實知其所對境，而視為現實境。……人於此現實境中，乃觀一一現實事物之個體而辨其類，明其因果，形成種種史地自然科學、社會科學之知識。此種知識與哲學，皆人之原始之思想之明，或心靈之光輝之向外照射，必然有的表現與成果。人不有此一原始之思想之明與心靈光輝之如此照射，無人能更有其他方向之思想與知識。在哲學上，亦永有客觀主義、自然主義、現實主義一型之哲學之存在，無任何哲學能加以毀滅者。」[32]

　　九境之第四境（主觀境第一境），為感覺互攝境，於其中觀心身關係與時空界。此境與萬物散殊境相應，亦以體義為重，但兩境之體的主客層位不同。在此境中，主體先知客體之物相及其所在之時空，皆內在於自己的感覺以及緣感覺而起的自覺反觀心靈；進而理性地推知一切客體在某種意義上皆為能感覺的主體，於是此主體與其他諸主體既各自獨立，又互相涵攝。一切人緣其主觀感覺而有之記憶、想像之知，人對時空秩序關係之知，人對其個體與所屬類之外之事物的純感性的興趣欲望，人由相互感攝、相互模仿的身體動作而成之社會風氣，等等，皆根於此境。而一切關於心身關係、感覺、記憶、想像與時空關係之知識論，心身二元論或唯身論、泛心論之形上學，注重人與其感覺境相適應以求生存之人生哲學，皆歸為此境之哲學。

　　九境之第五境（主觀境第二境），為觀照凌虛境，於其中觀意義界。此境與依類成化境相應，亦以相義為重，但兩境之相有形態與意義之不同。在此境中，人可以凌虛而觀照的心靈，發現一游離實體的純相或純意義的世界。此純相或純意義，可由語言、文字、符號或聲音、形狀表示。一切人對純相或純意義之直觀而有之知，諸如對文字意義之知、對文學藝術的審美之

---

[32] 《生命存在與心靈境界》，頁 693。

知、對數學幾何學的數形關係之知、對邏輯命題的真妄關係之知、對宇宙人生的意義之知，皆根於此境。而重視對純相或純意義之直觀的現象學知識論、致思於純相之存在地位的形上學、理想的或審美的人生哲學，皆歸為此境之哲學。

九境之第六境（主觀境第三境），為道德實踐境，於其中觀德行界。此境與功能序運境相應，亦以用義為重，但兩境之用有客體功用與主體德用之不同。一切人之本道德良心所知之道德觀念和倫理學、道德學知識，以及人的道德行為、道德生活和道德人格之形成，皆根於此境。而一切以道德理性為基礎的知識論、形上學、人生哲學，皆歸為此境之哲學。

以上中三境，均屬以主攝客境。主體在此三境中的生命心靈活動，皆不在於覺他，而在於自覺；其用語言陳述此所覺，則主要不在於對外有所指示，而在於表示其所自覺。由覺他到自覺，也是主體生命心靈活動的一個必然階段。由此形成的知識與哲學，同樣永遠有其存在的理由。唐君毅說：「然人之思想，自另有一方向，即當其性情之感境，而覺性情之所望，與現實境之所是，互相違反之時，人即自覺其主觀目的，而折回其心靈光輝之外照，而反觀其自身之主觀感情與主觀感覺、想像、思想等，知其主觀經驗世界之真實，而有經驗主義。更由其於主觀想像思想之世界中，能發現種種合理性之普遍的意義，並求與主觀之感覺感情相連的主觀目的之理性化，而形成一理性化的目的，是為理想。人於有理想時，即見有一當然之理想與實然之現實世界之相對。於此即可有觀照此想像思想世界中之普遍意義，而視之為實之超越的實在論，現象主義、觀照主義，與理性主義及一般之主觀的道德主義之哲學，亦有純粹之數學幾何學邏輯文學藝術等之哲學。依此人主觀的目的理想之求實現而未能，又可形成為種種心物二元、靈肉二元、心身二元論形態之哲學。人若未嘗有求實現主觀目的理想，而未能之時，則無二元論。然人皆有求實現主觀之目的理想而未能之時，而人即無不可在一時為二元論者。一切哲學中之二元論思想，亦以此之故，而永不能絕。」[33]

---

[33] 《生命存在與心靈境界》，頁 693-694。

九境之第七境（超主觀客觀境第一境），為歸向一神境，於其中觀神界。此境以一神教中居於最高地位的實體神為主。在此境中，生命心靈活動以至高無上的神為歸依。

九境之第八境（超主觀客觀境第二境），為我法二空境，於其中觀法界。此境以佛教揭櫫的諸法之性相為重。在此境中，生命心靈活動要在勘破遍計所執相、依他起相，而得圓成實相，由此主體得以遍破法執我執，了悟真如性空，從而彰顯佛心佛性，以至超升成佛。

九境之第九境（超主觀客觀境第三境），為盡性立命境或曰天德流行境，於其中觀性命界。此境以儒家指明的性命之流行大用為重。在此境中，生命心靈活動要在盡主觀之德性，以立客觀之天命，使天德之流行即體現為人德之流行，而人極於是乎挺立。

以上後三境，仍屬以主攝客境，但更超主客之分，並由自覺而至於超自覺。主體在此三境中的生命心靈活動，皆須化知識為智慧，即存在而識價值，合能所，兼知行，從而成就其有真實價值之生命存在。由自覺到超自覺，一般來說也是具有理想指向的主體生命心靈活動的一個發展階段。由此形成的知識與哲學，不再僅僅是學說，而已成為生活生命之教，亦有其永遠存在的理由。唐君毅說：「吾所尊尚之哲學，乃順人既有其理想而求實現，望其實現，而更求貫通理想界與現實界之道德學兼形上學之理想主義之哲學。依此哲學言，人有理想求實現而望其實現，必求證明其能實現，而人在生活中，亦嘗多少證明其理想之恆為能實現者，由此而理想主義者，必信此理想連於一實現之之宇宙人生中一不可見之形上的真實存在。此中，以人之理想有異同，有大小高低，則其所見之此形上之真實存在，其內涵亦有異同，有大小高低。……以人之理想，必有種種異同、大小、高低，而此種種形上學思想，與對之之宗教信仰，及所成之宗教生活，亦永有其不同，而亦永不能加以泯滅。」[34]

綜而言之，九境皆為生命心靈之感通所貫穿。一般地說，「九境最後根

---

[34]　《生命存在與心靈境界》，頁 694。

源之在吾人當下生活之理性化、性情化中，所昭露之神聖心體」。[35]不過，感通於不同境界的心體，是具有高下之別的，並非皆為道德之心，甚至不一定為自覺之心，而可能為非自覺的覺他心或非道德的功利心。可見，覺他心或功利心亦為生命心靈活動進程的必然階段，由此形成的知識論、形上學、人生哲學也都有其存在的合理性。但是，承認覺他心或功利心的必然合理，根本不意味著贊成生命心靈便可滯留於此；毋寧說，生命心靈倒是必須儘快超越於此。唐君毅在陳述生命心靈於客觀境、主觀境的種種表現之後，指出：「凡此上述之思想，皆非本書之所尊尚，而以為人之順理而思，以成其哲學者，所必當越之而過之。然亦人必先有此諸思想，然後可越之而過。故此類之思想，亦原當有，故吾亦不絕之。然為此類之說者，滔滔者天下皆是，必當自知其說之屬於哲學中之下乘之境。吾亦必貶之，以使其不得阻人之思想之上達之機。不絕之，仁也；貶之，義也。皆理當如是，吾不能有私意也。」[36]又說：「由吾人之論之目標，在成就吾人生命之真實存在，使唯一之吾，由通於一永恆、悠久、普遍而無不在，而無限；生命亦成為無限生命，而立人極；故吾人論諸心靈活動，與其所感通之境之關係，皆所以逐步導向於此目標之證成。」[37]可見生命心靈活動的指向在於道德提升，其極致則在於內在道德心體契合形上道德本體，成就天德流行的自然－人文宇宙。

唐君毅認為，人類古典文化正是體現著生命心靈的道德提升。從西方文化來看，「原彼希臘人之幾何學與哲學，在柏拉圖，原為人之向上望理念世界之至善至美之階梯。即亞里斯多德本理念或形式，以說明物類，亦在沿物類以上望此理念形式之自身之純觀照。故以能作此純觀照之哲學家之生活為最高。西方中古思想，緣柏亞之言觀照理念形式，更上達，以歸命於神境，以保其內在之靈性。此即皆為一上轉內轉，以入於宗教道德性之精神生活之途。蓋此希臘人所發現之理念形式，乃屬一純相、純意義之世界。自此純相、純意義之超於具體事物而觀，更沿之而上，即必向於遺棄外在而在下之

35　《生命存在與心靈境界》，頁 25。
36　《生命存在與心靈境界》，頁 694。
37　《生命存在與心靈境界》，頁 11。

物質世界，以向上向內，而入於深密的宗教道德生活之途」。[38]從中國文化
來看，「則由儒、釋、道三教所形成之傳統文化，其根柢在道德宗教境界。
魏晉之玄學與傳統之文學藝術，皆在高度之觀照境。中國之科學技術之發
明，亦多賴觀照性的直覺，而較少計劃性的實驗，……功利觀念之當隸屬於
道義觀念之下，在中國亦幾為一普遍之人生哲學。在明代以前之中國，可謂
為人類社會中，較合乎一人文理想之社會」。[39]因此，生命心靈的道德提升
不僅屬於應然，而且本為實然。

　　然而，生命心靈之應然且實然的道德提升方向，自西方文藝復興之後即
被根本扭轉；這一趨勢又隨西方文化的日益走強而影響到整個現代世界。於
是，「此人類所處之當前時代，可稱之為一由吾人前所論之觀照淩虛境，而
向其下之感覺互攝境，以高速度的外轉、下轉，而至於自覺到人類世界之毀
滅之有一真實可能之時代」。[40]這種人類世界毀滅的可能，表現為人類運用
從觀照淩虛境中所獲得的科學知識以及從感覺互攝境中所把握的物質能量來
製造核彈、運用在功能序運境中所形成的功利意識來巧取豪奪、運用在依類
成化境中所習得的分類方法來建立分立對峙的社會組織、運用在萬物散殊境
中所瞭解的個體觀念來高標原子式個人主義，所有這些又導致人類心理普遍
的封閉、疑慮、冷漠與畏怖，「此皆為自文藝復興以來，西方人之精神之外
向、下向，所必然引致之社會文化之結果」，「其逐步外轉、下轉至於今，
而全離於近代以前之人之精神之上轉、內轉之一方向，則明導出一人類文化
與全部人類世界之大危機」！[41]

　　如欲解除人類面臨的大危機，唐君毅認為，「在今日唯有真實之宗教道
德與哲學智慧，能為一切專門之知識技術之主宰，以使社會中各分立之階
級、行業、職業中之個人，皆多少有其宗教上之篤實信念，道德上之真切修
養及哲學智慧所養成之識見，互以廣大高明之心境，相涵容覆載；然後人類

---

[38] 《生命存在與心靈境界》，頁 663。

[39] 《生命存在與心靈境界》，頁 666-667。

[40] 《生命存在與心靈境界》，頁 661。

[41] 《生命存在與心靈境界》，頁 664-665。

世界得免於分崩離析，而破裂毀滅之虞」。[42]值此之時，「則一能說明上述之一切宗教之共同之核心本質，說明如何有此與一切道德相感通之仁德之哲學，並說明此宗教道德與哲學智慧，當為一切知識技術之主宰之哲學理論，必當出現」。[43]唐君毅在此對於時代哲學的盼望，應該就是他對自己所創構的囊括人類各種生命心靈活動而又特別強調生命心靈的道德提升、將生命心靈活動的歸宿繫於心之本體之朗現的「生命三向與心靈九境」體系的自我期許。正是由於創構了這一具有深閎思想內涵、崇高道德境界和強烈現實關懷的哲學體系，唐君毅成為無愧於當今時代社會的、集道德理想主義者與批判現實主義者於一身的大哲。

42　《生命存在與心靈境界》，頁 668。
43　《生命存在與心靈境界》，頁 668。

專制政治‧儒家精神‧現代自由主義
──徐復觀政治思想述論

　　徐復觀先生中年回歸學術。在此後三十餘年的生命歷程中，徐先生在中國思想史、中國藝術精神、中國文化傳統、古代詩文論的研究乃至時事政論等方面均多有創獲，提出了不少不同於前賢或時流的理論觀點，成為現當代中國學術思想界的一方重鎮。

　　但是，正因為徐先生自中年以後方才回歸學術，此前則投身於時代激流，在翻天覆地的政治－軍事旋渦中騰挪起伏，「嘗試過政治卻萬分痛恨政治」，[1]所以，他的「回歸學術」，主要並非那種沉溺於書齋的「冷」學術，而是往往與古今政治密切相關的學術，是介於「學術與政治之間」的學術。[2]亦因此，徐先生半生學術事業的最突出、也是最具現實意義的成就，乃在於他通過對中國思想史的爬梳剔抉和對西方現代社會政治的深入查究，

---

[1]　見徐復觀〈舊夢‧明天〉，載李維武編《徐復觀文集》卷 1（武漢：湖北人民出版社，2002 年），頁 334。下引此書只注書名、卷數和頁碼。在〈中國人對於國家問題的心態〉中，徐先生也表示：「我是一個非常討厭現實政治的人，從民國三十七年起，便決心不參加任何現實政治。」見《徐復觀文集》卷 1，頁 170。

[2]　「學術與政治之間」是徐先生的一篇政論的題目，該文刊於《民主評論》第 4 卷第 20 期（1953 年 10 月 16 日）；徐先生後來又以此題作為三部文集的名稱，其「甲集」由臺灣中央書局於 1956 年出版，「乙集」由同一出版社於 1957 年出版，「新版」則由臺灣學生書局於 1980 年出版。在「甲集自序」中，徐先生稱：「我正式拿起筆來寫文章，是從民國卅八年開始。因此，不僅我的學力限制了我寫純學術性的文章，而我的心境也不容許我孤蹤獨往，寫那種不食人間煙火的文章。我之所以用一篇〈學術與政治之間〉的文字來作這一文錄的名稱，正是如實的說明我沒有能力和方法去追求與此一時代不相關涉的高文典冊。」

從而對古今一切專制政治的無情批判、對中西政治思想及實踐之優長和缺失的軒輊批評以及對儒家德性民主精神的熱烈闡揚。

一

　　徐先生出身寒微，以其夙慧和勤奮，由縣學、省學乃至日本留學，一步步走向廣闊的世界。[3]在二十世紀上半葉中國特定的社會政治環境中，他也經歷了一種奇特的人生，所謂「由教室走上戰場，再由戰場走進教室」，[4]從窮苦書生、小學教員而廁身軍旅，從下級軍官而擢至陸軍少將，從對於政治的疏離無知而周旋於民國各派系要人之間、進而介入國民黨權力核心、甚至一度成為蔣介石倚重的人物。[5]但是，強烈的根源意識、敏銳的存在感受以及任天而動的性格使他並不能由於身分和地位的陟降而忘記自己是「一個農村的兒子」，[6]他「幾十年來始終想不出做官的好味道」。[7]這種戲劇性的「飛黃騰達」倒是使他切身體驗了現實政治的無比沉重，同時切近而深刻地認識了現實政治的黑暗，從而以各種方式對之進行了揭露和批判。

　　如上所述，徐先生曾一度為蔣氏所倚重。這位「黨國領袖」無疑是中國現代政治的集中體現，因此，從對於蔣氏的感知中也便最能反映徐先生對於所謂「現實政治」的認識和態度。

　　應該承認，基於其政治立場，或許也出於對知遇之恩或扶掖之德的感懷，徐先生至少在表面上對於蔣氏是恭敬的。從 1943 年開始，他得以經常接近蔣氏，屢屢就政治問題向蔣氏進言，「似乎都能給他以深刻的印象」，

3　參見徐復觀〈我的讀書生活〉、〈我的教書生活〉、〈舊夢‧明天〉、〈誰賦齒風七月篇〉等文，均載《徐復觀文集》卷 1。

4　見徐復觀〈我的教書生活〉，載《徐復觀文集》卷 1，頁 299。

5　參見徐復觀〈垃圾箱外〉，載《徐復觀文集》卷 1。

6　見徐復觀〈舊夢‧明天〉，載《徐復觀文集》卷 1，頁 334，由此最能體現徐先生的根源意識。至於他性格的任天而動，在〈我的讀書生活〉、〈我的教書生活〉以及〈垃圾箱外〉等文中都有表露，分別見《徐復觀文集》卷 1，頁 292、299、327。

7　見徐復觀〈我的教書生活〉，載《徐復觀文集》卷 1，頁 299。

「每在口頭或書面上向他提出一次，他未嘗不為之掀動一次」，這曾一度激起徐先生強烈的政治熱望，促使他產生宏大的政治抱負。[8] 1946 年徐先生退役後，意圖回到學術圈內，因此想創辦一個純學術性的刊物作為聯繫學界的橋樑，蔣氏於是資助了一筆經費，使當時頗有影響的《學原》得以問世，徐先生因而「由衷的感謝蔣公」。[9] 1949 年，徐先生在香港創辦《民主評論》，經費也是「向故總統蔣公要來的」。[10]所有這些，都使徐先生對蔣氏懷有一定的情意。他曾借妻子之口說：「你一生中以老先生待你最好。」[11]並通過讚美蔣母「撫孤守志，教子成名」而間接肯定了蔣氏的歷史地位。[12]可以說，凡是直接涉及蔣氏的文字，徐先生從來沒有露骨的不恭之詞。

　　但是，徐先生對蔣氏的恭敬似乎還可以從另一個角度來觀察和理解。他曾通過研究《史記》的〈封禪書〉、〈酷吏傳〉、〈儒林傳〉中關於漢武帝的記述而體貼出司馬遷的筆意，那就是「生於大一統的專制時代，以當代人寫當代之史，冒著真正生命的危險」，故「有時不能不有曲筆或隱筆」。[13]這是否就是徐先生本人心態的折射呢？事實上，在徐先生涉及蔣氏的文字中，沒有露骨的不恭之詞卻決不意味著沒有微諷或隱刺。徐先生曾記述 1948 年的一段經歷：「有一天，我和陶希聖先生晚飯後散步，陶先生在和我聊天中有兩句話我還記得。『追隨總裁的人，有時一下子紅得發紫，有時一下子又黑得發紫。』他接著舉了一兩個例子。」[14]這段平常閒話無疑是對獨掌臣民生殺予奪大權的專制君主的另一種描述。可以斷定，作為隨侍在側

8　參見徐復觀〈垃圾箱外〉，載《徐復觀文集》卷 1，頁 322-323。

9　參見徐復觀〈我的教書生活〉，載《徐復觀文集》卷 1，頁 304。

10　參見徐復觀〈「死而後已」的民主鬥士──敬悼雷儆寰（震）先生〉，載《徐復觀文集》卷 1，頁 382。

11　參見徐復觀〈垃圾箱外〉，載《徐復觀文集》卷 1，頁 329。

12　徐復觀〈誰賦豳風七月篇〉，載《徐復觀文集》卷 1，頁 346。

13　徐復觀〈儒家對中國歷史運命掙扎之一例──西漢政治與董仲舒〉，載《徐復觀文集》卷 2，頁 185-186。

14　參見徐復觀〈垃圾箱外〉，載《徐復觀文集》卷 1，頁 327。

的幕僚，又曾大體接觸過「浮在表面上的黨政軍人物」，[15]無論是通過直接目睹還是間接耳聞，徐先生都不可能是直到陶希聖的「點破」才認識蔣氏的政治性格。這樣也就可以索解徐先生在 1947 年面領蔣氏關於負責建立新組織的指示時，何以令人莫名其妙地「當下湧起一股無法形容的非常沉重難過的心理」，[16]那應該是面對獨裁者賦予的難以擔當的責任而產生的深刻的畏禍心理。這種心理直到將責任諉於蔣經國方才得以解脫，而徐先生也便在兩三年後「完全擺脫了」蔣氏。[17]從經常接近到徹底疏遠，其間不過七八年而已。

　　1956 年，已經跳出體制而在東海大學任教的徐先生發表了一篇轟動臺島的文章──〈我所瞭解的蔣總統的一面〉。[18]這篇文章涉及蔣氏的措辭仍然是恭敬的，但實質上對於蔣氏的政治性格進行了相當嚴厲的批評。徐先生首先認為，蔣氏存在著主觀意志與客觀情況相違背而以主觀的直感欲望強制客觀事物就範的問題，指出：「政治地位太高、權力太大、而又保持得太久的人，常常妨礙他與客觀事物作平等的接觸，……於是常常僅根據自己的直感欲望來形成自己的意志，常常把由權力自身所發生的直接刺激反應，誤會為自己意志在客觀事物中所得到的效果。這樣一來，意志不復是由不斷向客觀事物吸收消化而來的結晶，而只成為更無開闊伸縮性的僵化物；於是頑固代替了堅強，經常陷入於與客觀事物相對立不下的狀態，而成為解決問題的一大障礙。」[19]其次，徐先生認為蔣氏存在著不遵守作為自己的主觀意志之客觀化的典章法制的問題，指出：「他（按指蔣氏）對於國家的政治問題，似乎有點像精力過分充沛的工程師，一個工程圖案剛剛開始打椿劃線，工程

---

[15] 參見徐復觀〈我的教書生活〉，載《徐復觀文集》卷 1，頁 303。

[16] 參見徐復觀〈垃圾箱外〉，載《徐復觀文集》卷 1，頁 324。

[17] 參見徐復觀〈垃圾箱外〉，載《徐復觀文集》卷 1，頁 331。

[18] 該文首刊於《自由中國》第 15 卷第 9 期；後收入《儒家政治思想與民主自由人權》（臺北：八十年代出版社，1979 年）。

[19] 徐復觀〈我所瞭解的蔣總統的一面〉，載《儒家政治思想與民主自由人權》，頁 305。

師又變了主意，重新再來；或者在一件工程的進行中，因工程師隨時舉棋不定的修改而不能不限於停頓。加以有機會和蔣公親近的幹部，常要利用此一弱點，便以各種方法助長此一弱點。因為只有在此一弱點之下，可以不顧客觀的拘束性而得到政治上的暴利；於是使社會感到不是國家的典章法制在治理我們，我們不是在典章法制上得到政治生活的規軌，而只是根源於蔣公及蔣公所信賴的少數人的主觀意志，國家的典章法制，似乎是在可有可無之中。」[20]其三，徐先生認為蔣氏在受言納諫的藝術方面修養拙劣，致使「一般聰明才智之士，則只能竭盡其聰明才智，作『臺詞』的準備，以便必要時在蔣公面前背誦舞臺上的臺詞。而臺詞的最大要點，便在防止不致因刺激感情而碰上釘子。所以這種臺詞，只對蔣公的感情負責，而不敢對客觀問題負責，並常常增加與客觀問題的距離」；即使有極個別人想說真話，也「只能以很辛苦的方法，在此種距離中作點彌縫工作」，「但誰也不能作徹底而有系統的貢獻」。由此引發的另一個嚴重問題是，「一般作官的人發生一種變態心理，認為凡是有批評性的輿論，都是存心不良，對政府搗亂；於是有權力的輒出之以橫蠻，無權力的即應之以頑鈍，使社會與政府無法可以通氣，把社會逼得與政府愈隔愈遠」。[21]其四，在用人問題上，徐先生指出，蔣氏「對於情意上的要求，在不知不覺之間，常重於在事實上的考察。一個幹部，若作了一件合乎蔣公情意的事，則不論因此而受到多大損失，蔣公內心還是喜歡。……於是常常因為一人的『喑噁叱吒』，而使政府內的『千人皆廢』」，這正是陶希聖早在 1948 年就提到的所謂「紅黑」問題。徐先生在此還指出，「蔣公常常對他們（按指蔣氏提拔的人物）的責任加得太重，以致壓垮了他們的負荷能力」，[22]這也正是 1947 年徐先生面領蔣氏指示時感

---

[20]　徐復觀〈我所瞭解的蔣總統的一面〉，載《儒家政治思想與民主自由人權》，頁307。

[21]　徐復觀〈我所瞭解的蔣總統的一面〉，載《儒家政治思想與民主自由人權》，頁309-310。

[22]　徐復觀〈我所瞭解的蔣總統的一面〉，載《儒家政治思想與民主自由人權》，頁310。

到「非常沉重難過」的原因。這種用人路線及其層層仿效的後果，就是「斫喪國家的元氣，離散社會的向心，侮辱青年的人格」。[23]無論是以主觀強制客觀還是不遵守典章法制，也無論是缺乏受言納諫的修養還是專任個人好惡的用人路線，無疑都是專制獨裁的表現。徐先生認為，主要是由於蔣氏這種政治性格，導致「國家是整個底失敗了」，[24]這是對於專制獨裁的最嚴厲的批判。

如果說直接涉及蔣介石的文字還不能不出以恭敬的話，那麼，在一般地論及現實政治時，徐先生的措辭便坦率、激烈得多。他曾將民國時期的政治狀況概括為：「將組織走向由一個權力中心點去控制一切的組織方向，以配合軍事集中的要求，及個人權力意志的滿足。在此一組織方向之下，人不是站在人格、知識、社會上直接對政治、對國家負責，而是人人由一個權力中心點投射出去，再由此權力中心點將每個人繫縛著以對此一權力中心點負責。於是人格、知識、社會，不復是人的出發點與歸結點，只有此一權力中心才是人的出發點與歸結點。權力中心對政治、國家才是直接的，其餘的都是間接的。」[25]在這種政治社會中，「許多官吏自己橫著『貴』的變態心理而不肯放，以與極權主義的『權威』『威信』的觀念相結合，更裝腔作勢以伸張之，違法亂紀以保障之，以致成為走向民主政治的莫大障礙」；[26]而在權力體制之外，「凡是正當的工商業者，奉公守法的軍公人員，立志自勵的智識分子，都不能生活。換言之，社會要以不德相競，而後始能生活。結果，這種亙古的不德，便演變成亙古未有的淪胥之痛」！[27]所謂「權力中心

---

[23]　徐復觀〈我所瞭解的蔣總統的一面〉，載《儒家政治思想與民主自由人權》，頁310-311。

[24]　徐復觀〈我所瞭解的蔣總統的一面〉，載《儒家政治思想與民主自由人權》，頁303。

[25]　徐復觀〈中國知識分子的歷史性格及其歷史的命運〉，載《徐復觀文集》卷1，頁147。

[26]　徐復觀〈儒家對中國歷史運命掙扎之一例——西漢政治與董仲舒〉，載《徐復觀文集》卷2，頁225。

[27]　徐復觀〈儒家政治思想的構造及其轉進〉，載《徐復觀文集》卷1，頁112-113。

點」及「個人權力意志」無疑是指擁有最高權力的人物，而「與極權主義的
『權威』『威信』的觀念相結合」的「許多官吏」則當指各個層次的權力擁
有者，由此構成的權力體制是一種由上到下層層宰制的專制體制；在這一體
制之外、之下的平民百姓則是專制政治的犧牲品。徐先生在此不僅揭露和批
判了現實政治的專制本質，而且代廣大平民百姓發出了沉痛的控訴！這正是
他所謂「萬分痛恨政治」、「非常討厭現實政治」的注腳。

二

　　對於現實政治的厭惡與痛恨導致徐先生在其思想史研究中深入發掘了專
制體制的歷史淵源。[28]

　　徐先生認為，秦漢以上，有封建而無專制。周代社會政治制度是在漫長
的氏族宗法社會基礎上，沿襲親親、尊尊體制而架構起來的；作為最高統治
者的周王室不過是形形色色、大大小小的親、尊的共主。由於王室的日益腐
敗、宗親關係的日益疏遠、世襲制度以及尊卑秩序的日益破壞等原因，封建
制度逐漸崩潰，而專制制度則逐漸形成。在這一交替過程中，曾出現過一個
因七雄爭霸而使社會政治壓力空隙最大的開放時代，其時在思想界發生了百
家爭鳴，社會歷史的發展也蘊涵著多向性。只是由於秦恃法而強，特別是由
於在完成統一大業中具有決定性作用的嬴政（秦始皇）崇尚法家，遂使法家
思想一時大行其道，秦也便根據法家長期所追求的政治形態而建立了「典型
專制政治」。此後直到辛亥革命，歷朝歷代雖對秦制有所損益，但基本上都
是沿襲專制體制。[29]按照徐先生的說法：「中國二千年的政治，是在一個專

28　從歷史傳統中探尋現實問題的原因，乃是一般遵循的思想進路。問題在於這種探尋是
　　情緒化的還是理性的，是籠統的還是分析的，是膚淺的還是比較深刻的。徐先生在這
　　一思想進路中所體現的態度、方法及其達到的深度，下文將作論述。

29　參見徐復觀〈封建政治社會的崩潰及典型專制政治的成立〉，載《徐復觀文集》卷
　　5。

制的圈架中，填滿了夷狄、盜賊、童昏之主，掌握著最高的權力。」[30]

由此可見，根據法家思想所建立的專制體制的本質特徵就是君主獨裁，「法家——尤其是商鞅、韓非，則要求把政治權力徹底集中在人君手上，要『獨制四海之內』」。[31]基於這種政治設計，「人君向人臣要求無條件的義務，即是人臣向權力作無條件的屈服。這便使君權無限制的擴張，而助長了專制的氣焰」。[32]由此產生的後果是，「任何社會勢力，一旦直接使專制政治的專制者及其周圍的權貴感到威脅時，將立即受到政治上的毀滅性地打擊。沒有任何社會勢力，可以與專制的政治勢力，作合理地、正面地抗衡乃至抗爭」，[33]甚至「那怕這種壓力，絕對多數只是專制主的心理上的存在，而不是事實上的存在，也必加以殘酷地摧毀」，[34]以至於「兩千年來的歷史，政治家、思想家，只是在專制這副大機器之下，作補偏救弊之圖；補救到要突破此一專制機器時，便立刻會被此一機器軋死。一切人民，只能環繞著這副機器，作互相糾纏的活動；糾纏到與此一機器直接衝突時，便立刻被這副機器軋死」！[35]比較具體地來說，在專制體制的牢籠下，社會各層面各群體都遭到荼毒或壓迫。家庭作為個人生活的基點，本來可以成為人們躲避政治的托庇之處，然而「徹底的獨裁專制，必把這種立足點加以摧毀；使每個人兩腳懸空，不能不完全投入於政治機括之中」。[36]道德性的家庭組織具

---

[30] 徐復觀〈儒家對中國歷史運命掙扎之一例——西漢政治與董仲舒〉，載《徐復觀文集》卷 2，頁 217。

[31] 徐復觀〈封建政治社會的崩潰及典型專制政治的成立〉，載《徐復觀文集》卷 5，頁 46。

[32] 徐復觀〈中國孝道思想的形成、演變及其在歷史中的諸問題〉，載《徐復觀文集》卷 1，頁 70。

[33] 徐復觀〈封建政治社會的崩潰及典型專制政治的成立〉，載《徐復觀文集》卷 5，頁 81。

[34] 徐復觀〈漢代專制政治下的封建問題〉，載《徐復觀文集》卷 5，頁 119。

[35] 徐復觀〈封建政治社會的崩潰及典型專制政治的成立〉，載《徐復觀文集》卷 5，頁 83。

[36] 徐復觀〈中國孝道思想的形成、演變及其在歷史中的諸問題〉，載《徐復觀文集》卷 1，頁 70。

有消解或隔離專制毒害的作用，但在專制政治之下，「由政治的淫暴剝削，及與政治相勾結的社會惡勢力，人民的親其親、長其長的自然之資和孝弟之教，不知受到了多少摧殘和破壞」。[37]作為家庭之擴大的宗族，「盡到了一部分自治體的責任，因此，它才是獨裁專制的真正敵人」，所以專制君主「都要把距離朝廷較遠的大家族，遷徙到自己能直接控制的京師」。[38]甚至專制政治下的封建諸侯，由於「實等於今日之所謂地方分權」，[39]「始終對專制政治的自身利益，成為一最大的矛盾」，[40]因而諸侯王也只能自甘腐敗墮落，而決被不允許奮發向上，「『禽獸行』的罪惡，絕對輕於能束身自好而被人所稱道的罪惡」。[41]

　　專制體制下的知識分子的命運必然是悲劇性的，這是因為「專制政治及抱專制政治思想的人，在其本質上，和知識與人格是不能相容的」，「在專制政治下，不可能容許知識分子有獨立的人格，不可能容許知識分子有自由的學術活動，不可能讓學術作自由的發展」，「專制者只要感到某種知識有窺破專制黑暗的可能時，即會神經過敏地加以阻止」。[42]因此，「中國歷史中的知識分子，常常是在生死之間的選擇中來考驗自己的良心」。[43]於是那些置貧富貴賤生死安危於不顧、敢於對極端黑暗的政治作出各種抗爭的節義之士，幾乎無不遭到無情的摧毀。秦之焚坑，漢末黨錮，唐之清流，明之東林、復社，乃至清初文字獄，專制政治對於知識分子的迫害和殺戮，幾至於使學脈中絕！另有一些知識分子則力圖在體制內進行消解或減輕專制政治嚴酷性的事業，他們或把儒家「五帝官天下」的理想與陰陽家「五德運會」說

---

[37] 徐復觀〈中國孝道思想的形成、演變及其在歷史中的諸問題〉，載《徐復觀文集》卷 1，頁 76。

[38] 徐復觀〈中國孝道思想的形成、演變及其在歷史中的諸問題〉，載《徐復觀文集》卷 1，頁 70。

[39] 徐復觀〈論《史記》〉，載《徐復觀文集》卷 5，頁 462。

[40] 徐復觀〈漢代專制政治下的封建問題〉，載《徐復觀文集》卷 5，頁 99。

[41] 徐復觀〈漢代專制政治下的封建問題〉，載《徐復觀文集》卷 5，頁 105。

[42] 徐復觀〈漢代專制政治下的封建問題〉，載《徐復觀文集》卷 5，頁 112。

[43] 徐復觀〈漢代專制政治下的封建問題〉，載《徐復觀文集》卷 5，頁 119。

相結合，為專制政治的嬗替提供思想依據，或在與既成的專制政治的妥協中求得儒家政治理想的部分實現；但他們或由「假勝利」而遭致「真失敗」，或「在專制的污濁中流下了最多的血」。[44]而一般知識分子，在秦漢以迄明清專制獨裁者的不斷蹂躪下，從不安於強烈的政治壓力而漸歸於麻痺，終至於適應，造成知識分子性格的歷史演變。[45]這種演變主要表現為，「由先秦兩漢的任氣敢死」，「逐漸變為軟儒卑怯」；[46]復由消極的怯懦發展為「無條件的投向政治」，「成為政治的附屬品」，[47]從而「養成二千多年的知識分子，不僅從利祿上，並且從德行上，也非把政治當作唯一而不可缺少的出路不可。這就影響後來整個知識分子的動向，影響到整個社會的發展。因為除事君外，一般知識分子在社會上更不承認有值得努力的事業，使知識分子與社會生活完全脫節」。[48]

在一般知識分子性格演變的過程中，還形成了一個特殊的群體，這就是以西漢叔孫通、公孫弘為代表的「曲學阿世派」。「所謂曲學阿世，即是歪曲自己所學，以阿附專制政治，為專制政治作欺騙、安魂的工作，以圖得個人的富貴」。[49]《漢書·匡張孔馬傳》贊曰：「自孝武興學，公孫弘以儒相，其後蔡義、韋賢、玄成、匡衡、張禹、翟方進、孔光、平當、馬宮及當子宴，咸以儒宗居宰相，服儒衣冠，傳先王語，其蘊藉可也。然皆持祿保位，被阿諛之議。彼以古人之跡見繩，烏能勝其能乎！」勾勒了「曲學阿世派」的譜系，並指出這些人物以古聖先賢標準衡量實在不及遠甚。實際上，

---

[44] 徐復觀〈中國孝道思想的形成、演變及其在歷史中的諸問題〉，載《徐復觀文集》卷1，頁64。

[45] 參見徐復觀〈西漢知識分子對專制政治的壓力感〉，載《徐復觀文集》卷5。

[46] 徐復觀〈漢代專制政治下的封建問題〉，載《徐復觀文集》卷5，頁119-120。

[47] 徐復觀〈中國孝道思想的形成、演變及其在歷史中的諸問題〉，載《徐復觀文集》卷1，頁69。

[48] 徐復觀〈中國孝道思想的形成、演變及其在歷史中的諸問題〉，載《徐復觀文集》卷1，頁86。

[49] 徐復觀〈中國孝道思想的形成、演變及其在歷史中的諸問題〉，載《徐復觀文集》卷1，頁64-65。

「這一派的人，可以假借儒學，可以假借宗教，也可以假借洋學。只要假借什麼有效，他們便假借什麼。但在本質上，他們與任何學都不相干」！[50]他們終無所守，以出賣靈魂而「只是混著一點殘羹冷飯吃」，[51]事實上仍然是專制政治下的悲劇人物。

　　至於專制政治下的人民大眾，更是處於社會底層而遭受沉重壓迫，他們在帝王意志及其外化的嚴刑峻法下輾轉反側，被型塑為「愚與弱的百姓」。[52]或有底層人物如遊俠之倫欲「在蓋天蓋地的專制政治巨壓之下」掙扎出一條縫隙，「使走投無路的人，在此縫隙中尚得暫時相煦以沫」，則「必為專制者所不容」，從而必殄滅之而後甘。[53]

　　弔詭的是，在專制政體中居於至高無上地位的帝王，也並不能在其恣睢獨斷的人生中享受到真正的意趣，「說到秦皇、漢武這一類型的，他們成就了若干事業，但很難說他們成就了人生，享受了人生。意識的要爭取點人生享受的，或許要算隋煬帝、陳後主，但風流可以潤澤一人，而畢竟不能不遺禍於天下。其他蠢如鹿豕之晉惠，暴如豺狼之石虎，這一類型的人，你還能說他有人生的意義乃至幸福嗎？何況『汝何不幸生於帝王家』，總是皇室共同的結局」。[54]這是因為，帝王雖然高居九重、一般不會受到外界社會的侵擾，但卻往往易為宦官、外戚、女寵等近幸所乘。宦官、外戚、女寵作為專供帝王趨遣、淫樂的對象，當然也是專制體制中的悲劇角色，但「因為他能和絕對者的皇帝接近，因皇帝的身分而提高了與皇帝接近者的身分」，[55]故只要帝王「弱點稍一暴露，立即會為他的最親近者所乘。有如在一個巨大的

---

[50]　徐復觀〈中國孝道思想的形成、演變及其在歷史中的諸問題〉，載《徐復觀文集》卷1，頁65。

[51]　參見徐復觀〈儒家對中國歷史運命掙扎之一例──西漢政治與董仲舒〉，載《徐復觀文集》卷2，頁191-192。

[52]　參見徐復觀〈封建政治社會的崩潰及典型專制政治的成立〉，載《徐復觀文集》卷5，頁74。

[53]　參見徐復觀〈論《史記》〉，載《徐復觀文集》卷5，頁514。

[54]　徐復觀〈政治與人生〉，載《徐復觀文集》卷1，頁124-125。

[55]　徐復觀〈封建主義的復活〉，載《徐復觀文集》卷1，頁233。

機器的發動機裡投下一顆小石塊，轉眼之間，便全部失靈，乃至被破壞。並非這一顆小石塊有這麼大的破壞作用；而是它憑藉了全副機器得以運轉的動力中心，才有這大的作用」。[56]復因「在尊無與上、富無與敵的環境中，不可能教養出一個好皇帝」，[57]帝王的弱點，諸如貪逸之性、床笫之私乃至衰病之軀等等，都極易暴露而為近幸所乘，故「在一人專制之下，天下的『治』都是偶然的，『亂』倒是當然的」，[58]從而得以享受人生意趣的帝王也是很少的。對於這種社會各層面各群體都遭到荼毒或壓迫的專制政體以及作為其理論基礎的法家思想，徐先生進行了嚴厲的鞭撻。他指斥「法家是中國古代的法西斯主義」，法家主張人性惡而諱言仁義，結果是使天下之人都變成了「得到高級殺人方法的一群可怕的動物」！[59]他斷言，對於作為大一統專制統治之重大工具的、異常慘酷的刑法，凡「稍有人心的人，無不怵目驚心」，事實上判定專制刑法乃是一種非人的設施。[60]他揭露「在統治者口中、手上的道德標準，實際只是基於統治要求的好惡，為萬惡之源」！[61]他一直追溯到皇權專制的權源之地，認為「這是歷史黑暗面的總根源。個人專制的權力結構不變，則此一黑暗面的總根源，便永遠存在」。[62]總之，在徐先生看來，專制政體「這副機器，是以法家思想為根源，以絕對化的身分、絕對化的權力為中核，以廣大的領土、以廣大的領土上的人民、及人民散漫地生活形式為營養，以軍事與刑法為工具，所構造起來的。一切文化、經

---

[56] 參見徐復觀〈封建政治社會的崩潰及典型專制政治的成立〉，載《徐復觀文集》卷5，頁76。

[57] 參見徐復觀〈封建政治社會的崩潰及典型專制政治的成立〉，載《徐復觀文集》卷5，頁66。

[58] 參見徐復觀〈封建政治社會的崩潰及典型專制政治的成立〉，載《徐復觀文集》卷5，頁66。

[59] 參見徐復觀〈從性到心──孟子以心善言性善〉，載《徐復觀文集》卷3，頁181。

[60] 參見徐復觀〈先秦儒家思想的轉折及天的哲學大系統的完成──董仲舒《春秋繁露》的研究〉，載《徐復觀文集》卷5，頁217。

[61] 徐復觀〈文化新理念的開創──老子的道德思想之成立〉，載《徐復觀文集》卷3，頁317。

[62] 參見徐復觀〈論《史記》〉，載《徐復觀文集》卷5，頁450。

濟，只能活動於此一機器之內，而不能軼出於此一機器之外，否則只有被毀滅。這是中國社會停滯不前的總根源」。[63]

應該指出，對於法家思想以及專制政體，徐先生並非一味宣洩其「道德的義憤」，而是進行了某些歷史具體的肯定。法家以人性惡為出發點，設計嚴酷的刑律以鉗制臣民，復以程功制度實行封賞；同時綜合法、術、勢思想而賦予君主無限權力以宰制天下。但恰恰是這種社會政治架構「徹底否定了政治上的『親親』觀念，所以在結束封建身分制度的這一點上，法家的貢獻，較儒家為大」。[64]具體到典型專制政治的秦朝來說，「由秦始皇和李斯繼承商鞅的餘烈，以法家思想為骨幹，又緣飾以陰陽家和儒家，所建立的專制政治，在像始皇這種英明皇帝統治之下，是可以發揮很高地效果，很快的解決問題的。因為我們的疆域和人口，對古代而言，可以說是太大太多了。通過一個強有力的政治控制力摶集在一起，當然是一種很偉大的力量。據〈秦始皇本紀〉，統一天下之後，即『一法度衡石丈尺，車同軌，書同文字』，這都是了不起的工作。《漢書》賈山《至言》：秦『為馳道於天下，東窮燕齊，南極吳楚。江湖之上，濱海之觀畢至。道廣五十步，三丈而樹，厚築其外，隱以金椎，樹以青松。』這種交通上的開闢，雖然是為了適應他巡遊的侈心，但為了鞏固統一，也是偉大地工作，在建國上也有很大的意義。始皇三十二、三十三兩年，在對外的疆土拓張上，正如賈誼〈過秦論〉中所說：『南取百越之地，以為桂林、象郡。百越之君，俯首繫頸，委命下吏。乃使蒙恬北築長城而守藩籬，卻匈奴七百餘里。胡人不敢南下而牧馬，士不敢彎弓而報怨。』此一工作，病在一時，功在萬世」。[65]即就從封建到專制的歷史進程而言，「由封建中親親精神失墜後的相互不斷地戰爭形勢，便已

63　參見徐復觀〈封建政治社會的崩潰及典型專制政治的成立〉，載《徐復觀文集》卷 5，頁 83。

64　徐復觀〈封建主義的復活〉，載《徐復觀文集》卷 1，頁 232-233。

65　徐復觀〈封建政治社會的崩潰及典型專制政治的成立〉，載《徐復觀文集》卷 5，頁 75-76。

清楚指出，分裂的天下，於理於勢，非要求一個大一統的出現不可」，[66]這也就從客觀趨勢肯定了專制政治的歷史合理性。所有這些都體現了徐先生思想方法中的辯證因素。

三

　　從清末開始，特別是五四以來，中國知識分子對於歷史與現實中的專制政治基本上都是持批判態度的。通過這種批判，主流知識分子大多達致對於民族傳統、尤其是作為其主幹的儒家文化的深刻乃至「全盤」的否定。徐復觀先生也同樣經歷過厭棄傳統的心路歷程。[67]但是，他的思想方法中的辯證因素，當然還有師友之間的啟沃，導致他在始終保持對於一切專制政治的批判態度的同時，卻對民族傳統、特別是儒家文化恢復了溫情與敬意，給予了同情的瞭解和理性的認識，從而對儒家文化與專制政治進行了細緻的分疏。

　　徐先生曾提出一個「中國文化的層級性」的命題。所謂「層級性」，「是指同一文化，在社會生活中，卻表現許多不同的橫斷面。在橫斷面與橫斷面之間，卻表現有很大的距離；在很大的距離中，有的是背反的性質，有的又帶著很微妙的貫通關係」。對應於專制政治與儒家傳統來說，徐先生認為，「中國歷史中的政治，和由孔子所傳承、創造的學說，是兩個不同的文化橫斷面，在歷史中盡著正反兩種不同的作用」，二者固然存在著「互相滲透，無形中形成一種合理與非合理的混雜地帶」的現象，但是，「僅從中國的政治史來斷定中國整個文化的性格，固然是荒唐；即就政治橫斷面中的某

---

[66]　徐復觀〈封建政治社會的崩潰及典型專制政治的成立〉，載《徐復觀文集》卷 5，頁 11。

[67]　徐先生發蒙便讀「四書」、「五經」，自十五歲開始的五年師範生活使他對線裝書有了進一步瞭解。但此後二十年間，他沉迷於孫文學說、馬克思主義及軍事理論，對傳統文化產生了厭棄心理；直到 1943 年在重慶勉仁書院受到熊十力先生「起死回生的一罵」，才「對中國文化，從二十年的厭棄心理中轉變過來」。參見〈我的讀書生活〉，載《徐復觀文集》卷1。

一事項，而一口斷定其是非善惡，也常易流於武斷」。[68]這便運用系統模型方法，從學理上對專制政治與儒家傳統進行了分疏（甚至對歷史政治本身也進行了分疏）。

　　那麼，儒家傳統卻何以往往被視作與專制政治同質的觀念形態、以至於「五四運動以來，時賢動輒斥之為專制政治的維護擁戴者」呢？[69]徐先生認為，這首先是由儒家的特質所決定的：「儒家思想，乃從人類現實生活的正面來對人類負責的思想。他不能逃避向自然，他不能逃避向虛無空寂，也不能逃避向觀念的遊戲，更無租界外國可逃，而只能硬挺挺的站在人類的現實生活中以擔當人類現實生存發展的命運。在此種長期專制政治之下，其勢須發生某程度的適應性，或因受現實政治趨向的壓力而漸被歪曲；歪曲既久，遂有時忘記其本來面目，如忘記其『天下為公』、『民貴君輕』等類之本來面目，這可以說是歷史中的無可奈何之事。」[70]但是事實上，在漫長的專制政治歷史條件下，又有哪一種學術思想能夠既維持其存在而不歸於消滅、又完全保持其本來面目而不作任何程度的適應呢？「殊不知先秦各家思想，除法家本為統治階級立言以外，最先向專制政治投降者即係道家。以出世為目的，並主張不拜王者的佛教，傳入中國後，亦必依附帝王以伸張或保存其勢力，所以從前藏經的扉頁，首先要印上『皇圖鞏固，帝道遐昌』八個大字」。[71]可見即使是取「遊世」或「出世」態度的思想派別，也仍然要向專制政治作某種程度的適應。

　　如果說儒家向著專制政治的適應是其被斥為專制政治「維護擁戴者」的主觀方面原因，那麼專制政治對於儒家的利用便是儒家背負這一惡名的客觀原因。在歷史上，「以孔子為中心的儒家思想，常被腐蝕於政治之上」，「假孔子思想之名，作與孔子思想完全相反之事的軍閥及無恥文人，更給孔

68　參見徐復觀〈中國文化的層級性〉，載《徐復觀文集》卷1。

69　參見徐復觀〈研究中國思想史的方法與態度問題〉，載《徐復觀文集》卷2，頁9。

70　參見徐復觀〈研究中國思想史的方法與態度問題〉，載《徐復觀文集》卷2，頁10-11。

71　參見徐復觀〈研究中國思想史的方法與態度問題〉，載《徐復觀文集》卷2，頁10。

子思想以不易洗掉的惡臭」！[72]此所謂「軍閥」，在徐先生的具體語境中當指袁世凱之流，但實可指代一切利用從而污染儒家象徵符號的專制統治者。事實上，「統治者決不因獨尊孔氏而即實行孔子之教，徒授以由權勢把持學術，歪曲學術的途轍；開宋、明、清制義八股之先河；使孔子之教，因受到政治權勢的利用，而腐濫殆盡」！[73]而此所謂「無恥文人」，則如上文所述，包括所有為了一己私利不惜篡亂儒家資源為獨裁政治張目的「曲學阿世派」。凡此種種，「只能說是專制政治壓歪並阻遏了儒家思想正常的發展，如何能倒過來說儒家思想是專制的護符」？[74]這方面的一個典型事例就是所謂「三綱」說。在先秦儒家的倫理思想中，並沒有「三綱」的觀念，而「只強調每一個人應盡的義務，以相互間的義務為秩序的紐帶，而不強調此種秩序中心的一（按「即所謂綱」）」。《左傳‧隱公三年》稱「君義臣行，父慈子孝，兄愛弟敬，所謂六順也」，「順即是和順，這裡只有各人的義務而沒有誰是綱、誰是紀的問題」；《論語‧顏淵》載孔子言曰「君君，臣臣，父父，子子」，「這裡也只有各人的義務而沒有誰是綱、誰是紀的問題」；《孟子‧滕文公上》強調「父子有親，君臣有義，夫婦有別，長幼有敘，朋友有信」，「此中也無誰是綱、誰是紀的意思在裡面」。只是到了西漢，武帝欲以「從歷史文化的總和中以抽出結論」的儒學「牢籠萬有，以抬高或粉飾自己的地位」，從而對儒家「以相互間的義務為秩序的紐帶」的倫理思想「不是曲解利用，便乾脆背道而馳」，[75]儒家倫理才面臨絕對化的命運。迄於東漢初年，一部分對專制政治取妥協態度的儒生有取於《韓非子‧忠孝篇》所謂「臣事君，子事父，妻事夫，三者順則天下治，三者逆則天下亂」的思想，遂在《白虎通‧三綱六紀篇》中正式提出「君為臣綱，父為子綱，

72　徐復觀〈中國文化的伏流〉，載《徐復觀文集》卷1，頁42-43。

73　徐復觀〈先秦儒家思想的轉折及天的哲學大系統的完成——董仲舒《春秋繁露》的研究〉，載《徐復觀文集》卷5，頁333-334。

74　參見徐復觀〈研究中國思想史的方法與態度問題〉，載《徐復觀文集》卷2，頁11。

75　參見徐復觀〈儒家對中國歷史運命掙扎之一例——西漢政治與董仲舒〉，載《徐復觀文集》卷2，頁191。

夫為妻綱」的「三綱」說，「這是法家思想，挾專制之威，篡奪了儒家的人倫思想，乃儒家人倫思想的一大變化，實亦中國歷史命運的一大變局」。[76]從上述「三綱」說的產生過程，可以清楚地看出專制統治者及「曲學阿世」的儒生對於儒家思想的利用和篡改。

　　當然，作為一種歷史文化資源，徐先生認為，儒家傳統也存在著局限性，某些觀念具有增加專制政治的負面內涵的潛勢，例如「親親」，「儒家站在社會的、道德的要求，而依然維持封建社會中的『親親』觀念，自有它重要的意義。但把『親親』的觀念夾雜到政治中去，使它對於『尊賢』的觀念，在統治層中經常取得優勢，這便無形地為封建的身分制度保持了一條活路」。[77]本來，典型的專制政治即意味著「不受他人牽制而獨作決斷」，[78]即所謂「一人專制」。但專制統治者基於「親親」觀念而分封同宗或姻親，由此造成二千年續續不斷的宗室與外戚之禍。由「親親」觀念的泛化，專制統治者還特別倚重近幸，這則是歷史上閹宦之禍的根源。因此，徐先生認為，「親親」觀念「是先秦儒家，對政治與社會的分際，分別得不夠清楚，因而留下了兩千多年之久的大弊害」。[79]不過，徐先生對於「親親」觀念的判斷似乎有些游移，在其他地方，他曾高度評價過「親親」以及「長長」觀念，他說：「一個人在家庭中盡到愛的責任，即是『親其親』，親愛自己的父母；『長其長』，恭敬自己的長上（此處之長，不僅指兄長，而且是指族中的長輩）。這站在純個人的立場來看，乃是對他人盡了一分責任，是屬於『公』的，是『義務性』的。但站在社會的立場來看，這種責任卻與自己的利害直接連在一起，又是屬於『私』的，是『權利性』的。所以『親其親，長其長』，乃是在公與私、權利與義務之間的行為。正因為如此，一方面滿

76　以上引文，除另注者外，均參見徐復觀〈中國孝道思想的形成、演變及其在歷史中的諸問題〉，載《徐復觀文集》卷1，頁93-96。

77　徐復觀〈封建主義的復活〉，載《徐復觀文集》卷1，頁232。

78　參見徐復觀〈封建政治社會的崩潰及典型專制政治的成立〉，載《徐復觀文集》卷5，頁61。

79　徐復觀〈封建主義的復活〉，載《徐復觀文集》卷1，頁232。

足了群體生活上的起碼要求，另方面又合乎個體的利益。而作二者紐帶的是孝弟，便無所謂個性、自由的壓抑。社會通過了這種以愛為結合紐帶的家族組織，大家在家族中，使公與私、權利與義務、個體與全體，得到自然而然的融合和諧，以解決楊朱的不顧事實、墨翟的不近人情的個體主義與全體主義自身所包含的矛盾，這豈不是政治社會上最現實而可行的一條路嗎？」[80]這種判斷遊移現象的內在邏輯似乎可從發表言論的不同時間上得到某種解釋。徐先生批評「親親」觀念時在「文化大革命」期間，他對「君主的夫人，只憑她和人君同床共枕的關係，即取得了『一人之下，萬人之上』的地位」[81]這種狀況深惡痛絕，故以政論形式對「親親」觀予以批評；而在學術研究中，他對儒家這一倫理觀則往往是取肯定態度的。

　　正因為儒家傳統與專制政治之間存在著上述錯綜複雜的關係，所以，立志對二者加以分疏從而闡揚儒家真精神的徐先生表示，他所做的區別於那種「所發掘的是兩千年的專制並不是專制，因而我們應當安住於歷史傳統政治之中，不必妄想什麼民主」的史學研究，而是要發掘「以各種方式反抗專制，緩和專制，在專制中注入若干開明因素，在專制下如何多保持一線民族生機的聖賢之心，隱逸之節，偉大史學家文學家面對人民的嗚咽呻吟，及志士仁人忠臣義士，在專制中所流的血和淚」！[82]即是說，他要以近乎剝繭抽絲的方式，從歷史專制政治中彰顯儒家真精神；或者說要從糾纏隱微的儒家真精神中剔除歷史專制成分。直到去世前不久，在回顧半生學術道路時，徐先生還將自己的工作概括為「傳統文化中之醜惡者，抉而去之，惟恐不盡；傳統文化中之美善者，表而出之，亦懼有所誇飾」。[83]正是在這種一貫的思想認識的指導下，徐先生對儒家真精神進行了深入的發掘和積極的闡揚。

---

[80]　徐復觀〈中國孝道思想的形成、演變及其在歷史中的諸問題〉，載《徐復觀文集》卷1，頁73-74。

[81]　徐復觀〈封建主義的復活〉，載《徐復觀文集》卷1，頁232。

[82]　徐復觀〈良知的迷惘──錢穆先生的史學〉，載《徐復觀雜文──記所思》（臺北：時報文化出版企業公司，1984年），頁115。

[83]　徐復觀〈《中國思想史論集續編》自序〉，載《徐復觀文集》卷1，頁372。

四

　　基於對儒家文獻的解讀還原或創造性詮釋，徐先生明確指出，儒家社會政治思想具有甚至富於自由、平等、民主、法治的精神。

　　1、自由。根據現代自由主義的基本理念，區別於一般自由或主觀感覺自由的社會政治範疇的自由，即指在良法限制下的主體不受強制的自願選擇的行動。[84]儘管儒家不可能作出這一理論概括（在西方近四百年的自由主義思想史上，這一理論概括也只是近一兩個世紀才逐漸明晰），但其社會政治思想卻有與之深相契合之處。例如孔子，「孔子把非自由的社會轉向為自由的社會所作的努力，可簡單的從兩方面說。一是『學』與『教』的精神、方法，把人從『自然』中解放出來，以確立『人』的地位；使人可以從其作為『自然物』之一的地位中，從本是作為動物中之一的地位中，站立起來，能以各人自己的力量來變動在人的價值中的分位；可以由無德而進為有德，可以由無能而進為有能；除上智與下愚外，在德與能的各種層次中，一般人都可自主的上升或下墜，……孔子常用『學不厭』、『誨不倦』來表白他自己，站在歷史的觀點，才可以瞭解這是改變人類運命的驚天動地的大事」；「其二，僅僅在人自身的德於能上面獲得了自由，若是在社會的地位上不能獲得自由，則前者會完全落空而無真實的意義。因此，自由社會的成立，還要打破由歷史所自然形成的階級，使各個人能各以其自己的努力改變社會的階級地位。……孔子承認階級（名分）；但他竭力指出階級所應當憑藉以存在的條件，使人能獲得此種條件，因而可自由改變在階級中的位置。人在階級中有自由改變的機會，階級便由人類生命的桎梏而變成為人類生命的鼓勵。孔子在這方面，是從兩方面提出他的主張：一是主張凡有某種地位的人，應該具備與某種地位相適應的『德』與『能』，此即他『正名』的最根本意義。此一主張的另一意義，即是沒有具備與其地位相稱的『德』與『能』的人，即不應保有其地位。……在另一方面，相應於上述的有位者必

---

[84]　參見顧肅《自由主義基本理念》（北京：中央編譯出版社，2003 年），頁 54-64。

有其德，孔子更主張『有德者必有其位』。……所以孔子除了主張『親親』之外，更主張『賢賢』，主張『選賢舉能』，同時反對『官人以世』。……此一思想發展而成為中國二千多年來的選舉乃至科舉制度。……選舉和科舉，都是使可由自己的努力以獲得政治上的地位的途徑，因而中國比歐洲早兩千年便擺脫了固定的貴族統治，使社會與朝廷得到交流，使每一人在政治中有其自力上進的機會，即是使每一個人能以其自力改變其社會地位的機會。」[85]由此可見，無論是在私德修為還是在社會政治地位改變方面（大致相當於以賽亞‧伯林〔Isaish Berlin〕劃分的「消極自由」和「積極自由」），孔子都指出了主體自由選擇的路向，昭示了「為仁由己」的偉大啟示，並實際影響了二千五百年來的中國社會政治現實。

　　2、平等。關於平等的意義，現代自由主義者認為，即指人與人關係上的同等對待，諸如不允許在身分、資格認定以及性別等方面的歧視。[86]儒家在這方面更是擁有豐富的思想資源。「儒家的倫理思想，只強調每一個人應盡的義務，以相互間的義務為秩序的紐帶，而不強調此種秩序中心的一，乃至《白虎通》上所說的『綱紀』。義務是發自各人的德性，德性是平等的，所以義務也是平等的。因為是平等的，所以它是雙方的而不是片面的。……《左傳》隱三年：『君義臣行，父慈子孝，兄愛弟敬，所謂六順也。』順即是和順，這裡只有各人的義務而沒有誰是綱、誰是紀的問題。《論語》孔子答齊景公問政是『君君（人君者盡人君之道，即義務。下同），臣臣，父父，子子』（〈顏淵〉），這裡也只有各人的義務而沒有誰是綱、誰是紀的問題。《孟子》：『父子有親，君臣有義，夫婦有別，長幼有敘，朋友有信』（〈滕文公上〉），此中也無誰是綱、誰是紀的意思在裡面。……家庭中自然是以父為中心，但先秦儒家從來不涉及這一點，因為父子主恩，『父子之間不責善；責善，賊恩之大者也』。『門內之治，恩掩義』。在恩的氣氛中，自然不會從綱與紀上去計較。……在先秦，夫婦的地位是平等的，所

85　徐復觀〈中國自由社會的創發〉，載《徐復觀文集》卷2，頁129-132。
86　參見顧肅《自由主義基本理念》，頁39-44。

以『妻』即作『齊』字解釋。『壹與之齊，終身不改』，鄭注：『齊謂共牢而食，同尊卑也。』《易‧咸卦》主張『男下女』，昏禮則男子要親迎，成家以後則『女正位乎內，男正位乎外』，在分工原則之下，各人有各人的正當地位。……所以在恩與敬的家庭中，只是『愷悌』、『和樂』，壓根兒沒有所謂『父權』、『夫權』之類的觀念」。[87]凡此種種表明，儒家強調個體－主體作為特定的人倫－政治結構的中心，在遵循社群共認的規範和制度並履行相應義務的前提下，與該一結構中的方方面面的對象形成一種相互對等的關係，一種與原子式個人主義或「無牽無掛的自我」（Unencumbered self）的抽象平等相區別的具體的平等關係。

當然，現代自由主義著眼於社會分配的公正而對平等範疇進行了相當深入的考究，提出了結果平等與程序平等（或實質平等與形式平等）的問題。狹義的自由主義多主張後者，而儒家則無疑傾向於前者，所謂「不患寡而患不均，不患貧而患不安」。[88]但這一問題乃是現代自由主義內部也沒有解決的爭論，哈耶克（F.A. von Hayek）、諾齊克（Robert Nozick）主張程序平等（形式平等），在對待先天弱勢群體的態度上，實際上陷入荒謬的境地；而羅爾斯（John Rawls）、德沃金（Ronald M. Dworkin），更不用說社群主義者，則比較傾向或者堅決主張結果平等（實質平等）。因此，不能認為儒家由於主張「均無貧，和無寡」便是違背了平等原則。

如果說現代自由主義的平等觀僅僅致思於分配公正，亦即只是在個人與社群層面用心，那麼儒家平等觀的關注範圍則要廣闊的多，「他們（按指大程子以及宋明諸先生）由此而開出人人平等、人物平等、『與萬物同流』的道德有機體的人文世界。這是宋明理學直承孔子為己之學所開出的共同世界」。[89]梳理起來，儒家這方面的思想真是既豐富又精彩，舉其犖犖大者，

87　徐復觀〈中國孝道思想的形成、演變及其在歷史中的諸問題〉，載《徐復觀文集》卷
　　1，頁 94-95。

88　《論語‧季氏》。

89　徐復觀〈程朱異同──平鋪地人文世界與貫通地人文世界〉，載《徐復觀文集》卷
　　2，頁 300。

如《易‧乾‧文言》所謂「夫大人者，與天地合其德，與日月合其明，與四時合其序，與鬼神合其吉凶，先天而天弗違，後天而奉天時」；《中庸》所謂「至誠盡性，參贊化育，與天地參」；橫渠所謂「乾父坤母，民胞物與」；大程子所謂「仁者以天地萬物為一體」；陽明所謂「一體之仁」；心齋所謂「化生則天地為父母，形生則父母為天地」；蕺山所謂「直從天地萬物一體處看出大身子」；如此等等，直將平等觀推擴至宇宙萬物，從而為「新儒家人文主義的生態轉向」提供了思想資源，[90]在後現代消解一切的氛圍中留下了幾乎是唯一的一個無可消解的論域；而這在西方自由主義思想史上則是根本缺乏的。

　　3、民主。儒家民主無疑是一個引起爭議的概念。一般認為，儒家只有民本思想，即以人民作為統治者進行統治的根本；而民本與以人民或人民全體中的多數為政治主體的現代民主概念卻根本不同。如果堅持儒家民主與定期選舉、普選制或代議制、多數原則、權力制衡、多元民主以及「重疊共識」等現代民主制度及觀念完全相洽，那當然是荒謬的；但如果斷言儒家根本缺乏民主思想，則至少是對儒家政治思想把握得不夠全面。

　　首先，民本與民主是否一定存在著不可逾越的思想鴻溝？「《尚書》『民為邦本』的觀念，正與德治的觀念互相表裡。中國政治思想，很少著重於國家觀念的建立，而特著重於確定以民為政治的唯一對象。不僅認為『天生民而立之君，以為民也』，並且把原始宗教的天的觀念，具體落實於民的身上，因而把民升到神的地位。《尚書‧皋陶謨》上面說：『天聰明，自我民聰明。天明畏，自我民明畏。』〈泰誓〉說：『天視自我民視，天聽自我民聽。』《左傳》宋司馬子魚和隨季梁二人皆說：『民，神之主也。』《國語‧周語》說：『民和，而後神降之福。』又謂：『民之所欲，天必從之。』所以民不僅是以『治於人』的資格，站在統治者之下；而且是以天與神之代表者的資格，站在統治者之上。由此可知孟子『民為貴』的說法，只

---

[90]　參見杜維明〈新儒家人文主義的生態轉向——對中國和世界的啟發〉，載《中國哲學史》2002 年第 1 期；杜維明等〈儒家與生態〉，載《中國哲學史》2003 年第 1 期。

是中國政治思想之一貫的觀點。在人君上面的神，人君所憑藉的國，以及人君的本身，在中國思想正統的儒家看來，都是為民而存在，都是以對於民的價值的表現，為各自價值的表現。可以說神、國、君都是政治中的虛位，而民才是實體」。[91]所謂國君虛位、人民實體，也就是以民為主的另一種表述。由此可見，在儒家政治思想中，以民為本與以民為主乃是一脈貫穿的，人民決不僅僅只是統治者進行統治的根本或基礎，而且也應該是統治者的主體或主人。

　　至於直接或間接凸顯人民作為政治主體的思想，在儒家資源中也並不少有。「『修道之謂教』，這是儒家對政治的一種根本規定。實現中庸之道的即是政治之教，亦即是政治。中庸之道，出於人性；實現中庸之道，即是實現人性；人性以外無治道。違反人性，即不成為治道。所以修道之謂教，即是十三章之所謂『以人治人』。『以人治人』的究極意義，是不要以政治領導者的自己意志去治人，而是以各人所固有的中庸之道去治人，實則是人各以其中庸之道來自治。各人的中庸之道，即把個體與群體融和在一起，此外更無治道。所以中庸之道的政治，用現在的觀念來表達，實際即是以民為主的民主政治」。[92]由天命之性發而為政治之教，此政治之教必合乎人之天性，亦必遂於人人之性，乃是人人自主的政教，當然也就是民主的政治。

　　如果說《中庸》的民主思想還比較隱微曲折，那麼孟子的表述則顯豁得多。「孟子在政治上談仁義、談王道的具體內容，只是要把政治從以統治者為出發點，以統治者為歸結點的方向，徹底扭轉過來，使其成為一切為人民而政治。……他不僅把當時統治者的利益從屬於人民利益之下，由人民的利益來作一切政治措施得失的衡斷；並且把儒家所強調的『禮義』，也把它從屬於人民現實生活之下，使禮義為人民的生活而存在，而不是使人民的生活，為禮義而存在，所以他一再強調『無恆產者無恆心』（〈梁惠王上〉、

91　徐復觀〈儒家政治思想的構造及其轉進〉，載《徐復觀文集》卷 1，頁 113-114。按「民為邦本」當作「民惟邦本」；「民和，而後神降之福」語出《國語‧魯語上》，而非《國語‧周語》。

92　徐復觀〈從命到性——《中庸》的性命思想〉，載《徐復觀文集》卷 3，頁 117。

〈滕文公上〉）及『此惟救死而恐不贍，奚暇治禮義哉』（〈梁惠王上〉）。任何好的主義、名詞，都是可以偽裝利用的；只有人民的現實生活不能加以偽裝利用，這才是各種政治思想的試金石。……因為他堅持政治應以人民為出發點、為歸結點，所以他明白確定政權的轉移應由人民來決定。他提出『天與』（〈萬章上〉）的觀念來否定統治者把政權當作私產來處理的權利；而他之所謂『天與』，實際便是民與。所以當齊宣王伐燕勝利，想援傳統的天命觀念來作取燕的根據時（『不取必有天殃』），孟子乾脆告訴他，『取之而燕民悅，則取之；……取之而燕民不悅，則勿取』（〈梁惠王下〉）。即是說，這應當是由民意來決定的事，與天命無關。正因為他認定政權應由人民來決定，所以他便在二千年以前，已經肯定了政治的革命權利（〈梁惠王下〉：『聞誅一夫紂矣。』）及人民對統治者的報復權利（同上：『夫民，今而後得反之也。』）或將人君加以更換的權利（〈梁惠王下〉：『四境之內不治，則如之何？』『反復之而不聽，則易位。』）他是非常反對戰爭的，但湯之伐葛，他認為是『為匹夫匹婦復仇』，他卻認為是王者之師。並且他還認為人民的力量，是政治上最大的力量，所以他說：『民歸之，由水之就下，沛然誰能禦之』（〈梁惠王上〉）；『保民而王，莫之能禦也』（同上）；『孰能禦之』（同上）；『七十者衣帛食肉，黎民不饑不寒，然而不王者，未之有也』（同上）；『樂以天下，憂以天下，然而不王者，未之有也』（〈梁惠王下〉）；『以德行仁者王，王不待大』（〈公孫丑上〉）；『信能行此五者……則無敵於天下』（同上）。這都是表明人民有力量來決定政治。」[93]綜上所述，無論經濟、政治，也無論征伐、革命，一以人民的意志為主，因此歸結起來，可以說，「民治的原則，在孟子中已可看出其端緒」。[94]

---

[93] 徐復觀〈孟子政治思想的基本結構及人治法治問題〉，載《徐復觀文集》卷 2，頁 136-138。其中「反復之而不聽，則易位」語出《孟子・萬章下》，而非〈梁惠王下〉。

[94] 徐復觀〈孟子政治思想的基本結構及人治法治問題〉，載《徐復觀文集》卷 2，頁 138。關於孟子民主思想的論述，另見〈從性到心——孟子以心善言性善〉，載《徐復觀文集》卷 3，頁 172。

　　後儒的民主思想更體現出時代進步的特點，如明清之際「顧（炎武）、黃（宗羲）們在文化的觀點上，不盡相同；但對政治卻有一個共同之點，即是伸張地方、社會，以培養民力，制衡朝廷；恢復讀書人的人格與自尊心，以培養人才，制衡專制。於是他們談封建之意，談井田制度，談選舉，談學校（他們心目中的學校，是主導政治而不受政治控制的學校），談君道（天下為主，君為客），談臣道（臣乃為天下，非為君），談士大夫知恥崇實之道。他們要打掉皇帝是乃聖乃神的觀念；他們要打掉只有朝廷而無地方的集權觀念；他們要打掉人臣是奔走服役，為君設臣，以臣殉君的奴妾觀念；他們要打掉以天子之是非為是非，皇帝包辦之是非的專斷觀念。他們要對皇帝而凸顯出天下，對朝廷而凸顯出社會、地方，對科舉功名而凸顯出人格、學問。他們的精神是偉大的。他們所祈向的方向是正確的」。[95]特別是「至黃梨洲的《原君》、《原臣》出，實可與盧騷的《民約論》東西比美」！[96]這也正是侯外廬、蕭萐父諸先生所著力闡揚的「中國早期啟蒙思想」或「明清啟蒙思想」的內容之一。[97]

　　4、法治。現代自由主義的法治理念即指「法律的統治」（The Rule of Law）。法律制度及其運作方式作為最高權威，乃是按照人民的意願建立起來，由獨立的司法機構執行，並以權力制衡的方式加以維護；任何個人、集團，包括政府乃至最高領導人，都必須接受法律的約束。[98]這種完備的法治只是在近代方才逐漸形成，而且時至今日也還並未普及於世界，現代國家中還實際存在著人治、法制及法治等不同類型；[99]因此當然更不能嚴格要求於

---

[95] 徐復觀〈中國知識分子的歷史性格及其歷史的命運〉，載《徐復觀文集》卷 1，頁 143-144。

[96] 徐復觀〈儒家對中國歷史運命掙扎之一例──西漢政治與董仲舒〉，載《徐復觀文集》卷 2，頁 181。

[97] 參見侯外廬《中國早期啟蒙思想史──十七世紀至十九世紀四十年代》（北京：人民出版社，1956 年）；蕭萐父、許蘇民《明清啟蒙學術流變》（瀋陽：遼寧教育出版社，1995 年）。

[98] 參見顧肅《自由主義基本理念》，頁 127-132。

[99] 參見顧肅《自由主義基本理念》，頁 127-132。

古代思想家。「若將法解釋為今日的憲法，則二千年以前，尚無此觀念。當然過去也曾想到要有一種恆常不變的法，來維持政治的安定，此即孟子所說的『舊章』、『先王之法』（〈離婁上〉）；這有似於英國的歷史的慣例。但它與現代的憲法觀念，究不相同。若將法解釋為刑法，則儒家確是不重視刑法，但並不否定刑法。孟子說得很清楚：『國家閒暇，及是時，明其治刑』（〈公孫丑上〉）。若將法解釋為政治上所應共同遵守的若干客觀性的原則，及由此等原則而形之為制度，見之於設施，則孟子乃至整個儒家，是在什麼地方不重法治呢？」[100]孟子論行政、論井田、論「制民之產」、論「關市譏而不征」乃至論學校教育等等，都是意在提出一種社會上下普遍遵循的制度，這就接近於法治主張。《中庸》提出「凡為天下國家有九經」，「九經」即九種常法大法，也是要求社會上下、首先是統治者必須遵循的，這也接近於法治主張。

特別值得注意的是孟子提出的「徒善不足以為政，徒法不能以自行」的觀點，[101]「上一句是說僅有治人（徒善）是不能辦好政治，所以還要有治法。下一句是說治法不會自動實現的，須要治人始能推行。即是：治人治法，不可偏廢」。[102]這便在承認道德有限性的同時，對法治至上原則提出了深刻的警告。事實上，法治主義不僅存在著法官自由裁量權的技術水準問題，而且存在著司法不公甚至司法腐敗問題，因此，法律的內在道德根本不容否定，人的因素也根本不容忽視。「當今人類每遇到重大的關頭，也常要在法的後面，還須呼籲人類的良心理性」。[103]所幸這一點也被現代自由主義內部的自然法論者所認識，他們承認，「法律本身存在內在的道德，這是

---

[100] 徐復觀〈孟子政治思想的基本結構及人治法治問題〉，載《徐復觀文集》卷 2，頁 140-141。

[101] 《孟子·離婁上》。

[102] 徐復觀〈孟子政治思想的基本結構及人治法治問題〉，載《徐復觀文集》卷 2，頁 143。

[103] 徐復觀〈孟子政治思想的基本結構及人治法治問題〉，載《徐復觀文集》卷 2，頁 140。

法律的靈魂，沒有它便沒有真正的法治」。[104]

　　自由、平等、民主、法治作為現代強勢的社會政治價值，雖然只是在近四百年中隨著西方啟蒙思潮而逐漸普及於世，但它們所體現的人類對於理想社會的追求精神，卻有著漫長的歷史淵源。古希臘的城邦民主、古羅馬的法權意識、中世紀以上帝永恆法對於世俗專制的反抗、文藝復興人文精神的高揚以及宗教改革提出的個人信仰和思想寬容原則等等，固然是上述現代價值的直接前源，但在與東方古代專制社會的摩蕩中所陶鑄的儒家真精神卻也是與這些現代價值之前源並行不悖的。中西傳統容或在思想出發點上存在著互有責權的集體主義與原子式個人主義的差異，但要之儒家真精神與自由、平等、民主、法治等社會政治價值決不是根本異在或完全反對的價值體系，二者恰恰具有極大的互補性。

五

　　然而又須承認，在歷史現實中，「中國的本身，畢竟不曾出現民主政治」；[105]「由孔子所創發的自由社會，在歷史上並沒有徹底完成」。[106]究其原因在於，儒家缺乏關於制度安排的構想，以至其自由、平等、民主、法治等思想精髓基本上止步於一種精神訴求。「儒家原始的政治思想，停滯在秦漢之際的階段，再沒有向前發展，因而其本身包含的缺點，使它所構想的客觀的政治間架，並不足以擔負其基本精神的使命」。具體地說，一方面，儒家「根本缺少人民與政府相關的明白觀念，於是儒家的千言萬語，終因缺少人民如何去運用政權的間架，乃至缺乏人民與政府關係的明確規定，而依然跳不出主觀願望的範疇」，[107]這涉及權原認定的問題；另一方面，「儒家言政治，都是從個人的德性推擴出去。……但從政治方面說，由修身而治

---

[104] 顧蕭《自由主義基本理念》，頁145。

[105] 徐復觀〈儒家政治思想的構造及其轉進〉，載《徐復觀文集》卷1，頁116。

[106] 徐復觀〈中國自由社會的創發〉，載《徐復觀文集》卷2，頁132。

[107] 徐復觀〈儒家對中國歷史運命掙扎之一例〉，載《徐復觀文集》卷2，頁221-222。

國平天下，由愛親敬長而推之於人民，推之於社會，在客觀上須要一種有力的橋樑；而這種橋樑，必須人人可以瞭解，可以遵守。但儒家在精神上架設了這種橋樑，而在客觀上，並沒有好好的架設起來」，[108]這則涉及德、政（德、法）劃界的問題。限於上述事實，「儒家的政治思想，在歷史上只有減輕暴君汙吏的毒素的作用，只能為人類的和平幸福描畫出一個真切的遠景；但並不曾真正解決暴君汙吏的問題，更不能逃出一治一亂的歷史上的循環悲劇」。[109]

相比之下，現代自由主義在制度安排方面有其獨到的長處。自然法論者和功利主義者均基於原子式個人主義的起點，分別根據「人人生而平等」以及由此推導的「社會契約論」的理論假設或快樂主義的經驗原則，從而殊途同歸地解決了權原在民（個人）的問題，「把權力的根源，從君的手上移到民的手上，以『民意』代替了『君心』。政治人物，在制度上是人民的雇員，他即是居於中國歷史中臣道的地位，人民則是處於君道的地位」。[110]而道德多元、價值中立、底線倫理、重疊共識等觀念則使一種「人人可以瞭解，可以遵守」的政治，一種「把對於政治之『德』，客觀化出來，以凝結為人人可行的制度」[111]的政治成為可能，從而解決了德、政（德、法）劃界的問題。在此基礎上，民主政治一整套複雜的運作體系才得以實際建構起來。也唯有通過民主政治，「在觀念上也已突破了專制政治」、「卻又被專制政治壓回了頭」、「以致僅能緩和了專制政治而不能解決專制政治」的儒家思想所「留給我們今日所應努力的一大問題」，亦即「它在政治方面所要完成而尚未完成的使命」，才可望得以解決。[112]因此，「中國文化，應由與西方文化的接觸而開一新局面；中國的歷史，應由與西方文化的接觸而得

---

[108] 徐復觀〈儒家對中國歷史運命掙扎之一例〉，載《徐復觀文集》卷 2，頁 221-222。

[109] 徐復觀〈儒家政治思想的構造及其轉進〉，載《徐復觀文集》卷 1，頁 116。

[110] 徐復觀〈中國的治道——讀陸宣公傳集書後〉，載《徐復觀文集》卷 2，頁 293。

[111] 徐復觀〈中國的治道——讀陸宣公傳集書後〉，載《徐復觀文集》卷 2，頁 294。

[112] 徐復觀〈儒家對於中國歷史運命掙扎之一例——西漢政治與董仲舒〉，載《徐復觀文集》卷 2，頁 226。

一新生命。代表西方文化的科學與民主，一方面可以把中國文化精神從主觀狀態中迎接出來，使道德客觀化而為法治，使動機具體化而為能力；並以可視的可量的知識，補不可視不可量的道德文化所缺少的一面。另一方面則由科學民主而提供了我們以新的生活條件與方法，使我們可以解決二千年久懸不決的問題」。[113]

　　但是，對於民主政治或現代自由主義在制度安排方面的肯定，並不意味著這種體制或觀念本身已臻完美無缺，所謂「歷史終結」的論調無疑是相當膚淺可笑的。[114]事實上，在現代自由主義內部，放任自由主義與國家干預主義、自由至上主義與社會正義理論、消極自由與積極自由、程序平等與結果平等、多數民主與少數權利、人民主權與個人意志、民眾主義與精英政治、實然法與應然法、法律的中性原則與內在道德、法律權威與溫和抵抗，乃至自由與平等、權利與正義、自然法論與功利主義，等等，相互之間存在著錯綜複雜的矛盾與爭論，以至表現為制度安排上的偏頗與遊移，「有如今日資本主義社會中的立法一樣，不是削弱了自由，便是妨礙了平等」。[115]具體到民主政治來說，基於原子式個人主義而架構的民主政治，或以個人天賦權利的有條件讓渡作為其成立的根據（社會契約論），或以個人的功利水準及快樂原則作為其存在的基礎（功利主義），因此，社會乃由大大小小的具有共同條件或利益的個人結成的抗衡群體和壓力集團構成，政府僅僅是一種「必要的惡」。這種「只是在外在的對立勢力的抗爭中逼出來的」社會政治體制，由於「欠缺每人由性所發的中庸之道的積極內容，所以便會不斷發

---

[113] 徐復觀〈中國知識分子的歷史性格及其歷史的命運〉，載《徐復觀文集》卷 1，頁 144。

[114] 1989 年蘇東事變之後，美籍日裔學者弗蘭西斯・福山（Francis Fukuyama）撰文認為，自由民主體制已經成為「人類意識形態進化的終點」和「人類最後的統治形式」，因而也是「歷史的終結」。見氏著《歷史的終結及最後的人》（The End of History and the Last Man，紐約：自由出版社，1992 年）。

[115] 徐復觀〈中國孝道思想的形成、演變及其在歷史中的諸問題〉，載《徐復觀文集》卷 1，頁 73。

生危機」。[116]進一步說，「人與人的關係」如果「完全建立在利害關係之上」，則「有些民主政治變成僵化，在民主自由之下，許多人只做壞事不做好事；有些民主政治便夭折，或變成偽裝。在這種情形下，極權主義、暴力主義便橫行無忌」。[117]這也就是當代社會政治中比較普遍的「民主的惡質化」問題。

歸根到底，現代自由主義的問題癥結在於作為其一切理論與實踐之出發點的原子式個人主義觀念。「個人主義，是以追求個人權利，滿足個人欲望，為社會動力的主義」。[118]歷史具體地看，個人主義曾經具有顯著的進步意義，「在此一主義之下，解放了中世紀所長期抑壓的個性，因而也解放了中世紀所長期抑壓了的個人能力。更重要的是，把長期被特殊階級所獨佔的權利，及為了獨佔的權利所放出的觀念上制度上的煙幕、障礙，加以清理掃除，開放給新興的平民階級，或者說是新興的市民階級，使大家站在平等基礎之上，行使個人權利欲望的追逐。這樣一來，社會在由特權抑壓下的沉滯阻塞的氣氛中，活躍、開朗起來，與人類的潛力以伸展發揮的機會，這便成為西方社會三百年來進步的支柱」。[119]但是，個人主義的意義一定是歷史具體的，「它是歷史階段的產物。沒有中世紀對個性以抑壓，便不一定有個性解放的特別意義」，[120]即是說，只是在作為群體意志之異化的神權或世俗權力對於個人實施過度壓抑的情況下，個人主義才歷史地凸顯為一種人類自我解放的進步思潮。而那種認為「無論在發生學還是本體論的意義上，個人都是優先的」觀點，[121]事實上難以成立。因為，就發生學而言，無論是人類發生還是個人發生，都恰恰是在群體中實現的：脫離了群體的協助，單個的古猿不可能進化為完全形成的人；沒有群體（從原始群直到核心家

[116] 徐復觀〈從命到性——《中庸》的性命思想〉，載《徐復觀文集》卷3，頁117。

[117] 徐復觀〈中國人文精神與世界危機〉，載《徐復觀文集》卷1，頁174。

[118] 徐復觀〈個人主義的沒落〉，載《徐復觀文集》卷1，頁227。

[119] 徐復觀〈個人主義的沒落〉，載《徐復觀文集》卷1，頁228。

[120] 徐復觀〈個人主義的沒落〉，載《徐復觀文集》卷1，頁227。

[121] 顧肅《自由主義基本理念》，頁23。

庭）的哺育，嬰兒也不可能發育成人。個人獨立以至形成所謂個人主義觀念，只能是在經過群體涵護而逐漸獲具自我意識之後；亙古存在或與生俱來的「個人主義」無疑是無稽之談。因此，正是在發生學意義上，群體應該優先於個人而不是相反。而社會本體論根本不能超越人類歷史範疇，既然在人／類發生意義上確立了群體優先的地位，那麼社會本體論不能得出與之完全相反的結論。雖然一般常說社會由「人」構成，但這個「人」總是特定群體中的人，而不可能是抽象的、無根的「人」。

　　落實到社會政治現實來看，原子式個人主義也存在著難以克服的困難。原子式個人主義的中心關切在於個人的權利與自由。但是，由於先天或後天條件的差異，人們的實現形態也總是存在優勝或劣敗的差異；優勝者的個性膨脹以及劣敗者相應的自我萎縮，使得個人的權利與自由事實上不可能全面落實。「資本主義，是個人主義下的自然產物。獨佔資本的形成，也是資本主義的自然發展。獨佔資本形成以後，大資本家成了各經濟王國中的統治者，成為社會的特殊階級。社會上一經出現了固定的特殊階級，便會只有特殊階級的個人主義，沒有社會大眾的個人主義。近代的自由觀念，是植基於個人主義之上的。沒有社會大眾的個人主義，社會大眾便感到失掉了個人的自由」。[122]另外，個人主義基於其中心關切，儘管也表示不同於赤裸裸的利己主義和無政府主義，甚至標榜愛國主義情懷，但這往往只是虛懸一格的高度倫理，而個人主義一般則是並不認同社群價值的。「因價值觀念的喪失，人與人間的『關連感』，便自然會喪失；除了自己直接利害以外的一切責任感，也都喪失。他們所走的路，是破壞由全體利害而來的構想，破壞由為了明天利害而來的構想，也自然會走到糟蹋自己的共同生活體的國家，以追求自己金錢和虛詐性的名譽」。[123]可以說，原子式個人主義已經導致了社群破毀的現實危機，這一點，受到了麥金太爾（Alasdair MacIntyre）、查理斯‧泰勒（Charles Taylor）、桑德爾（Michael Sandel）等社群主義者的

---

[122] 徐復觀〈個人主義的沒落〉，載《徐復觀文集》卷1，頁228。
[123] 徐復觀〈個人主義的沒落〉，載《徐復觀文集》卷1，頁230。

批判。[124]

　　對於現代自由主義在理論和社會政治實踐方面的深刻困境，儒家精神中卻擁有豐富的資源可以給予補救。「儒家的倫理思想、政治思想，是從規定自己對於對方所應盡的義務著眼，而非如西方是從規定自己所應得的權利著眼。這自然比西方的文化精神要高出一籌。例如『父慈』，是規定父對子的義務。『子孝』，是規定子對父的義務。『兄友』，是規定兄對弟的義務。『弟恭』，是規定弟對兄的義務。『君義』，是規定君對臣的義務。『臣忠』，是規定臣對君的義務。其餘皆可例推。所以中國是超出自己個體之上，超出個體權利觀念之上，將個體沒入於對方之中，為對方盡義務的人生與政治。中國文化之所以能濟西方文化之窮，為人類開闢文化之新生命者，其原因正在於此」。[125]不過，儒家強調個人義務卻並不意味著泯滅自我權利，「一個人在家庭中盡到愛的責任，即是『親其親』，親愛自己的父母；『長其長』，恭敬自己的長上……。這站在純個人的立場來看，乃是對他人盡了一分責任，是屬於『公』的，是『義務性』的。但站在社會的立場來看，這種責任卻與自己的利害直接連在一起，又是屬於『私』的，是『權利性』的。所以『親其親，長其長』，乃是在公與私、權利與義務之間的行為。正因為如此，一方面滿足了群體生活上的起碼要求，另方面又合乎個體的利益。而作二者紐帶的是孝弟，便無所謂個性、自由的壓抑。社會通過了這種以愛為結合紐帶的家族組織，大家在家族生活中，使公與私、權利與義務、個體與全體，得到自然而然的融合諧和」，這也就是「儒家通過家族的個體與全體之間的中庸之道」。[126]這種「中庸之道」正可補救西方「自由

---

[124] 參見麥金太爾《德性之後》（北京：中國社會科學出版社，1995 年）；查理斯·泰勒《哲學與人的科學：哲學論文》卷 2（劍橋大學出版社，1985 年），《自我的根源：現代認同的形成》（南京：譯林出版社，2001 年）；桑德爾《自由主義與正義的局限》（南京：譯林出版社，2001 年）。

[125] 徐復觀〈儒家政治思想的構造及其轉進〉，載《徐復觀文集》卷 1，頁 120。

[126] 徐復觀〈中國孝道思想的形成、演變及其在歷史中的諸問題〉，載《徐復觀文集》卷 1，頁 73-75。

與平等的矛盾衝突，實際也即是個體與全體的矛盾衝突」。[127]

　　基於儒家個體與全體、義務與權利相互和諧的中庸之道，民主政治才可能超越由原子式個人主義所構成的抗衡群體或壓力集團的利益格局，而獲具深厚的德性根據。「因為民主之可貴，在於以爭而成其不爭，以個體之私而成其共體的公。但這裡所成就的不爭，所成就的公，以現實情形而論，是由互相限制之勢所逼成的，並非來自道德的自覺，所以時時感到安放不牢。儒家德與禮的思想，正可把由勢逼成的公與不爭，推上到道德的自覺。民主主義至此才真正有其根基」。[128]因此，「今後只有進一步接受儒家的思想，民主政治才能生穩根，才能發揮其最高的價值」；[129]「純以個人主義為中心的民主政治」也才可能提升為「個體與群體得到諧和的民主政治」。[130]

　　要之，一方面，「儒家思想，為政治提供了道德的最高根據，而在觀念上也已突破了專制政治。但如上所述，卻又被專制政治壓回了頭，遂使儒家人格的人文主義，沒有完全客觀的建構，以致僅能緩和了專制政治而不能解決專制政治。這是留給我們今日所應努力的一大問題」；另一方面，「西方的民主政治，只有和儒家的基本精神接上了頭，才算真正得到精神上的保障，安穩了它自身的基礎」。[131]簡言之，「儒家的政治思想必歸結於民主政治，而民主政治之應以儒家思想為其精神之根據」，[132]這就是徐復觀先生政治思想的「大綱維」。[133]

---

[127] 徐復觀〈中國孝道思想的形成、演變及其在歷史中的諸問題〉，載《徐復觀文集》卷1，頁72。

[128] 徐復觀〈儒家政治思想的構造及其轉進〉，載《徐復觀文集》卷1，頁116。

[129] 徐復觀〈儒家政治思想的構造及其轉進〉，載《徐復觀文集》卷1，頁116。

[130] 徐復觀〈中國孝道思想的形成、演變及其在歷史中的諸問題〉，載《徐復觀文集》卷1，頁74。

[131] 徐復觀〈儒家對中國歷史運命掙扎之一例——西漢政治與董仲舒〉，載《徐復觀文集》卷2，頁226。

[132] 徐復觀〈儒家精神之基本性格及其限定與新生〉，載《徐復觀文集》卷2，頁52-53。

[133] 徐先生在〈保持這顆「不容自己之心」〉一文中說：「我的政治思想，是要把儒家精神，與民主政體，融合為一的。」載《儒家政治思想與民主自由人權》，頁345。

六

　　徐先生半生學術事業的最有意義的貢獻（或者說最有意義的貢獻之一），在於他張揚了儒家民主政治精神。他對於古今專制政治的強烈批判以及對於儒家制度安排方面之欠缺的嚴格批評，十分清楚地表明了他與那種認為「兩千年的專制並不是專制，因而我們應當安住於歷史傳統政治之中，不必妄想什麼民主」的狹隘的文化保守主義的分野。他對於近現代西方民主思想內涵及其見之於社會政治實踐上的得失的相當深入的把握，則表明了他對這些價值的關注與究心。[134]但是，對於民族傳統之負面的否定以及對於近現代西方價值之合理內核的肯認，並未使徐先生如同五四主流知識分子那樣達致「全盤反傳統」和「全盤西化」的結論。恰恰相反，通過對民族傳統、特別是作為其主流的儒家文化的全面爬梳與深入剔抉，徐先生闡發了儒家文化乃至民族傳統中深蘊的、與近現代西方價值基本同構而又互有殊勝的自由、平等、民主、法治一類精神實質，從而開顯了現代政治的應然取向，即：儒家德性民主精神向著現代制度架構的落實以及現代制度架構向著儒家德性民主精神的提升。

　　徐先生的政治思想以及作為其政治思想之背景的文化觀念具有強烈的現實意義。五四以降，在激進主義、自由主義以及開放的文化保守主義基於不同角度的批判下，狹隘的文化保守主義基本上失去了言論空間，不再具有值得重視的影響力（在中國，偶爾出現的民族主義決不等同於狹隘的文化保守主義）。但作為狹隘的文化保守主義之另一極端的「西化」思潮卻一波接一波地衝擊著現當代社會心理。「西化」論者雖然往往從文化問題入手，但他們的真正用心卻在於社會政治制度（廣義的社會政治制度也包括倫理規範、道德準則等等），他們最為強硬的理據也在於啟蒙運動以來表現出相對優越性的近現代西方社會政治制度及其體現的價值觀念。他們有意無意地將這種

---

[134] 關於這一點，除本文業已引述者外，徐先生還有許多論述可以為證，特別參見《徐復觀文集》卷1，頁71-72、115-116、227-230；《徐復觀文集》卷2，頁85-90。

實質上不乏悖論與緊張的制度和觀念完美化，甚至抽象化，據以十分具體地衡斷中國的歷史與現實，從而基本或根本抹煞中國文化傳統的價值。對於這種情況，作為「勇者型」儒家的徐復觀先生進行了尖銳的批評和憤怒的抨擊。他指出：「一口抹煞中國文化精神的，決不會接受西方正大的做人道理。一個人，對於其祖宗所引發的思慕虔敬之情，其本身即係一種道德之自然流露。人的自私狂妄（自私者未有不狂妄，狂妄必來自自私）而至於必以罵自己的祖宗為快意，則其內心實對人類所共有之一切，都存有敵意；特假借容易與其生活接觸者，以作其敵意發洩之目標。所以這種人如談西方文化，若非天生的奴性，即係假此以隱蔽其刻毒之私，與西方文化之本身，全係兩事。」[135]他斷言「真誠談道統的人，他對於自己國家民族的歷史，對於比他早死了幾千年的為了文化真切用過一番苦心的先哲，總是多一種親切之情，虔誠之感，謙敬之意。這較之以一種陰狠狂妄之氣，不問青紅皂白，一口抹煞他自己的祖宗，罵自己的祖宗一錢不值的人們，其在政治上，當更容易接近民主。這些陰狠狂妄之徒之所以談民主自由，是因為真正的權力不在他手上，聊以此作個人生活興趣的擋箭牌。假定這些人一朝權在手，則充其陰狠狂妄，有『統』皆非的想法，便非大大的焚坑一陣不可」！[136]他剖析某些「西化」論者的動機，或是「以『滿面羞慚』的自卑心理來面對文化問題。在此種人的心目中，覺得只有咒罵誣辱自己的歷史文化，才能減輕作為一個中國人的罪孽感」；[137]或是「知道在社會轉變時期，只要言辭激烈，便能不憑任何學問，即可獵取聲名」。[138]他甚至痛斥這類人物是「黑了良心的民族敵人」、「太無知識的文化買辦」，[139]其行徑則是「在全盤

---

[135] 徐復觀〈儒家精神之基本性格及其限定與新生〉，載《徐復觀文集》卷2，頁72。

[136] 徐復觀〈儒家精神之基本性格及其限定與新生〉，載《徐復觀文集》卷2，頁35。

[137] 徐復觀〈《學術與政治之間》乙集自序〉，載《徐復觀文集》卷1，頁356。

[138] 徐復觀〈中國孝道思想的形成、演變極其在歷史中的諸問題〉，載《徐復觀文集》卷1，頁100。

[139] 徐復觀〈中國自由社會的創發〉，載《徐復觀文集》卷2，頁133。

西化掩護下的新漢奸運動」！[140]

　　一定有人會指責徐先生的言詞過於「褊激」（事實上，在 1960 年代前後臺灣中西文化論戰中，「西化派」就視徐先生為「死敵」）。但是，對於震發於熊十力先生所謂「亡國族者常先自亡其文化」教言以至心心念念以護持民族文化慧命為己任的徐先生來說，那些眩迷或驚駭於西方器物與制度、那些往往基於私欲而對社會現實有種種不滿、那些偏頗或淺薄地對待歷史傳統，從而必欲自本自根否定民族文化、破毀民族精神家園、導致民族心理無所歸依的人物，不啻是民族的敵人和民族文化的罪人！

　　那麼，在當今全球化形勢下，徐先生的文化觀是否就不合時宜了呢？是亦不然。事實上，全球化與地方性、現代化與傳統以及西方與西方之外這三對曾被認為是相互排斥的二分架構愈來愈呈現出雙向契入和共同展開的態勢。地方性體現著全球化，而全球化也正蘊涵於地方性之中；傳統以現代化作為形式，而多元現代化的核心則正是各個文明的本有傳統；西方價值在大行於世的同時，卻也不斷涵納了西方之外的種種觀念。特別是在啟蒙反思的語境中，在後現代生態環保、宗教多元、全球倫理、女性主義等訴求下，作為地方性知識的東方傳統，包括儒家文化所特有的個人－社群－自然－天道面面俱到的包容性人文主義，相對於業已給人類生存和發展造成巨大困境的西方排斥性人文主義而日益顯示出獨特的優長，逐漸獲得了作為普世價值－全球倫理之精神資源的現實可能性。[141]所有這些，恰恰證明了徐先生文化觀的遠見卓識。而在這種境況下卻仍然或隱或顯地堅持「西化」立場，肆意糟蹋民族傳統，必欲否定之而後甘，凡此種種，實在是比較文化學領域的「奇觀」，不僅是近代以來同樣遭受西方文化壓迫而對本有傳統仍然一往情深、倍加珍惜、引為自豪的伊斯蘭、印度知識分子所不能理解，恐怕也是西方知識分子匪夷所思的，因為他們對自己的傳統大都懷有溫情與敬意。「西化」人物或許想通過徹底否棄民族傳統從而使整個民族徹底歸化西方文化，

---

[140] 徐復觀〈一個偉大知識分子的發現〉，載《徐復觀文集》卷 1，頁 156。

[141] 上述觀點得於杜維明先生，主要參見《儒家與自由主義——和杜維明教授的對話》，載《儒家與自由主義》（北京：三聯書店，2001 年）。

這對於一個賦有厚重文化心理積澱的十多億人口的巨大族群乃是根本不可能的。即使對於這些人本身來說，遑論他們願望的文化「變種」並不可能，設若真能實現，恐怕也不一定能被西方族群所接納；徒然淆亂視聽，蠱惑人心，不是徐先生所痛斥的那類人物又是什麼！

　　歸結起來，徐先生在其劃界於狹隘的文化保守主義和「全盤西化」論的中道文化觀基礎上所形成的政治思想具有高度的現實合理性，實際上指出了當代中國民主政治和民主社會建設的可取途徑。只有徹底批判古今一切專制政治，同時積極闡揚包括儒家文化在內的民族傳統中的自由、平等、民主、法治精神，進而充分涵納西方自由主義在制度安排上的優長，並且自覺揚棄原子式個人主義以及由之產生的種種弊端，「把儒家精神，與民主政體，融合為一」，[142]才可能建立既具有現代性、又擁有民族文化心理根基的中國式的民主政治和民主社會。正如徐先生所說：「站在中國人的立場，真正尊重孔子的人，即應當為民主政治而努力，使孔子的精神在政治方面能有一切實的著落。真正嚮往民主政治的人，即應當發掘孔子的基本精神，使民主政治，能生根於自己偉大的傳統之中，和社會各種生活得到調和。」[143]旨哉斯言！

---

[142] 徐復觀〈保持這顆「不容自已之心」──對另一位老友的答覆〉，載《儒家政治思想與民主自由人權》，頁345。

[143] 徐復觀〈中國自由社會的創發〉，載《徐復觀文集》卷2，頁133。

超越西化
──論胡秋原的西方文化觀及其意義

　　胡秋原先生以治學、辦報與參政為主調的一生，幾乎縱貫整個二十世紀，並且跨入二十一世紀初期。在漫長的一生中，胡先生親歷了中華民族災難深重的歲月。青年時代的胡先生曾經服膺馬克思主義，對歐美文化也頗為欣賞，但至 1930 年代中期遊歷歐洲、蘇聯和美國之後，所見所聞與讀書思考使他終於立定民族主義立場；而此前在他的心靈深處也埋藏著民族主義的根芽，1928 年濟南慘案發生後他撰寫《日本侵略下之滿蒙》一書以表示抗日態度，以及 1931 年九一八事變後他毅然放棄公費留日學業，即為例證[1]。正是這種深沉的民族意識和執著的愛國情懷，致使胡先生將探求救國救民之道作為自己一以貫之的中心關切，由此得出的結論，就是他於抗戰前夕形成並且終生秉持的「超越前進論」，即「超越傳統派、西化派、俄化派而前進」[2]（胡先生有時還將這一提法表述為「超越傳統主義、西化主義、俄化主義而前進」[3]或「超越傳統、西化、俄化而前進」[4]）。胡先生認為，近現代中國之所以內憂外患、災難頻仍，起因於中國文化、特指其科學技術方

1　參見〈中下冊前記〉，載《西方文化危機與二十世紀思潮》（臺北：學術出版社，1981 年），頁 5-6；編輯部〈胡秋原先生之學問思想及其意義〉，載中華雜誌編輯部編《祝賀胡秋原先生七十壽辰文集》（臺北：學術出版社，1981 年），頁 321-322。

2　〈中下冊前記〉，載《西方文化危機與二十世紀思潮》，頁 24。

3　〈論工業化與現代化〉，載《西方文化危機與二十世紀思潮》，頁 1499。

4　〈現象學之發展及其批評〉、〈自我割讓與當代思想〉，載《西方文化危機與二十世紀思潮》，頁 501、1100。

面，在明清之際開始落後於西方；中國的主流知識分子在國家迭遭西力打擊的情況下，認定固有文化已經無用，於是或追求西化，或效法蘇俄，結果外患未絕，內鬥不已；唯有「超越前進」，方為救國救民之正道[5]。

　　深究胡先生的「超越前進論」，其所謂「超越傳統」，並非主張盡棄固有傳統，而只是要對明清以降陷於固陋的傳統予以返本開新[6]；實質上，中國古聖先賢所確立的大中至正之道，恰恰是其「超越前進論」的根基。胡先生曾高度讚揚中國傳統中「有極寶貴的東西，如人文主義之特別發達（非宗教、非階級、親親、仁民），戒殺人、反侵略、愛和平；義利之辨，道統高於政統；蔑視不義之富貴及威權、尊重人民，且承認反抗暴君之權利。儒家的德治主義傳到西方，促進啟蒙運動，發展自由民主理論，有功於美法革命，是美法學界所承認的。對照今日西方文化中之拜金主義與蘇俄『古拉格群島』文化，中國儒道釋的思想中實有甚多優良觀念可以發揚，足為未來人類文化之重要成分的」[7]。他對暫處艱困的固有文化也懷有充分信心：「中國文化之大建築雖然早已衰敗，然在不斷的風暴與苦痛之中，不但看見他的基礎的花崗岩石安然不動，而且這建築內面常發出閃閃精光。此亦見中國文化有其不可磨滅的價值，因而有其偉大的將來。」[8]所以胡先生明言「我所說之『超越』指精神獨立或復歸於中國，然後向前走中國人之路，克服落後」[9]；正因此，在「超越傳統」方面，胡先生更多地是為了顯示立論的平允而一帶而過，並無多少系統的闡發。而所謂「超越俄化」，在胡先生那裡實在有太多基於政治傾向的偏至之論，雖然對某些事件的陳述不為無據，但評價與判斷基本上難稱客觀，故理論意義不大。唯在「超越西化」方面，胡先生對作為西化派之思想資源的西方文化作了相當全面深入的述論，梳理了

5　參見〈前記〉、〈中下冊前記〉，載《西方文化危機與二十世紀思潮》，頁 3、10。

6　參見〈前記〉、〈中下冊前記〉、〈歷史哲學基本問題兼評東比之「歷史研究」〉，載《西方文化危機與二十世紀思潮》，頁 10、29、1146。

7　〈中下冊前記〉，載《西方文化危機與二十世紀思潮》，頁 21。

8　〈近代西洋哲學之背景與概況〉，載《西方文化危機與二十世紀思潮》，頁 297。

9　〈自我割讓與當代思想〉，載《西方文化危機與二十世紀思潮》，頁 1100。

西方文化興衰流變的脈絡，揭示了其長短利弊之所在，這些思想成果，對於仍然處在中西文化相互摩盪過程中的當今中國，具有不容忽視的啟迪意義。

一

　　作為在史學領域造詣甚深的學者，胡先生說：「我覺得一部人類歷史有如運動會，各國競爭，時有先後。」[10]「文化之性質相同，然各民族處境不同，歷史不同，各有特色，時有高下，亦各有興衰。」[11]「中西文化並無本質之異，只有一時進退之差。」[12]從前現代東西文化的總體比較來看，「事實上，近代西洋文化中的科學與人權觀念，其對中古西洋人之陌生，尤有過於東方人。十六世紀以前，西洋人多相信東方是光明之來源。……歐洲原只是亞洲之半島。古代希臘文明，近代歐洲文明之策源地，都是近東。從八世紀到十二世紀，回教阿拉伯世界文化超過同時代歐洲不知好遠。近代歐洲人的數學，科學，哲學，大學制度，軍事技術，乃至關於希臘文化的知識，首先得自阿拉伯人，仿效阿拉伯模型，由阿拉伯文翻譯。此後回教文明無甚進步，然在十三世紀，伊本魯西德（Ibn Rushd，即 Averroes）是義大利，巴黎，牛津，西班牙人公認的大哲學家。創造近代歷史哲學文化哲學者，是十四世紀之伊本‧卡爾東。在十五世紀，土耳其人攻陷君士坦丁的大炮，為歐洲人所不曾夢見。正是這一事實，才逼出文藝復興和哥倫布，開始近代歐洲之前進。直到十六世紀，土耳其人的海陸軍，還是歐洲人敬畏的。而在蘇萊曼大帝時代（1620-1566），土耳其帝國有歐洲最文明政府，為今日歐洲史家所公認。近代歐洲文明兩大發祥地的義大利與西班牙，也都是受回教文明

10　〈中下冊前記〉，載《西方文化危機與二十世紀思潮》，頁5。

11　〈中下冊前記〉，載《西方文化危機與二十世紀思潮》，頁3。

12　〈東西文化問題及科學與哲學問題〉，載《西方文化危機與二十世紀思潮》，頁286。

遺產或其衝擊最大的區域」[13]。具體到前現代的中西文化而言，「在古代，周秦、兩漢文化足與希臘羅馬並駕齊驅。在歐洲中古，一時有黑暗時代，而中國正是唐宋時代，當時中國文化，實世界最大光明，而亞拉伯人次之」[14]。胡先生引述美國耶魯大學史學教授甘乃第（Paul Kennedy）所著《巨強之興亡》（*The Rise and Fall of the Great Powers*）中的觀點來說明前現代中國之優越於西方：

> 在前近代時期，沒有一國比中國更進步，更優越。在十五世紀，他有一億三千萬人口，而歐洲不過五千五百萬。自十一世紀以來，他有肥沃而灌溉的平原，以輝煌運河連貫起來。由有學問的儒家官僚所主持的統一政府，給中國人社會一種統一和精巧，使外國訪客羨慕不置。誠然，那一種文明曾受到蒙古人踐躪，但中國常能改變其征服者而不被征服者改變。而當明朝擊敗蒙古時，古老的秩序和學術依然如故。在受過教育尊敬「西方」科學的人看來，中國文明最顯著的特色，就是他的技術的早熟。中國的都市，遠比中世歐洲者為大。在十一世紀，中國北方的鐵工業年產十二萬五千噸，這是供給一百萬軍士使用的。中國人從事遠洋貿易遠在西方之前，他的海船，比西班牙的大。一四二〇年，明朝有一千三百五十條作戰船隻。十五世紀鄭和率領幾百條船由麻六甲，過錫蘭直達非洲。也要提到，中國海軍在印度洋一帶從不像歐洲人和葡萄牙人，從事劫掠和謀殺。可是一四三三年以後，中國人不再航海，並禁造海船。雖然中國有極好機會向海外發展，但中國卻對世界掉頭。這也許由於北方蒙古人的壓力，更重要原因是儒家官僚的保守主義。他們不喜歡商業和私人資本，他們也不喜

---

[13]　〈近代西洋哲學之背景與概況〉，載《西方文化危機與二十世紀思潮》，頁 289-290。關於古代東方文化長期領先於西方文化的敘述，另見同書〈歷史哲學基本問題兼評東比之「歷史研究」〉，頁 1135-1136。

[14]　〈歷史哲學基本問題兼評東比之「歷史研究」〉，載《西方文化危機與二十世紀思潮》，頁 1146。

歡對外貿易，而技術也便衰敗下來了[15]。

事實表明，在人類歷史的「運動會」上，中國乃至東方曾經長期領先於西方。

當然，自十七世紀開始，東西以及中西文化的優劣地位發生逆轉，西方逐漸趕上並超過包括中國在內的東方；西方日益富強，而包括中國在內的東方則日益貧弱，這也是歷史事實。「大體而言，在十六世紀末，東西文化是平衡的。然此後天平漸傾向西方了。中世末期以來，歐洲都市之發達，市民階級之形成，民族國家之結成，在回教文明接觸與衝擊之下，自十五世紀以來，有一種新的意識，漸突破宗教的權威發展出來，此即所謂人文主義。人文主義在學術方面政教方面發展，產生文藝復興和宗教改革，這兩個運動與航海運動結合起來，促進了近代西方資本主義，以及哲學科學的新研究，終於使西方文明一步一步趕上和超過東方文明——首先是回教的土耳其人的文明。當西方人在海上戰勝土耳其人後，他們也便在東亞出現了」[16]。與整個東西文化的狀況一樣，在中西文化方面，「一直到十六世紀，就科學與技術以及工商業的經營方式與規模而論，東方，尤其是中國與當時西方最先進地區，還是平等的。這也可說是西方在十六世紀趕上了中國。但到十七世紀，西方人在學問上已經超過中國，亦即後來居上。這首先是在自然科學上超過；顯然之標誌，中國過去沒有可以在科學上與加利略和牛頓比肩的人物。直到十八世紀，雖然法國啟蒙派還稱讚中國，但以乾隆時代中國文化與啟蒙時代西方相比，畢竟是有遜色；而況，英國開始工業革命，美國開始獨立，法國革命發生，拿破崙出來。這是乾嘉時的學者和大將不能想像的境界與才能」[17]。

---

[15] 〈美國精神逆轉中之社會學、政治學及其批評〉，載《西方文化危機與二十世紀思潮》，頁 1290-1291。

[16] 〈近代西洋哲學之背景與概況〉，載《西方文化危機與二十世紀思潮》，頁 290。

[17] 〈美國精神逆轉中之社會學、政治學及其批評〉，載《西方文化危機與二十世紀思潮》，頁 1235-1236。

　　對於東西以及中西文化之優劣地位的逆轉，胡先生具有切身感受。1934年春，他因受「福建事變」牽連而出境避風，經香港前往歐洲，沿途遊歷了印度、錫蘭、埃及等東方文明古國，「在印度除了英人區域外，本地市場是擁擠混亂的 bazar，農村一片荒涼。最使他吃驚的，梁漱溟以佛教代表印度文明，現在除在博物館外，看不到一點佛教遺跡。在錫蘭，只有一個廟中還有一座佛像，而頭髮則作西裝。他有詩道：『法顯魂來獅子國，莫驚佛首已西裝。』那時埃及雖在名義上結束了英國的『保護』，實際上還在英國統治之下……。波塞港是一片混亂的洋場碼頭，而曾為回教文明一大中心，設立大學早於巴黎二百年的開羅，雖有回教大寺和王宮點綴，一般的景象和人民的生活是破落不堪，對照的則是西人區域的大街和高樓大廈。……一過地中海，到了歐洲。他看了古羅馬帝國遺跡，文藝復興以來的歐洲文物。巴黎、柏林、倫敦的富麗堂皇，與東方的破落恰成鮮明對照。……而且，古代東方的或希臘的文物都成為現代西方國家的裝飾品了。天下七奇之一的古巴比倫天空花園被德國人搬到柏林博物館，希臘人的女神住在巴黎的盧佛宮，大英博物館有『愛而近大理室』，裡面是希臘的雕刻，包括勝利女神像。而敦煌卷子也為法國圖書館大英博物館所有，中國第一幅名畫，顧愷之的女史箴也在英國。胡先生歎息：『還我河山猶有日，祖先寶物少歸時。』」[18]但是，由身臨其境的反差印象所獲得的強烈刺激，並未致使胡先生震懾或驚羨於西方文化以致鄙薄並暴棄固有文化，相反，立志於探求民族復興之道的胡先生，由此持續關注並深入研究東西以及中西文化諸現象及其動因，他曾回憶道：「當一九三〇年左右西方思想危機發展時，也是我開始有系統的研究西方思想史之時，而這也是我一生心力之所在。」[19]通過這種研究，胡先生一方面認識到東方以及中國文化的衰落乃是由於保守、僵化和停滯，以及近代

---

[18]　編輯部〈胡秋原先生之學問思想及其意義〉，載中華雜誌編輯部編《祝賀胡秋原先生七十壽辰文集》，頁 323-325。胡先生本人對此也有簡括陳述，見〈中下冊前記〉、〈現象學之發展及其批評〉，載《西方文化危機與二十世紀思潮》，頁 5、500。

[19]　〈西方文化新動向與虛無主義及西方中心主義之克服〉，載《西方文化危機與二十世紀思潮》，頁 271。

西方的征服與掠奪 [20]；另一方面卻也瞭解到西方文化在不過四百年發展繁榮的後期，已經發生深刻危機。

二

西方文化近四百年的發展繁榮，自始就充斥著罪惡，「數百年間西方人在東方自詡『白人負擔』，『傳播文明』。其實他們文化的迅速發展，正由於以東方為犧牲；而他們文明之內容固不盡『文明』（勢利主義），而『傳播文明』的方法，更決不『文明』。此即貪婪、欺詐、販奴、滅人之國，而且用科學武器滅人之種——如西班牙荷蘭之屠殺菲律賓與爪哇華人；如俄羅斯在西伯利亞屠殺土人，而英法比德在印度洋和非洲都實行過滅種政策（extinction policy, genocide）。……在如此獲得的財富基礎上，他們在國內誇奇競富，作聲色狗馬之玩好，在『不夜之城』中作酒食男女之爭逐。他們的殖民政策和享樂文化，在落後地區，所傳播的一種『次西方文明』與『次勢利主義』，全體而言，破壞性的影響也多於建設性的影響」[21]。無奈「歡樂極兮哀情多」！這種以征服與掠奪非西方世界得以發展繁榮的西方文化，自十九世紀中期便已發生日益嚴重的社會與精神危機。

先是西方國家內部勞資對立和貧富分化引發階級鬥爭和社會主義運動，西方國家之間為爭奪疆土與資源而爆發兩次世界大戰，以及西方殖民主義、帝國主義對亞非古老文明地區的侵略擴張激起廣泛的民族主義反抗，這些矛盾的糾結作用，致使西方文化結構動搖和歐洲時代終結。其大致社會歷史脈絡是，「起於法國革命時代的民族主義與社會主義思想，在中東歐和西歐發展為民族主義，社會主義運動，『大日爾曼主義』，『大斯拉夫主義』，『國際社會主義運動』。又由於科學與資本主義發展，使地球縮小，歐洲人

---

[20] 參見〈歷史哲學基本問題兼評湯比之「歷史研究」〉、〈最近西方哲學潮流〉，載《西方文化危機與二十世紀思潮》，頁 1146、1422 頁。

[21] 〈西方文化新動向與虛無主義及西方中心主義之克服〉，載《西方文化危機與二十世紀思潮》，頁 240-241。

的世界爭霸，又牽一髮而動全身；這一切便將世界推向第一次世界大戰。經此重大破裂而無必要的調整，西洋文化便因兩種非合理主義（由機械主義過度的『實質非合理主義』，由科學主義之反動的『思想非合理主義』）之合流，發生根本的危機。科學變為神話和權力崇拜，金力和暴力崇拜；個人與群眾之矛盾，變為領袖主義與遊牧部落主義；為資本主義之反動的社會主義，變為社會革命；而民族主義也便在戰敗國變為血族復仇：這一切結晶為獨權主義，他們充分利用西洋文化之物質成就，並發展科學，集中資本，向戰勝國挑戰，不過也要摧毀西洋文化最大精神成就之個人尊嚴，理性觀念和民主政治。至此科學與宗教，資本主義與社會主義皆無辦法。於是西洋人便由『精神危機』，『文化危機』變為全面經濟危機政治危機，走向第二次大戰。同時，自西洋權力使世界『西化』後，西洋思想，制度，帝國主義，民族主義，資本主義，社會主義，群眾運動，獨裁主義，神話，勢利崇拜，領袖崇拜這一套東西，亦隨西洋文化本身之危機向全世界衝擊，發生模仿和反擊。凡此一切，固非西方文化所能解決，而且，二次大戰之結果，殖民地獨立，美俄『兩大』出現，歐洲歷史與文化之霸權亦告終結」[22]。在這一過程中，最為西方文化之罪惡記錄的，就是納粹德國在二次大戰中令人髮指的反人類行徑，「用科學的機關槍，煤氣，電氣，作集體屠殺和焚燒。在集中營中，以死人之脂肪用作燃料，未死者之身體作醫學實驗，同時還應用心理學的恐怖手段進攻人心。對本國人如此，到了戰場之上，除了恣意屠殺之外，更迫敵人集體自掘墳墓以自埋。……要之，人肉是食糧，人血是美酒，而人的眼淚，可博他們一笑」[23]！

與西方社會病態相伴隨的是社會心理的悲觀絕望或麻木不仁，這類社會心理通過西方學術思想界而集中反映出來。胡先生列述布哈特（按即布克哈特）、尼采、B·亞當士、井美爾（按即齊美爾）、斯本格勒、瓦勒里（按即瓦雷里）、巴特、貝加也夫、尼布林、東比（按即湯因比）、索羅金、威

---

[22] 〈由科玄之戰論西洋文化危機〉，載《西方文化危機與二十世紀思潮》，頁44-45。

[23] 〈由科玄之戰論西洋文化危機〉，載《西方文化危機與二十世紀思潮》，頁 101-102。

爾士（按即 H・G・威爾斯）、格魯塞、A・韋伯、普魯斯特、馬羅（按即瑪律羅）、沙特爾（按即薩特）、湯麥斯・曼（按即湯瑪斯・曼）、卡夫卡、A・赫胥黎、奧維爾、卓別林、紀德、覺伊斯（按即喬伊絲）等最具睿識的西方人士的觀點，表明他們都是抱持悲觀態度而對「西方文化危機之確認」[24]。另如「彭涅特編『此我之哲學』（1957），二十個現存思想家，大都是談的『危機』。最近科赫女士編『危機時代之哲學』（1959），選輯十五個最有名的思想家著作，包括幾個美國人在內，所談都是『危機』」[25]。作為悲觀的社會心理之哲學表達的是生存哲學（胡先生又譯作生存主義、實存哲學、實存主義，按即存在主義。胡先生對此譯名有專門辨析[26]），「這是一種慘澹的悲觀主義」，「他們既否定神，益認人生是向必死之掙扎，無可奈何之嘔吐」；「這種哲學最近風行歐陸，不過表示歐洲無可奈何之心境而已」，「這不是一國之悲哀，而是一洲之悲哀，乃至整個西歐文化之悲哀」[27]！至於麻木不仁的社會心理，則以邏輯實證論為代表。在這一哲學派別看來，「不獨上帝問題玄學問題屬於無意義，即一切真美善價值問題，亦在所不顧。哲學不在建立世界觀與人生觀，只是語言之邏輯分析。他們說，『邏輯之中無道德』」[28]。胡先生批評道：「我反對他們否定價值之意義及研究不可能說。反對價值即否定道德與正義之真實，此即實際上主張強權即公理，有錢即有理，此將助長帝國主義、法西主義、……及各種次殖民地的流氓主義。」[29]總之，在西方，「除極少數外，當代哲學缺乏一種基於理性與熱情的救世努力，反之，主要的情調，是在當前的自由與獨裁大對立中表示中立和希望中立，不是逃避於『符號』與『邏輯』之中，即傾向於神秘主

---

[24] 參見〈由科玄之戰論西洋文化危機〉、〈西方文化新動向與虛無主義及西方中心主義之克服〉，載《西方文化危機與二十世紀思潮》，頁 103-108、243。

[25] 〈由科玄之戰論西洋文化危機〉，載《西方文化危機與二十世紀思潮》，頁 109。

[26] 參見〈論生存哲學〉、〈實存哲學與今日中國青年〉，載《西方文化危機與二十世紀思潮》，頁 508、516-517。

[27] 〈談最近世界思潮〉，載《西方文化危機與二十世紀思潮》，頁 405-406。

[28] 〈談最近世界思潮〉，載《西方文化危機與二十世紀思潮》，頁 407。

[29] 〈論實證派反實證派與頗柏〉，載《西方文化危機與二十世紀思潮》，頁 1022。

義，或將最後的救濟，求之於上帝。再不然，即是承認人生之宿命的挫折與『悲劇感』，如實存主義」[30]。

　　二次大戰以後，由於推行了一些新政策新機制，如經濟上的福利國家或混合經濟、建立聯合國和其他國際合作機構以解決國際政治經濟爭端、放棄殖民制度，西方國家內部、西方國家之間以及西方國家與原殖民地半殖民地之間的矛盾衝突有所緩解[31]。但是，由冷戰所引發的核軍備競賽，由現代西方經濟模式和生活方式以及非西方世界對這種經濟模式和生活方式的仿效所引發的資源枯竭和生態破毀，由消費刺激與物欲膨脹循環遞增所引發的人的心靈的萎縮、卑鄙甚至冷酷，將製造這些問題的西方乃至整個人類帶入更加嚴重的危機境地。就冷戰問題而言，「現在美俄所準備的化學戰、雷射戰及星戰計畫都可毀滅人類和地球而有餘」[32]，「如不幸兩霸之爭變為核子大戰，則浩劫之後還將有一冰凍時代，人類生存的可能性也不多了」[33]；蘇聯解體之後，冷戰雖然結束，但核大國的核軍備依然存在，恐怖平衡依然維持，且又出現了核擴散的新威脅，核毀滅的危險性依然甚至更加嚴重。就資源枯竭和生態破毀而言，「美國式世界不能維持另一個美國，就是一個美國也難於持久：全世界三分之一的礦物資源支持全世界百分之六的美國居民。如果將美式擴張於其他人類，最多到百分之十八。於是其他百分之八十二的人民就無法生活了」[34]；「現在種種化學工業，殺蟲劑（如 DDT），或其他更毒藥物，破壞環境，污染環境，業已造出許多禍害（如印度、臺灣）和畸

---

[30]　〈近代西洋哲學之過程〉，載《西方文化危機與二十世紀思潮》，頁 18。

[31]　參見〈西方政治經濟思想與實際新趨勢及殖民主義獨權主義之克服〉、〈中下冊前記〉、〈最近西方哲學潮流〉，載《西方文化危機與二十世紀思潮》，頁 214、217、220、11、1426。

[32]　〈論最近西方哲學新潮與科學帝國主義〉，載《西方文化危機與二十世紀思潮》，頁 1479。

[33]　〈最近西方哲學潮流〉，載《西方文化危機與二十世紀思潮》，頁 1427-1428。

[34]　〈西方經濟學之危機與新反省〉，載《西方文化危機與二十世紀思潮》，頁 1371。

形後代，而潛伏的病原還不知多少」[35]。而人的心靈問題則如淮德海（按即懷特海）所指出的，「科學唯物論造出對價值、道德、美感之忽視，對環境重要之無知，知性之不平衡和民主政體之危險。……西方因商業與技術之發展，無人大陸之發現而趕上和超過東方以後，逐漸出現靈魂之『省略』，經濟人觀念之發展與人與人之間同情與敬意之缺乏，專門教育之發展以及思辨精神之缺乏，此外，還有內心寧靜之缺乏而以『麻醉』代之」[36]。所有這些，就是西方文化引發的當今人類身處其中的嚴重現實。

　　西方文化為什麼會持續發生如此嚴重的危機，乃至危及整個人類？胡先生認為，根本原因在於近代西方資本主義和科學技術的畸形發展。他說：「近代西洋人最主要成就，實在二事——資本主義與科學——以及此二事之一時超過東方。一部近代史由此構成。由於東西文化發展之不均衡，使西方文化之發展染上一種文化之副產物毛病，這便是勢利主義（The Cult of Mammon and Might）毛病，這毛病古已有之，而因科學與資本主義之發展，特別因東西兩方科學與資本主義發展之不平衡而尤烈。為控制東方而競爭，一切集中於此一控制之需要，又促成西方世界發展不均衡，以及西洋文化片面發展；因而才有西洋文化本身之分裂，才有所謂科學玄學對立的觀念。……然正由於西方文化之勝利，是以科學為工具，而以東方文化之失敗為條件的，所以西方世界以既得利益地位，不復重視科學技術與社會制度之調和。至此科學崇拜也變為勢利崇拜。所以，就西方人而言，毛病不在自然科學太多，而在其他社會科學，歷史學的研究不足，而此其不足，不是沒有應用科學方法於社會科學，而是誤於將科學概念囿於自然科學概念，因而誤用自然科學方法於社會科學。所以然者，也就是勢利主義使智力地平線狹隘了。由於東西文化之分裂，以及科學哲學之分裂，愈促進勢利主義之發展，這便先有帝國主義，繼有獨權主義之抬頭，終於造成今日世界之分裂與恐怖

---

[35] 〈論最近西方哲學新潮與科學帝國主義〉，載《西方文化危機與二十世紀思潮》，頁1479。

[36] 〈論淮德海之有機體哲學與西方文化論〉，載《西方文化危機與二十世紀思潮》，頁684。

之均衡。」[37]而資本主義和科學技術畸形發展所導致的勢利主義，又必然伴生「蔑視道德和人的價值，此即虛無主義。此即所謂西方文化危機之本質」[38]，「這是人道與文化之否定。這也是本世紀兩次世界大戰和四十幾年冷戰之根源」[39]，而「納粹德國所發生的一切——特許的荒淫，以殘忍為樂，屠殺病人與低能者，煤氣室與電殺室之集體屠殺等——不過是整個歐洲虛無主義後果之一部分」[40]！

誠然，近代西方啟蒙思想家曾經提出一系列在理論上具有崇高意義的價值理念，諸如理性、人權、自由、平等、博愛、公正、民主、進步等等，「當西方布爾喬亞與其國內之王權奮鬥時，其『自由平等博愛』之要求，是全人類的」[41]。但是，在近代西方資本主義、科學主義畸變為勢利主義、虛無主義的過程中，所有這些價值埋念要麼根本未能落實，要麼發生扭曲。例如自由，「自由主義之失敗，主要由於自由主義支持者（布爾喬亞）不忠於自由主義的原則。歐洲資本主義之發展，原與殖民主義不可分。殖民主義使東西資本主義發展更不平衡，且造成西方之帝國主義政策。……西方資本主義發展為獨佔資本主義和經濟的帝國主義。這在國內在國際，都使自由只成為『獨佔自由』和『白人自由』。這是勢利主義，寄生主義。西方文化之庸俗與危機由此而來」[42]。又如民主，「許多美國人的書高談一六二○年『五月花號』上面清教徒的公約『是美國自由民主的種子』；……也是一面之

---

[37] 〈東西文化問題及科學與哲學問題〉，載《西方文化危機與二十世紀思潮》，頁 285-286。

[38] 〈中下冊前記〉，載《西方文化危機與二十世紀思潮》，頁 8。

[39] 〈中下冊前記〉，載《西方文化危機與二十世紀思潮》，頁 28。

[40] 〈西方文化新動向與虛無主義及西方中心主義之克服〉，載《西方文化危機與二十世紀思潮》，頁 256。

[41] 〈西方文化新動向與虛無主義及西方中心主義之克服〉，載《西方文化危機與二十世紀思潮》，頁 240。

[42] 〈西方政治經濟思想與實際新趨勢及殖民主義獨權主義之克服〉，載《西方文化危機與二十世紀思潮》，頁 181。另參見同書同文，頁 232；同書〈西方文化新動向與虛無主義及西方中心主義之克服〉，頁 257；同書〈現象學之發展及其批評〉，頁 500；同書〈美國精神逆轉中之社會學、政治學及其批評〉，頁 1238。

見。例如，在英國被壓迫的清教徒，在登陸之前宣誓實行多數統治及公正公平法律。然上陸以後，卻在麻州建立了清教的暴君教會，……在殖民時代，如有人講民主、講平等，是要處割耳穿舌之刑的」[43]；「到了近一世紀，科學提供權力武器（所謂知識即權力），國際上權力瓜分地球，市民亦將其子弟之教育及家族扶養委於國家：此全能國家之由來。權力且以大眾之名行使，使權力與法律一致。此蓋由於民主政治亦只為權力競爭，並將利害與輿論混而為一。……在『大眾』名義下議會以全場一致決議，成為絕對權力。人民主權論之發展必使民主政治『全體化』，而為一黨專政開路」[44]，由此導致「多數暴政」或獨裁體制；到 1960 年代，鑒於「大眾民主」的弊害，於是美國學界與政壇又提出「新民主」口號，「他們所謂新民主，乃反對『大眾民主』，而主張『菁英的或領袖的民主』」[45]，這又偏向「少數民主」。再如理性，「自然科學及其方法論以經驗論與客觀主義併吞哲學與人文科學。並有科學的價值相對主義否定價值研究之可能。凡此一切，趨向於一種結論：人不是理性動物，世界亦無絕對真理之可言。這是虛無主義之論據。虛無主義的後果——用技術而屠殺——是我們知道的」[46]。至於進步，「啟蒙時代以來，歐洲人在『進步』觀念中看社會與歷史。無論孔德、黑格爾或馬克斯（按即馬克思），都以為歷史是進步的。經過兩次世界大戰，歐洲與世界面目全非。於是二十世紀以來，我們看見維可（按即維科）的輪回的歷史觀之抬頭」[47]；「曾幾何時，斯本格勒與東比之書先後出世。他們說西洋文化，不是唯一文化，但將與其他文化一樣，趨於死亡——不是

---

[43] 〈美國精神逆轉中之社會學、政治學及其批評〉，載《西方文化危機與二十世紀思潮》，頁 1238-1240。

[44] 〈西方文化新動向與虛無主義及西方中心主義之克服〉，載《西方文化危機與二十世紀思潮》，頁 257。

[45] 〈美國精神逆轉中之社會學、政治學及其批評〉，載《西方文化危機與二十世紀思潮》，頁 1261。

[46] 〈現象學要義〉，載《西方文化危機與二十世紀思潮》，頁 456。

[47] 〈二十世紀西方歷史哲學與社會科學之哲學〉，載《西方文化危機與二十世紀思潮》，頁 1207。

進步」[48]！如此說來，近代西方四百年發展繁榮，並非真正包含什麼崇高的精神內涵，而只是依恃資本主義和科學技術，然而「一點科學技術殺人技術算不得文化的。這種『蓄積的知識』，只要有時間與金錢，誰也能夠，正如獄卒能發明酷刑一樣。一點政治上的手段，一點商業上的噱頭，算不得文化的，這是宮廷宦官，江湖術士也都能夠的。在西方的布爾喬亞使其社會空氣中勢利主義成分日增之時，勢利主義即日益變為虛無主義之毒菌。其初對道德理想傳統價值懷疑，繼而否定，終於當勢利主義飽和時，虛無主義便表現為毀滅人類文化的禽獸主義便實現了」[49]！這種自十七世紀開始在人類文化中領先，但卻自始便充斥著罪惡，並因資本主義、科學主義畸變為勢利主義、虛無主義而持續引發危機以至危及整個人類的文化，必須予以揚棄地超越，這是西方睿智之士如凱賽林、施維澤（按即史懷哲）、耶士培（按即雅斯貝爾斯）、淮德海、羅素等也完全贊同並且為之努力的[50]。

三

　　胡先生揭露西方文化的危機，雖然不無針砭西方病症的用心，但主要目的則在於矯正本國西化人物崇西貶中甚至趨西棄中的心態。

　　如上所述，胡先生肯定中國文化自十七世紀以降也發生了危機，「而自一百二十年前與西方世界接觸以來，遭遇一連串的失敗，我們不能不震驚於

---

[48]　〈西方文化新動向與虛無主義及西方中心主義之克服〉，載《西方文化危機與二十世紀思潮》，頁244。

[49]　〈西方文化新動向與虛無主義及西方中心主義之克服〉，載《西方文化危機與二十世紀思潮》，頁249-250。末句似不通，原文如此。

[50]　參見〈由科玄之戰論西洋文化危機〉，載《西方文化危機與二十世紀思潮》，頁103-110；同書〈西方文化新動向與虛無主義及西方中心主義之克服〉，頁251-268；同書〈論耶士培〉，頁557-576；同書〈論淮德海之有機體哲學與西方文化論〉，頁684-687；同書〈羅素論科學與道德，中西文化與世界和戰〉，頁772-786；同書〈二十世紀之歷史、文化、知識社會學〉，頁1195-1196；同書〈紀念施維澤博士〉，頁1231-1234；同書〈論最近西方哲學新潮與科學帝國主義〉，頁1474-1487。

西洋科學的神奇，乃至政教學藝之優秀。中國文化成了問題。我們能抱殘守
缺嗎？能不承認他人之長嗎？我們開始學習和模仿。而結果是一連串的大
敗，以及革命和內戰。還是我們沒有全盤西化呢，還是我們不應西化呢？中
國文化究有無一點價值呢？這便是中西文化問題，亦即『中國文化之危機』
問題。這是我們回顧百年來的思想界和各種實際活動，可以看出其重要，而
此一中西問題之爭論，是至今還在糾纏不休的」[51]。對於這些問題，胡先生
的回答是，一方面，「諱言不如人，空言自欺自慰，不自振作，徒誇遺產祖
德，正敗家子習氣，也才是永久之恥。……西方文化雖趨衰落，仍有可法者
在，而新的西方文化尤有其長，我們應當學習，以期能人之所能。……許多
人怕學習他人，會將自己長處失去，其實，學習他人之長，就是增進自己能
力。自己能力增進之後，自己固有文化自然隨之而發展，決不會失去的。只
是自己因落後無知而不能自保之時，才會失去自己的文化」[52]，這顯然是主
張吸收西方文化的優長以超越明清以降的固陋傳統；而另一方面，「我們的
科學原在西方之先，只是一時落後而積敗下來的，是有充分條件可以復興
的。我們有『正德利用厚生』（書經）的科學理想，有衣食足而後知榮辱，
與其奢也寧儉，以及藏富於民的經濟理想（管子、孔子）。我們有只制侵
淩，不求遠征和殺傷的國防理想（杜甫），我們有仁民愛物，四海兄弟，世
界大同的立國理想（孔子），將這些在學問上、政治上、經濟上充分以新科
學技術表現出來，就可與西方國內的文化平衡運動，蘇俄國內的人權運動聯
合起來，促進人類的新文明和新世界之出現」[53]，這則體現了對於固有文化
的高度自信，由此亦可概見胡先生所謂「超越傳統」的真實涵義乃是返本開
新。這兩個方面實際上完全不相矛盾，而恰恰是一種以我為主、兼收並蓄的

---

[51] 〈東西文化問題及科學與哲學問題〉，載《西方文化危機與二十世紀思潮》，頁
282。

[52] 〈歷史哲學基本問題兼評東比之「歷史研究」〉，載《西方文化危機與二十世紀思
潮》，頁1147。

[53] 〈論最近西方哲學新潮與科學帝國主義〉，載《西方文化危機與二十世紀思潮》，頁
1486。

文化主體意識和處剝知復、守先待後的民族文化信心。

但正是在上述兩個方面，西化人物卻是只知其一而不知其二，只知趨西而不知守中，「他們大多不知代表古代西方文化的希臘人羅馬人與代表近世西方文化的西方人根本是不同的民族。他們以為西方文化就是賽先生、德先生，而且自希臘以來即是如此，而中國是從來沒有這兩位的。他們不知近世西方文化之母體是基督教。他們不知西方科學原在中國和阿拉伯人之後，而西方人知道希臘學問，還是經由阿拉伯人之譯本，……他們亦不知道一切民族都有原始的民主，……因此，他們不知道中國過去不是沒有科學與民主，只是沒有發展到現代西方高度而已。至於『西方文化危機』之說，他們從不注意，且似乎從未聽見。直到九一八之時，『全盤西化派』（如陳序經）還以為西方文化就是世界文化或其標準」[54]。這種學問上的膚淺和認識上的錯誤的思想根源，就在於「在優勢西方文化之前陷於自卑感。不自知自己問題及需要之所在，亦不作學問根本研究。非纏綿故紙之中，即對西方學術，只盲從一時潮流，慕其時髦，而不究其所以然之故，及其真相之所在」[55]。而其後果是「拾洋人唾餘崇洋媚外，對內自雄」[56]，「不僅以他人之哲學為自己之哲學，而且以他人之欺詐為自己的出路」[57]，由此在文化方面「只知道反傳統，否定中國古史，乃至主張廢止漢字」，「舍己從人，是自斷其根；而失其自主，亦決無文化可言」；在精神方面「造成精神上之混亂、墮落與分裂」；在社會現實方面則「不僅未能再建國家，根絕外侮，反而自相鬥爭至今未已」[58]。

作為認可並接受西方價值的民族主義者，胡先生對西化人物提出規勸，他說：

---

[54] 〈中下冊前記〉，載《西方文化危機與二十世紀思潮》，頁2。

[55] 〈評邏輯實證論〉，載《西方文化危機與二十世紀思潮》，頁831。

[56] 〈論最近西方哲學新潮與科學帝國主義〉，載《西方文化危機與二十世紀思潮》，頁1486。

[57] 〈現象學之發展及其批評〉，載《西方文化危機與二十世紀思潮》，頁499。

[58] 〈中下冊前記〉，載《西方文化危機與二十世紀思潮》，頁3、4、13。

中外社會是不同的，所以外國社會科學必須參考，但不能照本宣科。
至於哲學，尤其要自己創造。……我國很多人曾大談馬克斯、杜威、
羅素，今日復大談卡納普、沙特爾，但這些哲學家畢竟是人家的人。
當然人智是人類共同財產，但我們不能老作外國人的跟班。哲學是愛
智，不是耳食，不是學舌。我的意思是說，一個國家沒有自己的哲
學，表示該國尚未在精神上成熟，而別國的哲學，亦不能作我們自己
精神成熟之代用品。……大家須知，哲學是做什麼的？對一時代最根
本最重大問題作最根本、深入而包括之思索的；同時，提出一個理想
的。哲學根本是理想之學。古人如此，西人亦然。今日西洋思想界討
論的最重大而中心題目是什麼呢？西洋人的命運，西洋文化的前途，
而此自亦是在他們過去背景之下，當前世界之中，並對未來展望而思
索的。然而，一個在文化史上有地位的中國，何以衰亂至於今日？中
國的命運如何？中國文化的前途如何？而中國與西方與世界之將來關
係又如何？──這難道不應是好學深思的青年的大問題嗎？……哲學
是一種「看法」，而看法首先要有一個立場。瞭解自己，瞭解自己的
成功失敗與苦難，參考古人的研究，研究外國人的問題，研究西洋學
術的成就，研究世界及其文化之變化，大家苦心的研究、思考、討
論，然後拿出自己的哲學，鼓舞自己的同胞，向前追求一個更適於中
國與人類自由與尊嚴的世界，而這亦必能對全人類有所貢獻。只有中
國人思考自身的問題，提出理想，而此一思考與理想，對於世界問題
與思考能有裨益之時，才是中國人在思想上之成年。這是我們研究哲
學者應有的抱負。[59]

由此可見胡先生是在贊成借鑒西方文化的同時，特別強調基於中國人的立
場，做中國人的學問，解決中國人的問題，進而有所貢獻於整個人類，這也

---

[59] 〈評邏輯實證論〉，載《西方文化危機與二十世紀思潮》，頁 832-833。

正是他所汲汲提倡的「三大尊嚴」，即人格、民族和學問的尊嚴 [60]。

　　應該說，隨著中華民族逐漸走出百年坎陷而轉入一陽來復的新境，西化思潮的影響力也日益減小。但是，從清末經五四、「文革」乃至 1980 年代的所謂「新啟蒙運動」，西化思潮在中國畢竟積澱了相當深厚的社會心理基礎，以至於在當今西方文化的優越性不斷降低而中國文化的主體性日益高揚的形勢下，仍有西化人物放言西方文化一貫優秀並且永遠優秀，且將理論形態的近代西方啟蒙價值認作西方社會的現實而大加鼓吹；相應地醜詆中國文化自始至今都只是錯誤和失敗，只有融入西方文化才是唯一出路，並在所謂「新批判主義」的旗號下對世人公認的中國文化（主要是儒家文化）價值加以肆意歪曲和糟蹋。他們片面的、甚至是污蔑不實的言論，對於國人（特別是青年一代）的自信心和凝聚感，對於中華民族的全面復興，具有不可低估的負面影響。針對這種狀況，對胡先生「超越前進論」中所包含的「超越西化」思想予以特別表彰，無疑是極具現實意義的。早在 1960 年代初，胡先生有見於西方文化的式微和西化人物的盲從，曾以富於詩意的語言點化道：「如一味崇拜西洋，拾其一說以自矜，固由不知其本末及所以然之故，亦由一種榮利之見，仰慕王謝高門；而未睹三玄，亦作清談之狀。至於今日，尚仍以西方文化至上，是猶抱六十年前之曆書，不知烏衣巷口，日早西斜矣。」[61]誠哉斯言！西化人物若不幡然醒悟，改弦易轍，或不免隨著西方文化一道沉入歷史的暗夜之中！

---

[60] 〈中下冊前記〉，載《西方文化危機與二十世紀思潮》，頁 25。

[61] 〈西方文化新動向與虛無主義及西方中心主義之克服〉，載《西方文化危機與二十世紀思潮》，頁 271。

南港煙春識眞儒
──劉述先先生訪談錄

　　2009 年 2 月 6 日，我趁赴臺灣大學人文社會高等研究院訪學之便，到臺北南港中研院中國文哲研究所拜訪了現代新儒家第三代代表人物劉述先先生。初春時節，煙雨迷濛，南港一帶的建築和山樹都沉浸在若隱若現之中。而隨著我與劉先生談話的深入，一位自幼涵濡於儒家傳統、身體力行儒家價值、精思高揚儒學義蘊、汲汲致思於儒學發展、並且因應時勢而對儒學作了相應開拓的真儒形象，愈益清晰地呈現於我的腦際。劉先生以亂世異數總括自己的生平行履，這對我們這些躬逢中華民族重新崛起的偉大時代的後學來說，真是莫大的鞭策！在此將我對劉先生的訪談記錄整理發表，以饗同道。這項成果的完成，端賴劉先生大力支持，謹向劉先生致以誠摯的謝意！

一、家世

　　胡：首先感謝劉先生撥冗接受我的訪問！我從郭齊勇老師那裏獲悉，您從 2008 年 9 月開始，用私人積蓄在武漢大學孔子與儒學研究中心設立了兩個獎項，一個是「王蘊聰紀念獎學金」，一個是「劉靜窗青年教師獎」，請您將這兩個獎項名稱的含義解釋一下。

　　劉：我覺得武漢大學儒學研究做得很好，所以就同郭齊勇老師談，希望能夠幫助這方面的發展，設立兩個獎學金，一個對於博士生，一個對於青年教師，這也是按照郭老師的提議。獎學金名稱的含義，是紀念我的父母，王蘊聰是我母親的名字，劉靜窗是我父親的名字，所以這兩個獎項是作為紀念

我父母的獎項。

胡：據說您曾表示，在兩岸三地高等院校和學術機構中，您比較看重的是臺灣中研院、香港中文大學和武漢大學。

劉：這與我的個人生涯有關。我從美國回到遠東時，首先就是到香港中文大學，所以我第一項捐款就捐給香港中文大學，設立「劉靜窗紀念獎學金」。1999 年我從香港中文大學退休，到臺灣中研院，做了五年特聘研究員。到 70 歲時又退休，後來就只做兼任研究員，直到現在。由於一些客觀原因，我沒有在臺灣設立獎學金。而我捐助大陸，是基於長遠發展的考慮，所以在我的能力還可以的時候，我就要捐助大陸。而在大陸選中武漢大學，是由於武大做儒學研究的人比較多，其他學校人都很少。另外我對郭齊勇的學問人格都很佩服，所以就選中了武大。所謂長遠發展的考慮，如我曾經對你說過的，牟宗三先生和錢穆先生雖然在學術上很不一樣，但他們生前都講過一樣的話，即儒家如果有前途的話，一定是在大陸。這在兩岸三地看得很清楚。香港是最差的，因為它只是一個城市，大學與當地的社會是有距離的，所以唐君毅先生以前說過他做的事情根本與香港背道而馳，這當然也說得有點過。臺灣就比香港好很多，因為它有腹地，可以培養本地人才。大陸更是完全不同，那麼多的人口，儘管一般人對儒學沒有關切，但還是會有比例上雖只占少數、而數量上卻並不少的人願意將發展儒學作為自己畢生的理想。特別是武大現在大力吸引年輕人，做得很好，所以我在自己還有能力的時候，願意幫助武大，就是這個道理。

胡：為了能夠深入瞭解兩個獎項名稱的含義，能不能請您再多介紹一下您父母親的情況？

劉：我父親的情況很特別，他是北大經濟系學生，身體很不好。我祖父做南貨生意，從學徒開始，後來創辦自己的事業，他有兩個兒子，大兒子繼承父業，小兒子也就是我父親喜歡念書。父親雖然學經濟，但自幼就對生命問題很關注，特別喜歡宋明理學。抗戰初期，他隨北大一道撤退到大後方昆明，是在西南聯大畢業的。我們一家人連同祖母也跟父親一道到昆明，我小時候也在昆明生活過。只有祖父不肯走，就留在上海。後來看到上海沒有很

大的戰亂，於是父親畢業後，就帶領我們全家繞道越南回到上海。回上海後，父親不願在敵偽統治下做事，反正祖父有生意，生活不成問題，於是就隨自己的興趣發展。他的興趣在於宋明理學，但宋明理學對他來說並不夠，所以他又結識了一些人，如跟蔣維喬（別號因是子）學打坐，跟太極名家陳微明學太極，卻仍然感到不滿足。後來他從蔣維喬那裏得知上海南市一座寺廟裏有一位高僧，是華嚴座主，法名應慈，就自行到那座廟裏去見應慈法師，訴說心中的困惑。應慈於是向我父親開示權實、真俗之間的差異，我父親當下若有所悟，後來就時常去應慈法師那裏。應慈法師這時向我父親傳授了一部篇幅很小但很重要的經書，就是華嚴初祖杜順的《法界觀門》，其中講述了真空觀、理事無礙法界觀、事事無礙法界觀等等。我父親讀後認為這是千古絕唱，由此皈依華嚴，成為居士，法名大照。他參與考證華嚴宗重要著作的源流，如賢首的《華嚴經探玄記》，十多卷；清涼澄觀的《華嚴經疏鈔》，四十卷。他們找來最好的版本進行校勘，又出資出力將這些經書刻印出來，所以我父親為華嚴宗做過許多事情。我至今還藏有這些經書，是我來臺灣後父親寄給我的一套。華嚴因此也就成為我父親的終極關懷。我父親雖然不管生計，但他實際上是我們家庭的精神領袖，對我伯父的十個子女和我們五兄弟姊妹都有很大影響。父親的思想包融了儒家和佛家，他認為儒釋之道如日月經天。他雖然在北大讀書，但並沒有受到西化思潮影響，生活方面完全遵循儒家規範，對父母十分孝順。只不過他認為儒家那一套規範並不足夠，所以又接受大乘佛學，特別是華嚴宗的圓教。他走的是結合儒佛的路子。

　　我父親年輕時候，英文學得非常好，所以能夠考取北大。後來也考取出國留學名額，但因祖母不放他走，所以沒有出國。雖然沒有出過國，但由於他的英文非常好，所以抗戰勝利後他在北大經濟系的一位老師李卓敏任上海善後救濟總署副署長時，就擔任過李的秘書。父親一輩子就做過那幾年事，到國民黨撤離大陸後，他也就沒有再做事了。他私下的興趣就是宋明理學和華嚴佛學，我們從小就受這種教育。假期在家，父親要我們念《論語》、《孟子》等等，所以我們不是在五四反傳統氣氛下長大的。我們的家庭是非

常肯定傳統的，並且這種肯定不是外在的，而是真正相信這種傳統，真正在家庭生活中實行這種傳統。

1949 年，父親也曾經想要離開大陸，為此到廣州去過一趟，後來感到搬家太不容易，就放棄了這種想法。當時有這樣一個機緣。1949 年 5 月，上海已被解放軍圍困，海陸路都不通了。我的大堂姐在銀行工作，她有一位同事有兩張從上海到廣州的機票，這位同事臨時決定不要這兩張機票了，就告訴我大姐，大姐告訴父親。父親考慮，我的大堂哥冠先和我是兩家長子，當時分別是 19 歲和 15 歲，功課都很好；根據當時形勢看，大陸可能會亂一陣子，為了不使我們的學業受到干擾，決定讓我們經廣州到臺灣去念書，用父親的話說，是要留下我們家的讀書種子。這樣，我和大哥就糊里糊塗地走了。記得當時父親問我想不想去臺灣，我當時什麼也不懂，只感到海闊天空，有趣，就這樣走了。先飛到廣州，等候臺灣入境證花了兩個月，然後坐船到了臺灣。我在臺灣念了兩年高中，畢業後考入臺灣大學。

我們家由於在上海做生意，並沒有回老家（江西吉安）；而我們家的生意在上海只能算是很小的，比很多富豪差得很遠，所以 1949 年以後，我們家並沒有受到什麼衝擊，只是被孤立而已。父親要談宋明理學和華嚴佛學是沒人可談了。

胡：1954 年熊十力先生自北京移居上海，與您父親有來往？

劉：是這樣。我父親在北大時有一位非常要好的朋友，叫張遵驤，他是張之洞的曾孫。張遵驤是學歷史的，專長在佛學，錢穆先生、熊先生都教過他。牟宗三先生當年沒錢，還靠他接濟。他後來主要跟從范文瀾，范文瀾著作中有關佛學的部分，主要就出自張遵驤之手。張遵驤解放前在復旦任教，解放後才移到北京。他在上海時研究佛學的同道之一，就是我父親，他們經常在一起談佛。而我父親認識熊先生、牟先生，都是通過張遵驤。記得我童年時候，牟先生到上海，還到我家吃過飯，所以我對牟先生是稱伯伯的。

1949 年，熊先生也曾南下，（**胡**：住在番禺黃艮庸家。）當時徐復觀先生想把他接到臺灣來，但董必武、郭沫若等人挽留他留在大陸，做了政協委員。這樣，熊先生就在北京住了一段。但北京的氣候他受不了，就移到上

海來了。熊先生來上海前，張遵騮給我父親寫信告知這一信息，說熊先生也沒有什麼人可談，要我父親多與熊先生談談。我父親本來就很敬佩熊先生，當時他給我的信中就曾表示一生最敬佩熊十力和陳寅恪，此前也已讀過熊先生的書。這樣，熊先生到上海後，兩個孤獨人就時常在一起談佛談儒。

胡：《熊十力與劉靜窗論學書簡》是他們在上海談話的結集嗎？

劉：是的。熊先生在上海的住所離我家很遠，所以他們談問題往往要採用通信方式。熊先生的「新唯識論」是反對唯識論的，認為唯識論將生滅與不生滅截成兩片，所以轉到儒家，講《大易》。我父親與他辯論，認為熊先生對唯識宗的批判可能是對的，但佛教的精義卻並不全在唯識宗，按照華嚴宗的觀點，它的判教是小、始、終、頓、圓，從這一觀點來看，唯識宗只是始教，所以因唯識宗而否定整個佛教，我父親不能接受。他們談論孟子，彼此意見也不同。因為熊先生那時變得非常激進，把孟子當作「孝治派」，把孟子以及後儒都當作「奴儒」，他的學生都不能接受，所以兩人的辯論非常激烈，常常是大吵然後又和解。這些論學書信居然就保存下來了，這裏面的一個重要人物就是我的弟弟任先，他經常在我父親與熊先生之間傳遞書信，多次見到熊先生，熊先生對他也很好，還親筆寫過短函給他。我父親跑佛廟也總是帶著他，他也見過許多著名僧人，如虛雲和尚等，所以他受父親佛教思想影響比我深得多，理解也更深入。

我父親根本反對我念哲學，因為在佛家看來，一切都是空，理論建構也是空的，應付世俗生活，有一個工作就好。所以任先學的就是機械工程，在西安建築學院當教授。任先將我父親與熊先生的所有書信都收在一個盒子裏，藏在小閣樓上，一藏就是幾十年。1978 年我以探望老母的人道理由，在離開 29 年後，從美國首次回上海，任先從西安回上海見我，才告訴我有這樣一批資料。我那時寫過很多批評文章，雖然在海外發表，但大陸方面都清楚。比如我的小弟劉念劬，他是著名作曲家，寫過幾部大型歌劇，如《鳳鳴岐山》，到法國、美國都演出過。他曾擔任上海文化局副局長。文化部長王蒙有一次對他說可不可以要你哥哥在海外少寫一點文字，可見我的情況大陸方面很清楚。而我當時對大陸的情況卻是完全不知深淺，所以我根本不敢

動這批資料，更不要說帶走。再說我對這批資料的背景也不瞭解，帶走也沒有用。於是任先又花了許多時間，將這些書信按順序編好，後來託付一位香港學者、也是我的朋友和同事陳特帶給我。我一看這些書信，就感到太有意義，它們正是熊先生在寫作《原儒》、《體用論》、《明心篇》等著作時寫下的書信，對於理解熊先生的這些著作具有史料價值。我立即寫了一篇導論，發表在《中國時報》上，後來一併結集為《熊十力與劉靜窗論學書簡》。遺憾的是此書錯字太多，因為太專門了，我弟弟又花時間校對了一遍，但卻沒有機會再版。

胡：今後編您的文集時，可以將此書作為附編予以再版。

劉：在大陸出版我的文集，郭齊勇早就提過這個建議，但存在兩個困難。一是論著數量太龐大，僅中文專著就有二十多種，加上編著達幾十種，另外還有英文著作。二是我過去與牟、唐一樣，批評中共，那些文章在大陸肯定出不來；若要在大陸出版，必須要刪改。我的《全球倫理與宗教對話》儘管與政治完全無關，在大陸出版時都多少有些改動。我的原則是，所有改動只能刪，不能加；因為刪節後畢竟還是我的文字，增加文字就靠不住了。這件事將來怎麼做，我還不曉得。如果像錢穆那樣就很糟糕。錢穆晚年依賴太太，他太太在出大陸版錢穆文集的時候，要把錢穆「現代化」，對錢穆著作大加改動，所以那個版本就保存文獻來看是沒有多大用處的。

胡：那麼您母親的大致情況是怎樣的呢？

劉：我母親是一位徹底的傳統型婦女，她將儒家價值觀徹底內化。她是由我祖父母選中的媳婦，然後從吉安帶到上海，幾年後才同父親圓房。父親教她念書，教她英文，可她對那些東西沒有什麼心得；但她會照顧婆婆，照顧她的四個兒子和一個女兒，一輩子就做這些事。我在家的時候，連內衣都不知放在哪裏，都是母親包管。我父親在 1962 年去世，那時不要說盡孝，連奔喪都不可能。大陸開放以後，我將母親接到南伊大去住，但她感到很孤獨，不如上海弄堂裏左鄰右舍人很多，很熱鬧，所以住了一年，實在受不了，又回去了。母親是七十多歲去世的。

二、行履

胡：以上對您的家世有了一些瞭解，下面想請您談談自己的學思歷程。

劉：我在臺灣大學哲學系本科畢業後，軍訓一年，然後再回臺大進碩士班念了兩年。那一階段主要是受方東美先生的影響。我的本科畢業論文是對邏輯實證論和語義學的批判，我把論文寄給牟宗三先生，他幫我拿到香港的《自由學人》發表了。我的碩士論文是關於卡西勒的文化哲學，由方東美先生指導，那時我已將卡西勒的《論人》翻譯出來了。1958 年我碩士畢業後，由徐復觀先生和牟宗三先生強力推薦，進入東海大學任教，占了一個學術崗位，此後至少在外表上看起來是一帆風順。徐先生是東海大學創校元老之一，擔任中文系主任。牟先生被徐先生從臺灣師範學院（現在臺灣師範大學的前身）拉到東海，承擔通識課程中有關哲學的部分。後來打算要牟先生改教中國哲學史等專門課程，所以需要另找一人教通識課程。這樣，我一到東海，就接替了牟先生的通識課程，介紹東西方哲學的行程。那時我已寫出了《文學欣賞》書稿，就將這一內容也加入到通識課程中，非常受歡迎。後來我結集出版了《文學欣賞的靈魂》一書，由於當時同類書很少，這本書一時成為暢銷書，以至盜版都有十幾種。當時東海沒有哲學系，學生們從我的課程中聽到一些關於西方哲學的介紹，很有興趣，有一批學生就要求我進一步講授西方哲學。我那時還沒結婚，所以晚飯後就找一間教室，給他們講西方哲學，主要講古希臘哲學。這一課程，學生沒有學分，我也沒有薪水。除了通識課程之外，我還可以隨便開課，比如我那時做克羅齊的美學，就開課講克羅齊的美學。聽過我的這些課的學生中，有杜維明（後任美國哈佛大學教授、哈佛燕京學社社長）、劉全生（後任臺灣中央大學校長）、王靖獻（筆名楊牧，著名詩人，後任美國華盛頓大學教授，曾借調任臺灣中研院文哲所所長）等，學生感到有收穫，我也教得很愉快，我們之間的年齡相差並不大。

那時牟先生也還沒有結婚，我經常往他那裏跑，就在他那裏認識了我太太劉安雲。我太太是東海生物系第一屆學生，我沒有教過她。我們在 1961

年結婚。後來牟先生離開東海去了香港，我在東海留到 1964 年，然後到美國南伊利諾大學念博士學位。

我在本科畢業後，就已獲得美國華盛頓大學的學費獎學金。當時文科能夠獲得美國的學費獎學金已經是最高可能了。但由於兩個原因我沒有去美國留學，一個原因是我認為自己的學問底子還不厚，現在出國對我不一定是最好的選擇；第二個原因是僅僅給我學費，我的生活怎麼辦？那就得打工，我是全心在學術，不願意那樣做。所以我獲得獎學金也沒有去美國，就留在臺大念碩士。

那時美國南伊利諾大學是一個新興的學校，是伊利諾州立的大學。伊利諾州最好的大學當然是芝加哥大學，但芝加哥大學是私立的；公立大學中最好的就是位於 Urbana-Champaign 的伊利諾人學（University of Illinois）。南伊大原來是一所師範學院，距離芝加哥三百英里，校園很廣闊，隨著人口增加，這所學校就成為伊州南部的學術文化中心。當時的校長要發展哲學系，哲學系主任 Willis Moore 就把老同學、密蘇里州華盛頓大學的 Lewis Hahn 找來做研究部主任，大事擴充研究院。他們有兩個構想，一個是同時注重專業和通識教育，由此將哲學弘揚出去；另一個是把眼光投向東方，發展比較哲學，所以要到東方去網羅人才。恰好這時東海舉辦了一個 Chinese Civilization Camp（中國文明夏令營），有兩位美國哲學教授來參加這個夏令營，其中有一位是南伊大的 William Harris，他特別喜愛印度哲學和中國哲學。他們就主動同我接觸，告訴我說南伊大新辦一個哲學博士班，負擔全部費用，問我要不要去念學位。那我當然求之不得，這樣我就到南伊大去念博士班了。

我在南伊大念博士班，念得特別快，兩年就念出來了，而大多數美國學生卻要念好多年，原因在於他們被第二外語阻攔了，美國人不會學外文，而我在臺大時就學過德文，所以我的德文一下子就考過了。然後就是考預試，預試要考兩天，那是要考得脫一層皮的。要考西方哲學史、認識論、形上學、價值論，有些人準備預試就要準備一兩年。而我在臺灣就是教西方哲學史的，所以一面上課一面準備，課程一結束我就考預試，就過了關。然後就寫博士論文。這時我很幸運地遇見了我的導師 Henry Nelson Wieman。

Wieman 本來是芝加哥大學神學院教授，是一代宗師，提倡「經驗神學」
（empirical theology），這是一種很奇特的結合，神學一般是超越的，怎麼
竟然有「經驗」的神學呢？實際上他是將「內在」與「超越」聯繫起來了。
所以他談到最後 ultimate commitment（終極託付），乃是 creative interchange
（創造性的交流）。這就同我們中國《易經》的內涵完全相通啊！也與方東
美老師講解的《易經》相通。這樣我的論文就寫得很順暢，1966 年順利畢
業了。那年 Wieman 是 80 歲，南伊大授予我博士學位，授予 Wieman 榮譽學
位。

　　那時在南伊大哲學系教通識的 Dr. Harris，教印度哲學與文明、中國哲
學與文明。他的身體不好，病倒了，要找人代課，就找到了我。所以我博士
還沒念完，最後一個學期就已經在南伊大教通識課程。南伊大的通識課程是
大班教學，一般有三百學生，在演講廳上課，一周上課三個鐘點，教師講兩
個鐘點，然後分成十二班，一個助教帶四班。我原先是給 Harris 當助教，他
病倒後，我就成為主講，也用三個助教。我的教學反映很好，Student
Evaluation 對我的課給予很高的評分。因為 Harris 的病情不能很快復元，校
方就要我畢業後留校一年，我也同意了。

　　由於我本來就抱定留美畢業後回本土服務的宗旨，所以我當初雖然可以
不拿 Fulbright Travel Grant，但我還是拿了這個 Travel Grant。而按照 Travel
Grant 的規定，我畢業後必須回原地服務兩年，才能再出來。我畢業後暫留
一年是沒有問題的，但一年期滿後，校方還要我繼續留下來，我就不同意
了。正當我準備離開美國的時候，卻發生了一個插曲。傅偉勳到伊利諾大學
念博士學位，我堂哥也在那所學校當工程教授，那年耶誕節我到 Urbana-
Champaign 去了，住在我堂哥處，被傅偉勳約去一敘。傅偉勳勸我留在美國
不要回臺灣，因為我回臺灣當然是想進入臺大哲學系，東海沒有哲學系，我
當然不願長駐東海，但傅偉勳分析說我絕對進不了臺大哲學系，即使進了臺
大哲學系也做不成什麼事，不如就在美國開闢一個新天地。與傅偉勳談了一
通宵，結果我決定留下來了。這時南伊大哲學系主任到東部參加哲學會，已
經準備招聘教師講東方哲學課程，我就在 Urbana-Champaign 給系主任發了

一封信，表示我還可以留校，他很高興，說我們不用再招聘人了，就請你吧。那時工作好找，不像現在這麼困難，我畢業時只是將我的檔案、成績單、博士論文資料一發佈，並沒有申請工作，就有三個 offer，請我去做助理教授。我將這三個 offer 給系主任看，系主任說我去替你安排，他的安排就是把三個 offer 都回絕了，把我留在南伊大。這在美國也是少見的，美國學校原則上不留自己的畢業生，一定要到外邊去闖蕩，過一段時間在外邊立足了，才把你請回來任教。可是我教的課程不是南伊大其他人可以教的，而且我來南伊大之前，在東海已經是副教授，所以他們就把我留下來了。

但是南伊大留我卻遇到了大麻煩。因為我拿了 Fulbright Travel Grant，按規定畢業後要回原地服務兩年，我不回去就是違約。校方必須通過伊利諾州的眾議員向國會送一份 bill，說明南伊大需要這個人的專長，要他多留兩年。這份 bill 並不需要國會通過，只要送進去了，我就可以留兩年。這件事使那位議員很為難，他提的 bill 都是諸如造一條公路，幾百萬的事情，現在居然為了留一個人要送一份 bill。但哲學系的意思很堅決，系主任對校長說一定要留這個人，這樣就送了一份 bill 到國會，我就留了兩年。兩年過後還要留我，又送第二個 bill，又留兩年。這樣就留了四年，而在這四年中我已經升任副教授，學校給我 tenure，成為永久聘約了。可是在那四年中，我也有困難。凡是通過向國會遞交 bill 方式留在美國的人，不能離開美國國境，一旦離開，就視為自動放棄居留權。所以我遊覽 Niagara falls，那個景致是從加拿大那邊看才更壯觀，但我只能從美國這邊看，而不能去加拿大那邊，一去加拿大那邊就不能回美國了。

在我第二輪 bill 送出去後，學校通過行政系統，為我提出減免返回原地服務兩年的申請，理由是我的專長是美國需要但自己卻培養不出來的。這一申請獲得成功，我也就可以離開美國了，那是 1971 年。那一年唐先生、牟先生都已經在香港中文大學，邀請我去講學，於是我在 1971-1972 年間從南伊大休假，前往香港，在中文大學的新亞書院教了一年書。那時新亞書院雖然已經併入中文大學，但由於新界沙田的新校區還沒有建好，所以還是在九龍農圃道。那一年的學生中有李瑞全、陳榮灼等人。我在新亞教書期間，正

值 1972 年中共取代臺灣進入聯合國，許多年輕人對此非常困惑，也有很多
學生左傾，唐先生就組織文章討論如何看待中共進入聯合國這一新情況。那
時國民黨系統的人士完全不能作出任何有效的回應，臺灣消息都是封閉的。
但由於我一直關注大陸情況，對中共比較瞭解，唐先生就要我寫文章。我在
《明報月刊》發表了一篇兩萬字的長文。在文章前言中，我表示贊成中共進
入聯合國，因為這反映了這一地區的政治現實。要注意我那時拿的是「中華
民國」護照，這樣講豈不是「叛國」嗎？當然我人是在美國，並不回臺灣。
接下來我論述為什麼不能認同大陸，是因為我在哲學、文化上認同儒家傳
統；毛澤東雖然也說對中國文化要取其精華、去其糟粕，但他在「文革」中
的實際作為卻不是這樣。洋洋灑灑一大篇，在香港引起很大反響。當時臺灣
駐美國領事館的一個人看到我這篇文章，就把前言刪去，然後發給歐美所有
反共的華文報刊發表，結果我這篇文章成了我的中文著作中影響最大的一
篇，所以大陸對我的立場怎麼會不知道呢？蔣經國後來之所以那麼尊重唐君
毅，原因也在這裏。唐先生到臺灣見到蔣經國，把他說了一頓，說你們國民
黨完全不能培植人才，到了天翻地覆大變動的時候，你們有什麼言論可以對
抗？只有我們香港這些人還可以。所以唐先生去世後在臺灣設祭，蔣經國獨
自在靈堂追思了幾個鐘頭。也因為這篇文章，後來我回臺灣，他們把我當作
英雄。而香港那些左派人士則對我恨之入骨。但其實我在政治上根本不是國
民黨，我完全是從學術、文化、思想上肯定中國傳統。

　　胡：您如何定位自己與唐先生的關係？

　　劉：我對唐先生並沒有直接的師承關係，但我視唐先生為師長輩。我年
輕時代受到唐先生《中國文化之精神價值》的影響。唐先生喜歡講中國文化
之精神行程、印度文化之精神行程、西方文化之精神行程等等，這種學術路
向與方東美先生的學術路向是一個模式，都是文化哲學的模式，而不是牟先
生那個模式。我自己與方、唐的模式比較契合，所以從方先生到唐先生，再
到我，這條線索是很清楚的。而牟先生由於同我父親是朋友關係，所以我對
牟先生執故人子弟之禮。但到後來，在中國哲學、特別是宋明理學方面，我
受到牟先生更深的影響。

　　1972 年，我從香港返回美國。到 1974 年，唐先生、牟先生同時退休，就把我從美國召回香港，做中文大學哲學系主任。此後，我 1974-1976 年在香港，1976-1978 年在美國，1978-1980 年又在香港，1980-1981 年又在美國。這樣來來去去，每次回來都升一級。到 1981 年，香港中大要找人接替唐先生空出來的講座教授位子，最後就找我去了。這時我想我不會再回美國了，就把南伊大的位子辭掉了。那時中大校長就是李卓敏，前面說過他是我父親的老師，但我第一次去新亞的時候，根本沒有與李卓敏聯繫，因為他在新界，我在九龍。到 1974 年我擔任哲學系主任，當然要去拜會校長，我就告訴他我是某某人的兒子，所以他與我有一種特殊關係。可是我完全不是因為他的關係進中大的，是因為唐、牟的推薦進中大的。

　　我擔任哲學系主任時，對哲學系做了很重要的變革。中大是由新亞、崇基、聯合三個書院採取聯邦制組成的。聯合書院沒有哲學系；崇基哲學系是基督教背景，有勞思光、何秀煌、陳特等人；新亞哲學系是中國文化背景，有唐端正、李杜、王煜和我這些人；這兩個哲學系要進行整合。以前唐、牟兩個大師在這裏，隨便怎麼開課都行，但我們新一輩不能像以前那樣開課。而要打破新亞和崇基的隔閡，將兩邊整合起來，這是一個全新的工作。但我做這件工作時，引起唐先生他們的嚴重誤解，認為我背棄了新亞的傳統。有一段時間甚至把我和余英時當作叛徒！余英時那時是中大副校長兼新亞書院院長。唐先生對我的人格有所誤解。但牟先生不同，雖然在意見方面彼此相左，但在人格上從來沒有缺少對我的信賴。

　　胡： 對於這段經過我比較瞭解，我對雙方都給予同情的理解，認為實質上是兩種辦學模式和教育理念的分歧。這一看法，我在《大家精要：唐君毅》（雲南教育出版社 2008 年 9 月版）那本小書中表述過了。

　　劉： 唐、牟是以傳揚儒家哲學作為他們的主要關切，在這個前提下，我作了一個重要的轉折，比較注重學術的客觀性。中大沒有博士班，學生畢業後，都是到外國去念博士學位，像關子尹的碩士論文就是我指導的，後來他去德國念海德格爾，我不妨礙他們個人的發展，因為我相信理一而分殊，各人走自己路。站在唐、牟的立場來看，可以認為我起了一個很壞的作用。原

來中大完全是儒家正統，可現在中大最強的是現象學、海德格爾那些東西，劉、關、張嘛，劉國英在法國留學，關子尹、張燦輝是師兄弟，都在德國留學。從唐、牟的道統來看的話，他們當然是歧出的。但問題是唐、牟任教的時候，連我這樣的學生都教不出來，因為那些學生太依附在他們的權威底下，到時候沒有辦法出來獨當一面，所以要從美國把我拉回來。我的思想來源，一方面是唐、牟，一方面是方先生，還有就是外國的，我有一個多元架構，這種多元的架構就不能控制它的發展嘛。我教出來的學生還有鄭宗義，宋明理學是鄭宗義在教。唐、牟的強項是宋明理學，但他們的學生大多不能教宋明理學，唯一可以教宋明理學的是王煜，可王煜是鋪散型的，廣度很夠，著作量很豐富，但沒有深度。唐端正對師說守得很緊，但不能開闊。其實自非嫡系的金耀基在 1977 年就任院長以後，成立錢穆講座、龔氏學人明裕基金，繼續發展新亞精神，在我的通力配合之下，積極推動海內外的學術文化交流，促成李約瑟、狄百瑞、朱光潛、賀麟訪港，使新亞在不同方式之下，維持當代新儒家中心的地位。

　　從 1981 年到 1999 年退休，我在香港中大一直做講座教授。至於 1999 年我從中大退休以後的情況，前面已經介紹過了。至今為止我的經歷大致就是這樣了。我早年遭遇亂世，能有現在這個樣子，真是一個異數。記得當年在上海時，飛機投炸彈把我家的牆壁炸出一個臉盆大的洞。還有親友看到日本飛機轟炸時，一個黃包車夫的腦袋被彈片削掉了卻還在跑。每天都在恐懼中，哪裏想到還會讀書。

三、哲思

　　胡：您對中西學術、思想、文化的研究，您與何炳棣關於「克己復禮真詮」的論戰，對余英時《錢穆與新儒家》和《朱熹的歷史世界》的商榷，以及對翟志成批評熊十力先生的反批評等等，內容實在太豐富，牽涉面很廣，其中雖然有很多話題，但這次訪談無法涉及了。我想請您集中扼要地談談您的哲學思想以及體系架構。

劉：我的思想基本上可以用三個命題加以概括，就是「理一分殊」、「兩行之理」和「回環」。「理一」是我們的終極嚮往，而實際上我們無時無刻不在「分殊」的狀況中；但我們雖然在「分殊」的狀況中，卻又總是在追求「理一」。例如人們總是企望無限，但無人不是有限的；而人的有限性卻又從來不能阻止他企望無限。又如不同的文化傳統之間總會有相通之處，但這種相通只是一種minimum，極小的通，不可能是極大的通，相反，各個文化傳統的發展可以形成極大的差異；但這種差異性卻又不是一定要走向相互敵對的地步，彼此之間還是可以求同存異，這就體現了多元價值融通的理念。還有近年來的一個奇特傾向，也可作為「理一分殊」的例證，就是glocalization。glocalization是globalization與localization這兩個單詞的拼合，globalization意為全球化，localization意為本土化，所以glocalization的意思就是「全球－本土化」。這種傾向表明當今世界正是在普遍性的「理一」和特殊性的「分殊」這兩極之間移動。各個地方都在趨向全球化，同時又都在保持本土性；但雖然都在保持本土性，卻又都在趨向全球化。再比如一滴海水與整個海洋的關係，一滴海水的質素甚至與整個海洋完全一樣，但一滴海水仍然是一滴海水而不是整個海洋；可一滴海水雖然不是整個海洋，卻又相通於整個海洋。如此等等，都表明「理一分殊」的普遍意義。

所謂「兩行之理」，既可作為「理一分殊」的另一種表述方式，也可用來表述其他面相。就「理一分殊」來說，「理一」就是一行，「分殊」則是另一行。就其他面相來說，主從、一多、同異、真俗等等，也都是「兩行」。形上形下、大千世界、萬事萬物，都只能有「兩行」。這一點我同意牟先生。傅偉勳曾批評牟先生的「一心開二門」說，認為應該有多門，這實際上是傅偉勳不懂。按佛家的說法，只能有真、俗二諦，真諦就是「理一」，俗諦則是多元，一多相容，所以只能一心開二門，沒有說一心開多門的，多門就不相干了，二門就是多門嘛。一與二、一與多，意思一樣。所以牟先生批評傅偉勳根本不明白這個道理，我同意牟先生。

基於「理一分殊」，可以認識到超越與現實總是處在一種動態的張力之中，這給我們的一個啟示是，我們不能最終脫離自己的有限性去把握別的東

西。有限只能通於無限，但有限卻永遠不能同於無限。如果說有限同於無限，就是僭越，就是以偏概全，就是悖理的，就有邏輯矛盾；而邏輯上若有矛盾，存在上就不可能，就不能存在。有限通於無限，就是「理一分殊」。有限就是「分殊」，通於無限就是指向「理一」。我所說出來的「理一」，也就是通過我的有限性所反映出來的無限，那已經不是無限本身了。沒有人能夠反映出無限本身。所以所謂「一即一切」只是相即的關係，而不是等同的關係。決不能說我能夠擁有那個「一切」，只是在一定意義上我可以體現那個「一切」。在這個意義上，我與那些信仰絕對「大同」的人有很大差異。那些人相信有朝一日差異將會泯合無間，存有界達到完全同一；而我認為只要牽涉到具體生命，只要落實到現實，這種情況就不可能，就一定有差異相。我們都是指向「大同」理念，但這個理念在任何時代都不可能充分實現。在現實的分殊的層面，總會存在矛盾，並不因為有一個超越的「理一」就能夠泯滅矛盾。但「理一」又可使矛盾在一定階段一定程度達至某種調和。

　　有限永遠不能同於無限，這是一個方面；另一方面，有限又永遠可以通於無限。正因此，宇宙人生都不是封閉系統，而是開放系統，處在永遠的回環之中——由內在到超越，由超越到內在；由局部到全體，由全體到局部；由具體到抽象，由抽象到具體；由對立到統一，由統一到對立；由多到一，由一到多；……不斷回環，無窮無已，永不封閉，永遠開放。《易經》的最大智慧就在這裏，全部六十四卦，第六十三卦是既濟，第六十四卦則是未濟。《易》之三義包含不易，就是絕對的「理一」；又包含變易，就是相對的「分殊」。單講不易就成為絕對主義；單講變易就成為相對主義。唯有不易與變易相契合，才構成生生之易。《易經》六十四卦系統不是一個封閉的完成，而是一個開放的完成，是一個永遠不會終結的辯證過程。勞思光老是批評儒家是一個封閉系統，我很不同意。我所表述的儒家睿識，完全不是一個封閉系統。

　　胡：我理解您這三個命題是一種宇宙觀和方法論，用以看待大千宇宙、人文世界乃至人類心靈的種種事物和現象。

劉：對。這三個命題，在第一個層次上是方法論，是對客觀世界的抽象概括，又可據以把握客觀世界；但在第二個層次上，也是形上學，表明本體與現象互相涵蘊；還有第三個層次是實踐論，可以指導思想和行為。這三者也是一個回環。

胡：談到本體，您如何界定「理」？

劉：我所謂「理」，是不能加以界定的。不加界定的「理」才有超越性。而一旦被言說界定，就有了限定性，就不是「一」而是「二」了，也就不是「理一」而只是「理一」在當下的一種呈現了。所以我所謂「理」是一個「道可道，非常道」的存有，只能夠意會。

胡：您這是不是用儒家範疇構成一個普遍性的框架，來包容一切有限的事物和現象？如果是這樣，那個形式化的「理」就仍然體現了您的文化背景和價值取向，這是不是仍然有判教的意味？

劉：我有隱涵的判教，也就是說我有自己的終極信仰。不過我並不強迫他者接受我的判教，因為一切判教都沒有普遍性，基督徒總是會把基督教放在最高層位，儒家也同樣會把儒學放在最高層位，唐先生也不能避免這一點，他的九個境界，最高的還是儒家的「天德流行境」，非儒家人士就不會接受這種觀點。Neville（南樂山）等人作為基督徒，可以開放給我們儒家，我們儒家也應該開放給基督徒。所以我對「理」不加界定。

胡：這可能就是姚才剛那本書（案指《終極信仰與多元價值的融通——劉述先新儒學思想研究》，巴蜀書社 2003 年 10 月版）所揭示的終極信仰與多元價值融通的主旨吧？我認為您這樣處理終極信仰與多元價值的關係，既具有合理性，又十分巧妙。合理性在於，一切現實的價值當然都是相對的、有限的，當然要通過回環而不斷通於那個「理」。巧妙則在於，您隱藏了價值內涵之後，您那種以儒家範疇構成的普遍性框架，就退而可以避免他者的批評，進而可以消解並且包容那些自以為是絕對的、獨尊的思想體系，這在儒家仍然處於弱勢的時勢下是特別有意義的。

劉：姚才剛那本書對我的思想體系的表述大體是可以的，不過我現在的思想比姚才剛那本書中所表述的內容又有了進一步發展。其實我的思想體系

並不能解決現實中的爭端。理念並不能平伏現實中的衝突。儘管理念可以相通，但現實中還是會有矛盾衝突。當然，現實中雖然有矛盾衝突，但理念是可以相通的。

胡：劉先生現在雖已年逾古稀，但仍然身體硬朗，心態安寧，思維清晰，又落腳於中研院文哲所這樣一個具有優良學術環境和豐厚學術資源的所在，是否打算以著作方式完成自己的思想體系呢？

劉：是否完成體系也很難說，就自己的機緣，能做多少就做多少。有了基本理念，要具體鋪陳的話，也就是把材料加進去而已了。就像唐先生的「九境」，也是有了基本思想，然後將具體材料加進去。

不過體系這個東西，孔子有孔子一套，孟子有孟子一套，程朱有程朱一套，陸王有陸王一套，唐牟有唐牟一套。體系一旦完成，就成為一定，可是宇宙人生不會到此停止，宇宙人生永遠是開放性的。人造的東西終究有限，它或許可以開放給無窮的時空，但畢竟會接受某些東西而又排斥某些東西。一個個體所能做到的極至，就是完成於不完成之間。人生一世，既不能不完成，但他的完成又不能阻止宇宙的運行，也不能阻止別人去發展新的體系。我既然講開放系統，就不會企圖造出一個空前絕後的體系，那就是自相矛盾了。黑格爾犯的最大錯誤，就是總想製造一個空前絕後的體系，宣佈一切到此終結，我認為這是悖理的。你本事再大，也只可能有限通於無限，不可能有限同於無限，否則就是僭越。人所能做到的極至，就是通過有限的生命與無限相通，所以不是一個封閉系統。可是我做出來的東西必然部分是封閉的，一本書寫完了，有什麼東西也就在這本書裏面了。

儒家傳統的現代轉化
──杜維明「儒學創新」論域述論

　　在〈儒學第三期發展的前景問題〉中，杜維明指出：「儒家傳統在中國近代的沒落是有目共睹的。『同治中興』的失敗意味著運用儒家經世致用之學以自強的局限性；『戊戌政變』的夭折顯示日本『明治維新』以傳統精神指導改革的典範不適用於當時中國的現實政治；一九〇五年廢除科舉之後，取士標準大變，儒家經典和培養領袖人才逐漸脫離關係；『辛亥革命』摧毀了以儒家倫理為大經大法的專制政體；廿世紀初期袁世凱企圖推尊儒家為國教的復辟導致一連串『打倒孔家店』的新文化運動。儒家傳統在中國近代的沒落不僅是西方文化破門而入的必然歸趨，也是中國主流知識分子共同努力的結果。」這段話概述了傳統儒學在中國近代迅速衰落的狀況及其原因。深入分析起來，雖然近代中國主流知識分子在消解傳統儒學的權威方面起了直接的作用，但是由於「擁抱西方現代文明，清除中國傳統文化」是他們的「一般的理解」，所以摧抑儒學的根本力量來自西方文化。

　　在同一篇文章中，杜維明在剖析了「單線富強模式」的「中國現代化的坎坷道路」、「西化論的認識局限」以及「以動力橫決天下的西方現代文化」的巨大弊端之後，高度肯定了儒家人文精神的不朽價值：「孔子、孟子、荀子、董仲舒、周敦頤、張載、程顥、程頤、朱熹、陸象山、許衡、吳澄、王陽明、劉宗周、王夫之、黃宗羲、顧炎武、戴震等等都是通過自覺反思、主動地批判地創造人文價值的優秀知識分子。他們是儒家傳統的塑造者。」「儒家傳統也是使得中華民族『日新、日日新、又日新』的泉源活水；它是塑造中國知識分子涵蓋天地的氣度和胸襟的價值淵源，也是培育中

國農民那種堅韌強毅的性格和素質的精神財富。」[1]因此，儒學返本開新的應然性又是不言而喻的。

　　既然蘊涵不朽價值的儒學在近代以來的衰落歸根結蒂是由於西方文化的摧抑，而「西化論是現代中國思想界的主流」，那麼，儒學的返本開新主要就應該對於西方文化作出有說服力的、創建性的回應。杜維明多次表示儒學應該經過紐約、巴黎、東京，然後康莊地回到北京，[2]就是意在把儒學完全投入西方文化的淵藪以及東西文明雜交成功的境域去經受奪胎換骨的磨練，使得儒學的真精神能夠與西方文化中那些大行於世的價值相契合，儒學的生命力亦可藉此而恢復以至於強壯。這也就是杜維明所謂「不入虎穴焉得虎子」法。[3]

　　基於上述認識，杜維明的儒學創新工作便應合著時代的要求，超越（但並非捨棄）了「我注六經」或「六經注我」的漢宋格套，而以作為現代強勢話語系統的西方學術理論為參照，以儒學解釋學為基礎，大致經過了比附、格義、建構等幾個階段，形成了一個以儒家哲學的人學為核心的包括個人、社群、自然、天道面面俱到的天人大系統；而這也正是杜維明後來漸次開展的包括「啟蒙反思」、「文化中國」、「文明對話」諸論域的文化社會學體系的理論核心。

---

[1] 以上引文均見〈儒學第三期發展的前景問題〉，載《明報月刊》1986 年 1-3 月號，收入《儒學第三期發展的前景問題——大陸講學、問題和討論》（臺北：聯經出版事業公司，1989 年），頁 273-316。

[2] 從現有材料看，杜維明這一說法最早見於其 1975 年 6 月 10 日日記，其曰：「深覺儒學回歸的途徑，也許要從金山、紐約、巴黎，通過東京才能真正回到中國的首都，勉之勉之！」此後迄今，杜維明此類表述多多，不遑徵引。

[3] 杜維明說：「所謂『直接進去』，可以說是『不入虎穴焉得虎子』的方法。將儒學完全投入英語語境，而這種用英語闡發的儒學仍然與儒家精神具有內在的親合感，同時它對西方學術傳統的議題和議程加以質疑，導致西方對於自己的傳統作重新的理解和認識。」見〈康橋清夏訪碩儒——杜維明教授訪談錄〉，載《哲學評論》2002 年第 1 輯（武漢：湖北人民出版社，2002 年）。

一、比附

　　杜維明開始從事儒學創新工作的時間較早。現在所能見到的杜維明最早的、即發表於 1965 年的文章〈漫談儒家的品題人物〉，[4]便屬於儒學創新之作。他早年即投身於儒學創新實踐，當然與作為牟宗三、徐復觀先生門人以及唐君毅先生追隨者有關；牟、徐、唐三先生避地海隅，目睹中國文化「花果飄零」的剝極之勢而無從排遣的「上不在天，下不在田，外不在人，內不在己」的孤危心境，[5]不可能不給他以深切的影響，從而使他產生亟欲提振儒學的願望。

　　正是由於早年出道及其文化意願，杜維明的儒學創新有過一段文化比附的過程。所謂文化比附，一般地說，即在比較文化領域中對於不同文明間意義的淺層譯解，這種淺層譯解往往蘊涵著主體的價值傾向。當不同文明相互交流或碰撞從而產生位差時，便總會出現其中一方將本位文明非系統地對比其他文明以期證明本位文明價值的現象。這種現象的產生，從主體條件來看，常常是由於其認識尚未臻於圓熟；從目的性來看，則是由於文化取向乃至文化使命感的驅迫。

　　杜維明以儒學與西方現代學術理論相比附的典型之作是發表於 1966 年的〈儒家的新考驗〉一文。[6]該文開篇即陳述了西方傳統面臨的困境：「自從第二次世界大戰以來，追尋新的文化價值變成了西方學壇最關切的問題。西方學者一方面對以知識論為中心的希臘傳統加以分析和批判，另一方面又對以希伯來傳統為後盾的基督教文明加以反省和選擇。因而西方文化的兩大柱石都同時受到了嚴重的衝擊。」這顯然是對牟宗三、徐復觀、張君勱、唐

4　載臺灣《微信週刊》1965 年 2 月 6 日，收入《三年的畜艾》（臺北：志文出版社，1970 年）。該文結合學術、政治、軍事、工商、科技諸界人物的品第，闡發了儒家「智及仁守」、「君子不器」等觀念的現代意義。

5　語見《唐君毅全集》卷 8（臺北：臺灣學生書局），頁 153。

6　載香港《人生》31 卷 8 期，1966 年 12 月，收入《三年的畜艾》。以下引文凡未另注者均見此文。

君毅四先生在〈為中國文化敬告世界人士宣言〉中不得不承認的「西方文化是支配現代世界的文化」、是「使世界一切古老之文化皆望塵莫及」的文化、是「為一切其他民族所當共同推尊、讚歎、學習、仿效」的文化這種觀點的——弔詭地說，合乎四先生心意的——反撥。由此，杜維明為儒學與西方現代學術理論的比附鋪墊了一個平臺。接下來，杜維明將蒂利希（Paul Tillich）等宣導的「世俗神學」與儒家入世而超越的人文精神相參照，認為「現在基督教，從神學理論的根源上看來，也走上了儒家必須生存在現實社會中以改變現實社會的途徑」；將克爾凱郭爾（Soren Kierkegaard）、海德格爾（Matin Heidegger）、薩特（Jean-Paul Sartre）一系的「真理即主體性」、「如何」先於「是什麼」、「存在先於本質」的思想與儒家重道德踐履而相對輕思想論辯的取向相對應，認為「如果存在現象學忽視了宋明理學這一傳承的『存在』，那麼也未必不是西方學術界中一件值得可惜的事」；將後弗洛伊德（Sigmund Freud）學派自我心理學與儒家自我人格發展理論相接榫，認為「『自我心理學』的發展正可彰顯孟子性善說的真諦」，即使這一學說在人格發展的原動力中沒有注入任何道德內涵，但這種「道德中立」的立場不會維持太久，而且如果它「要想跳出西方文化傳承的束縛，不再重蹈弗洛伊德的舊路，單就實驗科學本身的立場來觀察，中國歷史上成百成千個儒家人格發展的實例無論如何是不容忽視的」；並且將柏深思（Talcott Parsons）綜合人格、社會、文化為一體的結構－功能學說與《大學》、《中庸》「以自我人格建立為中心同時伸展到『家國天下』和『性命天道』」的「天人一體」思想相連屬，進而認為包括韋伯（Max Weber）、塗爾幹（Emir Durkheim）、葛拉涅（Granet）、柏深思以及羅伯特・貝拉（Robert Bellah）在內的現代社會學家「如果要想建立一套較具普遍性的社會學理論，對儒家作廣泛的研究可以說是無法避免的」。儘管杜維明特別聲明上述比附並不能「當作『儒家將來必會再發揚光大』一信念的保證」，但從文中隨處指點的「（西方學者）到東方哲學的園地裡來尋求智慧甚至安頓」、「到中國文化裡來尋求啟示早在楊格（Carl G. Jung）的時代就已經開始了」、「從現代社會學發展的歷史來看，儒家並不是一個陌生的名詞」等

說法來看，杜維明寫作此文的動機應該是在於高揚儒學「影響國際學壇的潛力」。

應該說，杜維明在〈儒家的新考驗〉中對於「世俗神學」、存在主義、自我心理學以及結構－功能社會學的理論概括是準確的；他將儒學與這些西方現代學術理論相比附，個別地看，也基本上是恰切而非牽強的，因此除了提振儒學的意義之外，還具有比較文化方面的參考價值。不過問題在於，這種零散而非整體、隨機而非系統（如杜維明說：「對於上面四門學科的選擇純是我自己主觀的限制。否則如文化人類學、道德哲學、一般宗教學、社會心理學乃至存在心理學等都應當提出來討論。」）、各別而非融貫的比附，對於現有的儒學形態既不能增加什麼，也不能減少什麼，除了浮面的新鮮之外，距離儒學創新尚隔著幾重公案。

在 1967 年發表的〈有關「儒學研究」的幾重障礙〉中，[7] 還能見到杜維明運用比附方法的痕跡。他說：「人格心理學本來可以幫助我們深入儒家內聖工夫的堂奧，經濟學可以指出儒家經世致用的局限，人類學可以分析儒家倫理制度的內涵，社會學可以研究儒家價值取向的型態。」不過這篇文章的主旨乃是批評西方現代儒學研究中「由於濫用新方法所造成的混淆」及其將現代中國政治、經濟、社會各方面弊端統歸於儒家傳統（歸根到底是表明西方文化優越性的一種比附）的錯謬；加上文章中以儒學與西方現代學術理論的互參已經包涵了攻錯之意，而不僅止於對儒學的提振，因此它已經體現了杜維明在短暫運用比附方法之後意識到這種零散枝節方法的局限性從而發生的方法觀念上的轉向。

二、格義

杜維明的儒學創新實踐，在超越比附方法之後，便轉進為他在較長時期中所運用的可以被概括為「格義」的方法。

7　載香港《明報月刊》1967 年 10 月號，收入《三年的畜艾》，頁 94-102。

　　「格義」的原始意義是指中國魏晉時期流行的一種解釋佛經的方法。《高僧傳‧竺法雅傳》載，十六國時前秦僧人竺法雅「乃與康法朗等以經中事數擬配外書，為生解之例，謂之格義」。「格」在此處義訓為「量度」。當時是以華夏文明固有的哲學概念或詞彙為「格」，以之比稱或對譯佛經中的名相，裨使中土之人易曉其義。

　　按「格」之諸義中尚有「法度」、「標準」、「格式」等義項。如鄭玄注《禮記‧緇衣》「言有物而行有格」曰：「格，舊法也。」又如李賢注《後漢書‧傅燮傳》「朝廷重其方格」曰：「格，猶標準也。」而王艮「淮南格物」之「格」，則「如格式之格，即後『絜矩』之謂」。[8]對於杜維明所運用的「格義」方法，即當在這類意義上理解。而此處之「格」則是西方理論形態中的體系框架；「格義」即是將原本渾融的儒學資源納入西方理論體系框架並加以詮釋、比較，從而使儒學資源在理論形態發生轉化的同時精義自見。杜維明認為這正是一種「創造性轉化」，他說：「任何一種哲學思想，只要是活的、有生命力的，就一定要用現代的語言來陳述，這個陳述本身，就是一種哲學思考。這不是削足適履的方法，也不是曲解原意的方法。你要進入哲學家的哲學領域，瞭解他的哲學內涵，對他的語言、範疇、文字、時代瞭解得越多越好；同時，你是站在二十世紀現代人的立場上來瞭解古典，不能把現在所處的條件、環境給消解掉。所以我們在研究過程中對自己所採用的方法的自覺程度很重要。每個時代的人都在用自己的方法進行思考，這裡有個語境（context）的問題。」[9]

　　事實上，在參照西方理論體系轉化中國傳統資源這一意義上所謂的「格義」，自現代以來，乃是中國大多數理論工作者運用的方法，其普及程度幾乎到了「日用而不知」的地步。不過杜維明與其他理論工作者在運用這一方法上卻有著重要的不同。後者基本上採用迻譯為中國語文的西方理論體系處理以中國語文為載體的傳統資源，由此亦可實現理論形態的轉化以及傳統精

8　《王心齋先生遺集‧答問補遺》，清宣統二年庚戌刻本。

9　〈儒家傳統的現代轉化〉，收入《儒家自我意識的反思》（臺北：聯經出版事業公司，1990年），頁177-178。

義的表現，但其影響僅限於中國語文圈內。而杜維明則除了能夠純熟地運用上述方式之外，還能夠精妙地將儒學資源轉譯成西方語文（英文）並將其直接「投入」西方理論體系之中，[10]從而經過現代轉化的儒家思想精華便可以直接對西方學術界發生影響。猶有進者，杜維明以西方語文（英文）闡揚儒學精義的論著又大量回譯為中文，這類原本「純粹是英文語境的產物」的論著，在回譯為中文時，「只要力求『信達雅』也有可能創造嶄新的天地」，故與杜維明直接用中文撰寫的論著具有不同的意義和影響。[11]這種語文運用上的迂曲轉折乃是杜維明儒學創新的一個非常重要的特點。

杜維明儒學創新方法觀念的轉進有其認識上的根據。他在少年時代即已接受儒學影響，並且初步守定了儒家立場。赴美留學最初幾年，他接受了西方現代學術理論對儒學提出的一系列挑戰，他自己也確立了直面所有挑戰、對儒學加以深層反思、如果必要甚至不惜放棄本有資源的自覺。但與各種思想交鋒的結果卻是使他進一步認識到儒學的精義，進一步安頓了自己的思想資源，從而進一步守定了儒家立場。[12]與此同時，在哈佛攻讀博士學位期間，杜維明就主修過西方哲學和歐美現代思想史；師從史華慈（Benjamin Schwartz）、史密斯（Wilfred C. Smith）則使他得以深入猶太教和基督教傳統。因此他當然對淵源於希臘－希伯來傳統的西方思想的整體性會有逐步深

---

[10] 關於杜維明英文能力之精妙，凡是接觸過他的英文論著的人都有同感，如〈探究真實的存在：略論熊十力〉一文譯者林鎮國先生，《道、學、政：論儒家知識分子》一書的譯者錢文忠先生和盛勤女士。有趣的是，何炳棣先生在與杜維明進行商榷的文章中還不忘特別指出「杜氏英文寫作有相當高妙的技巧」，見氏著〈「克己復禮」真詮──當代新儒家杜維明治學方法的初步檢討〉，載香港《二十一世紀》第8期，1991年12月。

[11] 參見《儒家思想──以創造轉化為自我認同·序》（臺北：東大圖書公司，1997年）。

[12] 關於這一階段思想發展的情況，杜維明歷年的憶述在在多有，在此稍列數篇以資參見：〈創造的轉化──批判繼承儒家傳統的難題〉，收入《儒學第三期發展的前景問題》；〈傳統文化與中國現實〉，收入《儒家自我意識的反思》；《杜維明學術專題訪談錄──宗周哲學之精神與儒家文化之未來》（上海：復旦大學出版社，2001年），頁3；〈康橋清夏訪碩儒──杜維明教授訪談錄〉。

入的瞭解。而基督教神學自聖奧古斯丁（Aurelius Augustinus）以降雖然是歐洲中世紀的統治思想，但卻是被納入作為「神學的婢女」的亞里斯多德（Aristoteles）體系中予以思考和表述的，因此「兩希」傳統的合流在形式上便是突出了希臘哲學的體系化特徵。隨著西方文化上升為現代強勢話語系統，西方傳統的體系化特徵也便儼然成為衡量人類思想遺產價值的一個強硬標準。在黑格爾（Georg Wilhelm Friedrich Hegel）對於中國、特別是儒家思想的典型性批評中，非體系化便是一個主要方面。[13]處於現代歷史背景下，如果不想自外於人類思想發展的主流，不想拒絕由傳統向現代的轉化，那麼任何思想傳統都不能不趨於體系化；特別是那些無神論的思想傳統。這樣，一方面是富蘊精義但卻處於弱勢的、傳統的、地方性的儒學資源，一方面則是近代以來對儒學予以直接或間接摧抑或迫壓的、強勢的、現代的西方思想體系。如果僅僅拘守前者而狹隘地排拒後者，那麼儒學便不可能實現現代轉化，其精義將無從闡揚於世，其趨向也將如同杜維明所反對的那種絕對排外的原教旨主義一樣，[14]經由自小門戶而終歸消滅（至於完全歸依後者，對於杜維明來說是一個沒有意義的問題，不必討論）。基於這一認識，杜維明不能不選擇將西方思想體系作為範式而「格義」儒學的方法。

　　對於自己方法觀念上的轉進，杜維明早在 1970 年代初就開始了深切的反思。他為「中國文化中許多『內在富源』都因為在西方傳統中找不到適當的範疇來格義一番而被遮蓋甚至被埋葬」的狀況而感到「一種不可名狀的恐懼」，由此認為「二十世紀的儒學不但要超越地域環境、經濟條件、政治權威和社會習俗的限制而且也要超越文化傳承的約束」。[15]他「甚至以為我們應當而且必須利用許多根源於西方的觀念才能對儒家思想作系統的解

13　見黑格爾《哲學史講演錄》卷 1（北京：商務印書館，1959 年），頁 118-132。

14　見〈重建理性溝通和開放心性：儒學和基督教的一場對話〉，載《文化中國》（加拿大）1995 年 3 月號。

15　〈體驗邊緣的問題〉，收入《人文心靈的震盪》（臺北：時報文化出版企業公司，1976 年），頁 7-23。

析」。[16]長期置身於美國學術界而直接與西方文化相摩盪也使他切身感受到「在美國哲學界講中國哲學的教授，中國哲學對他的同事們是一個能夠忍受但不能瞭解也無法鼓勵的學問。……搞中國哲學的學者在同事之間幾乎沒有溝通可能，所以一定要換成他們所能瞭解的語言」。[17]直到最近，他還不止一次地以下面這種假設對自己的儒學創新方法加以比況：

> 假如說中國文化是強勢，而德國文化是弱勢。一位德國學者在北京提出對於德國理想主義的觀點，希望擁有文化強勢的中國學者能夠瞭解他在講什麼。顯然他必須使用中文，並運用中國哲學中的諸多範疇，諸如心、性、理、氣、仁、義、禮、智等等，而不能運用德國哲學中的主體性、道德自律、絕對命令等觀念；所有這些德國哲學中的觀念都要通過中國語境的詮釋而表達出來，從而才能與中國學者進行交流並引起他們的興趣。如果在這一過程中，德國國內一批學者逐漸獲得了文化自覺，對自身傳統中的深刻意義加以反思，於是把前面那位學者在北京用中文發表的關於德國哲學的一些理念再譯成德文，並在德國學術界進行討論，這可能導致以下多種反應。或者認為那位學者的行為是荒謬的：「他通過中文的轉譯而消解了我們傳統中十分豐富的資源，僅僅豐富了中國文化資源。」或者會感到奇怪：「居然我們那些帶有特殊的地方性的觀念被譯成中文後，還會引起中國學者的興趣，還能擴展他們的視野。」另一種可能會認為：「他根本不是一個德國哲學家，他只是一個在中國的德國哲學家。」還有一種可能就是認為，這位學者經過很多格義功夫做出來的東西，與當下正在德國發展的理想主義的方向性及其內在資源之間，存在著不可逾越的鴻溝。另一方面，這位學者懷抱的在中國文化氛圍中通過對德國理想主義的

---

[16] 〈儒家心性之學——論中國哲學和宗教的途徑問題〉，收入《人文心靈的震盪》，頁27。

[17] 〈漢學、中國學與儒學〉，收入《十年機緣待儒學》（香港：牛津大學出版社，1999年），頁29。

進一步闡發來開闊強勢的中國文化視域的願望，無疑會被人們視為癡
人說夢。這位學者的工作還能不能做下去？如果做下去能不能獲得預
期的效果？這就需要對於發展前景具有信念，同時需要自我積蓄，需
要待以「十年機緣」。[18]

在此，杜維明以對象化方式描述了自己在美國從事儒學創新的方法。這
是一種將儒學從語言載體以至概念、範疇、命題、論式等整體投入西方理論
體系的方法。在這段話中，杜維明直接運用了「格義」這一術語，其義顯然
指將「德國」文化資源投入「中國」體系以出新義的方法。應該指出的是，
杜維明在此對於他所從事的「格義」效果的評價似乎過於低調了一些。事實
上，無論在「文化中國」或是國際人文學界，經過他三十多年來在繼承前輩
事業的基礎上所作的堅持不懈的努力，儒學已經進入了一個生機勃發的時
期。

不過，杜維明的格義工作取法於西方理論範式的並非一個概論型的整全
架構，而是切合儒家思想的特質以及他自己致思的側重方向而有所取捨。關
於儒家思想的特質，他的看法是：「儒教作為宗教性哲學，它所追求的是
『立人極』。它主要的關懷是研究人的獨特性從而去理解他的道德性、社會
性和宗教性。雖然這樣的研究必然地牽涉到對心、性這類問題的批判理解，
但它的主要任務是在探究怎樣成為最真實的人或成為聖人的問題。」[19]而關
於他自己致思的側重方向，杜維明曾經追憶說：

1962 年，我在臺灣東海大學中文系畢業之後獲得哈佛燕京學社的資
助負笈留學。本來的意願是在哈佛攻讀美學、倫理和宗教，可是當時
的哲學系受奎恩（Quine）所代表的分析方法的影響，對「體驗之

---

[18] 根據 2001 年 8 月 1 日杜維明與筆者對談錄音記錄以及同年 8 月 16 日夜在杜府舉行的
「全球化與文化認同」學術座談會錄音記錄。

[19] 〈從宋明儒學的觀點看「知行合一」〉，收入《人性與自我修養》（臺北：聯經出版
事業公司，1992 年），頁 116-117。

學」（美學、倫理或宗教都是人文學領域中突出「體知」的學問）不僅掉以輕心而且強烈排拒。幸好哈佛學風自由，在研究院可以馳騁的疆域很大，我以比較思想史為範圍集中探索儒家傳統的核心價值，可以充分利用交叉學科的特長。[20]

因此，杜維明的儒學格義工作便圍繞著具有宗教性的形上道德本體、作為宗教性體驗和道德實踐主體的人以及在人的宗教性道德踐履過程中必然涉及的社會和自然──亦即在本體論、哲學的人學、社會政治理論以及宇宙論這一架構中展開。

（一）本體論（Ontology）

本體論是關於存有之終極根據的學說。由於本體與存有分屬兩層世界，故本體總是具有超驗或體驗的性質，而非實驗或經驗的對象，無論物質本體論、精神本體論或是神本體論均此。正是由於本體論的這種不可驗證性，才導致邏輯實證主義提出「拒斥形而上學」的基本主張。但是，究心於終極存有乃是文明人類的本性，只有對於終極存有的預設或體認才可能使人獲得安身立命之本；而且相對於特定時代來說，本體論總是囊括了對於當時所能把握的宇宙存有的全部解釋，因此，本體論不僅是必需的，而且是本身合理的。基於本體論的這種性質，本體論哲學家，如熊十力先生，才將那種企圖以科學驗證形上存有的主張指為「戲論」，而認為「哲學（實只玄學）所求之真或實在，與科學所求之真或實在本不為同物」，[21]「哲學所以站腳得住者，只以本體論是科學所奪不去的」。[22]

作為關於宇宙終極存有的學說，「本體論」直到十七世紀才為德國哲學

---

20 《論儒學的宗教性：對《中庸》的現代詮釋》（武漢：武漢大學出版社，1999年），頁 6-7。

21 《十力語要》卷一，收入《熊十力全集》卷 4（武漢：湖北教育出版社，2001 年），頁 107。

22 《新唯識論》（語體文本），收入《熊十力全集》卷 3，頁 17。

家所提出，但其思想萌芽在西方哲學傳統中卻可以追溯到柏拉圖所祖述的巴
門尼德。由於巴門尼德所討論並延續為西方哲學傳統的「本體」是一種以係
詞（Being）所表示的抽象的、思辯的「存有」，而係詞在中國文化傳統中
卻一貫闕如（遑論對其加以抽象提升），再加上中西理論形態方面的差異，
因此，儘管儒家擁有豐富而深刻的關於現象世界之終極根據的思想，但儒家
本體論卻並不為近現代西方學者所肯認，儒學被指認為僅僅是一種世俗倫
理。對中國文化持輕視態度的黑格爾、韋伯不用說了，[23]即使是對中國文化
深表讚美的伏爾泰（Francois Marie de Voltaire），也是著眼於其入世精神立
論；另如白樂日（Etienne Balazs）、芬格萊特（Herbert Fingarette）等對中
國文化造詣頗深的現當代漢學家，儘管給予中國文化以甚高評價，但卻同樣
不認為其中有什麼形而上的思想成分。[24]西方學者的看法甚至在相當程度上
影響了現代中國人的觀念，有人就基於巴門尼德傳統而斷定儒學乃至中國哲
學根本沒有本體論。[25]在這種情況下，杜維明關於儒家本體論的論述便格外
具有針對性。

---

[23]　黑格爾鄙薄《論語》是「毫無出色之點的東西」，《易經》「只停留在最淺薄的思想
　　　裡面」，等等，見氏著《哲學史講演錄》卷 1（北京：商務印書館，1959 年），頁
　　　119、120。韋伯認為「儒教純粹是俗世內部的一種俗人道德」，「儒教所要求的是對
　　　俗世及其秩序與習俗的適應」，見氏著《儒教與道教》（南京：江蘇人民出版社，
　　　1997 年），頁 178。

[24]　白樂日認為，中國哲學「即使它試圖從世俗的世界中將自身分離出來，並表現出某些
　　　純粹的、超越的形而上學形式，但如果不認識到它遲早還會回復到原先的出發點的
　　　話，也是沒有希望理解它的」，見氏著《中國文化與官僚政治》（紐黑文：耶魯大學
　　　出版社，1964 年），頁 195。芬格萊特一度認為，孔子看起來像「一位平庸狹隘的道
　　　德說教者」，見氏著《孔子：以凡俗為神聖》（紐約：哈珀與羅出版公司，1972
　　　年），頁 7。

[25]　參見俞宣孟《本體論研究》（上海：上海人民出版社，1999 年）。如果在巴門尼德
　　　的本體（Being）是絕對抽象、純粹思辯，而儒學或中國哲學總是道器、體用、一
　　　殊、本末、形上形下等相即不離的意義上判斷後者沒有「本體論」，或許不無道理；
　　　但俞氏並未將這一劃分貫徹到底，而往往將 Being 與 beings、理念與實物、上帝與塵
　　　世等相連屬。這不僅暴露了俞氏的邏輯矛盾，而且反映了中西本體論具有共性，從而
　　　表明儒學或中國哲學擁有本體論。

在此需要說明，杜維明對於本體論的創造工作具有濃厚的興趣和執著的追求，他說：「在現代新儒學本體論的創造方面，一般認為，熊（十力）先生走了這條路，然後牟（宗三）先生走了這條路，我們現在要想再往前走，似乎沒有精力和時間，這當然是推託之辭。實際上，我們應該繼續熊、牟所走的路。」他信誓旦旦地表示：「（本體論的創造）這個工作要做，而且這個工作現在很嚴峻。如果我們這一代人沒有把這個工作做好，那麼即使下代人還可以做，這中間也還是個殘缺。……在我的有生之年，這個工作會做，但做到什麼程度當然很難預期。我認識到這個工作的嚴峻性、重要性，非做不可！」[26]不過在事實上，迄今為止，杜維明的本體論創造工作尚未做出來，因此，他在這方面的論述均屬對於儒家既有的本體論思想資源的詮釋。

在發表於 1968 年的第一篇英文論文〈仁與禮之間的創造性張力〉中，杜維明便對儒學核心範疇「仁」的本體性質進行了詮釋：「這裡如從實體的觀點來看，『仁』就不僅是一個人的道德，而且也是一形而上學的實在。換句話說，不僅從心理學的意義上，每個人都有體現『仁』的可能性；而且從形而上學的意義來看，這個道德的精神或『仁』的精神按其本質而言是等同於宇宙的精神的。這樣，『仁』就是自我修養在道德上和存有論上的基礎。」[27]此後，杜維明對於原始儒家、宋明儒家以及現代新儒家諸前輩指涉本體的主要範疇，諸如仁、誠、道、中、天、心、理、氣、太極、太和、天理、心體、良知、獨體、本心等等幾乎都有涉及（甚至兼及玄學「無」本體），而比較集中地探討了仁－本心、誠、良知－心體等範疇。

關於「仁－本心」的集中詮釋，見於〈探究真實的存在：略論熊十力〉一文。杜維明指出，熊先生早先由唯識宗入手，肯認作為「三法輾轉」之「種子」的「阿賴耶識」，以為究竟真實的「本心」。但「在經過長久的心路歷程之後」，「忽然覺得與孔門傳授之大易的意思若甚相密切」，於是揚棄唯識宗以「現行」（現象）為暫住、無常、虛幻、無自性的觀點，代之以

26　見〈康橋清夏訪碩儒——杜維明教授訪談錄〉。

27　〈仁與禮之間的創造性張力〉，收入《人性與自我修養》，頁 10。

《周易》指涉生生不息之流的現象世界的「大化」觀。「能行、能生、能知」的「本心」與作為「本心的必然示現」（「終極真實的具體顯現」）而又「並非是心靈的虛構，而是本來就具有意義」的「大化」相契不二（體用不二），構成熊先生的「新唯識論」本體論。用熊先生自己的話說就是：「本體是顯現為無量無邊的功用，即所謂一切的行。所以說是變易的。然而本體雖顯現為萬殊的功用或一切行，畢竟不曾改移他的自性。他的自性，恆是清靜的，剛健的，無滯礙的。所以說是不變易的。」熊先生又形象地以大海與眾漚比況本體與現象的關係，而二者的變現即在於「翕」（「凝聚的勢用」）「闢」（「心的主宰」）流轉。在完成了對熊先生的「新唯識論」本體論的闡釋之後，杜維明引述《新唯識論》說：「仁者本心也，即吾人與天地萬物所同具之本體也。……蓋自孔孟以達宋明諸師，無不指本心之仁，以為萬化之源、萬有之基，即此仁體。」進而指出：「『仁』在熊氏本體論裡佔有樞紐的地位。」由此將「仁」作為「本心」之實質以及「『真實存在的』普遍意義」，從而「仁」也就成為「大化」的形上根本，更不必說也是「本體論的人性理念」了。[28]誠然，對於熊十力這樣一位本體論哲學家來說，杜維明以五萬餘字的篇幅要將其形上學體系予以全面深入的表述，是比較困難的；何況在有限的篇幅中還要對熊氏體系形成的社會的及其個人的動因進行陳述，這就更難達到思想本身的契入。因此，羅伯特‧貝拉對於此文「雖推崇備至但仍覺對熊夫子思想的內涵涉獵甚少因而不能獲得一深入的瞭解，究竟新儒家的精神動脈何在仍有語焉不詳之感」，這種看法應該是有代表性的。但是，這裡面還有一件本事必須點明，即此文刊發時曾被編者刪去好幾頁，這也是導致文章表現得深度不夠的原因之一，杜維明對此大歎「奈何」！[29]

　　主要在《論儒學的宗教性：對《中庸》的現代詮釋》中，杜維明探討了

---

[28] 以上引文均見〈探究真實的存在：略論熊十力〉，收入傅樂詩（Charlotte Furth）等著《近代中國思想人物論——保守主義》（臺北：時報文化出版企業公司，1980年）。

[29] 根據杜維明 1977 年 5 月 19 日、5 月 26 日日記。

「誠」的本體意義。《中庸》凡三十三章，其中言「誠」者七章，然其義多為「作為個人品格的『誠』」。這一意義上的「誠」雖然也往往表現出推擴和提升趣向，富有道德形上學內涵，但畢竟並非直論本體。唯其第二十章謂「誠者，天之道也；誠之者，人之道也」，以天人對待架構中的天道第一性凸顯「誠」的本體性質。杜維明於此論辯道：「作為『天之道』的『誠』，顯然不同於作為個人品格的『誠』。」「在這裡使用『誠』字，其意旨在於表明天道之實然與人道之應然。」[30]又《中庸》第二十五章謂「誠者自誠也，而道自道也。誠者，物之終始，不誠無物」；第二十六章謂「故至誠無息。不息則久，久則徵，徵則悠遠，悠遠則博厚，博厚則高明。博厚所以載物也，高明所以覆物也，悠久所以成物也。博厚配地，高明配天，悠久無疆。如此者，不見而章，不動而變，無為而成」，較之第二十章側重從本體性質論「誠」而言，進一步賦予「誠」以本體之存有的意義。杜維明於此闡論曰：「誠不僅是一種存在的狀態，而且也是一種生成的過程」；「既然宇宙被理解為誠的自然的自我展現，那麼，如果沒有誠，也就沒有什麼東西能夠生成」；「誠是有個自我決定的完成過程；它的力量是自己生成的，它的運動方向也是由內部決定的」；「從更深一層的意義上看，誠不止是一種創造的通常形式；它就是天地化育過程得以出現的原動力。……它的創造是一個存在於時空中的連續的無止境的過程」。[31]總之。「誠」作為「真實的存在」，「涵蓋萬物，豐盈飽滿，既足以證實宇宙的最神秘的運行是本真的，也足以證實人的普通存在的具體體現是本真的」，[32]即是說，一切存有，一切活動，無遠弗屆的時空，不睹不聞的幽秘，乃至於最為庸常的生活現象，無不以「誠」這一終極的「真實的存在」作為其真實存在的根本。

關於「良知─心體」的本體意義的探討，見於〈王陽明四句教探究〉一文。陽明天泉四句「無善無惡是心之體，有善有惡是意之動，知善知惡是良知，為善去惡是格物」，自王龍溪、錢緒山以降便為後學爭訟不已，黃梨洲

30　《論儒學的宗教性：對《中庸》的現代詮釋》，頁 80-81。

31　《論儒學的宗教性：對《中庸》的現代詮釋》，頁 90-93。

32　《論儒學的宗教性：對《中庸》的現代詮釋》，頁 103。

指陳「後來門下各以意見攙和，說玄說妙，幾同射覆，非復立言之本意」，[33]此之謂也；而其中「四無」、「四有」即其焦點。杜維明取其中道，以為「心體和良知是絕對地超乎善惡之外的，而意和物則很可以用善惡概念來分析」，從而將心體、良知歸於本體語，而將意、物歸於工夫語。他辨析道：「經驗上的心在具體形式中表現自己，而作為實體存有的心體，從不在具體形式中表現自己。對於心體來說，具體的形式是不必要的附屬物，它們既不表示心的存有狀態，也不表示心怎樣真正地發揮作用。……非常重要的是要注意到『無心』在這兒特別指心的一種能力：它可以發揮作用，但卻不具任何『有心』的作用痕跡。因此可以理解為，這樣的心是超越善惡對立之外的」；「說心體是在善惡之外的看法，是主張善惡這樣的概念實在是不能運用於心的『實在』之上，因為這樣的心不能被分化成具體的實在物，而後包含在一相對的範疇之下」；「王陽明認為心體沒有任何善或惡的痕跡。只有這樣，它才能被認為是『至善的』」。這便顯然超越了感性的經驗的心的形式，而將「心」歸於形上存有了。與熊十力的「本心」之中充實以「仁」的方式相似，杜維明認為：「王陽明把良知叫作心的『本體』」，良知固然「像心體一樣，它是至善」，但由於「知與行的合一是良知的規定性特徵之一」，從而「『良知』既是一個實體存有，又是一個轉化的活動」，「很可能就是在這個意義上，王陽明把『良知』視為『造化的精靈』」。因此，杜維明歸結說：「『良知』不僅僅是限制在人的界說領域之內的人類學概念，它同時是萬物的最終實在。」[34]這便以「良知－心體」的方式完成了對陽明本體論的架構。

其他如蕺山「獨體」的本體論的意義，杜維明也進行過探討。首先，「宗周所說的『獨』就是一個人最內在的主體性，而且這個主體性可以一直內在下去，因為它是動態的不是靜止的，所以這個獨體或內在主體性是使人能夠和天相通的一個機制和通道」，這是說明了「獨體」在於主體的一面，

---

[33] 黃宗羲《明儒學案・姚江學案》（北京：中國書店，1990 年），頁 106。
[34] 〈王陽明四句教探究〉，收入《人性與自我修養》，頁 215-233。

即「人人都有獨體，這一獨體可以是經驗的，……所謂經驗的，是說獨體人人都可以體驗、體證得到」。但是，「宗周的獨體並不因經驗的一層而不具有超越的特性。宗周說『人人有獨體焉，即天命之性』，『天命之性』當然是超越的」。由此，杜維明歸結道：「宗周說獨體是良知本體，同時又是天理、性體，這樣就把獨與心、與意和天聯繫起來。」在此應該說明，在架構陽明本體論時，杜維明以「良知」作為「心體」的本體，此處又表出蕺山以「獨體」為「良知」本體，究其原因在於，雖然「陽明提出致良知之教也是從千死百難中來的，然而，在宗周看來，比之於他的誠意和慎獨理論，陽明對『意』的瞭解依然比較粗，而『非究竟一著』」，[35] 由此看來，這種概念上的繁複並非杜維明理論上的前後抵牾，倒是恰恰表明了他在思想史方面辨析毫釐的功力。

在此擬對杜維明關於「氣」範疇的論述加以討論。杜維明在多篇論文中探討過「氣」範疇，而集中反映這方面思想的則是〈存有的連續性：中國人的自然觀〉一文。在該文中，杜維明引述濂溪、橫渠、明道、船山諸儒乃至莊子道家「氣」論，證明「儘管中國一直具有那種分解地區別精神和物質的思想資源，但在中國哲學中卻始終存在『氣』的概念，並且用這概念來概括宇宙的基本結構和功能」。在作出「要使現代西方哲學真正理解『氣』是異常困難的」這一判斷並對英語世界關於「氣」的多種譯法加以辨正之後，杜維明對於「氣」的性質和功能加以定義：「構成宇宙的最基本材料，既不是單一的精神，也不是單一的物質，而是兼有兩者。它是一種生命力。這種生命力不應當看成是游離於肉體的精神或是一種純粹的物質。」這就顯然賦予「氣」以本體性質，由此杜維明不止一次地指出：「氣始終存在於一切形式的實有之中，使萬物匯流於一體，如同一個單一過程的展開。任何事物，甚至連全能的造物主，都不在這一過程之外。」「氣——正是氣使萬物得以產生。」杜維明對「氣」本體的論證，如同其文題目所示，旨在建立「存有的

---

[35] 見《杜維明學術專題訪談錄——宗周哲學之精神與儒家文化之未來》，頁 70、134、100-101。

連續性」的觀點，這一觀點從以上引文已有所反映，不過他進一步指出：
「山川、金石、草木、禽蟲以至於人，都是種種形式的氣（能量－物質），
象徵著道的創造性轉化是永存的。」「既然一切形式的存有都是由氣構成
的，因此人的生命是構成宇宙過程的血氣的連續之流的一部分，人類原來就
是與石頭、草木和動物有機相聯的。」「所有形式的存有，從石頭到天，都
是一個往往被稱為『大化』的連續體不可缺少的組成部分。既然任何東西都
不在這個連續體之外，因而存有的鏈條就永遠不會斷裂。」基於上述，杜維
明得出了「存有的連續性是中國本體論的一個基調」的結論。[36]

　　杜維明對於中國傳統哲學中「氣」範疇的本體性質的抉發及其關於「作
為與宇宙融為一體的人的概念，已經廣泛地為中國普通百姓和文化精英所接
受，因此可以把它恰當地看成是中國人的一般世界觀」[37]的論斷，都是富有
見地的。但是將「存有的連續」徑指為「中國本體論的一個基調」，甚至進
一步將「存有的連續」與「內在超越」相提並論，[38]似乎就有問題了。

　　首先，「存有的連續」所指涉的是宇宙萬物的生成及其結構層次，即所
謂「瓦石、草木、鳥獸、生民和鬼神這一序列的存有型態的關係」，[39]即使
其中「鬼神」具有「超現實的乃至超人倫的」性質，但是在中國傳統觀念
中，「基本上承認鬼神是存有界的一個環節」。[40]因此，這一序列類似於自
然進化鏈，無論其如何展開，都應該屬於形而下的宇宙論問題，而非形而上
的本體論問題。另外，更為重要的是，作為「存有的連續」的宇宙之本體的

---

[36] 〈存有的連續性：中國人的自然觀〉，收入《儒家思想──以創造轉化為自我認
同》，頁 33-50。另外探討「氣」範疇的論文主要有收入同書的〈宋明儒學本體論初
探〉；還有〈試談中國哲學中的三個基調〉，載《中國哲學史研究》1981年第 1 期。

[37] 〈存有的連續性：中國人的自然觀〉，收入《儒家思想──以創造轉化為自我認
同》，頁 33-50。

[38] 這種相提並論不止一處，例見《杜維明學術專題訪談錄──宗周哲學之精神與儒家文
化之未來》，頁 73；《十年機緣待儒學》，頁 66。

[39] 〈試談中國哲學中的三個基調〉，載《中國哲學史研究》1981 年第 1 期。

[40] 〈超越而內在──儒家精神方向的特色〉，收入《儒學第三期發展的前景問題──大
陸講學、問難和討論》，頁 183、185。

「氣」，在中國傳統哲學、特別是儒家哲學中，與「仁」、「誠」、「道」、「中」、「天理」、「良知」、「獨體」等本體範疇的性質並不完全相同（其相同之處在於能生能成的功能、內在於「一層的世界」的存在方式等）。後一類本體範疇均具道德意涵，本身即為形上道德存有；而「氣」基本上不具有這種性質，它主要是一種彌漫、活動、生成、變易的質料，因此難怪朱子要以「理」來駕馭「氣」了。從相對於主體的意義來說，後一類本體範疇一般為主體提供一條通過「深造自得」、「至誠盡性」的為己修身功夫而達致「知性知天」、「參贊化育」的終極實現的進路：從本體方面而言，此即所謂「超越－內在」；而從主體方面而言，則為所謂「內在－超越」。但是「氣」卻並不提供這樣一條進路。因此，由「氣」本體可能形成「存有的連續」宇宙論，但這條理路應與由形上道德本體開出的「內在超越」的理路有所分疏或限定，否則便不可避免像牟復禮（Fritz W. Mote）那樣的強烈主張中國傳統有機宇宙觀的學者將「內在超越」歸於不可解決的矛盾的批評。[41]

當然，在本體論方面，杜維明的主要用心仍在於儒家形上道德本體的證立。在其詮釋的實踐中，杜維明揭櫫了儒家本體論相對於軸心文明其他傳統所獨具一格的道德至上以及深契主體的特性。[42]

儘管儒家「從未思考過有一位與人的真實存在相比如果說不是『全然他在的』，至少也是在質上不同的全能創世主的可能性問題」，「儘管『天』在儒家傳統中不是一個人格的上帝或全能的創世主」，[43]但是儒家所思考的本體卻是確鑿具有至上性的。例如作為「一種本體論狀態」的「中」即可被

---

[41] 參見《道、學、政：論儒家知識分子・牟復禮序》（上海：上海人民出版社，2000年）。

[42] 佛教的「空」、興都教的「梵天」均屬非道德，要求人單方面的皈依；希伯來的「上帝」（包括後來演化的基督教的「上帝」以及伊斯蘭教的「安拉」）雖為「至善」，但與人間道德根本隔絕，也要求人單方面的信仰；希臘本體論不涉道德，也不與人形成特別關係。

[43] 《論儒學的宗教性：對《中庸》的現代詮釋》，頁 77-78。

「設想為存有的終極依據，即『天下之大本』」。[44]又如作為「天道之實然與人道之應然」的「誠」，基於其「不息則久，久則徵，徵則悠遠，悠遠則博厚，博厚則高明」的性質，故而「就是天地化育過程得以出現的原動力」。[45]又如可以理解為「一種無限存有和連續創造性」的「心」，亦即孟子所謂「大體」，「任何一種有限的形式，不論如何壯觀，都不能把對它的不可窮盡的可能性充分實現出來」。[46]又如被王陽明視為「造化之精靈」的「良知」，「不僅僅是限制在人的界說領域之內的人類學概念，它同時是萬物的最終實在」，「良知使天和地能夠變為可以理解的和有意義的存在過程」。[47]同時並且更為顯著的是，作為至上存在的儒家本體也是一種道德實存。關於這一點，通過以上對「仁－本心」、「誠」、「良知－心體」以及「獨體」的論述業已基本證明，毋庸贅述。唯當說明的是儒家的「氣」範疇。如上所述，「氣」並不賦有道德性質，但儒家一定是將它置於某種道德本體之下（因此似乎存在著邏輯缺陷。但若參以「仁－本心」、「良知－心體」一類本體論建構方式，則又似乎亦屬尋常）。如橫渠所謂「散殊而可象為氣」便存在於「太和所謂道」的大化之中，而且「氣」之「陰陽兩端循環不已」從而「生人物之萬殊」，致使乾坤森然有序，則儼然「立天地之大義」；[48]又如明道以「手足不仁，氣已不貫」為譬，顯然以為「仁」假「氣」以貫通天地；[49]復如朱子以人騎馬比喻理馭氣；[50]都屬於一種「道德本體－氣」模式。至於杜維明將「氣」形成的「存有的連續」對應於「內在超越」，顯然是將「氣」與道德本體一視同仁（當然稍欠分疏，已如上述）。他的闡發是：「生命力的內在共鳴如此有力，致使由人體中最精緻細

44　《論儒學的宗教性：對《中庸》的現代詮釋》，頁21。

45　《論儒學的宗教性：對《中庸》的現代詮釋》，頁81、92。

46　《論儒學的宗教性：對《中庸》的現代詮釋》，頁141-142。

47　〈王陽明四句教探究〉，收入《人性與自我修養》，頁223。

48　王夫之《張子正蒙注‧太和》（北京：古籍出版社，1956年）。

49　張伯行集解《濂洛關閩書》上（上海：商務印書館，1941年），頁85。

50　《朱子語類》卷94（臺北：正中書局，1982年），頁3773。

微的氣所構成的心與自然萬物不斷產生一種同情的和合。」[51]作為與自然萬物契合無間之心的質料，「氣」便賦有了一體之仁的道德性。

儒家本體的道德性便決定了它與作為道德主體的人的深相契合。例如「仁」，「這裡如從實體的觀點來看，『仁』就不僅是一個人的道德，而且也是一形而上學的實在。換句話說，不僅從心理學的意義上，每個人都有體現『仁』的可能性；而且從形而上學的意義來看，這個道德的精神或『仁』的精神按其本質而言是等同於宇宙的精神的。這樣，『仁』就是自我修養在道德上和存有論上的基礎。」[52]又如「誠」，「誠就是處於原初本真狀態的實在，是人的真實本性的直接的內在的自我顯示的活生生的經驗，也是天人合一得以可能的終極基礎。」「既然人的本體論實在只不過是天的本體論實在，既然聖人的誠和天的誠一樣，兩者就能夠完全地統一起來。天人之間的關係並不是對立雙方的合二而一，而是一種不可分割的單一體關係。」[53]又如「道」，「道不是別的，只是真正人性的實現。在一種嚴格的意義上，天人關係並非一種創造與被創造的關係，而是一種相互忠誠的關係。」[54]又如「中」，「人本是一種體現天地之『中』的存在。因此，人是通過每個人身上所固有的『中』而『與天地參』的。嚴格地講，『中』指的是一種本體論狀態，而非一種沉寂的精神狀態。」[55]凡此種種，不遑引述。要之，儒家本體與人一定不是相互脫節的；本體誠然是至上的，但絕非孤懸的；本體與人是相互實現的。對此，杜維明曾從比較宗教學和比較文化學的角度作過概括的論述：

> 上帝和安拉需要我們以及我們需要上帝和安拉是一個問題的兩個方面。當然，這裡有一些分別，就是我們需要上帝和安拉在一神教裡全

---

[51] 〈存有的連續性：中國人的自然觀〉，收入《儒家思想——以創造轉化為自我認同》，頁48。

[52] 〈「仁」與「禮」之間的創造緊張性〉，收入《人性與自我修養》，頁9-10。

[53] 《論儒學的宗教性：對《中庸》的現代詮釋》，頁93、95。

[54] 《論儒學的宗教性：對《中庸》的現代詮釋》，頁7。

[55] 《論儒學的宗教性：對《中庸》的現代詮釋》，頁21。

部接受，但是，上帝和安拉也需要我們，這一點他們不能夠接受（現在有些人願意接受）。他們不能接受的原因就是沒有瞭解到人的出現——從神學的意義上說——是上帝不僅要創造一個被創造者，一個動物，而且上帝也需要有一個 partner，一個夥伴。一個合作者。從演化論的角度看，周濂溪說人是萬物之靈，山河大地在其演化過程中出現一種靈魂，他有一種美的興趣，能夠從美學的角度來欣賞。這種有美的興趣的靈魂的出現就如我們常說的「天不生仲尼，萬古如長夜」，上帝和安拉的終極價值是要有人來欣賞的，但這種欣賞不是一種外在的客觀描述，而是一種內在的參與，這種內在的參與就如同我們儒家所說的「天生人成」。[56]

通過對道德至上性和深契主體性的揭示，儒家本體論的人文意涵得以凸顯，從而作為道德主體的人便在浩淼宇宙、兆億靈蠢之中卓然挺立起來。誠然，「如同宇宙間的任何其他存在形式一樣，人的存在被賦予了所謂『理』這種實有。因此，人的存在是『存有之鏈』、即包容天地萬物的環鏈中的一個不可少的組成部分。然而，人的獨特性就在於，他的心有一種固有的能力在其良心和意識中去『體天下之物』。通過這種體悟或體現，實現自己的『覺』（即感受性），彰顯真正的人性，並『參天地之化育』」。[57]完全可以說，「人類是宇宙間最富感覺的存在，承有天『命』，其本性體現了宇宙轉化的『中心地位』。他們不是作為創造物而被『創造』出來的，而是承擔在天地宇宙轉化中提供必要協助的共同創造者」。[58]毫無疑問，如果說「天」（道德本體）是儒家拳拳服膺的至上存在，那麼「人」則是儒家念茲在茲的反思主題。因此，對於儒家哲學的人學的詮釋也就成為杜維明儒學創新的另一個重要課題。

56　《杜維明學術專題訪談錄——宗周哲學之精神與儒家文化之未來》，頁 35。

57　〈宋明儒學的宗教性和人際關係〉，收入《儒家思想——以創造轉化為自我認同》，頁 148-149。

58　〈劉宗周哲學人類學的主體性〉，收入《道、學、政：論儒家知識分子》，頁 116。

（二）哲學的人學（Philosophical Anthropology）

哲學的人學是研究人的本質的學說。這一學說從哲學和文化角度關注人的身體、精神及其信仰，並涉及社會關係、文化系統以及歷史傳統等特殊的屬人現象。

作為理論學說的哲學的人學，一般以馬克斯·舍勒（Max Scheler）於1928 年發表《人在宇宙中的地位》為創立標誌，但是，對於人的關注卻不僅是西方而且也是中國文化的悠久傳統。在西方思想史上，人、宇宙、神始終是思想家們的重大課題。歷史地看，希臘哲人以宇宙理性統馭神和人，人的意義通過邏各斯（Logos）得以體現；中世紀神學家則認為全知、全能、全在的上帝才是宇宙、也是人的唯一創造者，人的意義即在於原罪與救贖；直到文藝復興時代，人的覺醒方才開始，人的尊嚴和優點成為人文主義者論述的主題，但這種覺醒卻又趨向於啟蒙時代以理性的傲慢為特徵的人類中心主義；近代實證科學的勃興更使人的研究支離破碎，人的本質闇然不彰。事實上，哲學的人學的創立就是為了補救這種對於人的研究的分解狀況，力圖將那些專門學科重新組合於一個共同目標之內，設法使關於人的研究具有條理性，從而凸顯人的本質及其價值。哲學的人學業已超越了西方傳統人論的視野，給予身體、個體、群體以前所未有的重視。但是，鑒於西方傳統人論所貫穿的身心、人己、天人等一系列二分架構觀念，哲學的人學可以直接從西方傳統中獲得的思想資源並不深厚。[59]

比較而言，在儒家傳統（特別是思孟一系）中，有關哲學的人學思想則可謂「無盡藏」。[60]無論是關於個體的身心靈神層層提升的深層動態主體性，還是關於主體經由家國天下無限推擴而臻於一體之仁的開放的同心圓，

---

[59] 參見《簡明不列顛百科全書》卷 9（北京：中國大百科全書出版社，1988 年），頁389；馬克斯·舍勒《人在宇宙中的地位》（上海：上海文化出版社，1989 年）；蘭德曼（Michael Landmann）《哲學人類學》（北京：工人出版社，1988 年）。

[60] 杜維明在〈建立自我的體上工夫〉中稱「如何堂堂正正作人的道理」為「中國哲學思想裡的無盡藏」，見《儒家自我意識的反思》（臺北：聯經出版事業公司，1990年），頁 11。

或是關於人的原初本質及其實現可能的辯證人性論，乃至關於人作為本體存在藉以達成的體知方法，等等，在儒家資源中都有十分豐富的表述，構成儒學在軸心文明諸傳統中的顯著特色。有鑑於此，杜維明指出：「如果站在哲學、特別是比較哲學的立場來看，希臘文明的出現和一種驚異、一種對自然的驚奇感有很密切的關係。……希伯來文化是由於對上帝或者絕對的超越實體產生一種敬畏感而出現的。……中華民族所出現的哲學形態是對人的全面反思。這個反思在進行過程中開始肯定了人的存在價值，而這個人的存在價值不是從抽象的人的觀念來理解，而是從具體的人生、活生生的生命這個線索來掌握。因此，儒學也可以說是一種生命哲學。」[61]他甚至認為「哲學的人學」這一理論範疇並不足以概括儒家的人學思想，因為「今天歐美學壇所稱『哲學的人類學』仜思想界並沒有佔據主流的地位，也許說『哲學的人類學』是一套還沒有發展成熟的『仁學』更確切些。其實，孔子的『仁學』不僅屬於倫理學的範疇，也涉及到知識論、美學、形而上學乃至神學等課題。如果比附西方哲學的分類，儒家『探索如何作人的道理』，應說是一種以人格發展為運思核心的人學。這種人學有其獨特的認知方式、美感經驗、宇宙精神和終極關切，因此它所牽涉的範疇體系遠較『哲學的人類學』來得複雜」。[62]不過，出於「格義」的考慮，杜維明仍然大致按照哲學的人學的理論框架及其內涵，對於儒家聖哲留給當今人類的彌足珍貴的人學思想遺產進行了方便善巧的詮釋和創造性轉化。

1.深層和動態主體性

　　被杜維明稱作「吾儒家法」的「深層和動態主體性」是儒家哲學的人學的基點。[63]主體之指向道德本體的內在超越及其經由家國天下的無限推擴，

61　〈儒家哲學與現代化〉，載《論中國傳統文化》（北京：三聯書店，1988 年）。

62　〈從身心靈神四層次看儒家的人學〉，載《明報月刊》（香港）1984年11月號。按「哲學的人類學」與「哲學的人學」為同一概念，均對應於 Philosophical Anthropology。在〈儒家哲學與現代化〉中，杜維明即稱「哲學的人類學或者是哲學的人學」。

63　「深層和動態主體性的吾儒家法」一語，見於杜維明 1990 年 12 月 26 日與林同奇教授論學書，收入《杜維明文集》卷 4（武漢：武漢出版社，2002 年），頁 440。

要之，主體通過修身工夫達致人性的現實實現，即以「深層和動態主體性」為始基。而「深層和動態主體性」本身又可展開為身、心、靈、神四個層次。

杜維明指出：「（儒家）對人的存在給予全面的考察。所謂『全面』，就是指一個活生生的人、一個有血有肉的人是他反思的起點，而那個起點就是他自己。」[64]儒家這種致思特點必然導致首重人「身」，從而「身」「在儒家傳統中是極豐富而莊嚴的符號，非 body 可以代表，當然更不是佛語所謂的『臭皮囊』」，「我們的身體不是僕役，不是手段，不是過渡，也不是外殼，而是自我的體現」。[65]「修身意指對身加以齊整、培養和修煉，而非借苦行無視身體知覺。為了較高級的精神和思想價值的滋長，只能在某種程度上放棄和超越身體，這種想法與人的完善即『踐形』的完全實現的儒家設想根本衝突」。[66]由此可見，儒家的人論從作為「此在」之人的根本處便與軸心文明其他一些傳統有了重大區別。

儒家重「身」之論所在多有。「由於修身在其字面上已涉及到『身』的修養，所以，在先秦儒學中有著許多與身體相關的論述」。[67]如曾子臨終囑咐門弟子：「啟予足，啟予手。」朱子注曰：「曾子平日以為，身體受於父母，不敢毀傷。故於此，使弟子開其衾以視之。……曾子以其所保之全示門人，而言其所以保之之難如此，至於將死而後知其得免於毀傷也。……語畢而又呼之，以致反復丁寧之意，其警之也深矣。」[68]這顯然是遵循《孝經》所謂「身體髮膚，受之父母，不敢毀傷，孝之始也」以立論。[69]杜維明對於

---

[64] 《杜維明學術專題訪談錄──宗周哲學之精神與儒家文化之未來》，頁 18。關於儒家以「活生生的有血有肉的人」作為反思起點的觀點，杜維明早在 1980 年代就已提出，參見〈從身心靈神四層次看儒家的人學〉。

[65] 〈從身心靈神四層次看儒家的人學〉，載《明報月刊》（香港）1984 年 11 月號。

[66] 〈劉宗周哲學人類學的主體性〉，收入《道、學、政：論儒家知識分子》，頁 102。

[67] 〈孟子思想中的人的觀念：中國美學探討〉，收入《儒家思想──以創造轉化為自我認同》，頁 107。

[68] 《論語集注·泰伯第八》，載《四書五經》上冊（北京：中國書店，1985 年）。

[69] 《孝經·開宗明義章》。

曾子所言的轉述是：「我能夠到達一生中的這一階段，經歷了一個漫長的過程。看看我的手，再看看我的腳。我極為尊重我的身體；因為它不僅僅是我自己的，它也是父母給我的東西。它是一種神聖的器皿。」[70]又如曾子曰：「身也者，父母之遺體也。行父母之遺體，敢不敬乎！居處不莊，非孝也；事君不忠，非孝也；莅官不敬，非孝也；朋友不信，非孝也；戰陣不勇，非孝也。五者不遂，災及於親，敢不敬乎！」[71]杜維明於此闡論：「我們的身體並不是單純地為我們自己所擁有，而是父母賦予我們的神聖禮物，因此，它充滿了深刻的倫理宗教意義。」[72]由此更進一步，杜維明指出：「身體不只是被視作父母所賜的禮物，⋯⋯而且還是上天所賦知覺物的最高形式。」[73]

因此，重「身」就決不僅僅是「從其小體」。孟子一方面說「人之於身也兼所愛，兼所愛則兼所養也。無尺寸之膚不愛焉，則無尺寸之膚不養也」，仍然表達了儒家對於「身」的一般重視；但緊接著強調「體有貴賤，有小大。無以小害大，無以賤害貴。養其小者為小人，養其大者為大人」。孟子也注意到了小大結合的問題，故曰：「飲食之人無有失也，則口腹豈適為尺寸之膚哉？」朱子注曰：「大體，心也；小體，耳目之類也。」又曰：「若使專養口腹而能不失其大體，則口腹之養，軀命所關，不但為尺寸之膚而已。」[74]杜維明發揮先儒之成說道：「按照儒家說法，一旦我們的注意力集中於外界，我們的內在資源就一定會被浪費掉。用孟子的話來說，『物交物，則引之而已矣』，這會形成惡性循環。由於物作用於感官，感官就需要更多的物來滿足。這會導致『小體』不可遏制地擴張，即一種膨脹了的私

---

[70] 〈儒家對於學的理解〉，收入《新加坡的挑戰——新儒家倫理與企業精神》（北京：三聯書店，1989 年），頁 62。關於將「身」比作「神聖的器皿」，參見芬格萊特〈儒家的一個隱喻——神聖的器皿〉，收入氏著《孔子——以凡俗為神聖》。

[71] 《禮記正義・祭義》。

[72] 〈自我與他者：儒家思想中的父子關係〉，收入《儒家思想——以創造轉化為自我認同》，頁 132。

[73] 〈劉宗周哲學人類學的主體性〉，收入《道、學、政：論儒家知識分子》，頁 102。

[74] 《孟子集注・告子章句上》，載《四書五經》上冊。

我，最後造成真我（本心）的喪失。」[75]但是同時，如上所述，杜維明又肯定活生生的有血有肉的人才是儒家的反思對象。由「小體」與「大體」的辯證關係引出兩個相互聯繫的思想：「(1)作為人的獨特性在於它是一個道德和精神的問題，而這一問題如果化約為生物學和社會學上的考慮是不可能得到恰當回答的；(2)自我完善或養心的過程，絕對不是去尋求一種純粹的道德性和精神性，它必須包括人類生活的生物的和社會的種種現實。」[76]這樣，重「身」必當導向養「心」，涵育「小體」一定要使之成為安頓「大體」的「神聖的器皿」。

　　將「小體」涵育成為安頓「大體」的「神聖的器皿」的傳統方式，乃是通過灑掃、應對以及禮、樂、射、御、書、數諸「小學」科目的訓練。「在傳統中國，要求孩子首先承擔一些輕易的任務，諸如回答簡單問題，灑水掃地之類。接著就是更為詳細的教育科目：禮、樂、射、御、書、數，謂之『六藝』」。[77]「『禮』作為六藝之首，乃是對於形體的嚴格操練。其目的是使我們在日常生活中轉化自己的形體，使之成為自我的一種恰如其分的表現。……我們學習合乎禮的立、坐、行和食，以便我們能夠和諧地同周圍的人一起生活。我們之所以這樣做，並非是為了尋求他人的認可，而是為了遵循激勵我們成為群體組成部分的準則」。「『樂』則是期望形體達到和諧，從而以井然有序的形式表現出我們與生活的韻律相一致。……既然所有真正的音樂都被視為人心所產生，那麼，音樂就能夠塑造身體的活動使之成為內在自我的完美表現」。「射」、「御」無疑更屬「生理的鍛煉活動」；「如果《孟子》一書所曾提到的王良的故事具有某種暗示的話，那即是說，在御的技藝中也包含著複雜的自我控制的禮。『御』這門必修科目不僅要求增強人的體力，而且也要求養成適當的行為方式的意識」。「書」、「數」的使

---

[75] 〈先秦儒家思想中的人的價值〉，收入《儒家思想──以創造轉化為自我認同》，頁82。

[76] 〈孟子思想中的人的觀念：中國美學探討〉，收入《儒家思想──以創造轉化為自我認同》，頁115。另見〈東亞思想觀念中的「道德共範」〉，同書頁15、24-25。

[77] 〈儒家聖人：為己之學的典範〉，收入《道、學、政：論儒家知識分子》，頁34。

用毛筆和算籌，則「可能包含了手指訓練的技藝在內」。[78]總之，「六藝」作為修「身」方式，「使身從一種原始的狀態轉化成群體關係的富有成果的中心」，[79]其直接效應就是導致身體恰當地禮儀化，使之可以充當自我表達和相互交流的工具，從而主體也就成為完全的社會參與者。[80]同時，由於「六藝」本身「既是身體練習，也是精神鍛煉」，[81]「通過禮、樂、射、御、書、數來轉化自己形體的人，同時也為自己（並在自己內心）創造出真和美」，[82]因此，將「身」涵育成「神聖的器皿」的過程也就是由「小體」向著「大體」轉化和超越的過程。這樣，「自我轉化和自我超越的可能性問題將我們引入對心的分析」。[83]

「心」是儒家思孟一系的核心範疇之一。根據《孟子》，「人之所以異於禽獸者幾希」，即在於秉有此「心」之一點靈明；而「君子所以異於人者」，也在於「君子以仁存心，以禮存心」。「心」之本質即仁義禮智「四端」，「仁義禮智非由外鑠我也，我固有之也」。此「四端」既是人的倫理底線（故曰「無惻隱之心非人也」云云），也是人終極轉化的必要和充足動力（故曰「凡有四端於我者，皆知擴而充之矣，若火之始然，泉之始達」）。「心」之於人有「同然者」，是即「理也義也」，「聖人先得我心之所同然耳」。「盡心」則可以「知性」以至於「知天」。但是「心」又具

---

[78] 〈孟子思想中的人的觀念：中國美學探討〉，收入《儒家思想——以創造轉化為自我認同》，頁 108-112。

[79] 〈孟子思想中的人的觀念：中國美學探討〉，收入《儒家思想——以創造轉化為自我認同》，頁 108-112。

[80] 參見〈儒家聖人：為己之學的典範〉及〈劉宗周哲學人類學的主體性〉，均收入《道、學、政：論儒家知識分子》，頁 37、102；另見〈修身作為體現人性的教育〉，載《第 20 屆世界哲學大會論文集》卷 3「教育哲學卷」（美國 Bowling Green 州立大學哲學文獻中心，1999 年）。

[81] 〈劉宗周哲學人類學的主體性〉，收入《道、學、政：論儒家知識分子》，頁 102。

[82] 〈孟子思想中的人的觀念：中國美學探討〉，收入《儒家思想——以創造轉化為自我認同》，頁 108-112。

[83] 〈孟子思想中的人的觀念：中國美學探討〉，收入《儒家思想——以創造轉化為自我認同》，頁 108-112。

有「操則存，舍則亡，出入無時，莫知其鄉」的特徵，故當於「心」勿忘勿助，寡欲而養之，有「放心」則知求取，終至於「不動心」之境界。[84]至宋明諸先生，講「極」、講「氣」、講「理」、講「心」，大旨總不外乎所謂「提撕喚醒」，「惺惺不昧」；承接遞續的也只是一個「斯人千古不磨心」。迄於現代新儒家，熊十力先生以「仁」與「本心」相互發明，用立天人之本；牟宗三先生格義康德（Immanuel Kant）以建構「道德的形上學」；唐君毅先生闡發「心通九境」之論，關注所在仍是既作為本體又作為存有之「心」。

　　杜維明戚戚認同於孟子心學傳統。他認為，「孟子影響下處於支配地位的思想傳統」，因其與《中庸》、〈易傳〉的一脈相承性，故而「不是他個人的私見而是古典儒家的公議」；而作為孔子以後儒家兩大支脈之一的荀子「試圖強調心的認識功能，只不過代表了儒家思想的一小朵浪花」。[85]為了準確定義孟學之「心」，杜維明採用了對譯方式，指出：「『心』這個詞，在英語中有時譯作 heart，有時譯作 mind。它把良心（conscience）和意識（consciousness）兩個層次結合到一起。在英文當中，作為內在制約形式的良心（conscience）與作為認識形式的意識（consciousness）之間有明顯的區別。法語的 conscience 一詞卻與之不同，它包含了認識這個層次，又包含了感覺的道德、情感層次。它更接近於儒家的『心』。……中文的心既是感覺和感受性的中心，又是意志力和認識的中心。在討論中國文化的時候用起 mind（思想）這個詞來，總是涉及到 heart（心）的層次。意志、認識和感情，作為它不可分割的各個部分，匯合到一起履行它們的功能。」[86]這種對譯本身就是對於主體之「心」的創造性詮釋。

---

[84] 參見《孟子》之〈公孫丑上〉、〈離婁下〉、〈告子上〉、〈盡心上〉、〈盡心下〉等篇，載《四書五經》上冊。

[85] 參見〈從身心靈神四層次看儒家的人學〉，載香港《明報月刊》1984 年 11 月號；〈劉宗周哲學人類學的主體性〉，收入《道、學、政：論儒家知識分子》，頁 104。

[86] 〈儒家對於學的理解〉，收入《新加坡的挑戰──新儒家倫理與企業精神》，頁 65。

關於「心」在主體轉化中的意義，杜維明遵循孟子思想，認為「我們與其他動物所共有的本能欲望決定了我們是什麼，但我們本性中所固有的道德傾向則使我們成為獨特的人」；這種固有的道德傾向就是「我心所固有的人類基本情感的『四端』」，「這些情感所萌發的力量為我們提供了一種智的直覺，使我們可以洞悉聖賢以及我們自己心中的真與美」；「心」具有無限的可能性，「如果得到培養，心事實上就能夠得到無限發展」，以至於獲得「超越的視角」；而「心」的「出入無時，莫知其鄉」的特徵則要求主體以「存心」、「寡欲」、「勿忘勿助」、「求放心」諸方式護持此「心」。[87]概括而言：「心的統攝和綜合作用不必是對治感性的控制機制。能『思』的心官是通過昇華而非排拒感性而達到內外交養的自知自證。『大體』之所以大，正因為求得的『放心』可以推己及人，使得感性的資源（如『不忍』）逐漸推展（親親、仁民、愛物）以達到『上下與天地同流』的境地。塞於天地之間的浩然之氣並非神秘主義而是可以證驗的『萬物皆備於我』的心量，唯聖人才真能『踐形』在此方有實義。」[88]

由上可見，主體心量之極致已足以涵契宇宙。事實上，「心」在儒家傳統中本來就是一個兼具本體與存有意義（或本體與存有合一）的範疇，因此張橫渠才有「大其心則能體天下之物」、「有外之心不足以合天心」之論。[89]這樣，主體之由「心」向「靈」的轉進便不能理解為時空向度的新的開展，而只能是「心」之一體的精純化，這也就是「道德智慧」或「智性」。杜維明說：「靈覺說的是一種道德智慧，是對存在情境的一種覺感，所謂當善即善，當惡即惡，活潑潑的不可思議。」[90]又說：「體之於身的感性和驗

---

[87]〈孟子思想中的人的觀念：中國美學探討〉，收入《儒家思想——以創造轉化為自我認同》，頁 112-117。另見〈論孟子的道德自我發展觀念〉，收入《人性與自我修養》；〈從身心靈神四層次看儒學的人學〉；〈劉宗周哲學人類學的主體性〉，收入《道、學、政：論儒家知識分子》。

[88]〈從「體知」看人的尊嚴（提綱）〉，載《國際儒學研究》第 6 輯（北京：中國社會科學出版社，1999 年）。

[89]王夫之《張子正蒙注·大心》（北京：古籍出版社，1956 年）。

[90]《杜維明學術專題訪談錄——宗周哲學之精神與儒家文化之未來》，頁 60。

之於心的理性為智慧提供了寬廣的經驗基礎。正如理性必須反復於感性之中以展現其多姿多樣的性格（道德理性、知識理性、審美理性、工具理性、溝通理性、合理性），智慧所象徵的靈覺不是孤明而是積養深厚的自得之趣。」[91]這顯然是將「靈覺」當作深積厚養於「身」、「心」從而主體藉以居安資深、左右逢源的「智性」，是「身」、「心」之發用。

至於「神」，在孟子所謂「聖而不可知之之謂神」這一意義上，它仍然「象徵著人的完美」，「是我們在實現自身時所應不斷身體力行的激勵人心的鵠的」。而且基於「萬物皆備於我」以及「聖人與我同類」這些「對於人的生存狀況的深刻洞察」，「神」之完美境界「是人能夠達到，或者說應該努力達到的審美評價的範型」，所以顏淵才有「舜何人也？予何人也？有為者亦若是」的高度自信和主動。要之，「在人的身心結構中，存在著將自我發展為與天地合一的潛能和巨大的可能性。如此理解的人性不是一種無法實現的理想，而是一種進行道德和精神轉化的無窮無盡的動力。用《中庸》提供的形象：人既『可以贊天地之化育，則可以與天地參矣』」。[92]這樣，通過「神」性便已臻致「溝通神明」[93]和「到達了天地鬼神的境界了」。[94]

在整合的意義上，深層與動態主體性之身、心、靈、神的層層提升「在儒家人學裡並不是絕然分離的四階段，而是一個連續過程中互相融貫的四度超升」，[95]是一個「層層限定而且層層破除限定的過程」。[96]但在人的實際情境中，主體性的提升卻是一種「持久不斷的挑戰」，「即便是成熟的人也不能終止其學習，因為我們固有品質的發展使我們必須不斷更加精煉，……

---

[91]　〈從「體知」看人的尊嚴（提綱）〉，載《國際儒學研究》第 6 輯。

[92]　〈孟子思想中的人的觀念：中國美學探討〉，收入《儒家思想——以創造轉化為自我認同》，頁 117-120、105。

[93]　〈從「體知」看人的尊嚴（提綱）〉，載《國際儒學研究》第 6 輯。

[94]　《杜維明學術專題訪談錄——宗周哲學之精神與儒家文化之未來》，頁 60。

[95]　〈從身心靈神四層次看儒家的人學〉，載《明報月刊》（香港）1984 年 11 月號。

[96]　〈從「體知」看人的尊嚴（提綱）〉，載《國際儒學研究》第 6 輯。

成熟，作為人類學習的成果，包含著進一步發展的真正可能性」，[97]「儒家的自我作為一種發展過程是對永無止境的學習過程作出畢生承諾」，[98]「在實際意義上，總存在著讓個人內在主體性進一步純化的範圍，因此，朝向更深的主體性發展的過程就是永無止境的」；[99]而「一旦自我轉化的過程停頓，人就逐漸地不成其為人了。用程顥的類比說，這就像四肢的癱瘓。當要求進一步自我實現的敏感性變得麻木不仁，那麼他的人性的範圍和深度都必然地要受到限制。這個限制的極端形式，用中國俗話說就是『行屍走肉』」。[100]

主體性之層層提升的另一弔詭是，「自我轉化不只是離開自己『所在的原點』，而且也是對這個原點的回歸。它既不是對純粹精神性的追求，也不是對肉體的、世俗的、或對瀆神的事物的一種解脫」，[101]「儒家的自我超升絕不是離身心以成就靈神的模式，相反地，只有在身上真切下工夫才可知心，才可覺靈，才可明神。……這種掘井及泉的工夫進路，嚴格地說，不僅是自我超升，也是自我潛沉」。[102]另如上文引述的所謂人的道德、精神性不能化約為生物、社會性，同時人的生物、社會性也不能純化為道德、精神性的觀點，體現的也是這種思想。應該指出，對於提升（超越、推擴）與根源之間的張力的強調，貫穿於杜維明關於儒家哲學的人學的整個論說之中，並且運用於他後來開展的文化社會學諸論域。基於這種辯證觀，可以合乎邏輯地得出「人性之中自然有可以成長、發展和浩然壯大的源頭活水」[103]而

---

[97] 〈孟子思想中的人的觀念：中國美學探討〉，收入《儒家思想——以創造轉化為自我認同》，頁117-120、105。

[98] 〈自我與他者：儒家思想中的父子關係〉，收入《儒家思想——以創造轉化為自我認同》，頁126。

[99] 〈王陽明四句教探究〉，收入《人性與自我修養》，頁228。

[100] 〈從宋明儒學的觀點看「知行合一」〉，收入《人性與自我修養》，頁133。

[101] 〈宋明儒學的宗教性和人際關係〉，收入《人性與自我修養》，頁151。

[102] 〈從身心靈神四層次看儒家的人學〉，載《明報月刊》（香港）1984年11月號。

[103] 〈孟子：士（知識分子）的自覺〉，收入《儒學第三期發展的前景問題——大陸講學、問難和討論》，頁320。

「根本不存在求助於『徹底的他者』來作為人的可完善性的真實基礎」[104]
的論斷。這種迥異於一元神論的人本主義的終極根據，則在於主體對於形上
道德本體的內在超越。

2、內在超越

　　「超越」和「內在」是西方宗教學的一對術語。「超越」
（transcendence）的神學意涵指向超絕於世界、在世界之外（之上）發生作
用的神或上帝；「內在」（immanence）則指向泛存於自然萬物並在其中發
生作用的神或神性。[105]二者形成一種非此即彼的絕然背離的二分架構。

　　現代新儒家通過創造性轉化，對「超越」和「內在」這一對術語加以綜
合運用，既揚棄了「全然他在」的神學觀，又提升了「萬物有靈」的泛神論，
使二者構成一種辯證的蘊涵的關係，一方面用以指涉即存有即活動、即超越
即內在的形上道德本體，另一方面則用以指涉主體的修養方式和踐履途徑。
牟宗三先生認為：「大抵先秦後期儒家通過《中庸》之性體與道體通而為一，
必進而從上面由道體說性體也」；至宋明諸儒更是「將《論》、《孟》、《中
庸》、〈易傳〉通而為一」，從而說明了「仁與天為一，心性與天為一，性
體與道體為一，最終由道體說性體，道體性體乃是一」。[106]牟先生進一步
闡述：「天道高高在上，有超越的意義。天道貫注於人身之時，又內在於人
而為人的性，這時天道又是內在的（immanent）。因此，我們可以康德喜用
的字眼，說天道一方面是超越的（transcendent），另一方面又是內在的
（immanent 與 transcendent 是相反字）。天道既超越又內在，此時可謂兼具
宗教與道德的意義，宗教重超越義，而道德重內在義。」[107]由此說明了主

---

[104] 〈東亞思想觀念中的「道德共範」〉，收入《儒家思想——以創造轉化為自我認
　　同》，頁 15。

[105] 參見呂大吉主編《宗教學通論》（北京：中國社會科學出版社，1989 年），頁 152-
　　168；另見任繼愈主編《宗教大辭典》「超在論」、「內在論」（上海：上海辭書出
　　版社，1998 年）。

[106] 牟宗三《心體與性體》第一冊（臺北：正中書局，1968 年），頁 35。

[107] 牟宗三《中國哲學的特質》（上海：上海古籍出版社，1997 年），頁 21。

體與本體兩下的內在／超越和超越／內在性質及其基於此種性質的互通。此亦牟、徐、張、唐四先生〈宣言〉所強調的「由古至今中國思想家所重視之天人合德、天人合一、天人不二、天人同體之觀念」以及中國文化中「一方使天由上徹下以內在於人，一方亦使人由下升上而上通於天」的觀念。

值得注意的是，牟宗三先生在闡述儒家內在超越觀時，使用了「先秦後期」這一時間限定，這正是儒家內在超越觀相對於此前華夏初民超越觀而發生轉折的界際，也是中國大傳統之超越觀區異於猶太－基督教超越觀之首途。事實上，三代以上的超越觀也是歸依於單向宰制的人格神（「上帝」）這種外在對象的。周革殷命從而深入認識到德性對於保有天命的重要意義，這一觀念投射到超越對象，遂使之賦有了更多道德屬性，由此開啟了超越內在或內在超越的精神方向。至孔子以迄思、孟，以德性貫穿的內在超越觀漸臻成熟。此後雖有漢代董仲舒、劉向、京房之倫以災祥釋天意，某種程度上承續三代以上天命觀而復活了外在超越的宰制性，但這一思想並不被後儒接受為道統正傳，而逐漸沉沒於民間小傳統之中。宋明諸先生則基本揚棄了外在超越的宰制性，高揚「天人合德」的道德形上學，至此，儒家亦即中國大傳統的超越觀便與猶太－基督教超越觀判然分途。

但是，如同對於儒家本體論一樣，中外學者對於儒家的超越觀也多有懷疑或否定（儒家的道德本體之作為超越存有，本來即一而非二）。韋伯認為：「在儒教的倫理中，看不到存在於自然與神之間、倫理要求與人的缺點之間、罪惡意識與救贖需要之間、塵世的行為與彼世的報答之間、宗教義務與社會政治現實之間的任何緊張性。因此，也談不上通過不受純粹的傳統與習俗約束的內在力量去影響生活方式的問題。」[108]這就從儒家的內在性本身否定了這一傳統具有任何超越嚮往的可能。羅伯特・貝拉一度追隨韋伯思想，認為儒家觀念中由於幾乎沒有論證過在社會認可的範圍之外還有其他更高的規範，因而創造性社會革新的真正可能性便往往「因缺乏對某種超越存在的忠誠而受到排除，而正是這種忠誠能為社會革新的可能性提供依

---

[108] 韋伯《儒教與道教》（南京：江蘇人民出版社，1997 年），頁 265。

據」，[109]這便將中國傳統社會「缺乏」轉化動力的原因歸於超越性的缺失。牟復禮基於同情理解的立場，遵循他所把握的荀子的思想進路，「證明無論在哲學意義層面上還是在實踐層面上，儒家體系根本就不具備超越的作用」。牟氏的理據即在於他所得出的中國傳統的「有機整體宇宙觀」，他肯定這一宇宙觀「根本沒給『神聖的（或完完全全的）他者』（holy (or wholly) other）留有餘地」。[110]郝大維（David L. Hall）和安樂哲（Roger T. Ames）通過對希臘－希伯來傳統中一個「全然的他者」與一個受其影響的世界所構成的二元論模式的梳理，提出了所謂「嚴格超越」（strict transcendence）的概念：「在原則 A 和原則 B 的關係中，如果 A 在某種意義上決定 B 而 B 不決定 A，那麼，原則 A 就是超越的。就是說，如果不訴諸於 A，B 的意義和重要性就不能得到充分的分析和解釋，而反過來，情況就非如此，那麼，A 就超越 B。」[111]這種「嚴格超越」概念在用於上帝之時，「通常表示『獨立於被創造的秩序之外』。……它幾乎一直是指一種非對稱的關係（即雙方位置不可對換），在這種關係中上帝超越於世界，然而反之則不然」。[112]基於「嚴格超越」概念，郝、安二氏徹底否認中國傳統中具有任何「超越」觀念。他們宣稱「超越的觀念與對中國古典典籍的解釋無關」，[113]「（超越的）意識從未成為（中國哲學）那個古典傳統的文化敘述的一部分」，[114]認為「不規範地、隨意地使用超越的概念來表述中國的感悟方式，多半會導致嚴重的混亂」。[115]馮耀明就「超越」問題與杜維明頗有幾個回合的論

---

[109] 羅伯特・貝拉〈基督教和儒家中的父與子〉，轉引自杜維明〈宋明儒學的宗教性和人際關係〉，收入《儒家思想——以創造轉化為自我認同》，頁 153。貝拉後來對其觀點進行了反思和修正。

[110] 《道、學、政：論儒家知識分子・牟復禮序》。

[111] 郝大維、安樂哲《孔子哲學思微》（南京：江蘇人民出版社，1996 年），頁 5。

[112] 郝大維、安樂哲《漢哲學思維的文化探源》（南京：江蘇人民出版社，1999 年），頁 195。

[113] 郝大維、安樂哲《漢哲學思維的文化探源》，頁 226。

[114] 郝大維、安樂哲《漢哲學思維的文化探源》，頁 198。

[115] 郝大維、安樂哲《漢哲學思維的文化探源》，頁 194。

辯，他尖銳指出：「『超越』（transcendent）與內在（immanent）是兩個對反（contrary）的概念，不可能用來形容同一個實體或項目（entity）。我認為儒學的內容十分豐富，『儒學傳統的多面相、多層次及多方向的內涵，可以有多樣發展的可能性』。而不必走向『超越內在』說此一歧路上去。」[116]他運用邏輯分析方法，認為：如果要使「內在超越」與「外在超越」形成對比，就必須以兩個「超越」具有同一內涵為前提；由於「超越」本來涵蘊「外在」，而「外在」又與「內在」互相矛盾，因此「超越」與「內在」必定是「對反的」。而如果設定「超越」與「內在」並不「對反」，那麼兩個「超越」便必非同一內涵，這樣「內在超越」與「外在超越」又不能形成對比。「要『對比』，就得承認兩個『超越』的意義一樣，從而要付出『超越』與『內在』互相『對反』的代價；要是『超越』與『內在』不『對反』，便得承認兩個『超越』的意義不一樣，從而要付出不成『對比』的代價」。[117]上述諸論，歸根結蒂都是基於「兩希」傳統的在「全然他者」籠蓋下的聖－凡、天－人、靈－肉、精神－物質、宗教－世俗、超離－嵌陷、創造者－創造物等全面存在的絕對二分架構所形成的超越觀，用這種超越觀來批評以至否定儒家的「內在超越」，誠可謂方鑿圓枘。至於用邏輯律（而且僅僅是形式邏輯的矛盾律）來規範「內在超越」這種存在－生命之體驗，更是給識者以相去不可以道里計的荒謬感。

實際上，上述諸家自以為對「內在超越」言之鑿鑿的批評標準，卻恰恰是現代新儒家與「外在超越」謹相區別的分限。牟宗三先生說：「西方哲學通過『實體』（entity）的觀念來瞭解『人格神』（personal God），中國則是通過『作用』（function）的觀念來瞭解天道，這是東西方瞭解超越存在的不同路徑。」[118]李明輝先生說：「中國文化底基本思想模式以連續性為基礎，西方文化底基本思想模式以斷裂性為基礎，而兩者所孕育的世界觀也

---

[116] 馮耀明〈「儒學三期論」的問題：回應杜維明教授〉，載《當代》（香港）第 93 期，1994 年 1 月 1 日。

[117] 馮耀明〈「儒學三期論」再論：再答杜維明教授〉。

[118] 牟宗三《中國哲學的特質》（上海：上海古籍出版社，1997 年），頁 22。

分別具有這兩種特色。」[119]杜維明對中西「超越」觀的差異也多有論述，例如在〈宋明儒學的宗教性和人際關係〉一文中，他說：

> 「全然他者」的超越的觀念，在宋明儒學思想中是絕對不可能存在的。……批評宋明儒學缺乏一個超越的支撐點，這實際上是把一種基督教的、從而是外來的解釋強加在宋明儒學之上。現代儒者確實很難完全理解那種「全然他者」的觀念，那種絕對依附的情操，也不會認為全心信仰一個不可知的上帝是說得過去的。但是，在宋明儒傳統的符號資源中，的確有可能發展起一種超越的支撐點用以作為知識群體或旨趣相近的求道者的終極依據。……儘管儒家很難設想有一個作為「全然他者」的超越力量，但它對終極自我轉化的承諾卻必然包含著某種超越層面，超越作為存在狀況之自我的通常界線，從而使人能與天所賦予的本性相符，儒家的這一觀點必然引發人去從事不斷超越眼前經驗的轉化性活動。[120]

誠如杜維明所言，儒家傳統中確實具有十分豐富的不依附於「全然他者」但同樣足以作為終極自我轉化的超越的支撐點的思想。事實上，自孔子便已有性與天道之論。朱子注子貢所謂「夫子之言性與天道不可得而聞也」曰：「性者，人所受之天理；天道者，天理自然之本體。其實一理也。言夫子之文章日見乎外，固學者所共聞；至於性與天道，則夫子罕言之，而學者

---

[119] 李明輝《當代儒學之自我轉化》（臺北：中央研究院中國文哲研究所，1994 年），頁 148。

[120] 見《儒家思想——以創造轉化為自我認同》，頁 155。另見〈自我與他者：儒家思想中的父子關係〉，收入《儒家思想——以創造轉化為自我認同》；〈創造的轉化——批判繼承儒家傳統的難題〉、〈超越而內在——儒家精神方向的特色〉，收入《儒家第三期發展的前景問題——大陸講學、問難和討論》；〈儒家的超越性及其宗教向度〉，收入《十年機緣待儒學》；〈儒學的理論體系與發展前景〉，載《中華文化論壇》1999 年第 1 期；《杜維明學術專題訪談錄——宗周哲學之精神與儒家文化之未來》，頁 71-72。

有不得聞者。蓋聖門教不躐等。子貢自是始得聞之，而歎其美也。」又引程子曰：「此子貢聞夫子之至論而歎美之言也。」[121]程、朱皆以子貢所謂「不可得而聞」恰恰是得聞孔子性與天道之論以後的歎美，這種詮解由馬王堆帛書〈易傳〉可以得到某些證明。[122]由此也可見出朱子本人基於「理」本體得出的人性、天道一「理」貫通的思想。至於《中庸》以喜怒哀樂未發之「中」為「天下之大本」，[123]孟子倡「盡心知性知天」之說，[124]周濂溪將「五常之本，百行之源」通於「寂然不動」之「誠」，[125]張橫渠指「天性在人正猶水性之在冰」，[126]程明道謂「一人之心即天地之心」，[127]程伊川以人為「天地儲精得五行之秀者」，[128]陸象山宣言「宇宙便是吾心，吾心即是宇宙」，[129]薛敬軒自陳「七十六年無一事，此心始覺性天通」，[130]王陽明直指「無聲無臭獨知時，此是乾坤萬有基」，[131]湛甘泉發為「本心宇宙一也」之論，[132]劉蕺山體認「天之托命處即吾心之獨體」，[133]乃至於熊十力先生為辟知識論本體學之謬誤而強調「萬物本源與吾人真性本非有二」，[134]僅此數端舉舉大者，雖其間亦不無差異可辨之處，然要皆表明儒

---

[121] 《論語集注‧公冶長第五》，載《四書五經》上冊。

[122] 參見拙文〈帛書易傳天人道德觀發覆——對孔子天人道德思想及其承傳影響之檢討〉，載《世界中國哲學學報》第2期（臺灣佛光人文社會學院，2001年）；摘刊於《周易研究》2001年第2期，題為〈帛書《易傳》四篇天人道德觀析論〉。

[123] 《中庸》第一章。

[124] 《孟子‧盡心上》。

[125] 張伯行《濂洛關閩書》上（上海：商務印書館，1941年），頁6、8。

[126] 王夫之《張子正蒙注‧誠明》（北京：古籍出版社，1956年），頁85。

[127] 張伯行《濂洛關閩書》上，頁138。

[128] 張伯行《濂洛關閩書》上，頁100。

[129] 《象山先生全集》卷三十六（上海：商務印書館，1935年）。

[130] 黃宗羲《明儒學案‧河東學案》（北京：中國書店，1990年），頁26。

[131] 《王陽明全書》二（臺北：正中書局，1953年），頁207。

[132] 《湛甘泉先生文集‧樵語》，清康熙二十年黃楷刻本，收入《四庫全書存目叢書‧集部五六》（濟南：齊魯書社，1997年）。

[133] 《劉子全書》卷二十一，清道光甲申乙未刻本。

[134] 熊十力《新唯識論》（北京：中華書局，1985年），頁251。

家賢哲深富形上理趣，並於本體論說多有建樹；且其本體絕非超絕孤在、單向宰制的「徹底的他者」，而是為人立極或人本之極，是內在於人的超越或超越於人的內在，是人的道德提升之終至。關於儒家思想這種內在超越的特色，方東美先生曾有精彩的表述：「我以『超越形上學』一辭來形容典型的中國本體論，其立論特色有二：一方面深植根基於現實界；另一方面又騰沖超拔，趨入崇高理想的勝境而點化現實。它摒斥了單純二分法；更否認『二元論』為真理。從此派形上學之眼光看來，宇宙與生活於其間之個人，雍容洽化，可視為一大完整立體式之統一結構。」方先生更將這種形上學體系概括為「體用一如」、「變常不二」、「即現象即本體」、「即剎那即永恆」。[135]

杜維明接續先儒思想並揚棄西方宗教學的超越觀，對於內在超越作了比較全面深入的闡發。首先，從原初本性看，人乃是一種內在超越的存在。「在本體論上，自我，我們原初的本性，為天所賦。因而，就其可涵潤萬物而言是神聖的。在這個意義上，自我既是內在的，又是超越的。它為我們所固有；同時它又屬於天」。[136]儒家關於人的內在超越性的經典表述見於《中庸》首章所論「中和」一節，它所揭櫫的核心思想在於：「人道既不是神中心的，也不是人類中心的。毋寧說，它指向了天人之間的一種互動性。由於堅持天人之間的互動，人道一方面要求必須使人的存在具有一種超越的依據，另一方面也要求天的過程得到一種內在的確認。」具體地說，「中」這種對人性中原本的寧靜狀態的體驗「不僅只是一種對於這些基本感情出現之前的平靜狀態所進行的心理學意義上的體驗，而且還是一種對終極實在所作的本體論意義上的體驗」。[137]

在另一端點上，內在超越又是人通過終極的自我轉化所實現的真我。所謂「真我」亦即「人之所以異於禽獸」的那點微小差別（「幾希」），而這

---

[135] 方東美《生生之德》（臺北：黎明文化事業公司，1987 年），頁 283-284。

[136] 〈自我與他者：儒家思想中的父子關係〉，收入《儒家思想——以創造轉化為自我認同》，頁 140-141。

[137] 《論儒學的宗教性：對《中庸》的現代詮釋》，頁 4-6。

點微小差別卻恰恰是「天之所與我（人）」的「大體」。「大體」能夠「同天地萬物形成一體」，具有「本體論實在性」，顯然賦有超越性；故真我的實現即達致一種超越境界。但在另一方面，「大體」又是「使我們得以作出內在的決意以培育我們的敏感性（仁）的心」。誠然，「心不僅是作為一種體驗的實存而呈現，而且從本體論意義上，也作為一種絕對的超越的實存而呈現」，也就是說，「心」也具有超越面相；然而，「心永遠不可能通過賦予自身以『全然的他者』的身分來維持它作為絕對超越者所具有的那種純粹的客觀性。為了實現自己，它必須通過一個處於時空之中的個人的主體性運作。心是無所不在的，但不是無所不能的。它不可能從它的創造性所寓居的活動場所抽身。它的真實本性不在於一種徹底的超越，而在於一種具有超越層面的內在」。因此，真我的實現終究不能超離主體的內在性，「歸根到底，儒家的超越是它的包容的人文主義的一個有機的組成部分」。[138]由人的原初本性經由「此在」過程而趨於真我實現的踐履工夫也體現為一種內在超越的方式。誠然，「人在（原初）本性上分享有天的實在性」，「他們的本質與天的本質是相同的」，[139]但是由此「根本無從保證（現實中）每個人既有了天所賦予的性，就一定能夠毫不費力地達到與天的完全的合一」。[140]現實的人要達到與天合一從而實現真我，「唯一方式就是深透到他自己存在根基中去」，[141]「人接近天的基本途徑就應在人自身的結構中去尋找。完全外在於人之結構的先驗實在不是不可思議的，就是與人的終極關懷毫不相干。只有經由這個『人性化』的過程才能夠超越自身，而在此特別的脈絡中，這個人性化的過程即是指復歸於人的誠的本性」。[142]這種在「此在」過程中通過沉潛、體認、護持乃至弘化原初本性以趨於真我實現的內在超越工夫，顯然與先儒所謂「掘井及泉」（孟子）、「主靜立人極」（周濂

---

[138] 《論儒學的宗教性：對《中庸》的現代詮釋》，頁 135-142。

[139] 《論儒學的宗教性：對《中庸》的現代詮釋》，頁 135-142。

[140] 《論儒學的宗教性：對《中庸》的現代詮釋》，頁 79。

[141] 《論儒學的宗教性：對《中庸》的現代詮釋》，頁 7。

[142] 〈從宋明儒學的觀點看「知行合一」〉，收入《人性與自我修養》，頁 133-134。

溪）、「觀未發之前氣象」（李延平）、「靜中養出端倪」（陳白沙）以及「靜時存養，動時省察」（劉蕺山）一類修養論說一脈相承。

　　無論是人的原初本質、終極的自我轉化或是真我實現，都深契天人相與問題，其中蘊涵著「一個有意願的又眷顧人間事務的最終裁定者」（天），[143]一個「進行自我超越時具有無限潛在和無可窮盡的力量」的主體（人），[144]以及一個「終極的自我轉化」的過程（學）。[145]在這樣一個架構中，「『自我轉化』意味著儘管我們現在還不是我們之應是，但是我們經過修身是能夠達到人性的這種最高境界的」；所謂「人性的最高境界」就是「成聖」；而「成聖」既是「天所賦予的我們的本質」的實現（合天），同時又是「我們的本性的本真的呈現」（真我）。[146]這樣，旨在極度提升的終極的自我轉化最終落實到深層的回歸；或者說，終極的自我轉化同時實現了極度提升和深層回歸。在這樣一個動態的內在超越過程中，超越的層面、內在的層面通過終極關懷所貫串、互契乃至重合，體現出儒家相對於希伯來傳統的外在超越（非此即彼的、超離的）宗教觀而言的深刻而獨特的宗教性。[147]

　　由於「強調信賴社群之為終極的自我轉化中一種不可消解的終極的真實，乃是儒家宗教性的一個規定性特徵」，[148]又由於「要充分實現作為天

---

[143] 《論儒學的宗教性：對《中庸》的現代詮釋》，頁 6。

[144] 《論儒學的宗教性：對《中庸》的現代詮釋》，頁 105。

[145] 《論儒學的宗教性：對《中庸》的現代詮釋》，頁 107。

[146] 《論儒學的宗教性：對《中庸》的現代詮釋》，頁 107。

[147] 早在 1977 年，杜維明便將儒家宗教性定義為「作為社群行動的終極的自身轉化」，見其當年 7 月 11 日日記。「宗教性」概念為 W.C. 史密斯在其《宗教的意義及目的》（*The Meaning and End of Religion*）一書中首先提出，指涉某一信仰群體的成員在精神上的自我認同，以區別於制度化的「宗教」。杜維明關於儒家宗教性與希伯來傳統的比較論述，主要見於《論儒學的宗教性：對《中庸》的現代詮釋》，頁 6-7；〈宋明儒學的宗教性和人際關係〉，收入《儒家思想——以創造轉化為自我認同》，頁 153-156；〈儒學的超越性及其宗教向度〉，收入《十年機緣待儒學》，頁 35-61；《杜維明學術專題訪談錄——宗周哲學之精神與儒家文化之未來》，頁 71-72、139。

[148] 《論儒學的宗教性：對《中庸》的現代詮釋》，頁 109。

自身之終極轉化的人性」就必須「同天地『盟約』」，[149]因此，主體的終極的自我轉化除了極度提升和深層回歸之外，同時必須在一層的、平實的世界中無限展開。[150]這樣，主體便作為關係中心而處於一個由家國天下、宇宙萬物所構成的動態網絡之中，杜維明將其表述為「開放的同心圓」。

3、開放的同心圓

在軸心文明諸傳統中，被表述為「開放的同心圓」的儒家關於己－人／己－物關係的思想，乃是其哲學的人學的又一顯著特點。希伯來傳統、印度傳統甚至於中國的道家（道教）傳統都將人／物（現實世界）視作個人超升的限制或曰「枷鎖」，其極端甚至對個人的感性或肉體加以禁限或否定。在這些傳統中，「以人繫戀此世顯示出來的與人類相關性被認為是對人的宗教性有害的，因此人能完全體驗到最終的實在——或是以與『全然的彼岸』相聯結的形式出現，或是以與真實的自我合而為一的形式出現——之前，他必須摒棄與他人的相關性。用這種思想傾向的某種標準化的表達方式來說，論證過程是這樣的：與他人相關性必須被整個兒地拋掉，因為它引起了關於自我的虛假的觀念。除非在根本上改變這種主要源自人與人類各種處境的有害接觸中產生出的自我觀念，否則真實的精神進步是不可能取得的。因此，精神的自我淨化成了喪失人性的同義語了，這即是說沖淡了人身中所有的人類相關性的顯著特徵。禪宗教義中的『截斷眾流』的思想和依據祁克果（Kierkegaardian）意義的從倫理階段到宗教階段『信仰的飛躍』的思想，兩者儘管有著本質的不同及衝突，但它們都指出了超越人際關係而達到本質上與社會意識不同的自覺的境界。就此而論，宗教性是不同於社會性的，而是相當激烈地反社會的」。[151]與之絕然相對，儒家認為，「社會性不僅是

---

[149] 《論儒學的宗教性：對《中庸》的現代詮釋》，頁 111。

[150] 關於「一層的、平實的世界」的意義，參見《杜維明學術專題訪談錄——宗周哲學之精神與儒家文化之未來》，頁 30-31。

[151] 〈作為人性化過程的「禮」〉，收入《人性與自我修養》，頁 25-26。杜維明關於希伯來、印度等宗教傳統對於現實世界的否定以及儒家對於現實世界肯定的論述，還見於〈儒家的超越性及其宗教向度〉，收入《十年機緣待儒學》，頁 43-44；〈儒學的

人們嚮往的品質，而且是最高的人生境界的顯著特點」。[152]「儒家的宗教性就是要在這個所謂凡俗的世界裡面體現其神聖性，把它的限制轉化成個人乃至群體超升的助源，把 conditionality 變成 resource」。[153]

實質上，儒家與軸心文明其他傳統在人的終極轉化與社會性的關係方面的對立觀念，正是與各自不同的超越觀相聯繫的。一個「外在超越」的至上存在必然導致信仰者厭棄當下世界而嚮往超入「彼岸」，而表現為天人合一的「內在超越」則自然引發主體對於人與世界所構成的「開放的同心圓」的肯定與親和。如果說「內在超越」是超越的天道內在於主體以及內在的主體超越於天道，那麼，「開放的同心圓」則是作為圓心的主體向著家國天下、宇宙萬物的無限開放與參贊以及無限開放的家國天下、宇宙萬物向著主體的集中生成和輔相。

「開放的同心圓」總是相對於個體－主體而言的。特定的個體－主體作為圓心，在一般正常意義下，無論其生理的、心理的、社會的乃至道德的、宗教的性狀如何，總是對於環繞他／她而展開的「開放的同心圓」具有主導作用。這一「圓心」與上文論述的「身心靈神層層提升」以及「內在超越」的「始基」乃是重合的，其動力當然也在於以修身為本的「深層與動態主體性」。杜維明引述劉蕺山所謂「《大學》之教，只要人知本。天下國家之本在身，身之本在心，心之本在意。意者，至善之所止也，而工夫則從格致始」，指出：「人之本在心，在意，在獨，這是到了無可推求，無可揣控之地，但這就是人的大本，也是國家和社會的大本。此處立得住，則全盤都立得住。」[154]

環繞個體－主體而展開的「開放的同心圓」的組成部分，要不出於〈大學〉所謂家、國、天下的框架。遵循〈大學〉的思路，同時為了儒學創新和

理論體系與發展前景〉，載《中華文化論壇》1999 年第 1 期。

[152] 〈作為人性化過程的「禮」〉，收入《人性與自我修養》，頁 25-26。

[153] 〈儒家的超越性及其宗教向度〉，收入《十年機緣待儒學》，頁 44。

[154] 《杜維明學術專題訪談錄——宗周哲學之精神與儒家文化之未來》，頁 175。所引蕺山之論見《劉子全書》卷十〈學言上〉。

論辯的需要，杜維明將「開放的同心圓」的個體－主體以外的部分進一步釐定為家庭、社群、國家、民族、世界、宇宙諸層。[155]個體－主體在各層之中面對不同的倫理關係而表現出情感和態度上的差等，「親親而仁民，仁民而愛物，從親往外推，從不忍到忍」。[156]這種差等的倫理情感和態度「建立在人的不可避免的限定性和缺陷性上」，也就是「植根於人性本身」，因而一方面相對於「將抽象的宇宙理念落實到現實複雜的網絡中，因沒有現實基礎，所以不能落實，反而造成虛偽和道德迫壓」的墨家的「兼愛」具有更大的合理性，另一方面卻也可能是個體－主體囿於私我和內外、親疏等分際而導致自我設限的原因。[157]

自我設限的可能表現有個人中心主義、家族主義、地方主義、國家沙文主義、文化種族主義、人類中心主義等。[158]一旦自我設限，「開放的同心圓」便即封閉，個體－主體的自我轉化也便中斷，而這與儒家既肯定差等倫理又堅持將「一體之仁」推至宇宙萬物的思想是扞格不合的。「如果一個人不能夠超越他的人類學結構，當然更不用說去超越他的自我主義者的結構，那麼他的自我轉化將仍停留在初步階段。除非個人能實現萬物的性從而達到與天地相參，那麼他的自我實現就永遠不可能完全」。[159]因此，對於個體－主體本身及其現實關係來說，既要承認結構上的限制，又必須追求程序上的自由；既應肯定情境化的實際，又當指向非情境化的理想；既需自覺接受

---

[155]〈儒學的理論體系與發展前景〉，載《中華文化論壇》1999 年第 1 期。杜維明對於「開放的同心圓」的分層的說法較多，各種說法並不完全一致；但關鍵在於：家、國之間一定要插入一個「社群」（或「社會」），而其極至則一定要擴及宇宙無限。前者是為了回應西方學者（如狄百瑞〔William T. de Barry〕）關於中國傳統社會缺少公眾空間的誤解，後者是為了包含宇宙生態學的內容。

[156]〈漢學、中國學與儒學〉，收入《十年機緣待儒學》，頁 23。

[157]〈漢學、中國學與儒學〉，收入《十年機緣待儒學》，頁 24。

[158]參見〈宋明儒學的宗教性和人際關係〉，收入《儒家思想——以創造轉化為自我認同》，頁 156；〈漢學、中國學與儒學〉、〈儒家的超越性及其宗教向度〉，均收入《十年機緣待儒學》，頁 23、46；〈儒家傳統的啟蒙精神〉，載《中華文化：發展與變遷》（馬來西亞中華大會堂聯合會，1997 年），頁 6-7。

[159]〈從宋明儒學的觀點看「知行合一」〉，收入《人性與自我修養》，頁 136。

層層限定的根源性，更應努力修身以層層破除限定。[160]這種辯證的進路誠如「介於精神的個人主義及倫理的社會主義之間的『狹窄的山脊』」，[161]其旨歸則在於破除個人中心主義、裙帶關係、地方主義、國家沙文主義、文化種族主義乃至人類中心主義，而把「不忍之情從至親外推，推到家族、社會、人類、世界、宇宙，即宋儒『人與天地萬物為一體』境界」。[162]也只有這樣「向人性的共同春天自我開放」，才可能使自我「從『意』、『必』、『固』、『我』的約束限制中解放出來」；[163]「通過與他人的真正交流，自我獲得對自己的理解」，「自我所固有的內在資源便得以豐富」；[164]進而「宇宙之『體』全面完整地呈現在人的主體性之中」，最終「表明了經過修身的自我所具有的開放性、透明性、自發性」。[165]這種「開放的同心圓」的無限推擴同時也是向著「圓心」的全面回饋的弔詭，正是儒家「己欲立而立人，己欲達而達人」思想的體現。[166]

　　毫無疑問，「開放的同心圓」的無限推擴及其全面回饋，並不僅僅是社會倫理以及深層心理學的問題，它還涉及終極關懷、人格整合、自我實現等方面，而這些方面均已達至宗教層面。因此，與「內在超越」的極度提升和深層回歸一樣，「開放的同心圓」的無限推擴及其全面回饋也表現了「儒家的社會性包含著深刻的心理的和宗教的內容」。[167]當然，應該指出，「內在超越」指向形上學領域，「開放的同心圓」趨於宇宙論範疇，二者雖然存在著類似於投影幾何學的相關性（「內在超越」境界愈高，「開放的同心

---

[160] 參見〈宋明儒學的宗教性和人際關係〉，收入《儒家思想——以創造轉化為自我認同》，頁151。

[161] 〈作為人性化過程的「禮」〉，收入《人性與自我修養》，頁30。

[162] 〈漢學、中國學與儒學〉，收入《十年機緣待儒學》，頁24。

[163] 〈劉宗周哲學人類學的主體性〉，收入《道、學、政：論儒家知識分子》，頁117。

[164] 〈儒家論做人〉，收入《儒家思想——以創造轉化為自我認同》，頁60。

[165] 〈劉宗周哲學人類學的主體性〉，收入《道、學、政：論儒家知識分子》，頁118。

[166] 〈儒家論做人〉，收入《儒家思想——以創造轉化為自我認同》，頁60。

[167] 參見〈自我與他者：儒家思想中的父子關係〉，收入《儒家思想——以創造轉化為自我認同》，頁128。

圓」則推擴愈遠；反之亦然），但卻是屬於不同的向度的。

4、體知

「內在超越」的極度提升與深層回歸以及「開放的同心圓」的無限推擴與全面回饋，均要求主體以一種既不同於「超離」（皈依）型的宗教體驗、又不同於主客對待型的理性認識的方式去把握形上本體、宇宙萬物、社會關係乃至主體本身。儒家傳統中具有這樣一種特殊的認知方式。杜維明將儒家這種特殊的認知方式概括為「體知」。

一般認為，「體知」這一概念是杜維明於 1985 年提出的，甚至他自己也如此肯認。[168]但是事實上，至遲在 1984 年發表的〈魏晉玄學中的體驗思想──試論王弼「聖人體無」觀念的哲學意義〉中，杜維明便已經正式運用了「體知」概念並進行了詮釋；[169]而這一思想的端緒更是早在 1970 年代中期就已表現出來。

1976 年，杜維明發表了〈內在經驗：宋明儒學思想中的創造基礎〉一文，其中指出：

> 這裡使用的「內在經驗」一詞是要用來表示一組宋明儒學的觀念。為了方便起見，我將把這部分討論限定在一個相關的關鍵性概念中，即「體」這個概念上。「體」的直接意思是「體現」。由於「體」作為一個名詞既是指人的身體形式也是指它的實體，所以當它被用作動詞或形容詞時，它經常表達牽涉到整個人的意思。應該指出的是「體」在其引伸的意義上也可以意味著實在的結構和本質。但是這篇文章脈

---

[168] 〈儒家「體知」傳統的現代詮釋〉（收入《十年機緣待儒學》，頁 63）訪談者周勤、《杜維明學術專題訪談錄──宗周哲學之精神與儒家文化之未來》（頁 29）訪談者東方朔均確認這一時間。杜維明在 1985 年撰寫的〈論儒家的「體知」──德性之知的涵義〉中說：「近來我思考這個問題而提出『體知』這一觀念。」又在 1986 年刊發的〈創造的轉化──批判繼承儒家傳統的難題〉訪談錄中說：「我最近在新加坡、臺灣的有關討論中，提出了『體知』的問題。」

[169] 收入《燕園論學集》（北京：北京大學出版社，1984 年），頁 203。

絡中的「體」，和中國哲學中的體用二分這個引起爭論的問題無多大
關係。它倒是和其他的一些詞如察、味、認、會、證和驗等組成複合
詞。有時它只當作動詞用，與語尾助詞「之」相連結。這些不同的複
合詞蘊涵著全面的承諾這個共同主旨，所謂全面的承諾即是指整個
「身心」的介入。[170]

　　此處所論，與杜維明 1985 年撰寫的、公認作為他的「體知」概念之提
出標誌的〈論儒家的「體知」——德性之知的涵義〉中的某些論述如出一轍。
梅廣先生在評論杜維明 1985 年這篇文章時所解釋的「杜撰」（「杜維明所
撰」）的「體知」特徵——「『體』後面跟著一個心理動詞，連用起來，就表
達一種由身到心的活動過程」——如用以解釋上引論述，亦可謂若合符節。
[171]因此可以說，杜維明對儒家「體知」的探討是由來已久並且一貫的。
　　從上引論述所謂「整個『身心』的介入」即可看出，「體知和身體結了
不解之緣」；它首先表現為一種「體驗的知識」，「也就是說我們的身體已
親切地掌握了一項技能」，「我們已把某項技能內化了」。[172]例如騎自行
車、彈鋼琴、記誦英文名句、熟悉路徑等等，都必須「體之於身」，感同身
受，這樣才可能「知」得真切，才是真知。杜維明經常引用英國現代哲學家
芮爾（Gilbert Ryle）在其《心的概念》一書中對於「知道是什麼」之「知」
和「知道如何作」之「知」的解析，認為前者是認知，後者則屬於體知。[173]

---

[170] 本文最初發表於美國普林斯頓美術館出版的《藝術家和傳統：中國文化中的古為今
用》，收入《人性與自我修養》，頁 141。

[171] 梅廣之論，轉引自杜維明〈論儒家的「體知」——德性之知的涵義〉，收入《儒家傳
統的現代轉化——杜維明新儒學論著輯要》（北京：中國廣播電視出版社，1992
年），頁 503。

[172] 〈身體與體知〉，載《當代》（臺灣）第 35 期，1989 年 3 月 1 日。

[173] 參見〈論儒家的「體知」——德性之知的涵義〉，收入《儒家傳統的現代轉化——杜
維明新儒學論著輯要》，頁 504；〈創造的轉化——批判繼承儒家傳統的難題〉，收
入《儒學第三期發展的前景問題——大陸講學、問難和討論》（臺北：聯經出版事業
公司，1989 年），頁 134。

　　「體知」在社會生活中的主要表現在於知人（人際溝通、知人善任等），「人生難得一知己正是因為從認識、熟悉、親近到定交，要經歷多少縱橫交錯的聯繫，從定交晉升到其臭如蘭的同心之友，又不知要經歷多少面對面的心領神會」。[174]其他如讀書、處世乃至尚友千古等人文現象，無一不是「體知」的實例。

　　但是，「體知」的意義遠不止於此。「把獲得的體知當作內化的技能，只是一種敘說的權法。如果只從內化技能的角度來了解體知，不僅是片面的，而且可能是錯誤的」。[175]對於主體來說，「體知」更主要地是一種「瞭解同時又是轉化的行為」（knowing as a transformative act），也就是「受用」。[176]即是說，在技能內化的同時，主體在本質上相應發生了創造性轉化。以呱呱墜地到發育成人為例，「我們要通過無數的體知，才逐漸認識到我們的身體。我們並不擁有自己的身體，我們發現，創造而成為自己的身體，是各方面各層次磨練的結果」，「所以有哲人強調，身體不只是自然觀念，而且是成就觀念」。[177]儒家傳統更進一步主張，「我們受之於父母的身體，並不是我們所擁有的私產，而是天地所賜予的神器。我們呱呱墜地的片刻，就已具備了豐富的資源和無窮的潛力。但是發掘資源和實現潛力，卻要通過體知的工夫——體知是說明我們認識、瞭解和領會我們身體全幅內涵必經的途徑。這個途徑的具體內容，就是主體意識的建立」。[178]

　　主體的「瞭解同時又是轉化的行為」無疑即為「知行合一」。[179]在〈王陽明四句教探究〉中，杜維明論斷「知與行的合一是良知的規定性特徵之一」；「良知的知（體認）的本身就是一個創造性的行動」，而「良知的

---

[174] 〈論儒家的「體知」——德性之知的涵義〉，收入《儒家傳統的現代轉化——杜維明新儒學論著輯要》，頁 514。

[175] 〈身體與體知〉，載《當代》（臺灣）第 35 期，1989 年 3 月 1 日。

[176] 〈儒家「體知」傳統的現代詮釋〉，收入《十年機緣待儒學》，頁 72。

[177] 〈身體與體知〉，載《當代》（臺灣）第 35 期，1989 年 3 月 1 日。

[178] 〈身體與體知〉，載《當代》（臺灣）第 35 期，1989 年 3 月 1 日。

[179] 〈儒家「體知」傳統的現代詮釋〉，收入《十年機緣待儒學》，頁 72。

行必然包含著更深刻的自我認識」。一方面，「這樣設想的『知』，當然不限於經驗知識」，而「這種行是種經驗性的啟發，必然導致最深層的自我轉化」；這就是說，「知行合一」並不僅僅是向外撲捉客觀事物，而主要是指向主體自身的創造性轉化。另一方面，由於「無論感官知覺被認為有多寬廣，（這樣設想的『知』）它不只是去認識客體。去認識客體就預先假定了主體與客體在認識中的空間距離，並認識程序的開始與完成之間的時間間隔」，聯繫下文所謂「『良知』沒有和感官知覺相分離，但也不能僅僅以日常經驗的意義來完全理解它。它所謂的『完整性』決不能化約為宋明儒家學者們所說的『見聞之知』」，可知「良知」的「知行合一」根本不同於主客對待的認知，而是主體與宇宙萬物乃至形上本體的契合無間。[180]這樣，「體知」與作為「良知」屬性的「知行合一」重合，主體亦與宇宙萬物乃至形上本體打通。「認知者和被認知的對象，不構成主客對立的外在關係，而是為主體的辯證的內在關係」。[181]

　　「體知」在陽明「知行合一」意義上所具有的本體－宇宙論性質也完全符合張橫渠提出的「德性之知」的內涵。橫渠曰：

> 大其心則能體天下之物，物有未體，則心為有外。世人之心，止於聞見之狹。聖人盡性，不以見聞梏其心，其視天下無一物非我，孟子謂盡心則知性知天以此。天大無外，故有外之心不足以合天心。見聞之知，乃物交而知，非德性所知；德性所知，不萌於見聞。[182]

　　此所謂「德性所知」，即是一種涵攝而又超越了作為「相容並包的心量在存有界因囿於感官經驗的局限性而未能充分體現」之結果的「聞見之狹」、以「合天無外」的「大心」以及「無物非我」的感性覺情進行終極自我轉化、進而「能體天下之物」以至於一切都在道德主體觀注之中而成為其

---

[180] 以上引文均見〈王陽明四句教探究〉，收入《人性與自我修養》，頁 222-223。
[181] 〈身體與體知〉，載《當代》（臺灣）第 35 期，1989 年 3 月 1 日。
[182] 王夫之《張子正蒙注・大心》（北京：古籍出版社，1956 年）。

心中的無對的內容的「知」，是道德主體與生俱來但又必須始終進行反躬修己以存養護持的自知之明和自我意識，是道德主體必須體之於身並有所受用的實踐真知。[183]要之，「德性之知」與「知行合一」一樣，是一種打通主體與本體－宇宙論閾畛、統合道德與知識分際，亦即合內外、兼知行的「體知」。鑒於「體知」內涵的這種「天人合一的宏觀」性質，杜維明進一步將其界定為認識論、本體論、宇宙論和道德實踐有機聯繫的「體知結構」。[184]

在儒家認識論方面，杜維明曾經提出一個「具體－普遍」的辯證模式，其特徵是：「自我知識的具體途徑被看成是最真實的、與宇宙達成普遍性合一的方法。用孟子的比喻來說，這就像一個人進行掘井及泉的工夫：他對自身存有的基礎認識得越深刻，他就越接近於那共同人性和宇宙創造性的泉源。……它的顯現在於能夠把廣大悉備存有論的洞察和眼前日常的事務相聯結，以便以一種動態的方式，將個人此時此地的具體存在，和個人對整個宇宙最概括性的領悟整合成一體。」[185]杜維明還通過與一般認識論的比較，進一步突出這種認識方法的特徵：「一般都認為只有超越了特殊，才能把握那普遍的法則，要獲取高層次的通則，思想就必須與具體的事物分離。要建構一個能具有某些普遍主張的定理，那麼抽象的過程就是必要的。然而在這裡，具體個人的內在經歷卻是概括論述的真正基礎。並且只有完全沉浸到人自身的存有之中，人們才能接觸到普遍性的淵源。」他引述孟子「盡心知性知天」之論以及象山「盡我之心便與天同」之論作為證明。[186]顯而易見，這種「具體－普遍」的認識模式與「體知結構」完全同構。

作為技能內化、知人交友一類的「體知」是不難理解的。但是對於「具

---

[183] 參見〈論儒家的「體知」——德性之知的涵義〉，收入《儒家傳統的現代轉化——杜維明新儒學論著輯要》，頁 501-516。

[184] 參見〈論儒家的「體知」——德性之知的涵義〉，收入《儒家傳統的現代轉化——杜維明新儒學論著輯要》，頁 501-516。

[185] 〈從宋明儒學的觀點看「知行合一」〉，收入《人性與自我修養》，頁 121。

[186] 〈內在經驗：宋明儒學思想中的創造基礎〉，收入《人性與自我修養》，頁 145-146。

體－普遍」型的「體知結構」，即使有先儒論說為證，卻仍然存在著「如何可能」的問題。另外，由於「體知結構」是「內在超越」以及「開放的同心圓」的主體基礎和實現方法，故「內在超越」以及「開放的同心圓」的「如何可能」的問題也可歸結到「體知結構」之中；即是說，「體知結構」如果可能，則「內在超越」以及「開放的同心圓」便同樣可能，反之亦然。

　　對於這一問題，杜維明的論證進路是，從本體論或先驗論角度，「『體知』，在這種語境裡，可以規定為人心固有的感性覺情。正因為這種人同此心、心同此理的感性覺情不把任何東西『對象化』，它才能包融天地萬物，讓一切都在其觀注之中而成為人心中無對的內容」。但是，從「此在」的、經驗的角度，「這個本應如此的理想人心當其墜落在現實世界的網絡中，其表現的特殊性格就遠離了無物不可體、無物有外的本來面目」，也就是說，「德性之知雖然是道德主體與生俱來的不假修為的自知之明、自我意識，但如果我們不進行反躬修己的學思工夫，道德主體所擁有的德性之知，最多只不過是始燃之火，始達之泉，終必在日常生活中消亡殆盡」。因此，「體知結構」的實現必須遵循「盡心知性知天」的工夫進路，「即使在現實世界的關係網絡中，也不放棄無物不可體、無物有外的天職，不讓他的心量受感官的桎梏。他的存在決定即是不以天地萬物為外而『視天下無一物非我』」。[187]顯而易見，杜維明首先肯定「體知結構」的本體論或先驗論意義上的必然性，進而承認其「此在」或經驗意義上的或然性甚至否定性，終歸以主體「反身而誠」和「強恕而行」的方式求得「體知結構」之可能問題的解決。這種解決方式對於特定主體或許可能，但卻並非對於所有主體均完全可能（例如沒有修身自覺或願望的主體）。因此杜維明似乎只解決了「體知結構」的特殊可能性，而沒有解決其普遍可能性。

　　對於「體知結構」之普遍可能性的證立頗有助益的是牟宗三先生關於「智的直覺」的論證。從牟先生將他所詮釋的「智的直覺」對應於「良

---

[187] 引文均見〈論儒家的「體知」——德性之知的涵義〉，收入《儒家傳統的現代轉化——杜維明新儒學論著輯要》，頁 501-516。

知」、「德性之知」等概念來看，「智的直覺」與「體知結構」秉承著共同的思想淵源。按照牟先生對於康德的表述：「智的直覺自身就能把它的對象之存在給與我們。」[188]即是說，「智的直覺」使主體與對象整體以及「物自身」直接契合無間，它的自我表像同時就是存有的創造與實現，即所謂「直覺之即實現之（存在之）」；這種主體－認識論與本體－宇宙論的統合，也與「體知結構」的內涵頗相近似。因此，「智的直覺」之可能應該可以旁證「體知結構」之可能。

牟先生對「智的直覺」之可能性的論證，是在繼承並揚棄康德的道德哲學的基礎上進行的。按照康德，道德行為之根據在於自由意志所發出的定然命令（絕對命令），「發此無條件的定然命令者，康德名曰自由意志，即自發自律的意志，而在中國的儒者則名曰本心、仁體，或良知」，亦即「吾人之性體」。[189]此自由意志或曰本心、仁體、良知、性體必須指謂一個絕對無限者，否則，「其本身既受限制而為有限的，則其發佈命令不能不受制約，因而無條件的定然命令便不可能」。[190]所以，「當吾人由無條件的定然命令以說本心仁體或性體時，此本心仁體或性體本質上就是無限的，這裡沒有任何曲折」。[191]一個無限的自由意志當然只能為因而不能為果，只能是制約者而不能是被制約者，這便在道德領域設立了一個「第一因」。「而當吾人由條件串的絕對綜和以提供『第一因』這宇宙論的理念時，第一因亦表示只為因而不為果，只制約別的而不為別的所制約。如是，這第一因與發佈無條件的定然命令的自由意志其性質完全相同」，[192]這則是在本體－宇宙論領域也設立了一個「第一因」。由於「天地間不能有兩個絕對而無限的實體，如是，兩者必同一」。[193]由此，道德界與存有界以作為形上實體的

---

[188] 牟宗三《智的直覺與中國哲學》（臺北：臺灣商務印書館，1987 年），頁 145。
[189] 牟宗三《智的直覺與中國哲學》，頁 190。
[190] 牟宗三《智的直覺與中國哲學》，頁 191。
[191] 牟宗三《智的直覺與中國哲學》，頁 192。
[192] 牟宗三《智的直覺與中國哲學》，頁 192。
[193] 牟宗三《智的直覺與中國哲學》，頁 192。

自由意志或曰本心、仁體、良知、性體而一體貫穿，天道性命通而為一；而賦有自由意志或曰本心、仁體、良知、性體的主體，「由發佈無條件的定然命令之本心仁體或性體之為絕對而無限，即可肯定智的直覺之可能」。[194]除了如上所述以純粹推理方式論證「智的直覺」之可能性之外，牟先生還從實踐的主體之道德感方面對這一可能性作了補充。他認為，主體的本心仁體的明覺活動，諸如「惻隱之心」、「羞惡之心」、「辭讓之心」、「是非之心」乃至「理義之悅我心」之「心」，即為即存有即活動的生生創造之體，「此本心仁體連同其所發佈的無條件的定然命令（道德法則）如何不是具體的呈現？智的直覺即在此本心仁體之悅與明覺中有它的根源，因而有其可能」。[195]牟先生在此所作的推論及其引述的「四端」等例證均具普適性，因此，對於任一道德主體而言，「智的直覺」都是普遍可能的。

　　對於牟先生關於「智的直覺」的論證，杜維明極表嘆服，認為「可補康德形上學之失，實有大功於東西哲學會通之智性大業，熊夫子量論有傳人矣」！[196]但值得注意的是，恰恰是在「體知」的意義上，杜維明認為牟先生的這一論證還可以深化。他說：「牟先生不是真正的體知，或者說他不是宋明儒學那種嚴格意義上的體知。為什麼呢？因為牟先生的一套論說還只是一種理論上的分解，這種分解就應於宋明儒學嚴格意義的體知而言是落第二義的。」[197]由此看來，杜維明似乎並不顧慮其「體知結構」的可能性問題，而相信只要沉潛於生命的底裡，自可達致天人通徹。以杜維明這一立場為進步，而退守於牟先生的辯示，「體知結構」、「智的直覺」一類儒家特殊的認知方式應該是可能的。

5、人的本質

　　「深層與動態主體性」的超拔與沉潛，「內在超越」的極度提升與深層回歸，「開放的同心圓」的無限推擴與全面回饋，以及「體知結構」的具體

---

[194] 牟宗三《智的直覺與中國哲學》，頁 193。
[195] 牟宗三《智的直覺與中國哲學》，頁 195-196。
[196] 見杜維明 1973 年 9 月 12 日日記。
[197] 《杜維明學術專題訪談錄——宗周哲學之精神與儒家文化之未來》，頁 11。

與普遍，這一系列弔詭均可歸結到儒家（思孟一系）的辯證的人性論，即本體論意義上人性的完善自足與實存意義上人性的欠缺、修養論意義上人的成聖可能與終極實現意義上人永遠有進步的餘地這兩對矛盾統一的命題。

首先，在本體論意義上，人性是完善和自足的。基於《中庸》「天命之謂性」的思想，可以理解，「既然人性授之於天，因此它就分享了那構成萬物基礎的真實。所以，要實現這個深藏的真實並不是超越而是要通過人性來進行。從本體論角度來看，這是以人性具有通過日常生活實現天的終極意義的『良知』和『良能』這一信念為基礎的」。[198]而「當孟子說『萬物皆備於我』時，他所表達的是對自我的一種存有論的理解：天、地及萬物都為自我的存在所擁有」。[199]至於以「重新體現孟子的古典心學」為「鮮明特徵」的宋明儒家，「他們相信人性最終是善的，而且有包容萬物的神性，這種人性是天命所賜，必需通過心的有意識的、致良知的活動才能充分實現」。[200]總而言之，儒家相信，「從本體論上講，我們都是聖人，因為我們人性中內在的『明德』決定了我們之為我們」。[201]正是這種本體論意義上的人性的完善自足，為道德主體始終持守、存養、顯發原初自我的必要性提供了形而上的根據。

另一方面，儒家對於實存意義上的人性的欠缺乃至過惡具有深刻的照察。例如孟子，「無疑，孟子充分意識到人有一種『實在太像人的』殘害自然、人類和自我的殘暴。因為他畢竟生活在歷史上被稱為『戰國』的時代，這個時代以同姓同族間殘殺鬥爭的眾多事件著稱。關於牛山的寓言——這座山的樹木被伐木者砍得精光，嫩芽新枝也被放牧的牛羊吃光——清楚地表

---

[198] 〈先秦儒家思想中的人的價值〉，收入《儒家思想——以創造轉化為自我認同》，頁74。

[199] 〈作為人性化過程的「禮」〉，收入《人性與自我修養》，頁37。

[200] 〈宋明儒學的宗教性和人際關係〉，收入《儒家思想——以創造轉化為自我認同》，頁148-149。

[201] 〈儒家聖人：為己之學的典範〉，收入《道、學、政：論儒家知識分子》，頁40。

明，孟子深知人的生存環境遭到破壞的程度」。[202]又如朱子，「他一方面說『心具眾理』，『此心至靈，細入毫芒纖芥之間，便知便覺』，另一方面又說心有昏蔽，『心有善惡』」。[203]至於主張「過無窮，因過改過亦無窮」的劉蕺山，對人的陰暗面和脆弱性更有深刻的洞悉，其《人譜》等著作足以回應基督教神學關於人性陰暗面思想對於儒學的挑戰，從而足以消解那種認為儒學是一種膚淺的樂觀主義的看法。[204]概括地說，「儒家因了對這種實存世界的瞭解，根本上不可能不對人的陰暗面有真切的認識，也因此對人的結構上的限制的瞭解是儒家思想的重要的一個方面」。[205]

　　人性在現實意義上的欠缺乃至過惡表明修身的必要性，而人性在本體論意義上的完善自足則表明修身的可能性，因此，以上這對矛盾自然導向儒家的修養論。「實際上，在一個人之『所是』與一個人之『能是』之間存在著一種根本的差別或間隔。既然這種差別或間隔與基督教神學中作為造物主的上帝和作為被創造者的人之間的差別或間隔不同，則它所引發的道德的和社會的後果也就有別於基督教倫理所引發的後果。就《中庸》的情況說，是靠自我修養（『修身』）來彌合這一間隔的」。[206]簡言之，對於儒家來說，實存意義上的人性與本體論意義上的人性之間的差距可以而且也只能依靠修身予以彌合。而一旦進行修身，則如孟子所堅持認為的，「普通的一般人只要直接訴諸他們內心的資源，進行道德和精神修養，仍能成為聖人」，[207]也就是說，「每一個人只要他願意，都可以成為聖人，因為聖人可以經由自

[202] 〈先秦儒家思想中的人的價值〉，收入《儒家思想——以創造轉化為自我認同》，頁78。

[203] 《杜維明學術專題訪談錄——宗周哲學之精神與儒家文化之未來》，頁197。

[204] 參見《杜維明學術專題訪談錄——宗周哲學之精神與儒家文化之未來》之「《人譜》的道德精神世界」一章，頁109-154。

[205] 參見《杜維明學術專題訪談錄——宗周哲學之精神與儒家文化之未來》之「《人譜》的道德精神世界」一章，頁109-154。

[206] 《論儒學的宗教性：對《中庸》的現代詮釋》，頁21-22。

[207] 〈孟子思想中的人的觀念：中國美學探討〉，收入《儒家思想——以創造轉化為自我認同》，頁104。

我學習而實現」。[208]這樣，修身成聖便對任何人都是一條可欲而又平易的道路了。

　　但是，入道的平易卻又決不意味著終極實現可能輕鬆達致。首先，修身是道德主體必須終生投入、不斷更新的過程，這一過程充滿了艱辛和痛苦，「朱熹臨終前用以鼓勵弟子的四個字『堅苦功夫』極好地刻畫出了終身不懈不怠致力於自我教育的精神」，陽明也是「經歷了『百死千辛』，他才認識到孟子『萬物皆備於我』是一種經驗的宇宙真實，而非主觀臆測」。[209]而陽明的所謂「龍場大悟」，也只是由朱子的「格物」進路轉而悟出「聖人之道，吾性自足」，[210]卻並不如釋家所謂「頓悟成佛」或「一念向善即往生淨土」之類，也並不由此廢輟日後「只在身心上做」的「格物之功」。[211]因此，「道德主體憑藉著『頓悟』，可以一勞永逸地安居終極之善的永恆極樂天國之中，這種信念並不能提供可行的選擇」；[212]實際上，「一個人要成為他所『應當』，絕非是『簡易工夫』，而是一個永遠奮鬥、永無休止自我實現的過程」。[213]其次，從實現形態來看，「在實存的世界裡，人人都受到結構上的限制，沒有任何一個人是聖人」。[214]「事實上，孔子本人從未宣稱自己已達到了聖人的境界，因此孔子之道主要應被認為是啟示的標準」。[215]這也正是孔子所謂「若聖與仁，則吾豈敢」。[216]亦因此，羅近溪才說「真正仲尼臨終不免歎口氣也」，[217]劉蕺山才說「自古無現成聖人，

---

[208] 〈主體性與存有論實在〉，收入《人性與自我修養》，頁188。

[209] 〈儒家修身的痛苦〉，收入《道、學、政：論儒家知識分子》，頁46-56。

[210] 《王陽明全書》四（臺北：正中書局，1953年），頁84。

[211] 《王陽明全書》一，頁77。

[212] 〈劉宗周哲學人類學的主體性〉，收入《道、學、政：論儒家知識分子》，頁108。

[213] 〈主體性與存有論實在〉，收入《人性與自我修養》，頁190。

[214] 參見《杜維明學術專題訪談錄——宗周哲學之精神與儒家文化之未來》之「《人譜》的道德精神世界」一章，頁148。

[215] 〈儒家的成人觀〉，收入《人性與自我修養》，頁67。

[216] 《論語·述而》。

[217] 《盱江羅近溪先生全集·語要》（明萬曆四十六年劉一焜浙江刻本）。

即堯舜不廢兢業」。[218]在關於神聖人格的認識上，儒家與軸心文明其他傳統存在著很大的不同，「佛到了八十歲圓寂時所悟到的真理是『唯我獨尊』，是佛教思想裡最高的覺悟，最高的涅槃境地的體現，在這裡不可能有更進一層的發展。耶穌基督因為是上帝的聖子，從基督教立場看，上十字架也是達到了最高的人格和神格的形態，也沒有再進一步的可能。可是，在儒家的立場上，孔子可以說是一個相當平凡的人，他如果再活下去的話，他還要繼續學習下去」。[219]儒家基於人性欠缺的認識而產生的對終無止境的修身的自覺，正是道德主體指向成聖目標（超越、一體之仁、普遍性）而保持動態的極度提升、無限推擴乃至涵契幽明的深層動力。

　　通過以上兩對矛盾統一的命題，儒家（思孟一系）界定了人的本質。人在本體論意義上的完善自足及其在實存意義上的欠缺過惡，既賦予人對於實現自己的道德本質以充分信心（當然也就必須接受一個形而上的限定），又警醒人對於當下的境況保持戒慎恐懼；由此一方面避免了存在主義那種絕對孤獨地處於宇宙之中、不得不進行自由選擇從而最終獲得其本質的個人所必然具有的煩、畏、死一類「此在」的「本真狀態」，另一方面也避免了從希臘智者所高揚的「人是萬物的尺度」直到文藝復興人文主義者所信奉的「人為宇宙精華萬物靈長」這一傳統所導致的「人道主義的僭妄」。人通過自我修養可能成聖及其在終極實現意義上永遠有進步餘地，則在將道德轉化的動因歸於人本身的同時，也對「良知的傲慢」給予了否定；這當然既與希伯來傳統將人的得救希望完全繫於通過信仰「全然的他者」而超絕現世相區異，同時仍然是對人類中心主義這一在啟蒙心態中表現得登峰造極的希臘傳統的摒棄。

　　處於上述兩對悖反命題的張力中心，或者說作為這兩對命題的承載主體，人性的內涵一定是多元多樣的，「儒家所講的是一個活生生的具體的人，他是以存在感受為基礎的這個理念下面的多元多樣的人。這個人是有感

---

[218] 《劉子全書》卷一（清道光甲申乙未刻本）。
[219] 〈儒家哲學與現代化〉，載《論中國傳統文化》（北京：三聯書店，1988 年）。

情的，有社會性的，他是政治文化中間的一部分，他有歷史的記憶，他有超越的嚮往」。[220] 人性所涵具的這五個方面的外化，凝聚為構成儒家學統內容的《詩》、《禮》、《書》、《春秋》、《易》「五經」；而「五經」又強化人的作為感情、社會、政治、歷史以及超越的存在，「綜合起來，它們代表了一項包容廣大的計畫的展開：找回處在危機之中的人類文明的深層意義」。[221] 儒家從多層次多面相對於人性內涵的把握，完全不同於西方人論將人單一定義為「理性的動物」、「政治的動物」、「運用工具的動物」或「符號的動物」一類歸約主義的致思傾向。[222] 由此，儒家哲學的人學關於人的超越性、現世性、修養論、實現論及其豐富性達到了辯證的契合，從而避免了西方人學的種種偏至。不過應該指出的是，杜維明關於人性之多元多樣性的論斷誠然是正確的，但他為了將人性之多元多樣性的觀察歸於儒家傳統而以「五經」分別對應於人的某一屬性，卻簡化了「五經」的內涵，在學理上難以成立。這反映了杜維明在批評西方歸約主義傾向的同時，也或不免於蹈入歸約主義的窠臼。

（三）社會政治理論（Socio-Political Theory）

作為儒家哲學的人學的核心範疇的人，其實存狀態一定是特定的社會關係的中心。「作為關係的中心，我們並不是孤獨地走向我們的最終歸宿；我們總是生活於家庭和朋友的關係之中」，「我們的自我理想正是通過師生關係、朋友關係、君臣關係、兄弟關係以及其他許多社會角色才得以產生存在」；甚至於「天所賦予我的本性只能通過作為種種關係之中心的我的存在去表現」，即是說，一個人「不可能繞過他所處的社會關係而直接與天建立密切的聯繫。他所以能在充分實現自我的意義上達於天，正是因為他能勇敢

---

[220] 〈儒家人文精神與文明對話〉，載《紀念孔子誕辰 2550 周年國際學術討論會論文集》（北京：國際文化出版公司，2000 年）。

[221] 〈古典儒學中的道、學、政〉，收入《道、學、政：論儒家知識分子》，頁 5。

[222] 參見〈儒家哲學與現代化〉，載《論中國傳統文化》，頁 112；〈儒家人文精神與文明對話〉，收入《杜維明：文明的衝突與對話》，頁 9。

地面對他身邊的各種社會關係的挑戰」。[223]基於社會關係對於人所具有的這種不可或缺的意義，社會政治問題便自然成為儒家圍繞人而展開的一個重要論域。

關於社會政治的論說，即以政治系統與社會環境的相互關係為研究對象的理論學說，作為一門成熟的學科即政治社會學（political sociology），形成於十九世紀末二十世紀初的歐洲；其理論前源可以追溯到法國啟蒙思想家如孟德斯鳩（Charles Louis de Montesquieu）等，而其確立則以塗爾幹、韋伯等的理論創建為標誌。在儒家傳統中，社會政治論說作為學科形態無疑並不存在，但有關的思想資源卻又無疑十分豐富。事實上可以說，儒家從來就是將社會與政治問題相互聯繫予以考慮的，所以孔子在回答「子奚不為政」的提問時說：「《書》云：孝乎惟孝，友於兄弟，施於有政。是亦為政，奚其為為政？」[224]在此顯然是將家庭、社會與政治一體貫穿，而用以貫穿三者的根本則是主體的德行。這正是儒家社會政治理論關於社會政治的理想形態的表述。

通過對《中庸》中「政」這一概念的解析，杜維明將儒家社會政治的理想形態概括為「信賴社群」。[225]「信賴社群」的結構基礎是「孝」。孝的觀念發自親子關係的生物學意義上的原初紐帶，但卻充滿了強烈而持久的人類情感，並且創造著具有深刻社會意義的價值。生物學意義上的傳宗接代固然是孝的重要內容，「口體之養」也誠屬孝的日常行為；但孝的主要關切還是在於子代對於親代的倫理－宗教義務，包括「養生送死」、「繼志述事」、「述而不作」等。「養生送死」表明，「孝作為對個人存在根源的一種全面承擔，是一項終其一生的任務。『養生』只是這種全面承擔中的一部分」。「繼志述事」則要求，「當孝被理解為『繼承』先父的意志甚或『續

---

[223] 〈自我與他者：儒家思想中的父子關係〉，收入《儒家思想——以創造轉化為自我認同》，頁142-143。

[224] 《論語・為政》。

[225] 參見《論儒學的宗教性：對《中庸》的現代詮釋》第三章「信賴社群」。以下論述及引文，凡未另注者，均見此章。

成』先父的事業時，它就不僅包含對其父親的存在處境的理解，而且也包含著對其理想中的自我形象的理解」。「述而不作」更進一步意味著，「既然『述』者從他自己存在的源頭得到恩澤，他就會對形成自己傳統有過重大貢獻的人感到一種強烈的道德義務。他的使命不僅在於使自己適應於當下環境，而且還在於力求使他所塑造的新世界能忠實於其先輩的意圖。由此看來，『述』並不是簡單地製作一些新的東西，而且在於在製作新的東西的同時也承擔起傳承古人智慧的責任。因此，它既包含道德義務，又包含一種歷史意識」。上述從「養生」到「送死」，到繼承紹續直系先輩的志業，乃至到對於歷史文化祖先的遺業的發揚光大，這一由近及遠、由今及古的情思推擴，可以曾子一言以蔽之曰「慎終追遠，民德歸厚矣」。[226]由「慎終追遠」而發生喪葬、祭祀一類禮儀，通過這些禮儀，「對祖先的愛的追思可以導致社會認同和社會團結。這樣設想的社會不是由壓力集團組成的敵對體系，而是一種基於相互信任的信賴社群」。

在社會關係中，「信賴社群」則與君臣、父子、夫婦、昆弟、朋友即所謂「五達道」密切相關。「五達道」亦即「五常」或「五倫」。雖然它們並未包括一切社會關係（例如師生一倫），但它們確實表達了人的基本的社會關係。根據孟子的經典定義，「五倫」的理想形態為「父子有親，君臣有義，夫婦有別，長幼有序，朋友有信」。[227]「由此出發，『五倫』就是在結構和功能上有區別的五種二分體關係」，「這五種最基本關係的實質並不是依附性，而是交互對等性，即所謂『報』。子孝是通過父慈得到回報的；臣忠是通過君明得到回報的，如此等等。在這一點上，友誼乃是典型的互對性，正是互對性而不是依賴性決定了朋友有『信』的含義」；「互對性總是一種雙向交流的關係。君主、父母、師長、朋友以及兄長都應當和臣子、子女、弟子、幼友、幼弟一樣努力使自己順從、忠誠以及獻身於社會共有的價

---

[226]《論語‧學而》。
[227]《孟子‧滕文公上》。

值觀念」。[228]如果基於道德主體的自我意識，則在人倫關係中突出的是主體的責任而非權利。《中庸》引述孔子曰：「君子之道四，丘未能一焉：所求乎子，以事父未能也；所求乎臣，以事君未能也；所求乎弟，以事兄未能也；所求乎朋友，先施之未能也。」由此體現的是「正己而不求於人」的道德自覺。這種既注重「二分體關係」的「交互對等性」、又強調「正己而不求於人」的人際交往，當然衍生一種信賴社群，「這樣衍生出來的信賴社群是一個相互信任的社會而不只是一個個體的聚集。在這樣一個社會裡，人民的目標不僅在於和平地相處，而且還在於當他們修養自己的品格時，相互幫助，進行道德規勸」。

在這樣一個「信賴社群」中，政治雖然也需要具有一般政治的要素，即是說，「凡政治都是要講政府部門的組織機構、方針和行政管理的，而這些部門，在一個既定的社會中，又都是用來管理和控制人民的」；但是，作為儒家政治，其特點則在於「政者，正也」。[229]《中庸》強調「為政在人，取人以身」，這就明顯指出了，「『正』的這一套設想最初針對的與其說是人民，倒不如說是統治者自己。其中的要旨在於：統治者為了能夠領導，就必須端正自己的個人品格」；「統治者的道德修養，遠不是他私人的事情，而是被視為他作為領導人的一項規定性特徵。……統治者的道德上的正直是建立一個良好政府必不可少的條件」。《中庸》梳理統治者的政治事務，認為「凡為天下國家有九經：曰修身也，尊賢也，親親也，敬大臣也，體群臣也，子庶民也，來百工也，柔遠人也，懷諸侯也」，明確將修身作為天下國家大政根本。如果說〈大學〉還是泛泛提倡「自天子以至於庶人壹是皆以修身為本」，那麼《中庸》則顯然更加強調統治者修身的極端重要性。

這裡存在的一個問題是，直接將政府職能與統治者的人格相聯繫，似乎有簡單化之虞。聯繫《中庸》所謂「明乎郊社之禮、禘嘗之義，治國其如示諸掌乎」，亦即將祭祀禮儀等同於國家治理，也給人一種「難以置信的頭腦

---

[228] 〈宋明儒學的宗教性和人際關係〉，收入《儒家思想——以創造轉化為自我認同》，頁 157-160。

[229] 《論語‧顏淵》。

簡單」的感覺。但是，根據孔子所謂「道之以政，齊之以刑，民免而無恥；道之以德，齊之以禮，有恥且格」[230]的教言來看，儒家並非不瞭解政治的一般規則和手段，只不過儒家不滿足於這些規則和手段，而汲汲於指出向上一路罷了。

實質上，在傳統中國，真正的問題並不在於德政直通的簡單化，而在於在現實社會政治領域中，「以道德理想轉化政治這派儒家一直是失敗的，並沒有成功過」，[231]「王聖的實踐，而非聖王的觀念，成了中國文明中永久的政治現實」，[232]由此導致「儒家的道德價值經常被政治化，為殘暴的極權統治服務」，[233]這就是所謂「政治化儒家」。狹義地說，「政治化儒家」指稱著眼於一己利益而依附於專制政權、運用掌握的儒學資源為統治階層服務的陋儒、俗儒、小儒、奴儒、腐儒。[234]但在一般意義上，「政治化儒家」即指「利用傳統的專制政體和利用儒家的專制思想」；[235]還可專指那些「除了政治權力之外，還要求道德和意識形態的權威」的統治者。[236]「政治化儒家」的特徵是「天子本人未必願意修身，但是，他可以充分意識到確保大臣們修身的政治利益。雖然掌權的學者兼官員自己也許並不會將儒家倫理付諸實踐，但是，他們肯定明白，倘若平民百姓真那麼去做了的話，

---

[230] 《論語·為政》。

[231] 〈儒家哲學與現代化〉，載《論中國傳統文化》（北京：三聯書店，1988 年），頁 115。

[232] 〈中國古代儒家知識分子的結構與功能〉，收入《道、學、政：論儒家知識分子》，頁 29、27。

[233] 〈古典儒學中的道、學、政〉，收入《道、學、政：論儒家知識分子》，頁 11。

[234] 參見〈儒家的抗議精神——訪杜維明談政治化的儒家〉，載香港《八十年代》1981 年第 3 卷第 4 期；〈儒家哲學與現代化〉。

[235] 〈一個真實的人——為紀念王陽明誕辰五百周年〉，收入《人文心靈的震盪》，頁 52。

[236] 〈中國古代儒家知識分子的結構與功能〉，收入《道、學、政：論儒家知識分子》，頁 29。

保持社會穩定的任務就相對容易完成了」，[237]即是說，那些在社會上、政治上或家庭中掌握權力的人往往拋棄了修身的義務，而將儒家象徵符號僅僅當作維護特權、宰制他人的手段。

「政治化儒家」造成的後果，在於將所有「交互對等」的「二分體關係」扭曲為單向度的壓抑體制，將以「仁」為內容的「禮」抽空為外在強制的符號，將尚「德」的示範政治蛻變為尚「力」弄「術」的控制技術。由此，君愛臣忠演變為統治者的專制獨裁（專制主義），父慈子孝為強制性的家長權威所取代（權威主義），夫婦好合也籠罩於男權至上的觀念之下（男權中心主義）。「三綱」強化，「五倫」異化。在龐大複雜的社會政治網絡中，雖然相對權力關係重疊交錯，但最終都須臣服於「王聖」的絕對權威。因此，「一夫」之下的所有「自我」都墮落成為對權威的消極服從以及對尊嚴的自我貶抑。概括地說，「政治化儒家」的後果即「政治權力對人類生活一切方面的支配、強制性地操縱道德價值作為社會控制的手段、到了僵化的地步的社會結構的禮儀化、以及沒有能力迎接新的挑戰的文化體系」。[238]

基於儒家「政統」、亦即「以道德理想轉化政治」或「政治道德化」的立場，[239]「政治化儒家」的作為與儒家真精神基本上是不相干的，它只是對儒家社會政治資源的利用。關於這中間的因果，杜維明從比較宗教學角度作出了解釋：

---

[237] 〈中國古代儒家知識分子的結構與功能〉，收入《道、學、政：論儒家知識分子》，頁 27。

[238] 〈儒家倫理的現代意義〉，收入《新加坡的挑戰——新儒家倫理與企業精神》，頁 136。

[239] 「儒家政統」概念見〈孔子仁學中的道學政〉，載《中國哲學》第五輯（北京：三聯書店，1981 年）；〈古典儒學中的道學政〉，收入《道、學、政：論儒家知識分子》。「以道德理想轉化政治」概念見〈創造的轉化——批判繼承儒家傳統的難題〉，收入《儒學第三期發展的前景問題——大陸講學、問難和討論》。「政治道德化」概念見〈中國古代儒家知識分子的結構與功能〉，收入《道、學、政：論儒家知識分子》。

專制政體，或者業已存在的政治權勢，要利用當時深入民間或深得民心的宗教組織或宗教傳統，這是一般現象，而非特殊現象。基督教在最早的形成過程中，耶穌說：「讓上帝的事歸上帝，凱撒的事歸凱撒。」已經很明顯地把凡俗與神聖的事分開。可是中世紀以來，教會與政治權威有千絲萬縷的關係，就是教會本身的政治化。至於佛學，從史學和社會學來研究，其宗派如天台、華嚴、禪等等和當時的唐代宮廷政治關係相當密切。而道家變成道教後，附和政權勢力更是顯而易見，就如民族精神極強烈的全真教和太乙教的發展，也和現實政治有許多牽連。回教更不在話下。至於日本的神道也和天皇制度之間有不可分割的關係。

從這個角度，我們再來審視儒學。儒學基本上不是一個宗教組織，但卻深具宗教性格和宗教精神，這是最特殊的一點。基於此，其成己成物的理想必須落實在現實人間，而在實際的文物制度中體現，政治無可否認的是現實世界中最大的權勢。[240]

這裡從專制政體與宗教傳統的相互需要說明了利用與被利用的關係。但具體到秉持「政治道德化」理想的儒家來說，卻與統治者的非道德化以及社會政治以權力為本位的單向度化存在著很大距離，「孔子以道德理性和文化關切轉化現實政權的入世精神，和秦漢以來依附王朝的御用儒者以三綱五常等倫理觀念幫助統治集團控制人民思想的利祿之途是不相容的」。[241]

由此以降，在社會政治被「政治化儒家」扭曲的情況下，秉持「政治道德化」理想的儒家「既然不能改變歷史進程，不能為世界帶來天下太平，那麼，儒家就在『體系』中創制出一個貫穿社會、政治結構的價值王國，而這些結構和儒家有關道德秩序的觀念基本上是格格不入的」。[242]即是說，秉

---

[240] 章韋〈儒家的抗議精神——訪杜維明談政治化的儒家〉，載《八十年代》（香港）1981 年第 3 卷第 4 期。

[241] 〈孔子仁學中的道學政〉，載《中國哲學》第五輯，頁 32。

[242] 〈古典儒學中的道學政〉，收入《道、學、政：論儒家知識分子》，頁 10。

持「政治道德化」理想的儒家，無論立朝出仕或是布衣在野，雖然都不可能
真正用世，但卻決不遁世。他們一定要入世，然而又不屬於現世。他們見之
於世的就是儒家的道德理想和價值標準，諸如居仁由義的大丈夫風骨，匹夫
不可奪志的獨立節操，以德抗位的人格力量，轉世而不為世轉的主體意識，
憂樂一以天下的責任倫理，講學論道的啟蒙理性，民貴君輕的民本思想，君
臣以義相合的大臣之道，恆稱君惡的批判勇氣，廷爭面折的抗議精神，以及
誅一夫非弒的革命理論，等等。凡此道德理想和價值標準均表現於與之格格
不入的現實社會政治領域，因此，秉持「政治道德化」理想的儒家與「政治
化儒家」便不可避免地發生矛盾、衝突乃至鬥爭。孔、孟以降，漢代的陸
賈、轅固、董仲舒、賢良文學、揚雄、桓譚等，宋代的周敦頤、張載、二
程、朱熹、張栻、陸九淵、呂祖謙等，元代的劉因等，明代的王守仁、王
畿、王艮、劉宗周等，清代的顧炎武、黃宗羲、王夫之等，以至現代的熊十
力、梁漱溟、張君勱、牟宗三、唐君毅、徐復觀等，代表了秉持「政治道德
化」理想的儒家與「政治化儒家」鬥爭的譜系；其間東漢黨錮、唐末清流、
明季東林以及清初文字獄集中體現了這種鬥爭的慘烈程度。這種鬥爭的持續
性甚至構成為「傳統中國政治文化中兩條涇渭分明的路線」。[243]通過以上
敘述顯而易見，對於秉持「政治道德化」理想的儒家來說，圍繞著他們的社
會政治環境根本不是一個道德理想國，而往往是陰暗、無奈、糟糕、惡劣的
歷史現實；唯其如此，堅持修身以實現道德理想才能真正體現人性的光輝，
成為一個大寫的人。[244]

　　對於上述傳統中國政治文化中的兩條路線，杜維明進行了評說。歷史具
體地看，「政治化儒家」仍然發生過積極作用。例如，對於統治者個人來
說，「一個皇帝，如果很虛偽地要用儒家這一套來控制人民，提高自己的聲
望，這個皇帝無形中也要受到儒家一些思想的制約。……他要面對知識分子
的權威進行一種暴戾的、殘殺性的侵犯，要完全地逞才使氣，就不太容

---

[243]〈孔子仁學中的道學政〉，載《中國哲學》第五輯，頁32。
[244]參見《杜維明學術專題訪談錄──宗周哲學之精神與儒家文化之未來》，頁 18、
　　 32、36。

易」，[245]由此看來，「政治化儒家」「儘管有虛偽性，也比完全不談道德的政治家如法家好」。[246]而著眼於整個社會政治領域，「政治化儒家」「在中國的一體化上作出了積極的貢獻」；[247]雖然它只是利用儒家象徵符號，「但是只要這種利用落實到社會運作層面，就多少具有積極作用。在孟學傳統中，『王』和『霸』雖然分得非常清楚，但是『霸』還是價值。『霸』是『假仁義以行』，在統合社會政治秩序上，比『率獸食人』那種完全沒有任何規約的狀況，比較有利於百姓。霸道的世界就有規則，能夠安定」。[248]即是說，「政治化儒家」還是發揮了行政管理以及社會統合功能；在某些時候，它甚至為社會成員提供過某種「奇理斯瑪」（charisma）觀念。

　　至於秉持「政治道德化」理想的儒家，雖然創造了豐富的社會政治思想資源，也在社會政治實踐中成就了眾多不朽的道德人格，但在這一領域中卻至少存在著兩個誤區。首先就是作為其一貫訴求的道德與政治的直接貫通。道德與政治無疑是相關的，任何一種政治制度之設計都不可能完全脫離某種道德理念的考慮。但是，道德與政治畢竟分屬不同的領域，具有不同的機制。如果將政治領域的問題一概歸結為道德修身問題，形成一種唯有道德水準最高尚者才應該是權力最大者的邏輯，並由此要求「君主」必須至正無邪，「臣工」則必須唯德是輔，這不僅是不可能的，而且設若可能，其效果也往往與期望產生巨大反差。「有一點我們常常看到，在政治領域裡，一個甚至連最低的道德要求都達不到的人，在他的政治策略方面卻可以為公眾做許多非常好的好事；而一個道德水準非常高的人，卻可能由於政治策略方面的無能為人們帶來極大的危害，而且常常由於道德水準高，並且具有非常真

---

[245] 〈創造的轉化──批判繼承儒家傳統的難題〉，收入《儒學第三期發展的前景問題──大陸講學、問難和討論》，頁97。

[246] 〈儒家的理論體系與發展前景〉，載《中華文化論壇》1999年第1期。

[247] 〈與國會議員的討論〉，收入《新加坡的挑戰──新儒家倫理與企業精神》，頁175。

[248] 〈康橋清夏訪碩儒──杜維明教授訪談錄〉。

誠的理念而使他所犯的錯誤變得更加可怕」，[249]這種道德的失誤也就是王船山所批評的「懸理以限事」，其極致甚至可能導致哈耶克（F.A. Von Hayek）所強烈抨擊的「道德的暴政」。秉持「政治道德化」理想的儒家的另一個誤區是，僅僅依靠良知和義憤投身於嚴酷的政治鬥爭之中，赤手空拳地與掌握政治力量的惡勢力拼搏，這種氣節無疑殊堪嘉許，但其結果卻往往非常悲慘。東漢黨錮、唐末清流、晚明東林、清初文字獄，接二連三的打擊使當時有氣節的知識分子幾無所存，由此導致的後果則是一代文化的凋敝，民族命脈的中衰。因此，這種鬥爭方式決不僅僅是知識分子個人氣魄承當的問題，而是關係到家國天下運命的問題。然而一些儒者卻往往以氣節相誇耀，希望將這種氣節直承地加以發揚光大，這種觀念是有失偏頗的。[250]

　　當然，以上對「政治化儒家」的肯定僅僅是在歷史具體條件下的肯定。基於當代人類社會政治的發展趨勢，那種被概括為「三綱」的在社會政治領域中以權力為本位的單向度化必須徹底揚棄，甚至領導人的非道德化也必須受到質疑，由此體現出傳統儒家以修身為本、以「交互對等」的「二分體」為人際關係普遍形式的社會政治理想的基本合理性。[251]但是，當下的關鍵問題在於從傳統儒家那些合理的社會政治理念中建構一套由憲法所主導的民主政治體制，這才是將道德與政治加以適當分疏的形構條件，同時也是避免徒然以氣節抗衡擁有無限權力的惡勢力的制度保證。唯其如此，政治才能按照自身的規則運作，對社會政治的批判和抗議也才不至於成為「刀刃上的聲音」。在建構儒家民主政治體制的實踐中，作為一種嚴格的政治學說的西方

[249] 參見《杜維明學術專題訪談錄——宗周哲學之精神與儒家文化之未來》，頁 219。

[250] 參見《杜維明學術專題訪談錄——宗周哲學之精神與儒家文化之未來》「儒家批判精神的現代轉化」一章，頁 213-236。

[251] 關於揚棄「三綱」闡揚「五倫」之論，杜維明在〈重建理性溝通和開放心性——儒學和基督教的一場對話〉（載加拿大《文化中國》1995 年 3 月號）、〈儒家傳統的啟蒙精神〉（載《中華文化：發展與變遷》，馬來西亞中華大會堂聯合會 1997 年）、〈全球倫理的儒家詮釋〉（臺北中央研究院中國文哲研究所籌備處 1999 年）、〈新軸心時代的文明對話〉（載馬來西亞《南洋商報》2000 年 1 月 1 日）等文章中均有表述。

自由主義，在剔除作為其理論基礎的「原子式的個人主義」以及由此產生的基於過度懷疑心理而導致的敵對抗衡社會關係等弊端之後，其關於對個人權力的嚴格規定、對政治權力的有效制衡乃至對懷疑心理和經驗主義的價值的合理肯定等方面，都可以提供非常豐富的資源。只有像自由主義所堅持的那樣，將由制度體現的外在自由與主體內在自由互相配合，以外在自由保障內在自由，真正的民主才可能在社會政治領域中建立起來。而「在儒家思想中開出一個民主政治的格局來，這似乎是儒學進一步發展的宿命」！總之，如上所述，在社會政治問題上，「儒學發展的大的困難不僅是一個抽象的政治文化的問題，而是一個具體的最基本的制度建構問題。道德修養是個人之事，也是無窮無盡的。但是由道德發展為一種批判精神，對社會、對政治有一種批評，那麼這種批判精神要得到充分的伸展，就必須落實到政軌道揆的建立上來。對於儒家來說，這個基本的制度建構涉及到從家庭到社團再到國家的政治格局的許多方面」。[252]這種對於儒家社會政治制度建構的思考和倡揚，自 1980 年代初以來便為杜維明所念念不忘。[253]顯而易見，杜維明認為，只有制度建構，才可能確立「交互對等」的「二分體」關係，實現「信賴社群」，從而為道德主體提供理想的社會政治環境。

（四）宇宙論（Cosmology）

從「開放的同心圓」的社會政治層面向外推擴，即達致自然萬物乃至無限宇宙。儒家有關這一領域的思想，借用西方學術範疇，是為宇宙論。[254]

西方宇宙論的思想淵源可以追溯到古希臘米利都學派對於天體的樸素認

---

[252] 參見《杜維明學術專題訪談錄——宗周哲學之精神與儒家文化之未來》「儒家批判精神的現代轉化」章，頁 213-236。關於儒家與自由主義的關係、儒家在現實政治制度安排方面的作用等問題，杜維明在〈儒家與自由主義〉的長篇對話中進行了全面深入闡發，見《儒家與自由主義》（北京：三聯書店，2001 年）。

[253] 參見〈儒家的抗議精神——訪杜維明談政治化的儒家〉，載《八十年代》（香港）1981 年第 3 卷第 4 期；〈創造的轉化——批判繼承儒家傳統的難題〉，收入《儒學第三期發展的前景問題——大陸講學、問難和討論》，頁 94。

[254] 此指哲學意義上的宇宙論，而非科學宇宙論。

識，而作為學科則形成於十八世紀，其基本的研究對象是作為一個整體的宇宙的起源、結構、關係、規律等問題。最早使用「宇宙論」這一範疇的德國哲學家沃爾夫（Baron Christian Von Wolff）將宇宙論歸屬於理論哲學，以與倫理、家政等涉人的實踐哲學相區別。康德在其《純粹理性批判》中將到他為止的西方宇宙論觀點概括為有限／無限、單一／複雜、必然／自由、神創／非神創四個二律背反，用以證明自在之物（宇宙）是理性（人的認識）所無法參透的。黑格爾的宇宙論雖然包含了人的自由和惡的起源問題，但主旨仍在於探討宇宙的必然、偶然、永恆、有限、規律等問題。因此可以說，西方宇宙論基本上是客觀知性地對待宇宙，較少甚至完全不直接涉及人的問題。

　　儒家宇宙論思想的萌發甚至比米利都學派更早，《周書・洪範》所列水火木金土「五行」，即反映了關於宇宙構成的認識。至《周易・繫辭》所謂「天尊地卑，乾坤定矣；卑高以陳，貴賤位矣；動靜有常，剛柔斷矣；方以類聚，物以群分，吉凶生矣；在天成象，在地成形，變化見矣」云云，分明是包括了結構、關係、規律諸意涵的宇宙生成論。而與西方宇宙論形成明顯對照的是，儒家宇宙論與人本身深相契合。如上引《繫辭》接下來稱：「乾道成男，坤道成女。」又《序卦》曰：「有天地然後有萬物，有萬物然後有男女，有男女然後有夫婦，有夫婦然後有父子，有父子然後有君臣，有君臣然後有上下，有上下然後禮義有所錯。」均以天地為人倫發生之本。[255]遵循這一經典思想，故橫渠曰：「乾稱父，坤稱母，予茲藐焉，乃混然中處。故天地之塞，吾其體；天地之帥，吾其性。民，吾同胞；物，吾與也。」[256]

---

[255] 在此擬略加說明，傳統儒學所謂「天」的內涵相當豐富複雜，在不同語境中，可分別指涉道德本體、宇宙自然乃至神格主宰等。一般而言，當「天」在道德意義上與主體性命契合，其為道德本體；而在人物生成化育的意義上，「天」則多作為宇宙自然，但又並非全無宗教意蘊；當「天地」並稱時，其義基本上屬於宇宙論範疇。本部分引文或論述所涉「天」或「天地」，均為宇宙自然義。關於傳統儒學的「天」的內涵，筆者在〈帛書易傳天人道德觀發覆——對孔子天人道德思想及其承傳影響之檢討〉（載《世界中國哲學學報》第 2 期，臺灣佛光人文社會學院，2001 年 1 月）中有所辨析。

[256] 王夫之《張子正蒙注・乾稱》（北京：古籍出版社，1956 年）。

這一陳述突出表現了「人類是從宇宙過程中誕生的恭敬兒女」的信念，[257]
這一信念又由王心齋所謂「化生則天地為父母，形生則父母為天地」的見解
得以加強，[258]它表明，「歸根究底，我們都是從化生而來，因此宇宙萬物
都是賜予我們生命的父母，我們應當以敬畏的心情對待大自然；同時，正因
為我們也都是從形生而來，賜予我們生命的父母就像大自然一般對我們有天
長地久的恩澤」。[259]人「化生」於天地從而「不已於仁孝」地「事天誠
身」，[260]這一信念遂使作為儒家社會倫理的「孝」在天人一體的宇宙觀中
獲得了元倫理學意義。[261]

　　人又不僅僅「化生」於天地而已。船山曰：「天地之間，流行不息，皆
其生焉者也。」[262]表明天地的作育乃是一個始終持續的過程。從人這一方
面說，這便意味著「與宇宙形成一體要求人不斷地努力成長並修煉自身」，
[263]即是說，「人的本性是天所賦予的，但是人並不僅僅是一種被創造物，
而天也沒有窮盡創造的全部過程。從終極的意義上講，為了實現人性，人就
必須充分地參與宇宙的創制過程」。[264]所謂「充分地參與宇宙的創制過
程」，無疑是《中庸》「至誠盡性，參贊化育」思想的注腳。隨著這一過程
的展開，人將達致兩個層次的實現。首先，作為道德存在的人「經由自我努
力把自己的人類感性伸展到宇宙中所有的存在物上，從而在世界之中實現其
自身並成為這個世界的一個組成部分」，[265]用大程子的話說，此即「仁者

---

[257] 〈存有的連續：中國人的自然觀〉，收入《儒家思想——以創造轉化為自我認同》，
頁44。

[258] 《王心齋先生遺集》卷二（清宣統二年庚戌刻本）。

[259] 〈試談中國哲學中的三個基調〉，載《中國哲學史研究》1981年第1期。

[260] 王夫之《張子正蒙注・誠明》（北京：古籍出版社，1956年）。

[261] 參見《論儒學的宗教性：對《中庸》的現代詮釋》，頁122。

[262] 王夫之《周易外傳》卷六，收入《船山全書》第一冊（長沙：嶽麓書社，1988
年），頁1042。

[263] 〈存有的連續：中國人的自然觀〉，收入《儒家思想——以創造轉化為自我認同》，
頁47。

[264] 參見《論儒學的宗教性：對《中庸》的現代詮釋》，頁122。

[265] 〈宋明儒學的「人」的概念〉，收入《人性與自我修養》，頁109、102。

以天地萬物為一體」；[266]在王陽明的宇宙論中，則將這種人類感性的伸展具體描述為從孺子、鳥獸、草木一直推擴至瓦石等無知無生之物的「一體之仁」，這種「一體之仁」對人來說，「非意之也，其心之仁本若是」，而且「豈唯大人，雖小人之心亦莫不然」；[267]劉蕺山又將「一體之仁」闡發為「人物一本」：「身在天地萬物之中，非有我之得私；心包天地萬物之外，非一膜所能囿。通天地萬物為一心，更無中外可言；體天地萬物為一本，更無本之可覓」。[268]基於「一體之仁」或「人物一本」，「人的自我完成就等於整個宇宙演化過程的一個縮影」，[269]「完全實現人性也就必定導致諸多事物的實現」，[270]由此達到《中庸》所謂能盡其性則能盡人盡物之性的層次。

更進一層，在「一體之仁」的宇宙中，人又是「得五行之秀」而「最靈」的存在。[271]《孝經‧聖治章》曰「天地之性人為貴」，《禮記‧禮運》以人為「天地之心」，《周易‧乾文言》以為「夫大人者，與天地合其德，與日月合其明，與四時合其序，與鬼神合其吉凶，先天而天弗違，後天而奉天時」，《荀子‧王制》也將有氣有生有知有義的人定為天地之間之最貴。人之所以為「貴」，如孟子所說，乃在於其有「良貴」，亦即仁義道德本然之善，是為天（形上道德本體）賜之爵、自然之貴。[272]人在宇宙間乃唯一得「良貴」於道德之天者，「人之為人的獨特性，並不只是在於我們與石頭、草木、動物一樣是由同一種心理生理材料構成的。正是由於我們對自己是人有自覺的意識，才驅使我們去探索並有能力探索我們的性（即人性）

---

266 張伯行集解《濂洛關閩書》上（上海：商務印書館，1941 年），頁 85。

267 《王陽明全書》（一）（臺北：正中書局，1953 年），頁 119。

268 《劉子全書》卷十（清道光甲申乙未刻本）。

269 《杜維明學術專題訪談錄——宗周哲學之精神與儒家文化之未來》，頁 48、149。

270 參見《論儒學的宗教性：對《中庸》的現代詮釋》，頁 88。

271 程頤〈顏子所好何學論〉曰：「天地儲精，得五行之秀者為人。」周敦頤〈太極圖說〉曰：「唯人也得其秀而最靈。」

272 參見《孟子‧告子上》。

的超越的立足點何在」。[273]因此，人就不僅止於作為「這個世界的一個組成部分」而止步於「一體之仁」；「人作為萬物之靈，他是負有責任的，這個責任就表現在體上天生生之大德上」，[274]也就是說，「人是宇宙之孝子，他肩負著照顧世上萬物這樣偉大的使命」，[275]正是在這一意義上，象山才說「宇宙內事是己分內事，己分內事是宇宙內事」。[276]由此，通過圓成宇宙的轉化，育萬物，位天地，人便達致《中庸》所謂贊天地之化育乃至與天地參的「三才合一」境界。

人與宇宙的深相契合還在於宇宙也是人的歸宿，此所謂「歸宿」並不僅僅喻指生命自然消亡而回歸物質世界，而主要是將永恆無限的宇宙作為「直從天地萬物一體處看出大身子」[277]的人的永生所在。儒家於此而在形下宇宙之中寄寓了深切的宗教情懷。最能體現儒家以宇宙為歸宿的宗教式生死情懷的是劉蕺山以首陽一餓而慷慨從容殉國的舉動：

> 從容，是宗周將儒學從天地萬物一體中看出大身子的精神的生動寫照。人將此七尺之軀放在天地之中，即與天地一般大小，生生死死原是萬物造化中之平常一事，故無懼無憾，故從容；而慷慨，是從容發為一種光風霽月的氣象，盡道而生，又盡道而死，即死得其所，「若於此際窺消息，宇宙全收一體春」。這種慷慨和從容所道出的是儒家將個人的自然生命轉化成人文的歷史生命的一種極致的表現。無疑的，它同時也表現為一種悲情，正如陽明所言，海濤三萬里，何異浮雲過太空。這樣一種悲情也可以說是「前不見古人，後不見來者，念天地之悠悠，獨愴然而泣下」的那種與宇宙大化融一，與天地精神往

---

[273] 〈存有的連續：中國人的自然觀〉，收入《儒家思想——以創造轉化為自我認同》，頁 47。

[274] 《杜維明學術專題訪談錄——宗周哲學之精神與儒家文化之未來》，頁 209。

[275] 〈宋明儒學的「人」的概念〉，收入《人性與自我修養》，頁 109、102。

[276] 《象山先生全集》卷三十六（上海：商務印書館，1935 年）。

[277] 《劉子全書》卷八（清道光甲申乙未刻本）。

來的氣度的悲情。「幾度楊花漫捲，留與旅人前行」，悲情同時也是
一種生命力的再繼和再現。所以在宗周的觀念中，人文時間與自然時
間完全融化，即人文即自然，即自然即人文。生死是一面，如康德說
的那種天上的星星，地上的道德律的永恆總是相伴相隨。[278]

　　聯繫蕺山所謂「天地萬物之始即吾之始，天地萬物之終即吾之終；終終
始始，無有窮盡，即此是生死之說，原來生死只是尋常事」[279]，其坦然大
歸的決斷確乎是以儒家宇宙觀作為依據的。

　　人化生於宇宙而為宇宙的孝子孝女；人實現於宇宙而與萬物一體之仁，
與天地參贊化育；人回歸於宇宙而與宇宙同其終始。人與宇宙的這種深相契
合使儒家宇宙論思想可以概括為「天人學」（anthropocosmic），[280]儒學的
倫理宗教性質由此得以充分體現。實際上，不唯「天人學」領域，廣義的亦
即統括自然宇宙以及人倫世界的儒家宇宙論思想範疇滲透著宗教性，從人倫
世界來看，「人本身是可敬可畏的。但人本身之所以可敬可畏，是因為人可
以擁有取之不盡用之不竭的資源，而這資源正好能夠使人突破自我中心和人
類中心。儒家學說中人的這一價值之所以能夠發揮，就在於它沒有把這一價
值和其超越的理念──天分開。分開的話就變成一個凡俗世界。所以父子之
親、夫婦之情，都是神聖的」。[281]

　　不過，儒家宇宙論思想的宗教性格與「內在超越」是頗不相同的。「內
在超越」一定是「掘井及泉」的進路，主體通過深入把握內在資源而體知形
上道德本體。而在宇宙論範疇所獲得的宗教體驗則是從「仁民愛物」的道德
踐履出發，最終面對不可窮盡的宇宙大化而將仁愛情感普泛化所形成的一種
終極思慕。也就是說，儒家宇宙論思想的宗教性格與「內在超越」，「一方

---

[278] 《杜維明學術專題訪談錄──宗周哲學之精神與儒家文化之未來》，頁209。

[279] 《劉子全書》卷八（清道光甲申乙未刻本）。

[280] 參見〈古典儒學中的道、學、政〉，收入《道、學、政：論儒家知識分子》，頁1；
　　　《杜維明學術專題訪談錄──宗周哲學之精神與儒家文化之未來》，頁56。

[281] 〈儒家的超越性及其宗教向度〉，收入《十年機緣待儒學》，頁48。

面要擴展，從個人到家庭，到社會，到國家，到天下，到後來宋明儒學就可以提出『仁者以天地萬物為一體』的觀念；同時它是一個深化的過程，從個人的身體到個人的心知，到個人的靈覺、神明，都要有進一步的發展。這個深入的發展和逐漸的擴展（一個是平面的擴展，一個是立體的深入）即建構了儒學仁學的一個相當複雜、內容相當豐富的體系。後來陸象山所謂孟子『十字打開』，一方面是深入，一方面是擴展，這個博大精深的思想體系就光輝地呈現了」。[282] 由此清楚分疏了儒家宇宙論思想的宗教性格與「內在超越」的不同向度。另外，從主從關係來看，如孟子所說：「原泉混混，不舍晝夜，盈科而後進，放乎四海。有本者如是。」[283]「有本也就是儘量開發自己內部的資源，讓根於心的仁義禮智從始達之泉逐漸壯大，形成沛然莫之能禦的氣勢。如此才能如行雲流水般，遨遊天下，無入而不自得」。[284]而所謂「根於心的仁義禮智」無疑是徹上徹下、徹內徹外的道德存有，即如蕺山言「慎獨」所說的「上達天德統宗、徹上徹下之道」。[285]這便顯然是將「內在超越」當作「本」，而以宇宙論範疇的宗教體驗作為「末」了。當然，主體具體的成德之道必須既修身合天，又推仁及物，本末夾持，知行合一，方始得以實現。

三、建構

通過以格義方式對傳統儒學關於本體論、哲學的人學、社會政治理論以及宇宙論諸方面思想資源進行現代轉化和創造性詮釋，杜維明事實上建構了一個以個體－主體為基點的包含個人、社群、自然、天道四個相互作用的層面的理論體系間架。儘管杜維明迄今為止一直表示更重視思想「挖掘」而比

---

[282] 〈儒家哲學與現代化〉，載《論中國傳統文化》，頁104。

[283] 《孟子・離婁下》。

[284] 〈孟子：士的自覺〉，載《國際儒學研究》第1輯（北京：人民出版社，1995年），頁122-123。

[285] 《劉子全書》卷十（清道光甲申乙未刻本）。

較輕於體系「建構」，[286]但他的理論實踐卻的然體現出他在新儒學體系建構上的用心。

從思想發展的角度加以審視，杜維明以個人、社群、自然、天道四層面建構新儒學體系的進路，在他於 1976 年出版的《中與庸：試論《中庸》》中便露端倪。該書根據《中庸》文本的「君子」、「政」、「誠」三個核心概念而相應安排了「君子」、「信賴社群」、「道德形而上學」三章，隱然構成個人、社群、天道體系；而「自然」範疇的內容則渾融於「道德形而上學」之中，故於該章可見「從個人向人類社群並且最後向自然的簡單的轉化」、「人類是『萬物』的一個有機組成部分」、「完全實現人性也就必定導致諸多事物的實現」一類論述，[287]而從其中所謂「（誠）就是天地化育過程得以出現的原動力」等命題又可體察出道德形而上學與宇宙論、亦即天道與自然仍然是有所分疏的。[288]這些思想應該就是杜維明後來以人為本而從個人、社群、自然、天道四層面把握儒學資源的初機。

對於四層面的基本完整的表述大致初見於 1980 年代。在 1988 年發表的〈儒家哲學與現代化〉中，杜維明指出：「一個人通過他對個人身體的鍛煉，心知的磨練，靈覺的培養，一直到神明的淨化，這就是他的人格發展的幾個階段，這個發展和社會群體、自然、天道結合起來，成為一個內容豐富、涉及全面的哲學的人學。」[289]自 1990 年代以來，四層面思想便成為杜

---

286 杜維明拒絕體系建構的思想來自加布里埃爾·馬塞爾，見他 1976 年發表的〈內在經驗：宋明儒學思想中的創造基礎〉一文（收入《人性與自我修養》）；這一思想在 1987 年〈杜維明教授談儒學發展的前景問題〉中又有表述（載《中國哲學史研究》1987 年第 1 期）；直到最近與筆者對談時，杜維明仍然表示暫不考慮體系建構問題（根據 2001 年 11 月 20 日錄音記錄）。但在學術期許上，杜維明表示一定要繼續熊十力、牟宗三的道路，進行現代新儒學本體論的創新；他甚至明確表示：「有些學者以為建構大系統的時代已一去不返，現在只能從事微觀研究，我完全不能同意。」（《現代精神與儒家傳統》〔北京：三聯書店，1997 年〕，頁 201）這表明他並非永遠拒斥體系化的學術道路。

287 見《論儒學的宗教性——對《中庸》的現代詮釋》，頁 88。

288 見《論儒學的宗教性——對《中庸》的現代詮釋》，頁 92。

289 〈儒家哲學與現代化〉，載《論中國傳統文化》，頁 106。

維明著力闡述的內容之一。[290]

　　在個人、社群、自然、天道四層面中，個人作為道德主體，乃是始基。如上所述，通過身心靈神的極度提升與深層回歸以及「開放的同心圓」的無限推擴與全面回饋，主體對於形上道德本體可能形成內在超越，並且在社會政治領域以至自然宇宙範疇也體現其自身及其關係間的宗教性。主體在這種「十字打開」的存在方式中所具有的樞軸地位，乃是根據每一個具有「絕對不可重復的個體性」的人都「擁有一顆賦有情感能力、認識能力和意志能力的心」，並且由於「人作為學習者，賦有將其被給予的結構限制轉化為自我實現的動態過程的本真可能性」，從而成為「一切賦有感知能力的存在物中最敏感和最負責任的存在物」。因此，對於終生不輟於修身實踐的個體－主體來說，「我們以身體現我們固有的人性，通過開掘一條通達我們的存在之根據的源泉，我們能夠吸取我們內在的精神資源，從而創造、滋養和維持一個不斷擴展的人際關係網絡」；進而，「通過修身，我們學習變成自然秩序的管理者，並通過把我們轉化為自然的守衛者而有助於大地的神聖性」；更進一層，「如果我們充分實現心的同情潛能，我們就會認識自己的本性，而

---

[290] 主要見於〈儒家傳統的啟蒙精神〉（載《中華文化：發展與變遷》，馬來西亞中華大會堂聯合會 1997 年），〈儒家人文精神與現代啟蒙心態——燕園訪杜維明〉（載《北京大學研究生學刊》1998 年第 3 期），〈人文精神與全球倫理〉（載《中國大學人文啟思錄》，武漢：華中理工大學出版社，1998 年），〈人文精神與全球倫理〉（載《人文論叢》，武漢：武漢大學出版社，1999 年），〈修身作為體現人性的教育〉（載《第 20 屆世界哲學大會論文集》「教育哲學卷」，Bowling Green 州立大學哲學文獻中心 1999 年），〈郭店楚簡與先秦儒道思想的重新定位〉（載《中國哲學》第 20 輯，瀋陽：遼寧教育出版社，1999 年），〈儒家的超越性及其宗教向度〉（載《十年機緣待儒學》，頁 44-45），〈新軸心時代的文明對話——兼論二十一世紀新儒家的新使命〉（載馬來西亞《南洋商報》2000 年 1 月 1 日），〈儒家人文精神與宗教研究〉（載《臺灣宗教研究》第 1 卷第 1 期，臺灣宗教學會，2000 年），〈關於儒家人文精神的再認識〉（載《思想家》第 1 輯，南京：江蘇教育出版社，2000 年），〈儒家人文精神與文明對話——杜維明嶽麓書院演講筆錄〉（載《杜維明：文明的衝突與對話》，長沙：湖南大學出版社，2001 年），〈康橋清夏訪碩儒——杜維明教授訪談錄〉（2002 年）。

通過認識本性，我們就會察知天道」。概括而言，儒家關於主體的基本信念就是「通過以身體現，我們的自我（身、心、靈、神）便在社群、自然和天道中得以實現」。[291]這種以主體作為冥契形上、接通天人之始基的思想，無疑是一種高揚主體性的人文主義。[292]

但是，在內在主體性的「岩礁妖魔」（Scylla）與外在強制性的「巨渦急漩」（Charybdis）之間，儒家從來不偏執任何一個可能導致自我毀滅的極端。[293]作為道德主體的個人在四層面中的始基地位絲毫不意味著其他層面在任何程度上可以輕忽甚至消解。首先，相對於天道來說，「天道與人道的統一並不意味著人道即天道，更不能以人道取代天道。『人能弘道，非道弘人』是工夫語，因為天道不弘自大，以人配天卻必須通過永恆不斷的艱苦工夫。雖然張載『為天地立心』的名言告誡我們，『天地如無人則無生意，無道理，無道德』，但『天地無心而成化』，有沒有生意、理性和道德，就天地而言，根本不能增減分毫其自然而然的浩浩大道」；[294]落實到人來說，「人性為天所賦，『道』、『教』之源均本於天而非在於人。人能弘道的理由是因為人性秉承天命，從而接近於天的本真實在」。[295]在這一意義上，任何個人中心主義或人類中心主義，任何因人道無限膨脹而導致的「理性的傲慢」，都是為儒家所不取的。其次，自然宇宙的意義，在儒家看來，「『與天地萬物為一體』不僅是人類的崇高志向，而且也是可以達成的普通

---

[291] 以上引文均見〈修身作為體現人性的教育〉。

[292] 杜維明以此回應了那種認為儒家缺乏主體性和自我觀念的批評，參見〈儒家的超越性及其宗教向度〉及〈關於儒家人文精神的再認識〉等文。

[293] 這一源於希臘神話的比喻數見於杜維明論著之中，如〈作為人性化過程的「禮」〉（收入《人性與自我修養》，頁 32）以及〈修身作為體現人性的教育〉。另外杜維明還使用「精神的個人主義及倫理的社會主義之間的『狹窄的山脊』」一類比喻（亦見〈作為人性化過程的「禮」〉，收入《人性與自我修養》，頁 30）。這些比喻都意在說明儒家善於在兩偏之間取其「中」。

[294] 〈儒家「體知」傳統的現代詮釋〉，收入《十年機緣待儒學》，頁 66-67。

[295] 〈修身作為體現人性的教育〉，載《第 20 屆世界哲學大會論文集》「教育哲學卷」。

經驗。這一設定的根據是，人的身體是自然世界整體的一部分，我們的一呼
一吸、一飲一食都清楚地表明我們與自然的聯繫」；[296]「假如一個人的感
性不能跟天地萬物吻合，不能通透一切，並非本來如此，而是因為我們自己
把心量限隔了。所謂麻痹不仁也就是感性覺情不能發生關聯的地方正是我們
自限心量的結果。如果不是麻痹不仁，我們可以跟天地萬物包括遙遠的星球
發生一種血肉相聯的關懷」。[297]所以，從應然的角度而論，「我們是且應
當是天、社會以及家庭的孝敬的子女」。[298]復次，至於社群對於主體的關
係，無疑更加切近與現實，「正如沒有私人語言一樣，也沒有私人禮儀。禮
儀化作為一種社會性的行為，要求自我與日益複雜的人類關係網絡之間保持
不斷的交換」；甚至於像「為己之學」這種似乎屬於個人求索的行為，卻也
「實際上迫使我們同各式各樣的群體——家庭、鄰里、學校、社會、國家、
區域以及全球社群聯結在一起」，因此「儒家意義上的修身要求把『待人接
物』作為自我認識的體現。通過與他人和更廣泛的世界的關係，我們學習把
自己不是作為抽象的概念、而是作為具體的人格實現出來。……被嵌入社會
關係中的自我在與其他自我的動態相互作用中實現其中心性」。[299]基於上
述天道、自然、社群對於個體－主體所具有的不可或缺的重要意義，由四層
面便必須也可能導出三對關係，即：個人與社群的健康互動，人（類）與自
然的持久和諧，人心與天道的相輔相成。在這一關聯式結構中，「每一種關
係都有一個非常複雜的向度。但它的客觀存在所展示出來的人文圖像是一個
涵蓋性的，這個涵蓋性的圖像不排斥宗教，不排斥神性，不排斥終極關懷，

---

[296] 〈修身作為體現人性的教育〉，載《第 20 屆世界哲學大會論文集》「教育哲學
卷」。

[297] 〈儒家傳統的啟蒙精神〉，載《中華文化：發展與變遷》（馬來西亞中華大會堂聯合
會，1997 年）。

[298] 〈修身作為體現人性的教育〉，載《第 20 屆世界哲學大會論文集》「教育哲學
卷」。

[299] 〈修身作為體現人性的教育〉，載《第 20 屆世界哲學大會論文集》「教育哲學
卷」。

同時要和自然保持和諧」，[300]它實際上是以主體性的一定程度的限制而撐開了社會性、自然性以及超越性，因此，從總體上看，這一關聯式結構乃是一種包容性的人文主義。[301]

　　杜維明自承，四層面關聯式結構的思想資源來自先秦儒家思孟一系，[302]這很可以說明他早年以「君子」、「信賴社群」（政）、「道德形而上學」（誠）三個相關範疇詮釋《中庸》的思想內容正是形成後來四層面思想的先導。不過應該指出，肯認四層面思想資源來自思孟與杜維明自出機杼的創新建構並不抵牾。杜維明顯然不是以「我注六經」的方式被動承受儒學資源，而是根據他自己的致思方向並應合時代需要而對儒學資源進行有所側重、有所取捨的創造性轉化。個人、社群、自然、天道思想固然是傳統儒學中的富藏，但將其從渾融的儒學資源中拈出並加以現代詮釋與系統組合，卻正是杜維明獨特的建構實踐。實際上，對於自己不同於往聖先賢的理論貢獻，杜維明是有清楚的認識的。在〈新軸心時代的文明對話──兼論二十一世紀新儒家的新使命〉中，他說：

　　　　如果說新儒家的新使命即是人文精神的重建，也許失之粗略。有「文化巨人」雅稱的第二代新儒家唐君毅先生的終身大事不就是如此嗎？我想假若儒家人文精神的重建能繼承啟蒙理性（自由、理性、法治、人權和個人尊嚴的基本價值）而又超越啟蒙心態（人類中心主義、工具理性的氾濫、把進化論的抗衡衝突粗暴地強加於人、自我的無限膨脹），並充分證成個人、群體、自然與天道面面俱全的安身立命之坦

---

[300] 〈人文精神與全球倫理〉，載《人文論叢》（武漢：武漢大學出版社，1999 年），頁 36。

[301] 「包容性」和「涵蓋性」同為英文 embracing 的不同對譯。

[302] 參見〈儒家傳統的啟蒙精神〉，載《中華文化：發展與變遷》（馬來西亞中華大會堂聯合會，1997 年）；〈儒家人文精神與宗教研究〉，載《臺灣宗教研究》第 1 卷第 1 期（臺灣宗教學會，2000 年）。

　　途，應能為新軸心文明時代提供思想資源。[303]

　　這就以期許的語氣陳述了他自己在理論上與現代新儒家第二代（遑論其上）相區別的事實。這種區別就在於在全面深入繼承儒家傳統的包容性人文主義的前提下，對這種一貫渾融的傳統進行了精細的分疏與架構；在於在相關層面充分吸納了作為人類思想精華的近代西方啟蒙精神，由之確立人的目的價值以及作為其實現保證的制度安排；在於在涵化現代西方比較宗教學以及宗教社會學成果的基礎上，在整個架構之諸層面中注入了宗教性內涵，從而接續儒家先哲而進一步為註定具有形上追求和超越嚮往的人類指出一條己立己達的安身立命之途。

　　從另一方面看，個人、社群、自然、天道這一具有包容性人文精神的架構也正是杜維明回應進而批判近代以來一直作為儒家傳統之迫壓性價值－話語系統的西方啟蒙主義思潮的理論基礎。這一點，從杜維明對「忠心耿耿繼續深化啟蒙理念」的當代德國哲學社會學巨擘哈貝馬斯（Jürgen Habermas）的批評中可以明顯看出：「哈貝馬斯的詮釋實踐有兩大盲點，雖非致命卻使其『交往理性』陷入困境：一，人類中心主義的傾向明顯，宗教的精神世界無法掛搭，對人類安身立命的終極要求缺乏同情的瞭解；二，集中考慮個人與社會、人際關係以及群體之間的關係，忽視了人類和自然的關係。」[304]這就指出了哈貝馬斯的體系中缺乏天道、自然兩個層面。但是還不止於此，在對待女性主義方面，「哈貝馬斯也出了這個問題，他沒有辦法回應女性主義問題，也沒有意願要回應」，「而在人際關係上連最基本的男女性別的關係都沒有顧及到，你的說服力有多大呢？」[305]這更是指出了哈貝馬斯甚至

---

[303] 〈新軸心時代的文明對話——兼論二十一世紀新儒家的新使命〉，載《南洋商報》（馬來西亞）2000 年 1 月 1 日。

[304] 〈新軸心時代的文明對話——兼論二十一世紀新儒家的新使命〉，載《南洋商報》（馬來西亞）2000 年 1 月 1 日。

[305] 〈儒家與自由主義——和杜維明教授的對話〉，載《儒家與自由主義》（北京：三聯書店，2001 年），頁 13。在這篇對談中，杜維明還對羅爾斯（John Rawls）、羅蒂

在社群層面也是不完善的。質言之，西方啟蒙主義傳統，即使在它的最傑出的思想家那裡，也表現出它在實質上是一種以原子式的個人主義為基礎的徹頭徹尾的個人／人類中心主義，一種排斥性的人文主義。它的看似目的確切、簡潔明快的人本方法已經根本無法應付人類、包括西方社會本身的基本－總體問題，而給人類的當下處境及其持續發展造成了巨大困難。相比之下，「像儒家所體現的面面顧及又有分疏又有綜合的人文精神，不僅沒有像韋伯所想在世界解咒後瓦解，反而在今天躍動出新的生命力，尤其是在對治工具理性突出、手段消解意義時，它的生命力表現得更鮮明更亮麗」。[306]由此，杜維明便基於他通過「格義」所獲得的儒學創新實績，依據四層面關聯式結構而跨入到「啟蒙反思」論域之中。

　　綜上所述，在儒學創新論域，經過短暫的中西比附之後，杜維明即自覺採用了他稱之為「格義」的方法，將原本渾融不分的儒學資源納入西方理論體系框架之中而「格」出新「義」。由此，基於對先儒文本的現代解讀或創造性詮釋，在本體論方面，杜維明闡揚了「誠」、「良知－心體」、「獨體」、「仁－本心」等儒家道德範疇的本體論意義；在哲學的人學方面，他凸顯了作為身心靈神極度提升（內在而超越）與深層回歸（超越而內在）、開放同心圓無限推擴與全面回饋以及本體論意義上完善自足與終極實現意義上永遠存在進步餘地等一系列弔詭之具體承擔者的深層與動態主體性；在社會政治理論方面，他描述了基於主體德行以及由「五倫」所集中體現的諸種「二分體關係」而構成的儒家「信賴社群」，同時揭櫫了「王聖」現實對於「聖王」理想、亦即「政治化儒家」對於以道德理想轉化政治的儒家之沮抑，並引入西方自由主義政治學說以為補救；在宇宙論方面，他梳理了儒家

　　（Richard Rorty）等當代西方（美國）重要思想家承傳於啟蒙精神的哲學和社會政治理念進行了全面的分析和批評，相對凸顯了儒家傳統的現實價值。杜維明對於哈貝馬斯的批評還可見於〈儒家的理論體系與發展前景〉（載《中華文化論壇》1999 年第 1 期）、〈儒家人文精神與宗教研究〉（載《臺灣宗教研究》第 1 卷第 1 期，臺灣宗教學會，2000 年）、〈康橋清夏訪碩儒——杜維明教授訪談錄〉（2002 年）。

[306] 〈儒家與自由主義——和杜維明教授的對話〉，載《儒家與自由主義》，頁 97。

關於人「化生」於天地、自我實現於天地、參贊天地之化育以及以天地為歸宿而與之相終始的思想。對於以上四個方面的著力論述明顯呈露出儒家以個體－主體為核心、個人－社群－自然－天道面面俱到的包容性人文主義的精神實質，而這一可以概括為「天人大系統」的體系也正是杜維明新儒學思想的理論間架。在此不難發現一種「詮釋的循環」：杜維明在渾融豐贍的儒學資源中特重其有關本體論、哲學的人學、社會政治理論以及宇宙論的思想內容，從而邏輯地導出「天人大系統」的理論間架；而「天人大系統」的理論間架又似乎作為一種「先見」，導致他對於儒學資源的有傾向性的選擇與創造性重構。而他的儒學創新也正是在這種「詮釋的循環」中體現出屬於他個人的特色與成就。

　　不過，杜維明迄今為止的儒學創新也存在著某些理論上的矛盾或困難，例如，他所闡揚的儒家道德形上學與同樣為他所主張的基於氣本論而展開的一層平鋪的「存有連續」的世界如何相契？他用以表述道德主體修養成德進路的身、心、靈、神諸階段（特別是後三者）如何確切定義和清晰分疏？他的「體知」說作為解釋儒家工夫與本體相統一的論說，如何在邏輯的嚴謹性方面作進一步提升？他以身、心、靈、神極度提升與「開放的同心圓」無限推擴作為人的規定性，如何可能具有普遍性而不致陷於一種寡頭的人文主義？凡此種種都使人對杜維明迄今為止的儒學創新存有不滿之處，應該引起他的深思。

超越啟蒙心態
──杜維明「啟蒙反思」論域述論

　　發生於十七世紀西歐的啟蒙運動，作為現代化的精神動源，在短短三百餘年間便磅礡於全球，成就了一個迥異於往古而突飛猛進的現代世界。由啟蒙運動所開出的天賦人權、個人主義、人的價值、人的尊嚴、人道主義、理性、獨立、自由、平等、博愛、民主、法治、寬容、正義、公道、實效、科學、真理、社會進步等價值觀念以及市場經濟、民主政治、公民社會、企業組織、教育機構、科研單位、大眾傳播、醫療系統等利益領域，至今仍被人類多數成員、特別是後發型現代化國家的精英和大眾作為絕對可欲的目標而全力以赴地予以追撲，以致自覺不自覺地忽視了由啟蒙運動所固有的以原子式個人主義、放任的自由主義、低度的倫理標準、懷疑論的人際原則、功利性的工具理性為特徵的啟蒙心態所導致的社群瓦解、生態破毀、精神貧瘠、個我失落等嚴重後果。

　　杜維明作為一位具有寬廣視域、深沉歷史感和悲憫情懷的儒家思想家，數十年來對於啟蒙運動的利弊進行了深入體察。他既充分肯定啟蒙價值對於世界現代化進程所起的積極作用，又實事求是而令人信服地指出了啟蒙心態對於人類當下生存境況及其可持續發展造成的巨大殺傷力，並從東西方的歷史和現實、特別是儒家傳統中發掘思想資源以期對治和超越啟蒙心態。所有這些構成為杜維明的類似於「盛世危言」的「啟蒙反思」論域。

一

　　杜維明對啟蒙理念的反思，早在 1960 年代後期便已初見端倪，如 1969
年寫作的〈全盤西化的最後一課〉，就是基於「親自目睹西方文化的風雲變
幻」而斷言，五四以來曾為不少知識分子相信是「通向富強的捷徑」的「全
盤西化」，「不但在實際上行不通，在理論上也講不通」，「我們已從迷信
西化萬能的死巷轉進分析現代化的康莊大道了」。[1]至 1971 年寫作的〈印度
行感言〉，杜維明已經明確指出應以「文化價值的延續性、普及性及創造
性」來「批判當今機械文明」；[2] 1973 年寫作的〈追撲富強的影子〉則提出
「高度資本化的美國和經濟尚未起飛的印度」「究竟誰真能顯現人類的新希
望」這一似乎不成問題但實際上卻包含著深刻的社會文化批判思想的問題，
並且「揭穿了」那種「金錢（富）勢力（強）是決定一個人或一個民族有否
尊嚴價值的基本條件」的啟蒙心態。[3]此後的〈瞭解自己的發掘工作〉
（1973）、〈科技的限度〉（1974）、〈創造的轉化——批判繼承儒家傳統
的難題〉（1986）、〈認識傳統——對儒教中國的回顧和反思〉（1987）等
篇，[4]也都涉及了啟蒙反思的課題。不過，在這一時期，杜維明雖然對啟蒙
諸理念多有反思與批判，但徑稱「啟蒙反思」或直指「啟蒙心態」的文字尚
不多見。

　　大致在 1989 年前後，「啟蒙反思」上升到杜維明的思想表層，成為他
的主要論域之一。1989 年，他發表了〈啟蒙心態與中國知識分子的困
境〉、〈化解啟蒙心態〉；1991 年發表了〈啟蒙心態與中國智識界的兩難
困境〉，反映了他對這一論域的集中思考。至 1994 年發表〈超越啟蒙心

1　《三年的畜艾》（臺北：志文出版社，1970 年），頁 124。

2　《人文心靈的震盪》（臺北：時報文化出版企業公司，1976 年），頁 41。

3　《人文心靈的震盪》，頁 69、71。

4　〈瞭解自己的發掘工作〉、〈科技的限度〉收入《人文心靈的震盪》；〈創造的轉化
　　——批判繼承儒家傳統的難題〉、〈認識傳統——對儒教中國的回顧和反思〉收入
　　《儒學第三期發展的前景問題》（臺北：聯經出版事業公司，1989 年）。

態〉，杜維明關於這一論域的思想基本成熟。如果說此前的思考在充分肯認並高度評價啟蒙精神所開闢的人類利益領域和價值觀念的同時，主要指了出這種精神固有的人類中心主義傾向所必然導致的弊害以及這種弊害在現代科技條件下加速擴大的趨勢；那麼，〈超越啟蒙心態〉則比較全面地展示了對治或超越「啟蒙心態」的各種資源及其方法。[5]

〈超越啟蒙心態〉中提出的對治或超越「啟蒙心態」的資源主要有三種。第一種是現代西方所承續的倫理－宗教傳統，特別是希臘哲學、猶太教和基督教傳統。這一傳統所固有的關於物質與精神、身體與心靈、人類與自然、神聖與凡俗、造物主與創造物等對待關係的排斥性二分的思維方式，正是啟蒙精神產生的動源及其本質特徵；希臘哲學所強調的理性，《聖經》所塑造的作為大地管理者的人的形象，新教所提出的工作倫理，均為啟蒙精神的出現提供了必要的精神資源。但是，這一傳統又與啟蒙精神存在著複雜的張力和衝突。內在於希臘公民意識、猶太教選民意識以及基督教仁愛精神中的群體倫理，在作為啟蒙精神未預期後果的現代西方社會中被極大地削弱；由於群體倫理反對把人視為單純受利益驅使的經濟動物，因此，這一傳統當然會要求重新思考亞里斯多德、亞伯拉罕、保羅的倫理與當代人的道德反省之間的聯繫。事實上，麥金太爾（Alasdair MacIntyre）、查理斯·泰勒（Charles Tylor）、馬丁·布伯（Martin Buber）、愛森斯塔（S.N. Eisenstadt）等已經分別基於希臘哲學、天主教神學或猶太教傳統進行了這方面工作。

對治或超越「啟蒙心態」的第二種資源是發生於軸心時代的非西方文明，包括東亞的儒家與道家，南亞和東南亞的印度教、耆那教與佛教，另外還包括後起的伊斯蘭教。這些文明傳統在世界觀、禮儀、教育風格、人際關係模式、風俗習慣等方面蘊藏著完備而實用的資源，它們一方面需要通過接受啟蒙精神進行現代轉化，另一方面則可能以自己豐富的資源去拓展現代社會生活方式的狹隘格局，矯正啟蒙心態的偏頗。

5　〈超越啟蒙心態〉，載《哲學譯叢》2001 年第 2 期。

　　第三種資源則來自現代原始民族所保存的原初傳統，諸如美洲土著、夏威夷原住民、阿拉斯加愛斯基摩漁獵者、大洋洲毛利人以及其他許多部落的宗教習俗。「對根的深刻體驗是原初傳統的一個特點。每一種本土宗教傳統，都植根於一個具體的地方，代表著一種認識方法、一種思維模式、一種生活方式、一種態度和一種世界觀。……本土民族意識到自己紮根在一個具體的地方，自然而然地對自己所處的環境有著精細的瞭解。確實，他們的居住地與自然的界限很模糊。這種生存模式喻示著，實現人類世界與自然整體的息息相通和互惠互利，是必要而且值得的。……本土生活方式的另一個同樣顯著的特點是，人們在日常人際交往中講究禮儀。密切的親屬關係，豐富的人際交流，對周邊自然環境和文化環境的精細理解，與祖先的心靈溝通，都以種族、性別、語言、地域和信仰為基礎，顯示著共同體的存在。原初聯繫是他們存在和活動的組成部分。休斯頓‧史密斯（Huston Smith）將他們的特點歸納為：在動機上，他們展示的是參與而非控制；在認識論上，他們展示的是同情性的理解而非經驗性的理解；在世界觀上，他們展示的是崇尚超越而非主宰自然；在人類經驗方面，他們展示的是滿足感而非疏離感」。[6] 這樣一種天人和諧的生活方式並非憑空想像，而是從新石器時代持續地實存於當今世界。它對於堅持人類中心主義而導致生態系統破壞的「啟蒙心態」提供了深刻反思的啟示，也為創造和諧的生活方式開掘了靈感之源。

　　除了以上三種資源之外，在〈超越啟蒙心態〉中，杜維明已經開始思考「從啟蒙運動自己的核心中」開發對治或超越「啟蒙心態」的第四種資源，他提到了「女權主義者對傳統的批評，對環境的關心，對宗教多元論的宣傳」，這實際上成為他深化「啟蒙反思」論域的初機。

　　在 2000 年元旦發表的〈新軸心時代的文明對話──兼論二十一世紀新儒家的新使命〉中，杜維明全面表述了「為我們提供了繼承啟蒙精神和超越啟蒙心態的新思維和新契機」的「近三十年來西方湧現的四種思潮」，即生態意識、女性主義、宗教多元以及全球倫理。當然，在此之前，對於這四種

6　同上。

「從啟蒙運動自己的核心中」產生的思潮，杜維明多次作過各別的闡述，例如早在 1970 年代寫作的〈美國的分離與整合〉中，他已涉及了「婦女的解放運動」和「生態學的研究」等「新思潮」；[7]但作為一種整體表述則大致始見於此。杜維明指出：「生態意識改變了我們的宇宙觀」，「相形之下，啟蒙以來征服自然的人類中心主義不再成為科學理性的突出表現。恰恰相反，尊重並愛護自然（人類全體如何與自然維持持久的和諧關係）才是生存之道」；「女性主義重構了我們的人生觀」，它「強調公義、同情、禮讓、責任和人際關係等基本價值，不再毫無保留地接受自由、理性、法治、權利和個人尊嚴為現代精神的突出表現」；至於宗教多元則是針對西方霸權話語，「如資本主義大獲全勝的洋洋得意論說」；而「宗教多元主義的現實考慮必須成為邁向全球倫理共榮的先決條件」。[8]關於這四個對治或超越「啟蒙心態」的相關論說，在後來的一些場合中，又為杜維明所反復闡述。[9]

如果說早些時候提出的對治與超越「啟蒙心態」的「三種資源」還包含著以啟蒙傳統為中心的潛意識，具有提請作為全球主流論說的啟蒙傳統「垂顧」前現代以及「西方之外」諸種資源的意圖；那麼，以「四種思潮」取代「三種資源」去對治與超越「啟蒙心態」，就具有了相當不同的意義。首先，「生態意識」無疑是專門針對「啟蒙心態」造成的人類生存危機所進行的清算；而「宗教多元」（「放大了說也是多元文化的問題」[10]）將啟蒙傳統以及「三種資源」一齊納入，形成一種多元平等的人類文明態勢；「全球倫理」以既反對排斥又反對融攝的「宗教（文化）多元」為運思基礎，當然特別是對啟蒙傳統的話語霸權的消解；唯有「女性主義」是所有軸心文明都

7　《人文心靈的震盪》，頁 132-134。

8　〈新軸心時代的文明對話——兼論二十一世紀新儒家的新使命〉〉，載馬來西亞《南洋商報》2000 年 1 月 1 日。

9　參見〈儒家與自由主義——和杜維明教授的對話〉，載《儒家與自由主義》（北京：三聯書店，2001 年）；〈康橋清夏訪碩儒——杜維明教授訪談錄〉，載《哲學評論》2002 年第 1 輯（武漢：湖北人民出版社，2002 年）。

10　〈儒家與自由主義——和杜維明教授的對話〉，載《儒家與自由主義》，頁 13。

必須認真對待的課題，但是如上所述，它的當下的鋒芒所向主要在於啟蒙理念。因此，「四種思潮」形成為對治與超越「啟蒙心態」的更加廣泛、更加深厚和更具說服力的精神資源。

二

作為儒家傳人，杜維明當然特別致力於儒學資源在對治與超越「啟蒙心態」這一當今人類重大課題中的充分呈現。不過，他反復強調一個前提，即「只有接受西方民主自由思潮的洗禮之後，儒家傳統才逐漸爭取到對西方文化因為啟蒙心態而導致的弊病加以批判的權利和義務」；[11]反之，「倘若不經過現代啟蒙心態的洗禮，新儒學是不可能在現代文明中真正立足的」。[12]他認為，儒家傳統「經過長期的批判、轉化，它現在如果還有生命力，那它就不是一種封建時代的意識形態，而是一種經過西方現代性嚴厲批判而能夠取得現代性的傳統之一。它是有涵蓋性的人文精神和人文思潮，對西方啟蒙運動所發展起來的大的思潮——涵蓋一切的大思潮進行一些反思還是有可能性的」。[13]在他看來，這一預設已經有所驗證，其根據正在於，以生態意識、女性主義、宗教多元、全球倫理四種思潮的興起為機緣，「儒家涵蓋性的人文主義雖然在百餘年來受到啟蒙主義的以人類為中心的人文主義的消解，現在卻又恢復了新的生命力」。[14]這樣，儒家傳統便獲得了對治與超越「啟蒙心態」的權利和義務。

首先，從人本身來說，作為自覺的主體，應該具有精神提升的追求，

---

[11]　〈儒家傳統的啟蒙精神〉，載《中華文化：發展與變遷》（馬來西亞中華大會堂聯合會，1997 年），頁 12。

[12]　〈儒家人文精神與現代啟蒙心態——燕園訪杜維明〉，載《中國國情國力》1998 年第 8 期。

[13]　〈人文精神與全球倫理〉，載《人文論叢》1999 年卷（武漢：武漢大學出版社，1999 年）。

[14]　〈康橋清夏訪碩儒——杜維明教授訪談錄〉。

「就這一點來看，西方從啟蒙運動以後經黑格爾、馬克思一直到韋伯，整個西方哲學的脈絡裡都沒有發展出這種修身體驗之學。雖然在古代希臘哲學中有一種學問，叫 spiritual exercise，現在也有些哲學家試圖重新把它發展出來，但我們卻看不到它有儒家思想中的那一套。黑格爾的《精神現象學》從抽象的理念發展出一個寬廣的世界，但他對一個具體的人的身心性命的安頓卻存在很大的問題。即便如康德哲學，他對人的情的問題的處理和對人的行善動機的處理都留下許多話柄」；但是，在儒家傳統中，例如，「我們從宗周的『萬物一體』的思想中可以看到兩面，一面是他的『大身子』觀念；另一面是他的修身哲學，這兩者配合得非常融洽」。[15]劉宗周「那裡面的資源太豐富了，他對自我的瞭解，對身、心、靈、神的內部的瞭解非常深刻。相比那些毫無軸心文明資源的後現代主義趨時者的說法，那看起來就像侏儒一樣」。[16]

　　由於修身資源的欠缺，啟蒙主義的自由理念逐漸成為一種價值懸置的純粹主觀選擇，自由不再是人類向善的依憑，而成為人的欲念任意宣洩的藉口，其世俗表現往往是私欲膨脹，感官享受，成為馬爾庫塞（Herbert Marcuse）所批判的「單面人」。而極端的自由主義還進一步喊出「人有選擇當奴隸的自由」的口號，預示著社會底線倫理的破毀。但是基於儒家立場，「不僅你沒有選擇做奴隸的自由，我們也不能讓我們的孩子、我們的親戚、我們的朋友、我所關照的人有選擇做奴隸的自由，不讓他有選擇做奴隸的自由，不是危害了他的自由，而是為他真正展現他的人格創造光輝的條件」，由此體現出儒家在濫情主義與禁欲主義、自由與他律的兩極之間擇乎中道。[17]

　　在人的理性範疇，啟蒙傳統從康德哲學開始便著力剔除理性中的情感成

---

[15]　《杜維明學術專題訪談錄——宗周哲學之精神與儒家文化之未來》（上海：復旦大學出版社，2001 年），頁 204-205。

[16]　〈儒家與自由主義——和杜維明教授的對話〉，載《儒家與自由主義》，頁 25。

[17]　〈儒家與自由主義——和杜維明教授的對話〉，載《儒家與自由主義》，頁 100-101。

分，以「絕對命令」放逐了同情心。隨著財富這件披在新教徒肩上的輕盈「外衣」轉變為現代資本主義的「鐵籠」，世界以分工為前提實現職業化，理性也進一步工具化，追求效益成為理性的主要甚至唯一目的，而價值理性則被擱置或消解。理性的這種現代轉化（狹隘化）所導出的問題是：「假如我們相信人是理性的動物，他的理性表現為他自己知道他的利益，他是在市場公平競爭機制中充分發揮他追求利益的方面，他符合社會的法律要求，這樣一個經濟人是自由主義信念的基礎，這樣一種人究竟是為社會創造了很大的財富，還是社會的禍害？」答案是：「即使他創造了很大的財富，他為人類社群造成的災難也是非常嚴重的。這還不是指人和自然之間造成的困難，是因為這套理念對社群的問題從未加以注意。」[18]當代西方思想界已經認識到所有被邊緣化的理性的價值都要重新開發出來，所以羅爾斯提出公共理性，哈貝馬斯提出溝通理性，等等。但是，「從工具理性到溝通理性都不夠，還有其他更多理性的論域沒有展開。比如同情，這也是一種理性。從看孺子下井，然後慢慢推開去，那個推的過程是非常複雜的，怎麼推，為什麼要這樣推，為什麼要親親而仁民而愛物？」[19]儒家傳統在這方面就體現了極其豐富的價值。

從群己關係來看，「儒家的為己之學就不能為國家、為社會做人，而應該是為一個人自己的人格的發展而做人。但是在儒家，人又不是像西方自由主義的『原子式』的個人。……儒家的人不是脫離社會而獨存的個人，個人是關係網絡的中心點。所以一個真正為己的人，就可以絕對為國，為家，為天下。但是反過來，一個人只為國，為家，為天下，到後來即會導致國也沒有，家也沒有，天下也沒有。正因為如此，宗周在後來說得非常清楚，這就是本末先後的大問題，『身者，天下國家之統體，而心又其體也』」。[20]聯繫到全球社群「個人與個人、社會與社會、國家與國家、乃至地區與地區之間的衝突反而愈來愈激烈」的現實，「我們應對『啟蒙心態』進行深層的反

---

[18]　〈儒家與自由主義──和杜維明教授的對話〉，載《儒家與自由主義》，頁112。

[19]　〈儒家與自由主義──和杜維明教授的對話〉，載《儒家與自由主義》，頁27。

[20]　《杜維明學術專題訪談錄──宗周哲學之精神與儒家文化之未來》，頁174-175。

思，儒家倫理的再提出，即是針對這一特殊的問題意識而發」；具體地說，
「孟子抨擊楊朱墨翟，正是要在基本人性和人心受到極端個人主義和極端集
體主義摧殘殆盡的兩極分化裡開拓出一條『執中』的康莊大道來」，「孟子
所謂的大丈夫的廣居安宅和正道，恰恰可以為人類的生命共同體提供社群倫
理的資源。居仁由義的構想可以作為我們反思存在條件的借鑒，因為孟子的
價值取向正是要為個人與個人、家庭與家庭、社會與社會和國家與國家之間
謀求一條共生之道。固然，今天的問題更繁雜、更困難、更嚴重，但我們如
果只放眼西方而不顧自家傳統的無盡寶藏那就太可惜了」。[21]

　　女性主義是當代全球社群構成中的重大問題。毫無疑問，由於軸心文明
諸傳統均屬男性中心主義，因此「所有的軸心文明都在面對女性主義的挑
戰，不通過女性主義這一關，軸心文明就沒有發展的前景」。[22]而作為當代
人類強勢話語系統的啟蒙主義也是一種「性別主導的論說」（gendered
discourse），它的一系列價值理念諸如自由、理性、法治、權利、個人尊嚴
等等，與女性主義所強調的公義、同情、禮教、責任、人的群體性等基本價
值形成直接對峙。然而，秉承啟蒙傳統的在目前歐美哲學界最有深度的思想
家，如哈貝馬斯（Jürgen Habermas）、羅爾斯（John Rawls）以及丹尼爾‧
貝爾（Daniel Bell）等，卻並不將女性主義納入論域，沒有資源也沒有意願
回應女性主義的挑戰，「在人際關係上連最基本的男女性別的關係都沒有顧
及到，你的說服力有多大呢？」[23]對於儒家來說，一方面如上所述，「儒家
是否真能在新軸心時代大放異彩，取決於其理論與實踐能否通過和女性主義
的對話而超脫『封建遺毒』的污染」，因此，「以前曾定義儒家倫理的三綱
也因過時而必須徹底揚棄。如果還有提倡三從四德的頑固分子，有意弘揚儒
術的公眾知識分子即應毫不留情地鳴鼓而攻之。因為他們所宣傳的倫理不僅
違背性別平等的原則而且也和儒家人文精神背道而馳」。[24]另一方面，儒家

---

[21]　〈儒家倫理與全球社群〉，載《中國文化報》1994 年 11 月 13 日。

[22]　〈儒家與自由主義──和杜維明教授的對話〉，載《儒家與自由主義》，頁 63。

[23]　〈儒家與自由主義──和杜維明教授的對話〉，載《儒家與自由主義》，頁 13-17。

[24]　〈新軸心時代的文明對話──兼論二十一世紀新儒家的新使命〉。

真精神可以與女性主義有很好的配合，諸如公義、同情、禮教、責任、人的群體性等女性主義的基本價值也為儒家一貫崇奉。在諸軸心文明中，「沒有任何女性主義不能接受的包袱是儒家不能放棄的，……女性是不是可以成聖成賢，成為老師發展儒家的理念；家庭是不是應該是平等互惠的；男女是不是應當同工同酬；女性代表的價值，注重同情，注重聯網，注重公義，注重禮讓是不是應予突出？從習俗上看，猶太教、天主教、伊斯蘭教，甚至佛教都會有問題。佛教說你下世不投胎男性，那你永遠不能進入涅槃。但對儒家而言這不成問題」。[25]

在全球社群中，排他性的原教旨主義或融攝性的判教精神是許多宗教或文明傳統的特性，前者是宗教衝突的禍源，後者則表現出道路、生命與真理只此一家別無分號的狹隘。二者實質上都堅持自我中心的一元論。作為一種凡俗的人文主義，啟蒙傳統也具有強烈的一元論傾向，並且兼具「西方中心主義」的排他性和「同質現代化」的融攝性。例如哈貝馬斯一度對印度、中國不屑一顧，認為這些文化連基本的水準都沒有達到，沒有理由和必要去注意，表現出「現代化的自負」、「啟蒙的自負」或「理性的傲慢」；羅蒂（Richard Rorty）信奉狹隘的「美國主義」，認為其他文明「沒有什麼大道理」；丹尼爾・貝爾對於西方以外的現代性的可能性表示極大的懷疑；愛森斯塔也堅持只有「一種具有多面相的現代性」（a multi-faceted modernity），而拒不接受「多元現代性」（multiple modernities）的提法。其他如弗蘭西斯・福山（Francis Fukuyama）所謂「歷史的終結」，亨廷頓（Samuel Huntington）所謂「文明的衝突」，也都屬於「西方中心主義」的一元論說。但是，在包含「全球化」與「根源性」緊張兩極的「地球村」業已形成的當今世界，任何自我中心的一元論都可能導致嚴重後果，「地球村的出現不僅沒有為人類帶來天下為公的和平繁榮而且急速增加各種類型的矛盾，其中根源性被政治化之後導致的流血事件（科索沃、盧旺達、東帝汶和車臣）

---

[25] 〈儒家與自由主義──和杜維明教授的對話〉，載《儒家與自由主義》，頁63。

最慘不忍睹」，[26]因此，容忍、交往、互信、共存以及尊重，亦即宗教（文化）多元主義才是當今人類相處之道。在這方面，儒家擁有不同尋常的資源，「你看孔子是儒家思想的代表，可是首先，他不是儒家價值的最高體現者，這是其他宗教文明不能想像的，此外，他也不是儒家論說的創造者。我們不能想像比耶穌更像基督的基督徒，我們也很難想像比釋迦牟尼更高明的佛門弟子、或者比穆罕默德更虔誠的伊斯蘭教徒。可在儒家中堯舜禹湯文武，甚至周公都比孔子高明」；「在儒家傳統中，充滿了討論、論辯，沒有一句話、一個人、一個概念成為教條，儒家傳統，嚴格地說，沒有不可討論或引發爭議的教條。因此，它有非常強烈的開放精神，而不是一個自我封閉體系」。[27]不止於此，「在多元文化方面，儒家的基本原則『己欲立而立人，己欲達而達人』，以及『己所不欲勿施於人』已經是普世倫理的基本原則，它對各種不同的文明接受、承認、尊重其基本價值，並且認為對我最好的，不一定對我鄰居最好，不強加於人」，[28]因此儒家傳統不僅是消極適應宗教（文化）多元思潮，而且對於建構全球倫理可以做出並非其他所有宗教（文化）傳統都可能做出的貢獻。

　　在生態環保問題上，啟蒙以來那種自然資源無限、人對自然的征服無限的信念已經完全失去了可能性。生態問題將所有的人都連在一起，沒有人能夠逃避。而且，即使諸如自我、民族、國家、文化、傳統等所有大論說都被解構，生態問題卻無法解構，任何人群都必須直面它並提出解決之道。「但是傳統的自由主義在這方面似乎沒有豐富的資源，嚴格地說根本談不上什麼資源的問題，它從洛克開始所談的核心課題是權利的問題。有關權利的問題發展得非常充分，形成各種論說，非常豐富。但是，那是作為人類中心主義面向自然而且征服自然來開展的。從它這條線索看，你發現，例如哈貝馬斯，像他這樣的大學者，在他那麼豐富的論域裡，生態學的問題並不占任何

26　〈新軸心時代的文明對話——兼論二十一世紀新儒家的新使命〉。

27　〈儒家與自由主義——和杜維明教授的對話〉，載《儒家與自由主義》，頁 125-126。

28　〈儒家與自由主義——和杜維明教授的對話〉，載《儒家與自由主義》，頁 63。

比例；再如羅爾斯，他對生態學的問題又有什麼了不起的看法呢？從洛克下來的傳統沒有這方面的資源，諾齊克在這方面也乏善可陳。這是一個大的缺失，它來源於人類中心主義。現在，在整個哲學論域中發現人類中心主義是個困境，它是和啟蒙心態的困境連在一起的」。[29]相比之下，儒家在這方面的資源十分豐富，〈中庸〉「贊天地之化育」說，〈易傳〉「先天而天弗違，後天而奉天時」說，橫渠「乾父坤母」、「民胞物與」說，明道「仁者以天地萬物為一體」說，陽明「一體之仁」說，心齋「化生」、「形生」說，諸如此類天人和諧論說不遑縷述。簡括而言，「儒家有句話，叫做『天生人成』，我們是有責任的，天造了我們，它的生化大流要我們來完成，我們是 co-creator，因為是 co-creator，所以我們才有責任」。[30]這種有機自然觀曾被視作一種古典的浪漫主義而在啟蒙以來「解咒」的世界中被消解，「但是，正是韋伯的這個解咒的世界現在碰到了生態環保的挑戰，因此以天地萬物為一體的理念絕非浪漫情調，反而獲得了新的生命力和說服力」。[31]

　　綜上所述，儒家傳統可能用於對治或超越「啟蒙心態」的資源即是一種涵蓋性的人文精神，它體現於個人、社群、自然、天道這一「十字打開」的架構之中，透顯出個人與社群健康互動、人類與自然持久和諧、人心與天道相輔相成的面面顧及、既有分疏又有綜合的人文視域。對於矯正以人類中心主義的排斥性人文主義為特徵的「啟蒙心態」來說，儒家涵蓋性的人文精神無疑具有十分積極的作用。

三

　　在此應該特別表出杜維明對作為非西方軸心文明另一大系統的印度文明的重視。杜維明早在 1970 年代就因參加馬德拉斯世界哲學大會以及過訪孟買等機緣而初步但卻比較深刻獨到地認識了印度文明及其現實意義，並發表

29　〈儒家與自由主義——和杜維明教授的對話〉，載《儒家與自由主義》，頁 12。
30　〈儒家與自由主義——和杜維明教授的對話〉，載《儒家與自由主義》，頁 23。
31　〈儒家與自由主義——和杜維明教授的對話〉，載《儒家與自由主義》，頁 22。

了〈印度行感言〉（1971）、〈追撲富強的影子〉（1973）兩篇專文。1995
年冬季，杜維明應印度哲學研究委員會邀請，到德里大學、馬德拉斯大學、
加爾各答「靜謐之地」國際大學、拉克勞大學和布納拉斯大學等五大學府發
表「國家講座」，通過與當代印度學術思想界的廣泛交流，進一步加深了對
於印度文明及其現實意義的認識。他認為，對於近代以來的人類文明而言，
印度文明以其宗教、哲學、音樂、舞蹈等豐富而精湛的精神資源，在啟蒙主
義所確立的評斷人類文明水準並規定人類發展方向的單一而膚淺的「富強」
標準之外，不僅展開了一個有益於伸張性靈的精神世界，而且也正是「批判
當今機械文明最有力的現代文化」。[32]具體地說，「人不能僅靠麵包和手槍
而生存。除了經濟和政治條件以外，我們不能不要求智識攝取、藝術表現和
宗教信仰等權利。因為沒有智識基礎、藝術興趣和宗教價值的經濟和政治存
在，就像追撲富強影子的『浮士德』，終會導致喪失性靈的悲劇下場」！[33]
這就揭示了印度文明對於反思「啟蒙心態」所具有的意義。

　　另一方面，對於提倡「全盤西化」和「全盤反傳統」的「五四傳統」來
說，印度文明除了提供超越「富強決定論」的參照系之外，作為這一文明的
現實載體的印度知識分子對待民族文化傳統的態度特別富有借鑒意義。印度
知識分子普遍而深刻的共識是：「儘管我們受盡了殖民主義、帝國主義的蹂
躪，數百年來在經濟、政治和社會各個層面都飽經滄桑，至今百廢待舉，但
是我們從不懷疑印度文明源遠流長，有古有今，我們的宗教、哲學、音樂、
藝術和文學，從民間社會到精英文化，都蕩漾著生命力和創造力。我們的共
同關切即是培養學術界、知識界和文化界的人才，讓今天的印度知識分子真
正能夠體現吠檀多、耆那教和其他印度傳統，特別是森林書和奧義書所象徵
的精神素質。」[34]基於這種認識，「今天的印度知識分子，不論是信仰馬克
思主義的社會革命、提倡市場經濟的優越性或者崇拜自由民主思潮，都或多
或少地致力於開發傳統資源。當代印度出現了聖雄甘地、大文豪泰戈爾，哲

32　〈印度行感言〉，收入《人文心靈的震盪》，頁41。

33　〈追撲富強的影子〉，收入《人文心靈的震盪》，頁73。

34　〈儒家傳統的啟蒙精神〉，載《中華文化：發展與變遷》，頁2。

學家像拉達克辛那（Radhakrishina）、奧儒賓多（Aurobindo）以至今天的
支辛那（Daya Krishna）和木諦（K. Sachidananda Murty），一代一代的大師
大德，乃至多彩多姿的像音樂家商羯（Ravi Shanka）及歌唱家蘇巴拉克西
密（Subbalakshrmi），這絕對不是一個偶然的現象。各行各業的知識分子為
印度文明積累了豐富的社會資本（social capital）及精湛的文化能力
（cultural competence）」。[35]而社會資本、文化能力相對於經濟資本、科技
能力來說，如同平等相對於自由、義務相對於權利、禮讓相對於法治、同情
相對於理性、個人尊嚴相對於社群和諧等互對價值一樣，即使不能說前者更
加重要，卻也一定是人類持續發展不可或缺的精神價值。有鑑於此，杜維明
十分憂慮五四以來中國主流知識分子基於工具理性的立場，在否定本民族傳
統的同時，對於印度文明的藐視，這種思想傾向正是造成「文化中國」精神
資源薄弱、價值領域稀缺的主要原因。他深沉設思：「假如中國比較傑出的
知識分子開始能夠重視印度，認為能夠從印度的文化中吸取養分，那就顯示
我們的心態已超越了富強第一的典範，就可以面對 21 世紀的挑戰了。」[36]

當然，對於啟蒙傳統，無論是反思或是超越，都必須遵循揚棄的思想方
法。誠然，「生態危機和社群瓦解正在世界各地發生。對此深表關注的人，
面臨一個緊迫任務，即確保在現代西方佔據領導地位的少數人和文化精英能
積極參加精神聯合行動，重新思考啟蒙運動的遺產。鑒於啟蒙心態給生命支
援系統帶來的始料未及的負面後果，我們不能不加批判地接受它的內在邏
輯」；然而與此同時，對於啟蒙價值，「我們又不能拒絕它在當前和未來與
我們知識界自我定義（intellectual self-definition）的聯繫。我們面臨的不是
非此即彼的選擇。脫離並獨立於啟蒙心態，建立一個徹底不同的新倫理或新
價值觀體系，既不現實也不真心。它要麼是憤世嫉俗的，要麼是吹毛求疵
的」！[37]事實上，「所有全球化的『利益領域』都與啟蒙心態息息相關：科
學技術、市場經濟、民主政治、大眾傳播、跨國公司和研究性大學」，並且

---

[35] 〈儒家傳統的啟蒙精神〉，載《中華文化：發展與變遷》，頁 3。
[36] 《現代精神與儒家傳統》（北京：三聯書店，1997 年），頁 95。
[37] 〈超越啟蒙心態〉。

「對這些『利益領域』的注解——自由、平等、人權、私產權、隱私權和法治一類價值也同樣植根於啟蒙心態」。[38]因此，「如果要發掘我們的傳統文化資源，對於『啟蒙心態』給我們帶來的利益領域和基本的價值，我們不僅不能簡單地把它拋棄或對之作出簡單的批判，我們還要充分地利用這一價值，而且這一過程還是相當漫長的」。[39]正是在上述利與弊、現實與歷史、選擇性與規定性等多重辯證架構中，杜維明建立了他的「啟蒙反思」觀。

---

[38] 〈儒家視野的全球社群的核心價值〉，載《論儒家》（德國萊比錫大學，1998年）。

[39] 〈人文精神與全球倫理〉。「利益領域」原文誤作「意義領域」，徑改。

儒家視角中的多元現代性、
新軸心文明與全球倫理
——論杜維明的「文明對話」觀

　　「文明對話」是杜維明於 1990 年開展的一個論域。[1]如同杜維明開展的其他論域一樣，「文明對話」作為人類文明交通方式的一種概括，被賦予了強烈的現實性格。在當今全球化與根源性兩個向度均深入開展、現代性中的傳統愈益凸顯、西方與西方之外絕對二分語境中由啟蒙心態所型塑的現代西方強勢文明已使人類發展幾乎難以為繼的情況下，文明對話具有前所未有的必要性和緊迫性。

　　毋庸贅言，文明對話得以進行的一個必要前提是多種文明的並存。在現代以前的漫長時期，多種文明並存一般只需滿足諸文明在時間上同在以及在空間上接近或可能接近等自然規定性即可實現。但是，自從現代化進程於十八世紀後期在西歐發生並進而在世界範圍擴張以來，隨著西方價值標準憑藉其物質和制度文明優勢而逐漸成為強制式的普世性「遊戲規則」，多種文明並存的自然規定性的意義相對甚至絕對減弱，而諸文明按西方價值標準所定義的性質則逐漸成為判斷其是否「存在」或在何種時空坐標軸上存在的重要因素。在黑格爾、韋伯等西方思想家看來，非西方文明與西方文明之間存在著影響其「並存」的巨大時差，而彌補這種時差的唯一途徑就是非西方文明

---

[1]　參見杜維明《現代精神與儒家傳統》（北京：三聯書店，1997 年），頁 469；〈新軸心時代的文明對話〉，載馬來西亞《南洋商報》2000 年 1 月 1 日。

趨向西方文明的同質化演變，這樣，作為文明對話必要前提的多種文明並存的狀況當然是不存在的。[2]

　　西方思想家關於東西文明時差以及西方一元現代化的論說，曾經強烈影響了十九世紀以來非西方世界的許多重要思想家，並通過他們影響到各該社會的不同階層，甚至於至今餘波未平。日本明治啟蒙思想家福澤諭吉的「脫亞入歐」論，土耳其基馬爾（Mustafa Kemal Atatürk）的世俗化改革乃至廢止阿拉伯字母改用羅馬字母的政策，中國五四主流知識分子的「打倒孔家店」和「全盤西化」論，都是以現代西方文明為趨歸，主動否認本有文明傳統與現代西方文明並存的資格，自願居於「學習的文明」的地位，而推崇現代西方文明為「傳授的文明」，因此當然也就談不上「文明對話」了。

　　時至今日，上述基於西方中心主義的觀念或論說及其相應的社會實踐，由於對自然、社會以及人類精神造成嚴重破壞而日益喪失其說服力，而非西方文明所蘊涵的豐富的傳統生存智慧在後現代語境中卻日益彰顯。但是，由於「現代社會特有的諸領域，如科學技術、工業資本主義、市場經濟、民主政治、大眾傳播等等都來源於啟蒙精神或與之相關；我們所珍視的價值，包括自由、平等、人權、隱私權、民有民治民享的政府、法制等等也與啟蒙精神密不可分」，所以，「一方面，我們不能不加批判地接受啟蒙精神的內在邏輯，因為它給我們的生態系統帶來了許多未預期的負面影響；另一方面，我們又不能完全棄絕它，它與我們的精神自我定義，與我們的現在和未來都有著千絲萬縷的聯繫」。[3]這樣，非西方文明只能是在保持本有傳統資源以期充實並矯正啟蒙精神的同時，首先涵化由西方現代化所開出的利益領域及其核心價值，實現傳統的現代轉化。只有如此，非西方文明才可能在現代意義上與西方文明「並存」，從而實現多元現代性的文明格局，而這也正是現

---

[2]　不同程度地否定東西文明在現代條件下並存或肯定非西方文明只有「西化」一條出路的當代西方思想家還有不少，如柏深思、羅伯特·貝拉（前期）、哈貝馬斯、丹尼爾·貝爾、羅蒂、弗蘭西斯·福山，甚至於對多元宗教研究頗有造詣的愛森斯塔。

[3]　杜維明〈全球社群——探尋社會發展的精神資源〉，載聯合國社會發展高峰會議（哥本哈根）特刊《社會政策與社會發展》，1995年3月。

代條件下開展文明對話、進而進行啟蒙反思的必要前提。問題在於，多元現代性、即非西方文明在保持本有傳統的同時實現現代轉化是否可能。

一、多元現代性

在發生學意義上，以工業化為核心的現代化進程開始於西歐。十八世紀後期至十九世紀中期，在英國發生的以採用蒸氣機為主要標誌的第一次工業革命，引發現代化的第一次浪潮；十九世紀下半葉至二十世紀初，在西歐北美資本主義工業化核心地區，由內燃機和電動機帶動的「電工技術革命」引發第二次現代化浪潮；二十世紀下半葉，西歐北美以高科技、新能源、新材料為基礎的第二次工業革命引發第三次現代化浪潮。至此，工業化－現代化真正成為全球性浪潮。[4]

無可爭辯，現代化的三次浪潮都是由西歐、北美即希臘－希伯來文明世界發起或領先。雖然在第二次浪潮中有日本的成功，在第三次浪潮中又出現了工業東亞，但這些非西方工業化－現代化國家畢竟是基於「傳導性變革」而實現的「外源的現代化」，並不像西方世界是基於「創新性變革」而實現的「內源的現代化」。因此，作為現代化理論前源的「韋伯命題」在「選擇的親和性」意義上將「新教倫理」當作「資本主義精神」的導因，以及作為近二百年現代化運動之總結的現代化理論在其形成之初的 1960 年代前後幾乎一致以西方工業文明為世界現代化的統一模式，[5]乃至於如中國五四主流

---

[4] 參見羅榮渠《現代化新論——世界與中國的現代化進程》（北京：北京大學出版社，1993 年），頁 131-141。

[5] 關於 1960 年代西方樂觀的社會進化論思潮，從以下論說可以得到證明：美國學者庫馬認為「未來基本上是根據西方工業發展模型擬想的：西方工業文明乃是它的終點」；美國社會學家柏深思認為現代社會只有一個體系，即以美國為領導的西方社會體系；美國經濟史學家羅斯托將現代化進程劃分為「傳統社會」、「為起飛作準備」、「起飛」、「向成熟推進」、「大眾高消費」五個階段，將英、美置於最高階段，而將其他國家置於向著最高階段演進的不同水準；美國歷史學家布萊克則將現代化水準劃分為七類，將歐美國家置於高級類別，而將亞、非、拉發展中國家置於低級

知識分子將以富強為旨歸的現代化等同於「歐化」或「西方化」，[6]概言之，即西方一元現代化論說的提出與盛行，也就多少是可以理解的了。

但是，西方現代化在發生學意義上的領先是否意味著它在任一社會結構的現代化進程中都將具有主導作用？「韋伯命題」是否能夠絕對普遍化？西方現代化理論，特別是柏深思引申韋伯思想而將現代化不僅等同於「西方化」、而且進一步等同於「美國化」的論說是否符合世界現代化的歷史進程及其未來趨向？韋伯所提出的「理性化」以及柏深思所概括的「市場經濟、民主政治、個人主義」是否就是作為現代化之實現特徵的現代性的不二法門？非西方文明實現現代化是否就只有徹底拋棄本有傳統而選擇「全盤西化」這一條道路？歸根結蒂，現代化及其現代性是否只能具有在發生學意義上獲得的　元規定性？進而，西方一元現代化是否真正是人類的福祉？這些問題不僅關涉現代化的模式、現代性的內涵、傳統與現代的關係，而且關涉對於由啟蒙思潮導出的西方現代化後果的認識與評價，當然它們更直接地關涉儒家傳統的當代命運。因此，早在西方一元現代化論說大盛的 1960 年代，這些問題便受到杜維明的關注，構成為他的主要問題意識的一個方面，從而成為他破斥一元現代化論說和闡揚多元現代性的出發點。[7]

事實上，如果對西方現代化進程深入瞭解，可以發現，嚴格意義上的一元現代化即使在西方文明範圍內也並不存在。「西方文化應當落實到英國文化、法國文化、德國文化和美國文化的層次才能分析得比較精當。……在所

類別。參見羅榮渠《現代化新論——世界與中國的現代化進程》，頁 28-34、141-142。

6　「歐化」說例見陳獨秀〈答佩劍青年〉，載《新青年》第 3 卷第 1 號；「西方化」說例見柳克述《新土耳其》，商務印書館 1927 年版。

7　杜維明曾經回憶道：「1966 年，我在母校臺灣東海大學首次講授文化價值和社會變遷，當時就對儒學研究在工業化東亞的復興極感興趣。」見〈反傳統、整體觀、耐心謹慎：關於當代中國學術思想追求的個人反思〉，收入《道、學、政：論儒家知識分子》（上海：上海人民出版社，2000 年），頁 182。由此反映出他在當時就對西方一元現代化論說的挑戰以及以儒家傳統為背景的工業東亞的興起在回應這一挑戰方面的意義甚為關注。

謂現代化即是西化的歷程中，英國、法國、德國和美國都有其特殊而具體的文化認同」。[8]如果說此處指涉的「西方」尚寬泛地包含了基督教傳統中的天主教和新教的話，那麼「即使我們只是集中討論新教倫理和資本主義的興起，在新教倫理的內部也有複雜的多元傾向」。[9]現代西方文明內部的多元傾向是由於西方現代性中毫無例外地存在著傳統問題，西方各國的現代化背後都有相當深厚而又互不相同的傳統資源。[10]因此可以說，「在現代化的歷程中，西方多元化所代表的是一些特殊和具體的實例（各有各的文化認同）而不是放諸四海皆為準的一般原則」；由此可能得出的一般原則倒是，「沒有任何一個現代性……和這些地區的傳統能夠絕然分開來觀察的，因為它們之間有難分難解的糾葛」。[11]

當然，西方各國的傳統無論多麼歧異，終究是從希臘－希伯來文明一根而發；其現代性雖然形形色色，卻大致不出乎市場經濟、民主政治和個人主義（或者還加上公民社會）之外。因此，西方一元現代化論說並不能由其內部的多元傾向所真正突破，[12]而必須通過相對於西方而言的異質文明地區現代化模式的出現才可能對其構成真正的挑戰。

迄今為止，相對於西方而言的異質文明地區唯一成功的現代化模式就是工業東亞，即在二十世紀下半葉的第三次現代化浪潮中先後實現工業化的韓國、新加坡以及中國的臺灣、香港地區，此外還包括二戰以後重新實現現代

[8] 杜維明〈儒學第三期發展的前景問題〉，收入《儒學第三期發展的前景問題——大陸講學、問難和討論》（臺北：聯經出版事業公司，1989年），頁291-293。

[9] 〈儒家與自由主義：和杜維明教授的對話〉，載《儒家與自由主義》（北京：三聯書店，2001年），頁61。

[10] 參見杜維明〈人文精神與全球倫理〉，載《人文論叢》1999年卷（武漢：武漢大學出版社，1999年），頁29。原文中「德國的……懷疑精神」為「德國的……國族精神」之誤，經杜維明本人校正。

[11] 杜維明〈全球化與本土化衝擊下的儒家人文精神〉，收入《十年機緣待儒學》（香港：牛津大學出版社，1999年），頁108、116。

[12] 這正是愛森斯塔雖然肯定現代性具有多面相但卻仍是一元而非多元的理由。愛森斯塔這一說法根據杜維明2001年9月21日在哈佛燕京學社的學術報告錄音記錄。

化的日本。工業東亞的性質究竟如何？1970 年代前後，賴世和（E.O.
Reischauer）、康恩（Herman Kahn）、馬若然（R. MacFarquhar）、彼得·
伯格（Peter Berger）、羅伯特·貝拉、墨子刻（Thomas A. Metzger）等西方
學者圍繞這一問題進行了研究。[13]這些研究幾乎都表露了工業東亞現代性中
的傳統以及由此獲得的獨特現代性的思想，對於杜維明無疑頗具影響，不過
他還是基於自己的問題意識，對工業東亞研究既保持濃厚興趣和投入極大關
注，又表現出充分的謹慎。他不止一次地坦承，他對這一問題的觀察還是試
驗性的，他的探討還處在初級階段。[14]之所以如此，是因為相對於韋伯對已
經發展成型了的資本主義的研究來說，工業東亞還是一個發展中的現象，其
中難以掌握的中介和互動因素太多。[15]

使杜維明感到困難的顯然不在於工業東亞是不是現代化社會，而在於它
實現現代化的途徑及其性質。僅僅著眼於經濟和社會層面，工業東亞的現代
化是顯而易見的。綜合韋伯、柏深思以及賴世和等人所提出的理性化、市場
化、工業化、科技化、民主化、世俗化、都市化、科層化、專業化、大眾傳
播網、個人多樣性等現代化指標加以衡量，工業東亞大都達到了較高水準。
在經濟方面，工業東亞的表現更加突出。[16]問題在於「如何解釋這個史無前
例的現象」。[17]

按照西方一元現代化論說的邏輯，像工業東亞這類處於異質文明地區的

---

[13] 以上諸說分別參見杜維明〈從世界思潮的幾個側面看儒學研究的新動向〉，收入《儒
學第三期發展的前景問題——大陸講學、問難和討論》，頁 348、351；《現代精神
與儒家傳統》，頁 3、331-332、334-335、335-338；〈儒家之風引領新亞洲〉，載臺
灣《天下雜誌》1996 年 1 月 1 日。另見羅榮渠《現代化新論——世界與中國的現代化
進程》，頁 220。

[14] 參見杜維明〈儒家倫理與東亞企業精神〉，收入《新加坡的挑戰——新儒家倫理與企
業精神》（北京：三聯書店，1989 年），頁 103。

[15] 杜維明《現代精神與儒家傳統》，頁 340-341。

[16] 參見羅榮渠《現代化新論——世界與中國的現代化進程》，頁 220、36、214-215。

[17] 杜維明〈從世界思潮的幾個側面看儒學研究的新動向〉，收入《儒學第三期發展的前
景問題——大陸講學、問難和討論》，頁 349。

社會要實現現代化，除非其經濟、政治、社會、文化全盤西化則莫辦。事實是否如此呢？誠然，「東亞的興起顯著地表現出西方現代主義的一些最消極的方面：剝削、重商主義、消費主義、吝嗇、自私、粗野的競爭」，同時西方啟蒙思潮所高揚的工具理性、自由主義、權利意識、法律程序、隱私許可權、個人尊嚴等價值觀念也在東亞社會逐漸普及。[18]但從深層次看，作為在西元十一至十九世紀的漫長歲月中、從大傳統到小傳統都深受儒學浸淫的文化圈，「儒家文明的影響早已積澱存留了，不會因為近百年西方文明來了，就沒有了！或許知識精英分子是可以擺脫影響，但是民間文化和傳統是不可能擺脫儒家影響的，這個影響具有相當大的生命力」。[19]從現實社會觀察，「儒家的政治意識形態為日本和『四小龍』（臺灣、南韓、香港、新加坡）的發展提供了豐富的符號資源。它在中華人民共和國、北朝鮮、越南的政治過程中是很明顯的。隨著資本主義和社會主義的東亞之間的界線開始模糊，跨越這條大鴻溝的共有倫理規範完全可以由儒家觀念來解釋。在東亞、在中國（包括臺灣、澳門和香港），經濟文化、家庭價值、商業倫理也由儒學辭彙表現出來」。由儒家倫理所發展的同情、公義、責任、禮儀、公心以及集體精神等「亞洲價值」也仍然是工業東亞所自然認同的社會行為準則。[20]

　　工業東亞特殊的文化傳統和價值觀念使之在經濟、社會層面的現代化過程中發展出一種特殊的現代性。參照柏深思以市場經濟、民主政治、個人主義三要素對西方現代性——亦即他所認為的一元現代性的規定，「儒家文化影響之下的工業東亞就發展出了對立性較小，個人主義與私利意識較淡的現代文明。在這裏，市場經濟與政府調控並行，民主政治與選賢與能的精英政權並存，個人的主動性與集體意向相協調，使得這裏成為二戰之後世界上最具經濟與政治活力的地區」。[21]如果進一步分析，東亞現代性可以表述為與自由資本主義相對的「網絡資本主義」、與民主政治互補的「軟性權威主

18　杜維明〈儒教東亞興起的涵義〉，載美國《代達魯斯》2000年冬季號。

19　杜維明〈走出現代化的死胡同〉，載臺灣《天下雜誌》1993年8月1日。

20　杜維明〈儒教東亞興起的涵義〉。

21　杜維明〈全球社群——探尋社會發展的精神資源〉。

義」、與壓力集團殊異的「信賴社會」以及與個人主義分途的「社群倫理」
諸要素的結構體系，[22]其中包涵的個人與社群、人類與自然、人心與天道面
面俱到的關切，同普羅米修士式的個人－人類中心主義迥然異趣。總之，東
亞現代化從實現途徑到結構性質都是「一個充分現代化，但是不完全屬於英
美翻版的儒家現代化模式」。[23]

　　工業東亞作為相對於西方而言異質、但其本身在寬泛的意義上則屬同質
的現代化社群，其內部也存在著多元傾向。「在經濟領域，政府的參與可以
採取不同的形式——直接管理（新加坡）、積極引導（南朝鮮）、示範誘導
（日本）、有選擇地干預（臺灣）和積極地不干預（香港）」；[24]「至於非
經濟的結構和功能因素在這個地域的歧異性則遠較同一性為大。例如，日本
和新加坡是一黨民主，南韓和臺灣是大權獨攬，香港是自由放任；新加坡的
一黨民主以英國的文官制度為基礎施行全面統一規劃的家長政治，而日本的
一黨民主則派系林立，是美國的平等主義和元老門閥傳統混成的政體」。[25]
經濟、政治層面的這種歧異又與工業東亞各地區文化傳統及其現實影響的差
別相關。[26]工業東亞的多元傾向再次證明了「沒有任何一個現代性和這些地
區的傳統能夠絕然分開來觀察」之說，一切現代性都必然蘊涵著傳統，這也
就意味著任何現代化都必然不同程度地遵循傳統的路向並且賦有傳統的特
性。

　　工業東亞以其區別於西方的現代化途徑及其結構特性，業已證明了多元
現代性之可能。而作為「第一個現代化的非西方地區」和「現代化傾向多元
最有說服力的個案」，[27]它的興起還具有特別深遠的意義。它表明，「現代

---

[22] 參見杜維明《現代精神與儒家傳統》，頁 2-3；〈儒教東亞興起的涵義〉。

[23] 杜維明〈走出現代化的死胡同〉。

[24] 杜維明〈儒教東亞興起的涵義〉。

[25] 杜維明〈從世界思潮的幾個側面看儒學研究的新動向〉，收入《儒學第三期發展的前
景問題——大陸講學、問難和討論》，頁 333。

[26] 參見杜維明〈儒家倫理和東方企業精神有關嗎？〉，收入《儒家自我意識的反思》，
頁 102-103。

[27] 參見杜維明《現代精神與儒家傳統》，頁 2-3；〈儒教東亞興起的涵義〉。

西方為全世界的社會轉變提供了原動力」，但「西歐和北美的現代化過程的歷史動力卻不一定是現代性的結構成分」；「現代化在本質上不是西化或美國化」，而「可以採取不同的文化形式」；「東亞現代性所意含的是多元論，而不是另一種一元論」。[28]由此，工業東亞一方面「並沒有反證清教倫理和西方資本主義精神興起的韋伯命題」，而只是「迫使韋伯命題只通用於現代西方」，亦即將西方一元現代性從一種曾經被當作具有全球意義的「自明真理」限定為一種地方性論說；另一方面邏輯地推導出所有地方性傳統文明現代化的可能性，例如，「伊斯蘭教之於東南亞，印度教之於南亞，佛教之於亞太，天主教之於拉美，東正教之於俄羅斯，乃至本土宗教之於非洲都可以發揮塑造現代性的作用」，[29]「據此，我們可以推論出現代化從一到二到多的結論」。[30]至此，針對西方一元現代性論說的獨斷，通過實現了的東亞現代性的駁詰，杜維明在理論上證成了多元現代性之可能，從而為文明對話鋪墊了必要前提。

二、新軸心文明

　　如果說多元現代性是為了通達文明對話境地而在西方一元現代性與非西方多元傳統之間開鑿的一條狹窄的山脊，那麼，新軸心文明構想作為多種文明並存的自然規定性的否定之否定，則為所有遞續至今的人類文明——包括軸心傳統以及原住民文化——的多元平等對話鋪設了一條康莊大道。

　　新軸心文明構想是杜維明順著尤爾‧卡森斯（Ewert Cousins）的議題，對德國現代哲學家卡爾‧雅斯貝爾斯的歷史軸心期理論的引申。[31]在 1949 年

28　杜維明〈儒教東亞興起的涵義〉。

29　杜維明《現代精神與儒家傳統》，頁 3。

30　杜維明〈儒家之風引領新亞洲〉。

31　參見〈儒家與自由主義——和杜維明教授的對話〉，載《儒家與自由主義》（北京：三聯書店，2001 年），頁 21；另見〈新軸心時代的文明對話〉，載《南洋商報》（馬來西亞）2000 年 1 月 1 日。

出版的《歷史的起源與目標》一書中，雅斯貝爾斯提出了一種歷史解釋模式。他將此前的人類歷史劃分為史前、古代文明、軸心期以及科學技術時代四個階段。史前階段實質上屬於茫昧不可確知的人類發生－形成期，當時可以被猜測到的特徵就是整個人類的一致性，這種一致性成為後人認識歷史的基礎。古代文明階段興起了以埃及、兩河流域、愛琴海為一單元，雅利安印度為一單元，中國為一單元的三大文明區域，其時人類開始由非歷史走向歷史，但尚未發生精神上的突破。以上兩個階段又可歸併為人類歷史的第一間歇期。在西元前八至前二世紀（以西元前五世紀前後為高峰期）出現的軸心期則以人類的精神突破、即自我意識的覺醒和超越觀念的形成為標誌，對應於古代文明而發展出統屬於西方世界的希臘哲學、希伯來先知教義和波斯瑣羅亞斯德宗教，印度的佛教，以及中國的儒、道、墨諸子學說。這些世界宗教和基本思想成為此後人類精神的原動力，人類歷史每當屆臨新的飛躍，都要回溯軸心期以汲取思想資源。人類文明在軸心期三個相互隔絕的區域中幾乎同時發生精神的突破，表現出人類歷史在意識上和本質上的統一，這一點乃是軸心期的特徵；正因此，這一階段又被視作人類歷史的突破期。而當時沒有發生突破的民族此後便在原始狀態中延續。科學技術時代從十五世紀開始，至十九世紀全面展開，此間，歐洲一方面獨自領先發展為世界的中心，另一方面通過對外擴張溝通了世界經濟文化管道，建立起世界網絡；進入二十世紀以後，歐洲逐漸喪失其世界中心的地位，但人類歷史仍然以各種方式向著整體化趨進。這一階段也是人類歷史的第二間歇期，其指向應該是人類歷史新的突破，亦即新軸心期，那將是一個不僅在意識和本質上統一、而且也在現實上統一的完全統一的歷史階段，其內容包括世界秩序的建立、人性的完善、廣泛的自由、精英意識的普及以及對於超越的深切感知。[32]

　　從顯層次看，雅斯貝爾斯所論證的歷史的起源與目標始終是歷史的統一。但是，除了史前階段那種猜測性的「一致性」之外，實際歷史過程中的「統一」只是多元文明表像之上的抽象統一；而那種作為歷史目標的「完全

---

[32]　參見卡爾‧雅斯貝爾斯《歷史的起源與目標》，華夏出版社 1989 年版。

統一」，雅斯貝爾斯明確聲稱僅僅是歷史運動的一個方向，甚至只是一種假設。因此雅斯貝爾斯的歷史觀實質上是一種多元統一的文明史觀，特別是一種多元文明觀。他給出了「多元文化的深刻的歷史理由」，作出了「人類文明發展的多元傾向不是二十世紀以後的現象，而是有著相當長的歷史」這一啟示，並且表露了「人類文明有各種不同的文化表現，不同的文化有不同的價值，有不同的生命力，各有其長處和短處。對這些現象都應如實地去加以瞭解」的思想。[33]雅斯貝爾斯「這種獨具慧眼的提法在現代化多元傾向益趨明朗的今天應是不刊之論了，但四十年前，正當歐美學者高唱現代化即西化的時期，他的提法並沒有受到重視。可是他對膚淺的現代主義者，特別是根據科學萬能的口號而消解『傳統』的實證主義者所作的批判在學術界卻有極大的說服力」。[34]

　　歷史軸心期各大文明一直延續至今，「這幾個大文明經過兩千年的發展到現代，對於人文世界仍有一定的導引作用」；[35]其生命力如此旺盛，以至於「我們肯定面向二十一世紀所有第一次軸心文明時代的大傳統都是不可消解的，而且仍然是有極大的塑造力的文明。我們不能想像，面向二十一世紀時，猶太教、希臘哲學的基本理念、興都教、耆那教、錫金教、佛教、儒家、道家、基督教、伊斯蘭教會失去影響力，這是不可能的」。[36]同時，「原始傳統，即美洲土著人、夏威夷土著人、毛利人等各部落的本土宗教傳統」也都「以力與美向人們展示出人的生活從新石器時代開始就是可持續性的。他們的生活方式並非一種憑空想像而是實際存在於當今時代」。[37]這種多種文明並存的格局正是新軸心文明建構的基礎，而容納多種文明的新軸心

---

[33] 《現代精神與儒家傳統》，頁 33。

[34] 〈從世界思潮的幾個側面看儒學研究的新動向〉，收入《儒學第三期發展的前景問題——大陸講學、問難和討論》，頁 333。

[35] 《現代精神與儒家傳統》，頁 32。

[36] 〈儒家與自由主義——和杜維明教授的對話〉，載《儒家與自由主義》，頁 31。

[37] 〈全球社群——探尋社會發展的精神資源〉，載聯合國社會發展高峰會議（哥本哈根）特刊《社會政策與社會發展》，1995 年 3 月。

文明無疑也就為多元平等的文明對話的進行提供了充足條件。[38]

　　當然，如同雅斯貝爾斯所指出的人類歷史第一間歇期與第二間歇期由於存在著各文明區域隔絕與溝通的時代差異而根本不同一樣，基於特定環境和問題閾所建構的新軸心文明相對於軸心期也有其自身的特質。首先，如果說軸心期的突破是人類從平面的存在中掙脫出來的「超越的突破」或形成「第二序思考」的「反思的突破」，即以「凡俗與神聖兩界的分離並導致超越而外在的創造實體的出現」或以「希臘哲人對自然根源的反思，猶太先知對一元神的反思，印度大師對舍離俗世的反思和儒道對人生的反思」為特質的話，[39]那麼新軸心文明的突破將發生於「紮根軸心文明各大精神傳統而對當代人類社會的困境進行深層反思的氛圍中」，而以作為「繼承啟蒙精神和超越啟蒙心態的新思維和新契機」的「一種符合生態原則，能滿足女性主義的基本需求，充分肯定宗教多元性而且還能建構全球倫理的人文精神」為特質。[40]即是說，新軸心文明將針對以個人／人類中心主義為特徵的啟蒙主義的極端發展所導致的自然生態毀壞、社群倫理偏廢以及人類精神世界單調庸俗的現狀而醞釀以「何為人」這一問題為根據的「啟蒙（心態）的突破」。[41]

　　其次，「假若第一個軸心時代所體現的不管是超越突破或反思能力的加強或特殊知識集團的出現，基本上都有它獨立運作的軌跡，而沒有明顯的互動跡象」，那麼，「今天，因為地球村的出現，所有以前軸心文明的資源都

---

[38]　參見《論儒學的宗教性——對《中庸》的現代詮釋》「中文版代序」頁 6，杜維明說：「『軸心時代』（axial-age）的觀點，為文明對話（dialogue of civilizatons）提供了發展的空間。」另見〈「思想、社會與環境變遷」座談會〉，杜維明肯認「文明對話」「是根據德國學者雅斯培在四〇年代提出的『軸心文明』的構想」，收入《文化中國的認知與關懷》（臺北：稻鄉出版社，1999 年），頁 54。

[39]　〈從世界思潮的幾個側面看儒學研究的新動向〉，收入《儒學第三期發展的前景問題——大陸講學、問難和討論》，頁 336-338。

[40]　〈新軸心時代的文明對話〉，載《南洋商報》（馬來西亞）2000 年 1 月 1 日。

[41]　杜維明說：「『第二個軸心時代』所期待的新的形上學及普世倫理，其核心問題即『何為人』。」見〈康橋清夏訪碩儒——杜維明教授訪談錄〉；另參見《現代精神與儒家傳統》，頁 448。

變成了天下的公器,是人類的共同記憶」;[42]軸心期各大文明在特定區域內
曾有可能一枝獨秀,並且相對獨立地解決該文明人群存在的問題,而「在新
軸心時代之中,一枝獨秀的宗教環境已不存在」,[43]各大文明都「必須對全
球和平和人類生存有所作為」;[44]具體到人的狀況來說,「在以前的傳統社
會,特別是過去兩千年來,人們大多生活在各自所屬的文化結構、思考模
式、生命形態之中。基督徒和基督徒交通,儒學和道學以及受到中國文化影
響的佛學交通,穆斯林和穆斯林交通」,[45]而在今天,「不同信仰的個人和
社群必須在日常生活中照面」,[46]「到了 2000 年,回教將成為美國的第二
大宗教,僅次於基督教,比猶太教的人數還多。佛教在美國也有一些發展。
另外,基督教在東方社會,很明顯地,也有很大的發展,最突出的是在韓
國,已經有 30% 人口是基督徒了。另外,基督教在中國也有千多年的歷史
(從景教傳入中國算起),如果不把景教算在內,至少從利瑪竇以來,也有
近 400 年了。……此外,中國也有 5000 多萬回教徒,所以,不能說基督教
和回教不是中國文化的一部分。此外,回教不僅是中東的文明的突出體現,
最大的回教國是印尼,如果把馬來西亞、印度、巴基斯坦和孟加拉也算在
內,回教文明也是亞洲文明的一個重要組成部分。……在非洲是基督教(包
括天主教和新教)、回教和本土宗教三分的情況」,[47]基於這種狀況,容
忍、溝通、瞭解、參照、信任、尊重這些人類持久和平共存所必須的條件已
經成為迫切需要。在這種境況中,新軸心文明便亟需突破由西方一元現代性
論說所導致的全球/本土(地方、根源)、現代/傳統、西方/非西方三個
排斥性的二分法;[48]在科技、資訊、貿易、金融、旅遊、移民甚至疾病等全

---

[42]　《現代精神與儒家傳統》,頁 456。

[43]　〈新軸心時代的文明對話〉,載《南洋商報》(馬來西亞)2000 年 1 月 1 日。

[44]　〈康橋清夏訪碩儒──杜維明教授訪談錄〉。

[45]　《現代精神與儒家傳統》,頁 34。

[46]　〈新軸心時代的文明對話〉,載《南洋商報》(馬來西亞)2000 年 1 月 1 日。

[47]　〈杜維明教授談東西方價值觀〉,載《聯合早報》(新加坡)1995 年 9 月 4 日。

[48]　參見〈儒家與自由主義──和杜維明教授的對話〉,載《儒家與自由主義》,頁
16、71;〈儒教東亞興起的涵義〉,載《代達魯斯》2000 年冬季號。

球化趨勢中高度重視地域、族群、階級、性別、年齡、語言、信仰等根源意
識的普遍性、深刻性、敏感性和嚴重性，[49]瞭解「有全球意義的地方知識」
和「局部知識的全球意義」的辯證關係；[50]基於根源性與全球化同步加強的
趨勢以及多元現代性的實現而超越「從傳統到現代」的線性進化觀，充分認
識現代性中的傳統以及傳統在型塑特定現代性中的積極作用；[51]根據根源性
的普遍深刻以及傳統與現代性的錯綜糾結，將曾經在「西化」、「歐化」、
「美國化」與「全球化」、「現代化」相混淆的意義上被認為完全體現全球
化與現代性的西方還原為在本質上與非西方同樣具有傳統根源的特殊社群，
將「最傑出的現代西方思想家認定為自明真理的東西」限定為「一種局部知
識形式」，將西方從一種「傳授的文明」恢復為與人類所有文明同樣的既
「傳授」又「學習」的文明。[52]

　　新軸心文明的建構及其特質不僅滿足了文明對話的前提條件，而且提出
了文明對話的必要性和緊迫性。在這一背景下，文明對話的主旨即在於「考
慮生態環保，社群整合，文化多元及相互參照的可能」，[53]概括而言，即以
人類持久共存為目的的啟蒙反思與文明互補。

　　實際上，作為對治啟蒙心態的精神資源的非西方軸心文明、原住民文化
以及西方文明範圍內的希臘傳統和「後現代」思潮近三十年來一直在以各種
形式駁詰或破斥一元現代性論說、單一富強模式、西方中心主義乃至個人／

49　參見《現代精神與儒家傳統》，頁 15-19、376-383；〈全球社群──探尋社會發展的
　　精神資源〉，載聯合國社會發展高峰會議（哥本哈根）特刊《社會政策與社會發
　　展》，1995 年 3 月；〈全球化與本土化衝擊下的儒家人文精神〉，收入《十年機緣待
　　儒學》，頁 109-112；〈新軸心時代的文明對話〉；〈儒教東亞興起的涵義〉。

50　〈儒教東亞興起的涵義〉。關於局部知識或地方知識的普遍意義的論說，另見〈儒家
　　與自由主義──和杜維明教授的對話〉，載《儒家與自由主義》，頁 60。

51　參見《現代精神與儒家傳統・儒學創新的契機（代序）》，頁 2；〈全球社群──探
　　尋社會發展的精神資源〉；〈全球化與本土化衝擊下的儒家人文精神〉；〈新軸心時
　　代的文明對話〉；〈儒教東亞興起的涵義〉。

52　〈儒教東亞興起的涵義〉。

53　〈全球倫理的儒家詮釋〉，「儒家思想在現代東亞」研討會論文，臺北中央研究院中
　　國文哲研究所籌備處 1999 年。

人類中心主義。印度以其豐富精彩的精神文化資源在乾枯無味的物質世界中標舉性靈，對於唯富強是尚的迫切心態無疑是一種清涼劑。[54]儒家經過創造性轉化所開展的個人、社群、自然、天道面面俱全的包容性人文主義乃是矯正以個人為中心、充其量只在個人與社群的平面上進行「溝通」的西方排斥性人文主義的生存智慧。[55]伊斯蘭文明作為雖非第一次軸心期傳統、但同屬亞伯拉罕三大一神教因而理當納入新軸心時代的文明，以其「倫理宗教傳統在世界觀、禮儀、教育方法以及人的相關性等方面為我們提供了豐富而有實際價值的資源」，[56]從而傳達了「在西方世界很難辨識的有感染力、有靈性、有理據，而且有分析的穆斯林聲音」。[57]至於原住民本土宗教傳統以其與自然的親和、對血緣的重視、同祖先的關聯，概括而言即「物質的精神性」（the Spirituality of Matter）特徵，對於否定笛卡爾式的心物二分理念、挽救人類中心主義造成的生態系統破壞，具有重要的啟發意義；因此，尤爾·卡森斯認為「散佈世界各地的原住民是我們的老師，因為他們一直在傾聽地球所播放的信息」。[58]而福科通過「知識考古學」（the Archaeology of Knowledge）一直挖掘到前蘇格拉底資源以解構啟蒙主義及其理性傳統，[59]麥金太爾繼承亞里斯多德倫理學思想解決現代社會「德性之後」（After

---

54　參見〈印度行感言〉，收入《人文心靈的震盪》，頁 41-45。杜維明對於印度精神文明的重視是一貫的，這一點從他 1970 年代至今的一系列論著、特別是 1995 年印度講學日記中可以看出。

55　參見〈新軸心時代的文明對話〉，載《南洋商報》（馬來西亞）2000 年 1 月 1 日；〈儒家與自由主義──和杜維明教授的對話〉，載《儒家與自由主義》，頁 96-97、112-113；〈關於儒家人文精神的再認識〉，載《思想家》第 1 輯（南京：江蘇教育出版社，2000 年），頁 74-76。

56　〈全球社群──探尋社會發展的精神資源〉，載聯合國社會發展高峰會議（哥本哈根）特刊《社會政策與社會發展》，1995 年 3 月。

57　〈如是我聞一時俱在檀香山〉，載《當代》（臺灣）第 106 期，1995 年 2 月 1 日。

58　參見〈新軸心時代的文明對話〉；〈全球社群──探尋社會發展的精神資源〉；《現代精神與儒家傳統》，頁 469-470。

59　《現代精神與儒家傳統》，頁 260。

Virtue）的困境，[60]都是回溯西方思想源頭以反思西方現代啟蒙思潮，這就比來自異質文明的批判更能說明「現代西方文明為創造一個乾枯無味的物質世界而大鬧天宮，破壞全球生態，是亙古未有的例外，世界宇宙觀中的異數，人類精神生命的歧出」！[61]在當今世界，以啟蒙反思為主題的文明對話的主要道場在於聯合國及其開展的國際合作。作為一個「討論人類社群所面臨的重大問題的公開對話場所」，一個「能夠表達人類最深切憂慮與渴望的公共領域」，一個「普遍夥伴關係的象徵」和本質上的「道德團體」，聯合國討論「個人應對地球的聖潔，生命的神聖，增長的可持續性以及教育、工作、領導諸領域男女的平等負責一類話題」，並促使「所有成員國共同努力，在人類面臨的環境惡化、人口膨脹、經濟霸權、性別歧視等問題上達成一致」。[62]

互補意義上的文明對話則由各個文明傳統的雙邊或多邊互動構成，如基督教保守主義者從印度教傳統中獲得多元宗教的影響，[63]基督教神學家與禪學家長期對話從而形成「基督教能從佛教學到什麼」的問題意識，[64]受西方宗教影響的人士通過瞭解印度而開始重視亞洲精神文明，[65]現代西方科學家從複雜的化學形態與藏傳佛教曼陀羅的深奧聯繫中領悟無量智慧，[66]本土宗教領袖與穆斯林在身心性命之學方面的互相引發及其對根源性的共同關注，[67]等等。

以儒家文明為主體的互補意義上的對話基本上在它與各大文明之間都得

---

[60] 參見〈康橋清夏訪碩儒——杜維明教授訪談錄〉；〈儒家與自由主義——和杜維明教授的對話〉，載《儒家與自由主義》，頁 25。

[61] 《現代精神與儒家傳統》，頁 470。

[62] 〈全球社群——探尋社會發展的精神資源〉，載聯合國社會發展高峰會議（哥本哈根）特刊《社會政策與社會發展》，1995 年 3 月。

[63] 〈儒家與自由主義——和杜維明教授的對話〉，載《儒家與自由主義》，頁 124。

[64] 〈新軸心時代的文明對話〉。

[65] 〈儒家與自由主義——和杜維明教授的對話〉，載《儒家與自由主義》，頁 109。

[66] 〈儒家與自由主義——和杜維明教授的對話〉，載《儒家與自由主義》，頁 26。

[67] 〈如是我聞一時俱在檀香山〉，載《當代》（臺灣）第 106 期，1995 年 2 月 1 日。

以展開。在儒家與希伯來－希臘傳統之間，據杜維明記述：「第一次儒－耶對話的國際會議於 1988 年 6 月在香港新亞書院的祖堯堂舉行，成績甚佳。第二次會議於 1991 年夏天在柏克萊的聯合神學研究院舉行，據說也相當成功。我參加了第三次會議的籌畫，而且由主持人柏爽（J. Berthrong）和李景雄（Peter Lee）教授的安排，在 1994 年 6 月 28 日（會議期間）和伯格（Peter Berger）公開對話，環繞世俗倫理、個人主義及禮儀三大問題，往復辯難，雖用辭尖銳而不傷和氣，且帶來彼此有益的快感。」[68]「另外，儒學和猶太教也進行過對話。我們哈佛有一位專門從事西方哲學研究的重要學者，他的中文名字叫普南（Hilary Putnam）。我和他曾合作指導過一位博士生，這位同學是從以色列到哈佛來念書的，現在以色列特拉維夫大學講授中國哲學。他的博士論文就是從維特根斯坦所提出的問題，來處理周敦頤所討論的『聖可學乎？曰可。有要乎？曰有。請問焉。曰：一為要，一者無欲也』這樣一個問題。……他花了很多時間來研究，這也可算是儒學和猶太教的對話」。[69]作為儒家一方的代表，杜維明還與基督教神學家、現代西方科學家討論過生命起源、生命意義、人的責任等問題，闡述了「乾父坤母」、「一體之仁」、「天生人成」等儒家思想，提出了人作為天的 co-creator（合作創造者）的宇宙觀，給予西方思想家以很大的震撼。[70]當然，從西方如基督教文明那裡，儒家也獲得很多借鏡，如「超越上帝的觀念和體驗，可以徹底消除把任何相對事物絕對化的危險」，又如「人性的陰暗面，亦即人的原罪問題」可以導致「對人的善性提出督責」。[71]而「有效地推動儒家人文精神與西方現代啟蒙精神的對話與互補」則將「不但對西方而且會對中國

---

[68]　《現代精神與儒家傳統》，頁 467-468。

[69]　〈關於儒家人文精神的再認識〉，載《思想家》第 1 輯（南京：江蘇教育出版社，2000 年），頁 64-65。

[70]　〈儒家與自由主義──和杜維明教授的對話〉，載《儒家與自由主義》，頁 23-26。

[71]　〈理性溝通和開放心性〉，載《崩離與整合──當代智者對話》（上海：東方出版中心，1999 年），頁 41。

現代性的良性生成發育起到不可或缺的作用」。[72]

在儒家與伊斯蘭教之間也有頻繁溝通。據杜維明回憶，1994 年，「為了回應亨廷頓『文明衝突』的論說，我和納瑟（Seyyed Hossein Nasr）教授合作，在康橋舉行了伊斯蘭教和儒家的對話。這是一項意義深長的文化事業，如能令其細水長流，必會在比較宗教學的領域中澆溉出幾塊思想田地」。[73]此後，1995 年 3 月，在馬來西亞吉隆坡舉行「伊斯蘭教和儒學：文明對話」會議，開始了一系列回－儒對話。在 2000 年 5 月於哈佛大學舉行的回－儒對話會上，納瑟（奈斯爾）以波斯細密畫吸收中國繪畫之特點、一千零一夜故事的形成與傳播、薩珊音樂在中國新疆喀什的流韻餘音、波斯天文學家在北京的活動、十四世紀波斯的中國針灸文化等許多生動的史實，說明兩大文明之間的深厚關係。杜維明則從全球文明對話的高度強調儒家文明與伊斯蘭文明對話的深遠意義，認為不同社會之間互相參照是不可避免的，當互相參照得到發展之際，與南亞、伊斯蘭世界文明的對話將使東亞獲益匪淺。[74]

比較而言，杜維明認為印度文明可能更多地單向地有益於文化中國，歸根到底可能有益於近代以來被啟蒙心態所障蔽的儒家傳統的重光。這是杜維明自 1970 年代迄今在許多論著中表露的一貫思想，這一思想產生於多年來他與印度學者的交往與對話。他的基本看法是，「假如中國比較傑出的知識分子開始能夠重視印度，認為能夠從印度的文化中吸取養分，那就顯示我們的心態已超越了富強第一的典範，就可以面對 21 世紀的挑戰了；假如中國的知識分子完全被西化、或被東洋化的觀點所籠罩，就不能瞭解其他第三世界。如果發展得越神速，受傷害就越大，倒不如穩步地全面成長。有時，有選擇性地發展，並不表示生存能力不夠，像印度的情況就是這樣。正如梁漱溟先生所提出的世界三大文明，一個是西方，一個是中國，另一個是印度。

---

[72] 〈儒家人文精神與現代啟蒙心態──燕園訪杜維明〉，載《中國國情國力》1998 年第 8 期。

[73] 《現代精神與儒家傳統》，頁 467-468。

[74] 參見馬小鶴〈哈佛大學召開回儒對話會議〉，據 yyyin@guoxue.com2000 年。

西方是動力橫絕天下，侵略性極強；而中國不學西方則無法自立；但西方文化發展到一個高度以後，就擋不住印度文化的誘導。印度文化所代表的那種對超越的嚮往，對西方的年輕人具有極大的誘惑力。其原因在於印度文化的根基較厚。而印度的精神資源是無法想像的！只要脫離貧窮的問題，印度的音樂、哲學、文化、藝術，都是了不得的資源。其地方色彩及學術上的高峰也都令人歎為觀止」。[75]將杜維明對印度文明的心悅誠服與他基於儒家立場對西方傳統的辯難和裨補合而觀之，的然可見他對精神資源在塑造文明品位方面的意義的高度重視。

　　儒家傳統在文明對話中還有一種特殊表現，即文化中國的儒學與東亞文明圈的儒學的互動互補。儒學在西元十一至十九世紀的第二期發展中逐漸從中原正統流衍為「東亞文明的體現」。一方面，「儒家傳統因為只是中國民族文化的構成要素，所以它所指涉的範圍遠較中國民族文化要狹隘」；另一方面，「正因為儒家傳統也是東亞文明的體現，它的影響圈又不僅限於中國民族文化的圓周裡。因此儒家傳統不但是中國的，也是朝鮮的、日本的和越南的」。[76]「從比較宗教的層次來看，世界三大宗教──基督教、佛教和回教都有各種不同的文化形式來體現宗教的教義，或宗教的精神，你不能說它僅是西方的而不是東方的，你不能說基督教是英國的而不是南韓的。回教和佛教亦是如此。另外，猶太教和猶太文化傳統有血肉關連的關係；日本的神道則跟日本的民族有不可分割的關係，你不能說有中國或韓國的神道。儒家或儒家傳統正好是在這兩個特殊類型的中間，它是中國文化的一部分，但其範圍又超出中國文化，因為儒家也是日本的、朝鮮的、越南的」。[77]這便將儒學定位於文化中國與東亞文明圈、民族宗教與世界宗教兩對概念的交叉部分，由此，基於共同學統以及由於學術流變及民族性格而產生的差異，東亞

[75]　《現代精神與儒家傳統》，頁 95-96。

[76]　〈儒學第三期發展的前景問題〉，收入《儒學第三期發展的前景問題──大陸講學、問難和討論》，頁 301。

[77]　《儒學發展的宏觀透視──新加坡 1988 年儒學群英會紀實》（臺北：正中書局，1997 年），頁 234。

區域有關民族（國家）圍繞儒學形成了特殊的文明對話格局。

作為互動的例證，「像日本的島田虔次先生，他在北大演講時，正值『文革』高峰時代。他說，『儒家傳統不僅是中國文化不可分割的一部分，而且是東亞文明的體現。如果貴校或貴國對這個傳統不加以研究而拋棄，那麼敝國像京都、東京就必須格外努力發揚儒學』」，[78]這在當時就給中國學者以極大的觸動。另外杜維明還記述了一個事例：「那是第一次訪問韓國精神文化學院的時候。柳承國院長致詞說，歡迎你到儒學的母國來。我當時的反應是請翻譯的先生再重翻一遍，因為我不知他所云為何。他莞爾對我說，杜教授對儒學發展的情況相當清楚，所以我非常歡迎杜教授到儒學的母國來造訪。我當時首先回答，儒學的發展跟孔子總有關係吧。他的回答是肯定的。他說，這是歷史上證據鑿鑿的事實。但孔子的時代比較晚，杜先生可曾聽過箕子以及洪範九疇？這非常有趣。……箕子如從神話的角度來看，是洪範九疇的作者，後來到了東夷。如此，韓國人說韓國是儒學的母國，不能說完全沒有根據」。[79]當然，這一說法即使在韓國也極少為人所接受，但其中蘊涵的尊儒信息，對於五四以來以「只手打孔家店」為榮的反傳統心理頗具針砭意義。

在互補意義上，典型例證是十六至十七世紀朝鮮李朝大儒李退溪（滉）在當時中國陸王心學大盛的前提下，繼承並發揚了程朱理學；以及退溪弟子李栗谷（珥）在「四七之辯」中揭櫫「四端」「七情」一發於氣的氣學思想。這對於全面認識宋明儒學史上心、理、氣諸學之摩盪消長大有裨益，「有了這層認識，我們至少不能武斷地判定程朱理學被陸王心學所取代是儒學發展的必然規律」，[80]也不會得出「從張載到王夫之都是氣學，可惜從來沒人提過」的片面論斷。[81]

---

[78] 《現代精神與儒家傳統》，頁 20。

[79] 《現代精神與儒家傳統》，頁 7-8。

[80] 〈儒學第三期發展的前景問題〉，收入《儒學第三期發展的前景問題──大陸講學、問難和討論》，頁 302。

[81] 〈關於儒家人文精神的再認識〉，載《思想家》第 1 輯，頁 72。

　　與上述新軸心時代平等、多元、多層次文明對話形成對反或歧出的有排斥性理論和融攝性態度，前者的近期特例為亨廷頓的「文明衝突」論，後者則以孔漢思（Hans Küng）的「抽象的普世主義」為代表。

　　1993 年，塞繆爾・亨廷頓在美國《外交季刊》上發表〈文明的衝突？〉一文，立即引起全球各地普遍的關注和爭論，這促使他對這一問題進行深入思考和研究，從而在 1996 年以《文明的衝突與世界秩序的重建》專著形式進一步系統闡述了他的觀點。亨廷頓認為，冷戰後的世界改變了過去那種由美國及其盟國、蘇聯及其盟國以及第三世界國家三分的格局，而由西方基督教、儒教中華、印度教、日本、伊斯蘭、斯拉夫東正教、拉丁美洲和可能存在的非洲等七種或八種主要文明構成「一個多文明的世界」；過去那種意識形態支配下的地緣政治讓位於文明支配下的地緣政治；冷戰集團為文明共同體所取代。相同文明的民族（國家）的聚合與不同文明的民族（國家）的分離正在進行，文明之間的權力均勢正在變更，西方文明正在衰落，而中華、伊斯蘭等非西方文明正在復興。在二十一世紀初期，人類將經歷非西方文明相互之間及其與西方文明之間的衝突。面對這種形勢，西方的生存有賴於美國人重新肯定他們的西方認同，西方人也必須把他們的文明看作是獨特而非普世的。在這種單一的文化認同基礎上，加上對北大西洋公約的堅守，西方文明才可能成功消解來自非西方文明、主要是中華文明和伊斯蘭文明的挑戰。[82]

　　形式地看，亨廷頓主張世界的多極性與文明的多元化。他斷定「在未來的歲月裡，世界上將不會出現一個單一的普世文化，而是將有許多不同的文化和文明相互並存」；[83]他甚至承認在這些並存的文明中，已經有越來越多的非西方國家在保持本土文化的同時實現了現代化，由此區別於狹義的排斥性的西方一元現代化論說。一般地說，這種「文明多元的預設是值得肯定

---

[82]　參見《文明的衝突與世界秩序的重建》（The Clash of Civilizations and the Remaking of World Order，北京：新華出版社，1999 年）。

[83]　《文明的衝突與世界秩序的重建》「中文版序言」，頁 2。

的」。[84]但是，亨廷頓沿襲冷戰思維，秉承社會達爾文主義以富強為後盾的生存競爭觀念，並不認為多元文明是文明對話的條件，反而以之作為文明衝突的導因。之所以如此，根本上是由於亨廷頓「運思的基本結構，他自己也很坦白地說了，是 The West and the Rest，就是現代西方面對全球挑戰的模式。這個當然是歐洲中心主義或西方中心主義」，[85]在實質上，「他的文明衝突論背後的預設就是西方與西方之外的不可相容」。與西方一元現代化論說相比，「兩者表面看來是不同的，但背後的理路都是西方與西方之外，而且都相信西方所代表的模式是將來唯一的模式」。[86]因此可以說，亨廷頓的「文明衝突」論同樣是一種排斥性理論，不過是一種在西方中心主義立場上承認多元文明的排斥性理論。

在此應該指出，「文明衝突」論發表並受到各種批評之後，亨廷頓曾剖白說：「我喚起人們對文明衝突的危險性的注意，將有助於促進整個世界上『文明的對話』。」[87]這是從排斥性立場向著平等多元立場的靠近。同時「文明衝突」論也促使「文明對話」更加切實地認識其現實功用而不致失之於過分理想，也就是說，「即使文明有衝突，文明對話應該是大家努力的目標。即使將來衝突不可避免，但某種溝通理性的出現，使得衝突不會變成殺傷力太大的禍害」。[88]這本身就是一場積極互動的「對話」。

也是在 1993 年，在芝加哥舉行的世界宗教議會上，天主教神學家孔漢思起草了一個普世倫理宣言文本。「孔漢思的倫理普世化的起點是天主教內部的對話。以此為基礎，他先設法消解基督教之間（天主教與新教）的歧異，再考慮三大一神教（猶太、基督教及伊斯蘭三教）的會通。接著，他聯繫各大宗教（包括佛教、興都教、儒家和道家）進行對話，最後才討論宗教

84　〈全球倫理的儒家詮釋——東亞現代性的儒家含義〉，「儒家思想在現代東亞」研討會論文，臺北中央研究院中國文哲研究所籌備處 1999 年。

85　〈杜維明教授談東西方價值觀〉，載《聯合早報》（新加坡）1995 年 9 月 4 日。

86　〈儒家與自由主義——和杜維明教授的對話〉，載《儒家與自由主義》，頁 16-17。

87　《文明的衝突與世界秩序的重建》「中文版序言」，頁 3。

88　〈杜維明教授談東西方價值觀〉，載《聯合早報》（新加坡）1995 年 9 月 4 日。

和世俗的分別以及形成共識的可能」，[89]這種層層「淡化特殊性和削弱排他性」的對話策略的表層意旨在於找出人類社群普世倫理的最大公約和底線標準。但是，僅就表層意旨而言，孔漢思的對話策略就受到了質疑。華朔（麥可・沃瑟）「從多元文化出發，非常反對離開具體的歷史、文化的背景抽象地談一個普世原則，他認為即使建立起來也是沒有說服力的，哪怕是最底線的，它也有很多預設」，[90]「如果刻意擺脫濃郁而強烈的信仰，只通過淡化和削弱的宗教情境來建立人的共識，即使支持宣言的簽名者成千成萬，實質意義仍極有限」，[91]也就是說，人們很可能在口頭上不反對或者贊同這種缺乏根源性的空洞原則，而在實際情境中卻仍然我行我素。

　　從深層次看，正如華朔所擔憂的，這種抽象原則「如果再和西方霸權結合在一起，會產生許多不可預期的不良後果」。[92]事實上，孔漢思的「抽象的普世主義」裡面確實「最基本的還是自由人權等導源於現代西方的『啟蒙』價值」；[93]而作為天主教神學家，他用以建立最大公約和底線標準的根據顯然還在於他的「紮根天主教」、「浸潤在基督教氛圍中」而又「不脫當代德國的心靈積習」的根源性，「他一生是從事基督教研究，他有一本書討論如何在現代做個基督徒，有一千多頁。其中只有三十多頁是講比較宗教，講到儒家的只有二三段」，[94]因此，「我們如何相信他的普世倫理真能超越

89　〈全球倫理的儒家詮釋——東亞現代性的儒家含義〉，「儒家思想在現代東亞」研討會論文，臺北中央研究院中國文哲研究所籌備處 1999 年。

90　〈儒家與自由主義——和杜維明教授的對話〉，載《儒家與自由主義》，頁 108-111。

91　〈全球倫理的儒家詮釋——東亞現代性的儒家含義〉，「儒家思想在現代東亞」研討會論文，臺北中央研究院中國文哲研究所籌備處 1999 年。

92　〈儒家與自由主義——和杜維明教授的對話〉，載《儒家與自由主義》，頁 108-111。

93　〈儒家與自由主義——和杜維明教授的對話〉，載《儒家與自由主義》，頁 108-111。

94　〈儒家與自由主義——和杜維明教授的對話〉，載《儒家與自由主義》，頁 108-111。

特殊性和排他性而他的淡化削弱不只是傳遞福音的策略」！[95]質言之，孔漢思的「抽象的普世主義」正是一種與他自己的宗教根源性結合在一起、用以「淡化」、「削弱」進而包容其他宗教傳統的「公約」和「標準」，而這也正是一種融攝性態度。

綜上所述，「排他性的原教旨主義是宗教衝突的根源，這點很容易舉例說明。以一種宗教融攝各家之長，本來是判教精神而且有相容並包的氣度，何樂而不為？可是，如果世界三大宗教（基督教、佛教及伊斯蘭教）皆堅信人類社群只有通過耶穌、釋迦牟尼或穆罕默德才真能獲救，那麼，即使各教皆充分體現相容並包的氣度，還是難免道路、生命與真理只此一家別無分號的狹隘」。[96]所以，唯有新軸心時代文明對話所體現的多元主義較之排他和融攝兩種思路更有說服力。從積極方面看，在多元架構中，諸文明均「採取以『仁心說，學心聽和公心辯』的態度，從容忍、共存、參照、溝通，逐漸提升到尊重、瞭解和學習的祥和之境」，乃是「邁向全球倫理共榮的先決條件」；[97]從消極方面看，一味承認多元多樣則「又怕走向極端的相對主義。因此，我們要特別強調社群倫理，全球的社群倫理」。[98]這樣，新軸心時代平等、多元的文明對話可能而且也必須導向全球倫理。

三、全球倫理

如果說，從文明存在的自然規定性到西方一元現代性再到多元主義，是一個否定之否定的進程，多元性當中業已揚棄了現代性因素；那麼，從西方一元現代性到多元主義再到全球倫理，則是承續前一進程而遞進的否定之否定進程，全球倫理拒斥一元論、涵化多元成分而向著更高層次的統一性復

---

[95]　〈全球倫理的儒家詮釋——東亞現代性的儒家含義〉，「儒家思想在現代東亞」研討會論文，臺北中央研究院中國文哲研究所籌備處 1999 年。

[96]　〈新軸心時代的文明對話〉，載《南洋商報》（馬來西亞）2000 年 1 月 1 日。

[97]　〈新軸心時代的文明對話〉，載《南洋商報》（馬來西亞）2000 年 1 月 1 日。

[98]　〈杜維明教授談東西方價值觀〉，載《聯合早報》（新加坡）1995 年 9 月 4 日。

歸。多元主義並非目的，雖然它有可能消解導致自然和人類精神生態嚴重破壞的西方一元現代性論說，構建一個多元平等的全球社群；但是，「我們在頌揚文化多樣性的同時也為相對主義的問題而憂慮，它把我們想像中的全球社群變成了一個充滿差別、對立、分歧、衝突和歧視的支離的村落」。[99]著眼於這種狀況，應該承認「文明衝突」的警告確實是有一定見地的，「即將出現的『全球村』遠遠不是一個一體化的信念共同體，而將以分歧、差異和極端歧視為標誌」，由此便「進一步加強了文明對話和探討全球倫理的緊迫性」。[100]

　　全球倫理當然不能建立在特殊的、一元的、排斥性的或融攝性的基礎之上，無論如何，「想從一種文明（希臘、儒家、佛教或基督教）導引出普世倫理絕無可能」。全球倫理也不能建立在抽象的普世主義基礎之上，抽象的普世主義的倫理「即使建立起來也是沒有說服力的」。[101]全球倫理的建立必須以根源性與普世性的結合為基礎，形成「一種能夠符合全球任何人都應該遵循的原則」。[102] 1993 年以來，經過世界宗教議會、聯合國教科文組織普世倫理研究計畫討論會、東西方倫理討論會以及一批世界知名政治家聯合發表〈責任倫理宣言〉，各大文明思想家得出了人類社群可以共同奉行的兩個基本原則。[103]杜維明說：「這兩個原則我把它歸結為儒家原則，也就是

---

[99] 〈全球社群——探尋社會發展的精神資源〉。

[100] 〈儒教東亞興起的涵義〉。

[101] 〈全球倫理的儒家詮釋——東亞現代性的儒家含義〉。

[102] 〈人文精神與全球倫理〉，載《中國大學人文啟思錄》（武漢：華中理工大學出版社，1998 年），頁 97-98。

[103] 參見〈全球化與本土化衝擊下的儒家人文精神〉，收入《十年機緣待儒學》，頁 116-117；〈人文精神與全球倫理〉，載《中國大學人文啟思錄》，頁 98-99；〈人文精神與全球倫理〉，載《人文論叢》1999 年卷，頁 34-35；〈全球倫理的儒家詮釋——東亞現代性的儒家含義〉；〈儒家人文精神與宗教研究〉，載《臺灣宗教研究》第 1 卷第 1 期，臺灣宗教學會，2000 年；〈儒家人文精神與文明對話〉，收入《杜維明：文明的衝突與對話》（長沙：湖南大學出版社，2001 年），頁 15；〈儒家與自由主義：和杜維明教授的對話〉，載《儒家與自由主義》，頁 108-110。

說，可以用儒家的語言來概括」。[104]而實際上，這兩個原則不僅與「儒家
倫理的基本精神是相契的」，而且「和佛教、道家、猶太教、基督教、伊斯
蘭教的倫理也可以合拍」。[105]

　　兩個原則之一可以孔子所謂「己所不欲勿施於人」的「恕道」加以表
述，[106]「這個金科玉律在各大宗教裏面，有些是正面的提法，有些是負面
的提法，宗教界的學人經過二十多年的努力，認為負面的提法方能比較全面
地掌握恕道。……恕的意思就是『如心』，就是要推己及人」。[107]實質
上，推己及人才是「恕道」原則的精髓。只有在「通過自我同情的理解來建
立人與人相遇的最基本準則」、[108]亦即在推己及人這一意義上，「恕道」
才成為人類奉行的共同原則之一。

　　另外一個原則直接採用康德（Immanuel Kant）「人是目的」這一命
題，即人道原則，就是把人當人。[109]而「把人當人看，而不當作手段，這
與儒家的『己欲立而立人，己欲達而達人』也是同構的」，[110]這是因為
「己欲立而立人，己欲達而達人」首先是「把人當作關係網絡的中心點，不
把人當作一個孤立絕緣的個體。正因為他是關係網絡的中心點，人的尊嚴是
必須保障的」；同時也「正因為我是人際關係網絡的中心點，所以我的發展
一定意味著要幫助其他人的發展。……我的發展可以使你發展，你的發展也
可以使我發展」，[111]這無疑是一種全面的「人是目的」觀。

　　除了上述兩個原則之外，在生態環保這一關涉整個人類從而也具有全球
性的課題研究方面，曾經對之作出傑出貢獻的思想家湯瑪士・別瑞

---

[104] 〈人文精神與全球倫理〉，載《中國大學人文啟思錄》，頁 97-98。
[105] 〈全球化與本土化衝擊下的儒家人文精神〉，收入《十年機緣待儒學》，頁 108。
[106] 語出《論語・衛靈公》。
[107] 〈全球化與本土化衝擊下的儒家人文精神〉，收入《十年機緣待儒學》，頁 116。
[108] 《現代精神與儒家傳統》，頁 401。
[109] 〈人文精神與全球倫理〉，載《中國大學人文啟思錄》，頁 97-98。
[110] 〈儒家與自由主義：和杜維明教授的對話〉，載《儒家與自由主義》，頁 110。「己
　　　欲立而立人，己欲達而達人」語出《論語・雍也》。
[111] 〈人文精神與全球倫理〉，載《人文論叢》1999 年卷，頁 34。

（Thomas Berry）為《地球大憲章》提出兩個直接出自於儒家思想資源、有利於改變現代人類基本態度以重構人與自然關係的原則，即「差等之愛」和「一體之仁」。所謂「差等之愛」秉承孟子「親親仁民愛物」思想，意指主體的惻隱之情在家庭、社會、國家、人類、宇宙這一無限序列中的先後推展，以及主體的同情心從所「不忍」到所「忍」對象的逐漸普及，這是「一種具體體現的愛和普世的愛能夠協調起來的一個複雜的過程」。而「一體之仁」啟沃於程顥「仁者以天地萬物為一體」的觀解，意指「人的感性體悟是無限的」，「我們人的心量能夠有足夠的能力與人、物，與天地萬物聯合為一體」。[112]如果說「恕道」和人道原則展示了儒家在建立人類社群倫理方面所擁有的普世性資源，那麼「差等之愛」和「一體之仁」則突出了儒家在構設持久和諧的天人關係方面所特擅的宇宙觀。

儒家之所以在建構全球倫理方面具有上述世所公認的意義——它既擁有所有主要文明均奉行的倫理信條，又擁有某些主要文明所奉行的倫理信條，還擁有它所特擅但卻愈益具有普世意義的倫理信條——從表層看，是因為「儒家的排他性不強而其特殊性並不妨礙其普世性，因此有發揮中介功能的潛力」。[113]但在實質上，儒學作為一種身心性命之學，一種個人、社群、自然、天道面面俱到的包容性人文主義，在當今多元根源性與全球一體化雙向深入，人的狀況已經面臨困境，生態環保、女性主義、宗教多元以及全球倫理等思潮日益成為人類強烈訴求的時代條件下，相對於其他在個人、社群、自然、天道四層面中有所偏畸或缺失的文明傳統，特別是相對於表現為個人－人類中心主義、實質上是西方中心主義的作為一種排斥性人文主義的現代西方啟蒙理性，具有更大的說服力。就與其他文明傳統比較而言，「儒家入世的人文精神立基於『鳥獸不可與同群，吾非斯人之徒與而誰與』的悲願之中。這種和普羅大眾共命運的悲願自然會引發關切政治的真情實感，和通過天國來世或彼岸淨土而否定此岸現世的價值取向迥然異趣」。[114]誠然

---

[112] 〈人文精神與全球倫理〉，載《人文論叢》1999年卷，頁35。

[113] 〈全球倫理的儒家詮釋——東亞現代性的儒家含義〉。

[114] 〈全球倫理的儒家詮釋——東亞現代性的儒家含義〉。

「儒家以凡俗為神聖的價值取向和基督教的社會福音有類似之處，而其轉化權力鬥爭為信賴社群的宏願又和佛教為拯救眾生而不入無餘涅槃的菩薩道有相同之點」，但是，「儒家對文化的重視在比較宗教的領域裡獲得廣泛的認同，儒家人文化成的理念還可以為祈求天國來世的基督教和嚮往彼岸淨土的佛門弟子提供豐富的倫理資源」，「儒家的問題意識──一種在日常複雜的人際關係網絡中帶著濃郁的人情味積極進行『轉世』而不為『世轉』的『為己之學』如何可能的自反自證，對其他軸心文明而言，不僅有參考的價值而且有導引的作用」。[115]

　　著眼於儒家與現代西方啟蒙理性之間的摩盪消長，「在現階段處理人類生存條件和重大關係方面，『啟蒙理性』仍然具有很強的說服力，但另一方面它又面臨很大的困境。這首先表現在人（類）的自我理解、自我發展遇到了很大的挑戰。人的意義何在？按照康德的觀點，人之意義在於知（認識論）、行（倫理學）、期望（神學或形上學）。海德格爾進一步提出了背景問題，即『何為人？』人到底是什麼？這個問題直接產生於人在宇宙大化中扮演什麼角色，直接同人與自然的關係相關，是今天人類的第一個大問題。第二個大問題是社群問題。無論從演化論或是創生論來看，人類發展到今天，特別是經過了西化、現代化到全球化的過程，人類社群能否和平共處，協調發展。第三個問題是人的自我如何安頓，即儒家所謂的『為己之學』、『安身立命』。最後是人與天道的問題。天道與自然是不能等量齊觀的。自然屬於科學的範疇，並不蘊涵人文價值和宗教意義；天道則牽涉到超越的問題。上述個人、社群、自然、天道四大問題或曰人的問題的四個側面，都不是啟蒙理性所能妥當解決的，而對於這些問題的思考恰恰是中國文化、特別是儒學所長」。質言之，在人的精神歸系、生存環境、社會關係以及人的身心本身都呈現不同程度危機的當代世界，作為一門哲學的人學，「正是在關於『人』的問題上，儒學擁有豐富的資源，可以對人類作出很大貢獻」。[116]

---

[115] 〈全球倫理的儒家詮釋──東亞現代性的儒家含義〉。
[116] 〈康橋清夏訪碩儒──杜維明先生訪談錄〉。

　　必須指出，在建構全球倫理的給定情境中，儒家與女性主義的關係是一個比較複雜的課題。「儒家是否真能在新軸心時代大放異彩，取決於其理論與實踐能否通過和女性主義的對話而超脫『封建遺毒』的污染」。[117]毫無疑問，女性主義作為一種尚在開展中的實踐和尚在形成中的論說，本身存在許多有待澄清和濾除的觀點及主張，不過它對男性中心主義或父權制家庭－社會、政治以及意識形態體系的挑戰，及其對於旨在確立女性自我的「提高意識」（consciousness-raising）的探求，對於有失平等、公正的傳統－現實具有強烈而深刻的解構作用。[118]長期以來，儒學作為一種被概括為「三綱」（君為臣綱，父為子綱，夫為妻綱）的意識形態，它所體現的威權政治、家長制社會，歸根到底被歸結為男性中心主義，因此也被女性主義作為消解的對象。一個典型的事例是，1976 年美國休士頓女性主義團體反對在該市豎立孔子銅像和鐫刻《禮記‧禮運》篇中「男有分女有歸」一段經文，並稱孔子為「性別主義者」（Sexist）。[119]

　　但是事實上，在軸心文明諸傳統中，儒家是比較最不強調性別區分的。「與其他的精神傳統不同的是，在反對教育婦女和反對培養婦女儒家大師的問題上，儒家並沒有理論上的限制。傳統沒有對這一點施加任何約束」；與此形成對照的是，「一些年輕的猶太女研究生想做拉比，她們在以色列國不能受到拉比的訓練，在美國好像也只有兩所猶太學院招收女生。在天主教中，我們知道婦女要當神父在理論上和實踐上有多麼困難，更不要說主教和紅衣主教了。在阿拉伯的伊斯蘭和馬來西亞的伊斯蘭文化中，婦女要成為宗教領袖也是非常困難的」。[120]因此可以說，「儒家的核心價值──為己之

---

[117] 〈新軸心時代的文明對話〉，載《南洋商報》（馬來西亞）2000 年 1 月 1 日。

[118] 參見康正果《女性主義與文學‧導論：什麼是女權主義》（北京：中國社會科學出版社，1994 年），頁 1-13。

[119] 〈儒家思想的核心價值〉，收入《新加坡的挑戰──新儒家倫理與企業精神》，頁 35-36。杜維明 1976 年 12 月 22 日、1977 年 1 月 3 日日記對此事也有記述。當然，這一事件經過學者對《禮記‧禮運》的創造性詮釋而得到圓滿解決。

[120] 〈儒家對於學的理解〉，收入《新加坡的挑戰──新儒家倫理與企業精神》，頁 82。

學（人人皆可通過自己活生生具體的情境進行『己立立人己達達人』的修身
工夫以發展自己成德的潛能）絕非偏頗的性別論說，而四端五倫的教言亦有
放諸四海皆實用的可能」。[121]

　　進一步觀察，儒家非但不強調性別區分，而且它所標舉的與現代西方啟
蒙思潮所開展的自由、理性、法治、權利、個人尊嚴相對照的公義、平等、
同情、禮讓、責任、人際關係等基本價值，與女性主義的價值取向相互契
合。「從儒家立場看，更重要的是平等而非自由、同情而非理性、市民生活
而非法律、人情而非個人主義，這看起來與啟蒙運動的價值取向直接相
悖」；[122]而在女性主義那裏，「女性主義強調公義、同情、禮讓、責任和
人際關係等基本價值，不再毫無保留地接受自由、理性、法治、權利和個人
尊嚴為現代精神的突出表現」。[123]顯然，儒家與女性主義基於近似的價值
觀念而共同對啟蒙理性進行反撥，兩者之間的差異卻有可能彌合。「從女性
主義的角度來看，沒有任何女性主義不能接受的包袱是儒家不能放棄
的，……女性是不是可以成聖成賢，成為發展儒家理想的先知；家庭是不是
應該是互惠的；男女是不是應當同工同酬；女性代表的價值，注重同情，注
重聯網，注重公義，注重禮讓是不是應予突出？從習俗上看，猶太教、天主
教、伊斯蘭教，甚至佛教都會有問題。佛教說你下世不投胎男性，那你永遠
不能進入涅槃。但對儒家而言這不成問題」。[124]

　　儒家在建構全球倫理方面所具有的世所公認的意義及其業已由東亞現代
性所體現的基本價值，與十八世紀以來現代西方啟蒙思潮所標舉的核心價值
形成鮮明對照。如果說後者所型塑的西方一元現代化論說、單一富強模式、
西方中心主義以及個人－人類中心主義，在迄今為止的兩百多年中，憑藉西
方物質和制度文明優勢而逐漸成為強制式的普世性「遊戲規則」，那麼，由
於這種排斥性人文主義導致人與天道、自然、社群乃至自我全面緊張從而難

---

[121] 〈新軸心時代的文明對話〉。

[122] 〈儒教東亞興起的涵義〉。

[123] 〈新軸心時代的文明對話〉。

[124] 〈儒家與自由主義——和杜維明教授的對話〉，載《儒家與自由主義》，頁 63。

以為繼，因此，儒家特有的個人、社群、自然、天道面面俱到的包容性人文主義便在揚棄現代西方啟蒙價值、堅持新軸心文明多元互補的前提下，歷史地擔當起改變當前人類「遊戲規則」的任務。經過改變的「遊戲規則」的內涵就是：「絕不能重蹈帝國主義霸權心態的覆轍，以暴易暴」，而應該「聯合世界各地的弱小民族為他們安排合情合理的生存條件，並以此為基礎結合東西南北的各種民族形成真正具有代表性的人類的生命共同體」；[125]「建立責任倫理」，「認識錢多權大是帶來更多的責任課題」；[126]「能以公義擴充同情之心，並採取『己所不欲，勿施於人』的恕道的群體才是文明；相反，以弱肉強食的邏輯只為一己之私的個人、家庭或國族利益而宰制天下資源的集團，即是野蠻」。[127]這也就是「錢穆（賓四）老先生的晚年徹悟：中華民族能為世界和平作出貢獻的最佳理念，即是人心與天道的合一」。[128]概括而言，經過改變的人類「遊戲規則」就是：「個人自我之中身體、心知、靈覺與神明四層次的有機整合」；「個人與社群（家國天下）乃至社群與社群之間的健康互動」；「人類與自然的持久和諧」；「人心與天道的相輔相成」。[129]由於儒家傳統作為中華民族的不朽靈魂，也正是以中華民族作為其物質載體，因此，儒家傳統在改變人類「遊戲規則」方面可能作出的貢獻，也正是中華民族在當代全面崛起所應透露的文化信息。[130]

---

[125] 〈培育「文化中國」〉，載加拿大《文化中國》1994 年 6 月號。

[126] 丁果〈以「文明對話」取代「文明衝突」——與哈佛大學杜維明教授談文化〉，載加拿大《世界週刊》1997 年 1 月 5 日。

[127] 〈從多元的現代性看儒學創新〉，載紐約《明報》1997 年 4 月 17 日。

[128] 〈以公心辯國族主義〉，載《明報月刊》（香港）1997 年 3 月號。

[129] 〈新軸心時代的文明對話〉。

[130] 關於中華民族經濟、政治以及軍事上的崛起所包含的文化信息，是杜維明自 1990 年代前期便開始關注的問題，至今未輟。對這一問題的探討首先意在警醒「文化中國」某些深陷啟蒙心態的人士，勸誡他們不要步霸權主義的後塵；唯有遵循儒家包容性的人文精神，才可能踏上人類、也是中華民族的未來坦途。主要參見〈培育「文化中國」〉；〈闡釋中華民族覺醒的文化信息〉，載香港《明報月刊》1996 年 5 月號；〈大陸智識分子的儒學研究〉，載臺灣《交流》1996 年 9 月號；〈以「文明對話」取代「文明衝突」——與哈佛大學杜維明教授談文化〉；〈以公心辯國族主義〉；〈從

多元的現代性看儒學創新〉；〈感受北大，寄望北大——著名漢學家杜維明先生訪談
錄〉，載《北京大學學報》（哲學社會科學版）1998 年第 4 期；〈傳統儒學如何定位
現代——訪美國哈佛大學著名教授杜維明〉，載《台聲》1998 年 7 月號；〈康橋清夏
訪碩儒——杜維明先生訪談錄〉。

解讀杜維明

——《杜維明文集》讀後

一

如果說杜維明擁有充分條件成為一位學院知識分子（或所謂「專家」）、授課之餘即深居「象牙之塔」潛心建構其理論體系，凡是瞭解他的人，大概沒有誰會對此提出異議。確實，從臺灣建國中學考入東海大學，大學畢業後又進入美國哈佛大學研究院攻讀碩士、博士學位，然後依次在東海大學、美國普林斯頓大學、柏克萊加州大學以及哈佛大學任教，這樣一種從學校到學府、從學生到教授的履歷，對於一般人來說，可能很少不被型塑為「講堂教授」或「體系工匠」；但是杜維明卻以其迄今為止的人生踐履、致思取向及其理論形態，證明他乃是在這所謂「一般」之外的。

例如，1966 年，在修畢哈佛研究院課程並通過論文口試之後，杜維明並不是立即埋頭於撰寫博士論文，而是挈婦將雛飛往歐洲，在荷蘭萊頓大學拜訪著名的漢學研究所，在奧地利維也納感受奧匈帝國的餘威並領略莫札特琴聲與施特勞斯舞曲的韻律，在丹麥哥本哈根憑弔英年早逝的存在主義開山大師克爾凱郭爾；然後取道伊斯坦布爾經曼谷返回臺灣，又以臺灣為中心而頻繁往來於香港以及日本京都、韓國漢城之間，隨侍師尊，拜謁宿儒，訪求經籍，同時在東海大學開了一門「文化認同與社會變遷」選修課；博士論文的寫作似乎倒在其次了。

又如 1970 年，臺灣愛國民眾掀起「保衛釣魚島」運動的信息由著名「統派」人物胡秋原帶到美國普林斯頓校園。時任普大東亞系助理教授的杜

維明即積極參與籌畫，終於成功地組織了 1971 年 4 月在華盛頓舉行的有數千留美學人參加的示威遊行，是為海外「保釣運動」肇端。

　　1980 年代以來，杜維明的人生足跡距離「象牙之塔」無疑愈益遙遠。就在 1980 年，經過主動積極的爭取，他獲得中美學術交流委員會資助，以柏克萊加州大學歷史教授的身分，到北京師範大學歷史系進修，借此機會，他在魂牽夢縈的祖國大陸進行了廣泛的遊歷和訪學。此後，他幾乎每年都要回歸祖國大陸，有時甚至一年之中往返多次。1982 年，他在哈佛大學中國歷史與哲學教授任上，受新加坡政府聘請，作為八位學者中最年輕的一位，參與新加坡中學高年級道德教育選修課中「儒家倫理」課程的設計，由此開始以儒家形象代言人的角色步入公眾論壇。1985 年，他作為美國富布賴特訪問學者，在北京大學哲學系講授儒家哲學，同時擔任中國文化書院導師，在國內許多高校發表演講，他的公眾影響在祖國大陸乃至「文化中國」迅速擴大。隨著 1986 年擔任哈佛大學東亞語言與文明系主任、1988 年當選為美國人文科學院院士、1990 年調任夏威夷東西中心文化與傳播研究所所長、1994 年被推舉為國際儒學聯合會副會長、1995 年被指定為臺灣「中央研究院」中國文哲研究所籌備處諮詢委員會召集人、1996 年出任哈佛燕京學社社長、1998 年膺選美國哲學學會規劃委員會諮詢委員、2000 年受聘為聯合國「文明對話傑出人士小組」十八位成員之一，以及在祖國大陸和臺灣、香港地區乃至美國、新加坡、韓國、馬來西亞、印度、法國、加拿大等國擔任各種學術或社會頭銜，杜維明的學院型特徵進一步相對淡化，而表現為關心政治、參與社會、注重文化的公眾知識分子特徵則日益凸顯。

二

　　從致思取向來看，雖然杜維明早年即矢志於儒家生活，立定了自己的思想譜系，即使在資源輻輳的北美經過與各種思想傳統相互摩盪也不曾在根本上改變初衷；但他又並非規承師法，拘守章句，甚至也不再依違於「我注六經」或「六經注我」的漢宋格套，而是汲汲於儒學傳統的現代轉化。他運用

「格義」方法，將傳統資源納入近代以來大行於世的西方理論「格式」之中，使傳統資源在體系化的同時精義自見。而他所謂「直接進去」的方式，亦即直接運用西方（英美）語文闡釋儒學意蘊，則使儒學在實現中西、古今兩度轉化的同時，也日益成為西方學術、知識乃至公眾文化語境中一種不容忽視甚至是頗受重視的話語，這也正是他孜孜以求的「讓儒學的源頭活水流向世界」。

至於儒學傳統通過「格義」而呈現的精義，在杜維明看來，首先在於哲學的人學，即具有深層與動態主體性的個體－主體作為基點或圓心，基於「體知」方法，在身、心、靈、神層層提升的「內在超越」進路與家、國、天下無限推擴的「開放的同心圓」向度上均於穆不已，修養不輟，從而向著形上道德本體的不斷趨近，同時也是向著道德本我──人之可能完善乃至超越的本質根據──的日益復歸。如同「深層與動態主體性」乃是「吾儒家法」，關於人的本質、存在及其實現的哲學的人學思想也正是儒家的「吾家舊物」。杜維明進一步揭示，以哲學的人學為核心，在「內在超越」與「開放的同心圓」這一「十字打開」的架構中，儒學合乎邏輯地撐起了一個包含個人、社群、自然、天道四層面的天人大系統，由此體現了民胞物與、天人合一、一體之仁的包容性人文精神。

如果說對於儒學精義的發掘還比較多地具有學院氣息的話，那麼，基於所發掘的──在很大程度上也就是參照現代西方自由、平等、人權、理性、法治等「核心價值」而創造轉化的──儒學精義，反思以排斥性人文主義為特徵的啟蒙心態（這是儒學經過創造轉化之後方才獲具的資格），建立以儒家傳統為核心的文化中國，以及提倡多元現代性與新軸心文明背景下的文明對話，則顯然是將指向「極高明」境界的儒家哲學的人學及其天人大系統落實為一個更富於現實關懷和實踐品格的文化社會學體系，而這正是 1980 年代中期以來杜維明的思想開展。

顯而易見，「啟蒙反思」包含著杜維明的儒家關懷。近代以降儒門淡泊至於其極，歸根到底是由於西方啟蒙思潮的迫壓，因此，儒學精義的闡發便不能不與啟蒙思潮的揚棄相互倚伏。但是如果以為「啟蒙反思」僅僅只是為

儒家張目，那又無疑是過於狹隘地理解這一論域了。啟蒙思潮在近三百年中狂飆突進於全世界，幾乎摧抑了所有非西方軸心文明以及形形色色的原住民文化；特別是表現為一元現代性論說、單一富強模式、西方中心主義以及個人／人類中心主義的啟蒙心態，更是導致短短三百年間便將億萬斯年演化生成的自然生態系統幾乎破壞殆盡的災難性後果。著眼於這種狀況而對啟蒙思潮或啟蒙心態加以反思，其旨歸顯然在於整個人類社群、人類精神生態以及自然生態的拯救與康復。至於「文化中國」的建構，當然是意在為儒家傳統的靈根再植拓展深廣的文化心理空間，但杜維明於此強調資源多樣而否定任何一家一派（包括儒家）「一枝獨秀」，提倡批判－繼承與排拒－引進的立體文化觀，從而透露了關於古今、中西兩個對子的辯證思考，因此實質上是針對啟蒙心態——通過批評現代中國主流知識分子「全面反傳統」以及「全盤西化」思潮——而生成的論域。而「文明對話」在杜維明那裏雖然表現為儒家論說的高揚，但通過工業東亞而證成多元現代性，依循雅斯貝爾斯思路而宣導新軸心文明，進而消解現代與傳統、普世性與根源性、西方與西方之外等一系列排斥性二分架構，提出全球意義的地方知識與地方知識的全球意義這一對表述人類文明消長態勢的具有規律性的命題，籲求以所有文明傳統之共認價值為基礎的「全球倫理」，這一切無疑意在將諸軸心文明以及原住民文化置於平等地位，其用意當然也在於對標榜一元現代性和西方中心主義的啟蒙心態加以反撥。要之，包含「儒學創新」、「啟蒙反思」、「文化中國」、「文明對話」四大論域的文化社會學體系之生發點在於儒家價值及其學理，而其旨歸則在於個我之身心靈神的有機整合、個人與社群的健康互動、人類與自然的持久和諧以及人心與天道的相輔相成。當然，這種旨歸仍然深蘊儒家哲學的人學及其天人大系統之精髓。

　　上述文化社會學體系及其旨歸顯然不是一個「講堂教授」或「體系工匠」所能夠或願意關心的；特別是將這些本來就飽含現實社會關切的課題從觀念或理論的領域付諸實踐，席不暇暖，不懈陳辭，那就更非公眾知識分子而莫辦了。復當指出的是，從儒家哲學的人學及其天人大系統乃至文化社會學體系，杜維明表現出運思的深刻性、涵蓋性、敏銳性、批判性以及辯證

性，因此可以進一步將他定位為首重思想的公眾知識分子。

三

　　作為公眾知識分子，與關心政治、參與社會的角色特徵相適應，杜維明的理論成果也表現出獨特的形態。在他堪稱宏富的著述中，最為常見的體裁乃是包含思想性或學術性的短論、隨筆、雜感、對話、演講和訪談，而體系化的專著迄今未見。早在 1970 年代，他便曾引述法國宗教哲學家加布里埃爾・馬塞爾的話說：「現在的問題與其說是建造，不如說是挖掘。哲學的活動現在可以界定為鑽研而不是建構。」（見〈主體性與本體論的實在性——王陽明思維模式的詮釋〉，收入《杜維明文集》第四卷，武漢：武漢出版社 2002 年，頁 129。下引該文集只注卷數及頁碼）直到 1987 年，他仍然自承屬於「挖掘型」而非「建構型」學人（見〈儒學發展的前景問題——中國社會科學院哲研所座談會評述〉，收入第四卷，頁 316-317）。由此可見，理論上的非體系化形態乃是杜維明的自覺選擇；而以筆談或言說方式向大眾弘法，或與擁有不同文化傳統或思想資源的思想者相互辯難與溝通，也正是他的主要關切。不過，如果以為非體系化就一定是思想上缺乏體系性或理論上完全拒斥體系化，則恐怕又是誤解了杜維明。如上所述，以儒家哲學的人學為核心而撐開包含個人、社群、自然、天道四層面的天人大系統，進而落實為一個由儒學創新、啟蒙反思、文化中國、文明對話四大論域架構的文化社會學體系，這足以證明杜維明思想的體系性；只不過這種體系性並非以專著形式，而是以短論、隨筆、雜感、對話、演講或訪談形式，或者說並非整體地，而是零散地表現出來。而他於 1988 年所說：「有些學者以為構建大系統的時代已一去不返，現在只能從事微觀研究，我完全不能同意。」（見《現代精神與儒家傳統》，收入第二卷，頁 422）這也清楚表明他並非永遠拒斥體系化的學術道路。

　　再就學術性而言，由於短論、隨筆、雜感，特別是對話、演講、訪談那種不拘規範的、零散的、隨機的、口語式的、乃至因訪談者或記錄者疏於整

理而重復累贅的敍述方式和文本形式，加上這類體裁的文字較多地、並且自
1990 年代以來愈益增加地見之於世，因而在相當程度上障蔽了杜維明的學
術性。但是事實上，杜維明卻是具有很強的學術性的。無論是對〈中庸〉的
現代詮釋（《論儒學的宗教性——對〈中庸〉的現代詮釋》，收入第三卷，
頁 361-485），或是在《仁與修身——儒家思想論文集》（收入第四卷，頁
3-264）、《儒家思想——以創造轉化為自我認同》（收入第三卷，頁 191-
356）、《道・學・政——論儒家知識分子》（收入第三卷，頁 489-668）幾
部論文集中對於原始儒學、宋明儒學以及現代新儒學之範疇、命題、理論及
其統緒等的創造性闡發，以及對於朝鮮大儒李退溪的系列研究（〈李滉的心
靈觀〉，載韓國《退溪學報》1978 年第 19 號；〈退溪心性論書後〉，載韓
國《退溪學報》1978 年第 20 號；〈退溪對朱熹理學的創造性詮釋〉，載
《韓國雜誌》1982 年第 2 期；〈李退溪關於人性的見解：韓國新儒家的「四
七之爭」初探〉，載狄百瑞等編《韓國新儒家的興起》，紐約：哥倫比亞大
學出版社 1985 年），乃至關於啟蒙心態（〈超越啟蒙心態〉，載《哲學譯
叢》2001 年第 2 期）、文化中國（〈文化中國：以外緣為中心〉，收入第五
卷，頁 379-408）、全球社群（〈全球社群——探尋社會發展的精神資
源〉，收入第四卷，頁 707-717）的思考，等等，都足以反映他在學術造詣
上的精深。而從這些著述（原版本）大都附有注釋、詞語索引、參考文獻等
項來看，可見杜維明對於學術規範也是嚴格遵循的。如果再考慮到短論、隨
筆、雜感畢竟也屬於筆耕事業，而對話、演講、訪談也仍然不外是學術、知
識或文化領域的存在方式，那麼儘管杜維明具有強烈的社會政治關切，他也
一定是一位學院型的公眾知識分子。

四

　　當然，無論是冠以「首重思想」或是「學院型」之類定語，杜維明實質
上乃是一位公眾知識分子。從他的人生踐履、致思取向乃至理論形態，都透
顯出他對於政治的關心、對於社會的參與以及對於文化的注重。而他作為公

眾知識分子的這種本質特徵正是與儒家傳統一脈相承的。「在儒家傳統中，關心政治、參與社會及對文化的關注，是讀書人最明顯的特徵。中國的『士大夫』，日本的『武士』以及朝鮮的『兩班』（包括文官與武官），他們不僅僅致力於自身的修養，而且擔負著齊家、治國乃至平天下的重任。一句話，他們身處其位，就具有憑其權力與聲望維護社會秩序的責任。他們都具有這樣一個信念，即要改善人類的生活條件，並且更有效地實現太平與繁庶的大同理想。他們為從內部改造世界這樣一種強烈的道德意識所激發，力圖通過一種示範教育，以激勵越來越多的人投入到促使人類繁榮的教育進程中去」（見〈人文學科與公眾知識分子〉，收入第五卷，頁 601）。這是杜維明對所謂「儒家式（知識分子）」的認識與概括，在他看來，「儒家式」與「公眾知識分子」是「完全可以配合起來」的概念（見〈全球化與本土化衝擊下的儒家人文精神〉，收入第五卷，頁 574）；同時這也未嘗不可以視作他的「夫子自道」。這一點，從他早年在牟宗三、徐復觀、唐君毅諸先生引領下由「四書」入門，後來又先後深研陽明、沉潛朱子、浸潤戴山這樣一條學思進路以及由此形成的思想譜系便可得到證明。

　　但是，如上所述，杜維明對儒家傳統的繼承又並非規承師法，拘守章句，而是一面守定包容性人文主義的儒家精髓，一面通過參照西方理論體系進行「格義」而使儒家傳統實現現代轉化，同時運用「直接進去」的方式而「讓儒學的源頭活水流向世界」。可以說，經過由洙泗源頭流衍為中原正統、進而推擴為東亞文明之體現的兩期發展，在儒學流向全球社群的第三期發展中，杜維明成為勇立潮頭的推波助瀾者。至於以開放的心態、同情的瞭解、多元的肯認和批判的理性對待中西兩大文化傳統（乃至整個新軸心文明），主張並實踐以繼承－揚棄、引進－排拒的立體思維模式處理中西文化（以及人類文明）資源，宣導消解全球化與根源性、現代與傳統、西方與西方之外三個排斥性的二分法，提出全球意義的地方知識與地方知識的全球意義這一對表述人類文明消長態勢的具有規律性的命題，概括地說，亦即作為「儒學創新」的「理性之運用表現」（牟宗三語）的「啟蒙反思」、「文化中國」、「文明對話」諸論域的開展，基本上道先儒所未道，而為杜維明基

於儒學立場、面對時代課題、因應現實條件所作出的理論創發。著眼於這一方面，那麼在肯認杜維明的儒家譜系的同時，必須特別突出他的時代性。他一定是一位現代新儒家的公眾知識分子。

五

　　綜上所述，對於杜維明的全面準確的定位應該是：現代新儒家的、首重思想的、學院型的公眾知識分子。這是通過解讀《杜維明文集》近三百萬字著述所得出的認識。儘管杜維明的學思進程尚在實現過程中，從主客觀條件來看，他還具有可觀的發展潛力，但他迄今為止的人生踐履、致思取向以及理論形態業已昭示：他的儒家立場不會改變；他對於思想家的自我期許不會改變；他在學術上的實現雖然不敢預斷，但他的學院型生存方式也不會改變；鑒於他對民族以及人類的深切關懷，即使他今後收斂精神，返回書齋，他作為一個公眾知識分子的自我選擇同樣不會根本改變。

康橋清夏訪碩儒
——杜維明先生訪談錄

　　經業師郭齊勇先生推薦，筆者於 2001 年 5 月獲美國哈佛大學中國歷史與哲學教授、哈佛燕京學社社長杜維明先生邀請，前往進行為期一年的訪問研究。杜先生在繁忙的學術和公務活動間隙中，安排時間與筆者進行了多次交談，談話內容涉及其學思進程、師友影響、問題意識、學術實踐、論域開展、理論期許以及批評回應諸方面，比較全面地表露了杜先生的儒學觀、中西文化觀及其形上學思考。凡此不僅對於杜維明思想研究、而且對於現代新儒學乃至人文學研究，均具參考價值。茲將訪談記錄整理發表，以饗學界。由於杜先生非常繁忙，無暇審定本文，故所有文責概由筆者承擔。

早年學歷　入道機緣

　　胡：十分榮幸有機會拜訪杜先生！有關您的訪談文章，見諸報刊的已經不少。我注意到那些文章多著重於學術和思想方面，這當然也是我要請教的。但我首先想從您的生平行履、學思進程這類起始性問題進入，諸如您是基於何種機緣選擇儒學作為終生事業，又是如何一步步取得今天的成就的。另外，自二十世紀六〇年代早期以來，您就基本上生活於美國，您也不止一次地聲稱自己是西方文化的「受惠者」。那麼能否比較全面具體地談談哪些西方學者對您的思想影響較大，這些影響又如何促進了您的儒學研究？我想所有這些情況正是把握您的思想構成、評價您的思想地位的必要前提。

　　杜：我接觸儒學是在臺灣建國中學時期。當時開設「民族精神教育」

課，實際上就是政治說教，與升學沒有關係，很多學生沒興趣。講授這門課的老師名叫周文傑，當時三十多歲，是牟宗三先生的學生。他在全班五六十名學生中挑選了包括我在內的四五個人，進行特別講授。一開始，他給我們講古詩十九首等文學作品，培養我們對於古典的興趣，然後進入「四書」。在一年多時間裏，他每個週末講一次，並要求我們細讀經注，深扣字句。正是他使我初步瞭解到儒學是生命的學問，瞭解到何為人、如何成人、內外打通一類問題，瞭解到儒家的人禽、夷夏、義利、王霸之辨，也聆受了「只管耕耘，莫問收穫」的教誨。從那時起，我對儒家文本產生了親合感，有了尚友千古的思情。

也是通過周文傑老師，我認識了當時在臺灣師範大學講授中國哲學的牟宗三先生，後來通過牟先生認識了徐復觀先生和唐君毅先生。暑假期間我與四五位學友聽牟先生講課，這些學友現在都是理工界的高級人才。正是基於上述經歷和思情，中學畢業後，我報考了牟、徐二先生均在任教的東海大學。

東海大學是基督教學校，但並不強制信仰。學校開辦各種課外學術沙龍。在這種氛圍中，我得以接觸各種思想資源。當時我對歐美現代哲學思潮興趣較濃，尤其注意存在主義和經驗主義。通過參加讀經班的宗教活動，對基督教文化以及柏拉圖神秘主義、斯多噶主義、聖奧古斯丁、巴斯卡等有了一定的瞭解。而當時臺灣社會突出提倡的是傳統文化，這也體現在學校教育中。在傳統的義理學與詞章學之間，我本來對於後者懷有濃厚興趣，且中學時期已在報刊上發表文學作品，但此時我儘量控制自己不向這個方面投入，而發展義理之學。東海大學的英語力量很強，我大一學年就在英文系，後來徐復觀先生認為我是可造之才，動員我轉到中文系。英文底子為我日後的中西文化比較研究打下了基礎。

當時東海大學教師多為一時之選。牟先生擅長康德、黑格爾（他在我大三學年離開東海大學去了香港）。徐先生專精《孟子》、西漢思想、《文心雕龍》。魯實先先生對歷代文選和甲骨文字頗有造詣，他指導我們標點《史記》，對我的基本功大有裨益。還有孫克寬先生研究杜詩（後來成為蒙古史

學家），梁容若先生研究白話文，張佛泉先生研究自由與人權理論，徐道麟先生研究政治學、心理學和思辯，王德昭先生研究希臘哲學與文藝復興，戴君仁先生為馬一浮傳人，程兆熊先生是農學家。當時劉述先在東海大學任助教，講希臘哲學，還很年輕，所以我同他的關係介於師友之間。東海大學首任校長曾約農是曾紀澤之子，曾國藩之孫，他任職一年即離開，但為學校奠定了校風。繼任校長吳德耀是哈佛大學博士，聯合國《世界人權宣言》起草人之一，曾在麻省理工學院任教，後到東海大學任職，為東海大學與哈佛燕京學社建立關係起了很大作用。他後來到新加坡組建了東亞哲學研究所。吳先生也是我們家的世交，他與家父是金陵大學的先後校友。

　　談到家庭，應該說這方面的薰陶也是十分重要的。我的父親由金陵大學畢業，主修英文和經濟，但對中國詩詞深有興趣，發表過詩作，還喜愛西洋古典音樂。記得小時候的夜晚，父親常常關上燈，用留聲機放唱片，這培養了我聽的能力。母親出自歐陽家族，肄業於金陵女子大學藝術系，家裏一直掛著徐悲鴻送她的奔馬圖。四姨媽是虔誠的佛教徒，在她的帶引下，我拜見過業已閉關的印順大師，後來還與法鼓山聖嚴師傅有過較多的學術交往，這是我與佛教的一段因緣，對我日後的宗教研究頗有助益。

　　我在中學和大學期間唯一比較排拒的就是政治。在建國中學我曾擔任「青年救國團」的分隊長，擔任這種職務的人在當時是蔣經國直接關注的對象，但我主動放棄了。六〇年代初臺灣「中西文化論戰」期間，以殷海光、居浩然、李敖為一方的「西化派」和以徐復觀、胡秋原為一方的「傳統派」常常做政治文章，但那時我與徐先生的接觸只限於學術方面，不捲入政治。可以說我對「政治化儒家」的防杜由來已久。我能夠理解魯迅、柏楊、李敖對於儒家陰暗面的揭露和抨擊，我本人也保持著對儒學的批判意識和「隔離的智慧」。不過雖然我排拒政治，但我的民族情感卻很強烈。記得 1954年我第一次出國，到菲律賓參加「世界童子軍大會」，路過香港，看到一些香港人很洋化，心裏很反感。不過我後來多次走訪香港，才發現香江也有深厚的民族文化底蘊，香港中文大學在學術傳承方面也有獨到之處。

　　1962 到 1966 年，我在哈佛大學度過了四年求學生活。1966 年我回到臺

灣，在東海大學任教，同時聽徐復觀先生講課。這是我教學生涯的開端。此次回臺灣，曾到香港牟宗三先生處住過一個月。牟先生正在寫《心體與性體》，書稿由我帶到臺灣出版。記得當時我還沒到臺灣，牟先生電報已到，囑咐我說書稿比他的生命還寶貴。此間通過韋政通見過殷海光先生，我與殷先生一見如故，十分投契。當時殷先生已被臺灣大學除名，所以一般不進臺大校門。但我到臺大演講，殷先生不僅到場，而且發表了評論。這一時期，哈耶克曾到臺灣進行為期十天的訪問，我擔任翻譯，全程陪同，其間有兩件事我印象很深。其一是哈耶克去見蔣介石，我表示可以陪送他到「總統府」門口，但不進去為他做翻譯。後來他與蔣見面時的翻譯是由當時蔣的私人譯員、以後出任過「外交部長」的錢復擔任的。哈耶克見到蔣之後非常興奮，認為見到了一位「偉人」。另一件事是許倬雲要我促成哈耶克與殷海光先生見面。哈耶克頭一次訪問臺灣曾會見過殷，使殷受到很大鼓舞，但這次他不要見殷。哈氏的態度我又不便對殷、許直說，為此許倬雲對我存有誤會。這兩件事反映了作為自由主義者的哈耶克同時具有來自奧匈帝國貴族傳統的崇拜權威的一面。

1967 年，普林斯頓大學給我提供了機會，於是我再到美國，一直工作生活到現在。不過我同臺灣保持著密切的聯繫，每年都要回去兩次。

為中西交　以師友視

杜：事實上，在我來美國求學之前，我已經接受了儒家的基本價值，它不僅在道問學方面，而且在尊德性方面，都對我的人格發展產生了影響。正是立足於這一思想資源，所以我在美國的經歷與胡適、馮友蘭都有很大的不同。胡、馮與歐美文化的關係是來自落後地區的學生向先進文明學習的關係，而我與西方學人則更多地是一種師友之間的互惠的關係，是雙向的溝通，是平等論道的朋友。這些師友主要有史華慈（Benjamin Schwartz），一位繼承了猶太文化解經傳統的哲學意識很強的史學家；史密斯（Wilfred Cantwell Smith），比較宗教學家，專精伊斯蘭教，我所提出的「群體的批

判的自我意識」這一觀點受他啟發很大；列文森（Joseph Levenson），《儒教中國及其現代命運》（*Confucian China and Its Modern Fate*）作者，我與他曾有數面之緣，進行過思想交鋒，我切入儒學研究的問題意識部分地受到他的激發；艾律克森（Erik H. Erikson），心理學家，他的「認同」（Identity）理論及「心理史學」（Psycho-history）對我有很大影響，我於1966 年回東海大學任教，便開設了「文化認同與社會變遷」課，而我的博士論文《新儒學思想之旅——青年王陽明》（*Neo-Confucian Thought in Action – Wang Yang-ming's Youth*），有人便認為運用了「心理史學」方法。還有社會學家柏深思（Talcott Parsons）及其弟子貝拉（Robert Bellah），比較宗教學家及現代化理論權威愛森斯塔（S. N. Eisenstadt），提出「心靈歷史」（History of Consciousness）範疇的亨利・艾肯（Henry Aiken），韋伯（Max Weber）研究專家本傑明・納爾遜（Benjamin Nelson），西班牙神父雷蒙・帕尼卡（Raimon Panikkar），漢學家狄百瑞（Wm. de Bary）、孟旦（Donarld Munro）、牟復禮（F. W. Mote），倫理學家史蒂文生（C. L. Stevenson），希臘哲學家保爾・德夏當（Paul Desjardin），美國當代橫跨歐美兩洲的哲學家理查・伯恩斯坦（Richard Bernstein），神學家理查・利勃（Richard Niebuhr）、戈登・考夫曼（Gordon Kaufman）、大衛・崔西（David Tracy），詮釋學大師保爾・里克爾（Paul Ricoeur），生態學大師湯瑪士・別瑞（Thomas Berry），社會學家彼特・伯格（Peter Berger），歐洲近代思想家路易・哈茲（Louis Hartz），等等。對他們來說，我基於儒學提出的看法他們能夠欣賞。而對我來說，他們所展現的確實不是當前儒學論域所能達到的水準，而是儒學論域可能開展的遠景。與這些學者進行討論的時候，我的心思總是向著高明的方面提升，對問題的瞭解也不斷加深，從而新的問題也就出現了。可以說，我與西方學者的交往總是處於非常複雜艱巨的瞭解過程中。一方面我要直面西方文化的挑戰而深入瞭解自己的思想資源，以便去其糟粕，存其精華，並開拓它的可能發展的空間。另一方面，基於我的特殊的文化背景，我要瞭解在這種平等互惠的交往中，我能夠向西方學術界提供什麼，或者說回報什麼。

　　在此我想提請注意，我在上面使用了「提供」、「回報」這樣的辭彙，而不用「傳播」，更不用「宣傳」。在我的辭彙中，「宣傳」的含義是負面的，不是正面的。它意味著一個人所知道的與他所要傳播的之間存在著距離，要把他所知道的那一點誇張得很大，甚至於他所不知道的也要強為之說。就好比一個傳教士，他信仰上帝，但對整個基督教的來龍去脈及其複雜面相並不理解，他僅憑強烈的主觀願望要把福音傳播出去。現在有些人把我的工作也理解成這個樣子，認為我在理論上多有毛病，僅僅是信念和熱情值得嘉許。這至少是對我的批判，即使不說是污辱。

　　在與西方師友的交往中，有一個事例很有意思。愛森斯塔從以色列希伯來大學來哈佛，我的好朋友貝拉介紹我認識他。愛森斯塔當時已經是研究比較宗教學和現代化理論的權威，我當然應該向他求教。我們見面時，他問我：「你提請柏深思修正韋伯對於儒學的理解，聽說柏深思也接受了。你為什麼要作這種修正？」於是我們開始交談。他談話時，手邊準備了一些卡片，邊談邊記。談話結束後，他記錄的卡片一大堆。出來以後我想，本來是我向他學習的一個難得的機緣，結果他有很大收益，而我的收益卻相對不夠。不過這也表明我的資源對於西方學界具有價值。同時，隨著他提問的深入，我的問題意識也加強了。

　　還有一個交往也很值得一提。本傑明‧納爾遜是研究韋伯的專家，在紐約社會研究新學院（New School of Social Research）開韋伯研究課。我聽過他的課。那時他已是知名學者，我則剛剛出道，在柏克萊任教。在一次學術會議上，他找我談了兩個多小時，然後說我是他找了好幾年的對象。他當時正在做跨文化研究（Inter-civilization studies），要找幾位合作者。在印度教、猶太教、基督教、伊斯蘭教等方面他都可以找到合作者，但在中國文化方面找了很久都找不到合適人選，這時他找到了我。他囑咐我無論何時到東部來，都可以打電話給他，他要與我繼續討論。後來有一次我到加拿大多倫多參加學術會議，事先通知了他。我到多倫多後，他居然出現了，連會議主持人都感到驚訝，說本傑明‧納爾遜是多年請不到的學者，這次竟然自費來了。納爾遜說他來就是為了繼續我們的討論。當時議定了幾個論題，如基督

教的「良心」（conscience）與儒家「良知」的比較，我們約定合作把這幾個論題開展出來。另外他要我把自己的論文寄給他。我寄了三五篇。他要我還寄一些。然後他建議將這些論文編輯出版，並答應撰寫序言。這個論文集就是《仁與修身》（*Humanity and Self-Cultivation*）。可惜 1977 年他到德國講學，因突發心臟病去世，年僅 68 歲。這是學術界的一大損失，對我是更大的損失。不然的話，通過他，我可以更深地契入西方學術界。

瞭解大陸　補足語境

杜：自從到美國求學開始，我就注意瞭解五四新文化運動以及 1949 年以後中國大陸狀況，彌補在臺灣接受早期教育所造成的缺失，以便在更加完整的意義上把握儒學的語境。基於這一思路，從 1978 年以來，我一直主動地爭取回國，在我們這一代海外學人當中，這大概是少有的。1978 年我隨美國一個海洋代表團在國內待了一個月，1980 年在北師大一年，1985 年在北大講學半年多，加上其餘的來來往往，國內的經歷總在三年以上。這樣才不至於走馬觀花，而可能與各方面各層次的學者坐下來談。當時對我回國的動機有種種說法，或以為是宣傳儒學，或以為是企圖造成影響、甚至是意識形態方面的影響。實際上，當時主流意識形態以及所謂「精英分子」都不歡迎儒學。但我的目的只不過要瞭解與學習。我到美國之後，接觸面不可謂不廣，但如果對作為儒學母國的中國大陸的儒學研究現狀及其發展前景懵然無知，無論如何都是很大的缺憾。徐復觀先生以未能參拜曲阜為終生之憾，我十分理解他的心情。

我回國之初帶著兩個問題。其一，具有思想創發意義的哲學的儒學在國內有無發展前景？其二，國內知識分子是否具有相對獨立的群體批判的自我意識？——在此須作說明，「群體批判的自我意識」是一種具有批判性和群體性的自我意識，不應誤讀為「群體自我批判的意識」——在北師大一年，我首先從趙光賢、白壽彝、何茲全、劉家和這些前輩那裏獲得很大的教益，由此認識到中國文化具有非常強大的生命力，決不會因為「文革」便蕩然無

存。後來，中國哲學史學會成立了，中國文化書院開辦了；張岱年、任繼愈、龐樸、湯一介、李澤厚、蒙培元、牟鍾鑒，還有年輕一輩的劉笑敢、陳來、甘陽等在當時國內人文學界比較有創建性的老、中、青學者我幾乎都接觸到了，還作為「內賓」參加了湯用彤學術思想討論會和中國思想史與中國哲學史互動問題討論會。由此我對以上兩個問題得出了肯定的答案，進而使我逐漸形成了「文化中國」的觀點，意圖以更加寬廣的視域來瞭解儒家文明。

　　在國內我有一個感覺，有些人在辯難時，總是力圖使儒學向下沉淪。這些人總是不斷質疑：你是不是把孔子拔高啦？你是不是把儒家美化啦？它的陰暗面如何如何。甚至一直沉淪到柏楊所謂的「醬缸」裏了，還不滿足，認為你只要在講，就是對現代化和改革開放的干擾，就是「封建遺毒」，就是迎合現實政治，或者是為了某種個人私利，總之是從最不健康的方面來判斷你的學術動機。不過這對我倒也不失為一種有益的挑戰。它可以使我避免片面執著於那種與國內語境完全脫節的、在與西方學術界論辯中形成的極高明的儒學理念。它使我能夠經常以本雅明（Walter Benjamin）所謂「一個最高的理念在一個複雜的權力關係網裏面也可以體現最殘忍的面貌」的論斷來審視儒學。它提醒我對於儒家陰暗面加以深刻的照察；如果沒有這種照察，那麼對於儒學極高明一面的認識就很可能是無根的玄想。

　　國內一些學者往往還認為，我們這些生活在國外的人當然要講儒學光輝燦爛的一面，如果把儒學講得一無是處，拿什麼混飯吃呀？或者認為，正因為我們是「美國的儒家」，沒有感受到民族傳統的陰暗面，沒有遭受由此而來的災難，體受的是中西兩種文化的優點，所以能夠欣賞儒學的好處。但是事實上，假如儒學並無真正的價值，我寧願砸掉飯碗，也不會出於狹隘的民族主義、狹隘的保守主義以及一己私利而維護儒學。如果為個人計，我當初就不會選擇儒家事業，而可以在外文或理工科求發展。至於認為「美國的儒家」得到的都是好處，我可以舉一個事例來反證。瞿同祖先生和楊聯陞先生本來同在美國。後來瞿回了大陸，「文革」期間下放，1978 年才回學術界，學術上是受到了耽誤，但身體搞好了。而楊先生在美國，精神和體質都

垮了。實際上，海外的中國知識分子要生存發展，需要應付很大的壓力，需要更大的勇氣。這一點很希望國內知識分子能夠理解。

胡：從上述對您的學術事業均具重要影響的臺灣、美國、大陸三個方面的廣泛交往中，您是如何釐定自己的師承呢？

杜：關於師承問題，也就是所謂「道統」問題。嚴格意義上的「道統」類似於原教旨主義，講究原始教義一脈相承，這是我所不取的，實際上也難以把握。儒學史上往往以為孔子之道傳給孟子，荀子則不得其傳。荀子固然有「制天」、「用天」思想而不「尊天」，但他的「道」則具有超越性，不能說完全超逸於孔子。又或以為孟子心性之學由陸、王繼承，朱子屬於別傳（如牟宗三先生認為朱子是「別子為宗」）。但李退溪恰恰認為他自朱子一系所繼承的才是孔孟正統。凡此均提示我們，對於「道統」或師承，既要有真正的認同，又要有開放的心靈。

具體說到我個人的師承，嚴格地說，應該由學術界根據我的論著所表現的思想形態加以判斷。不過我可以談談我的一家之言，謹供參考而已。從我衷心服膺以及學術期許來看，我確實最接近熊十力、牟宗三一系，熊、牟對我的思想震撼力最大。但在私人感情上，我與徐復觀先生最親近，徐先生那種隨俗的生活態度、泥土氣息以及樂觀精神對我有很大影響；在這方面，徐、牟形成鮮明對照，牟先生晚年心境是很孤獨、甚至很痛苦的。余敦康則認為我更像唐君毅先生，唐先生也承擔大量行政工作，與狄百瑞、陳榮捷、岡田武彥等積極傳揚新儒學，重視家庭生活，這也是一種看法。

問題意識　學術實踐

杜：不過，學歷和師承畢竟只能算作助緣，真正促使我選擇儒家事業的還是問題意識。我的主要問題是：儒學的進一步發展，亦即「儒學創新」，到底有無可能？這一問題受到列文森的激發，他認為，在現代中國，作為一種有生命力和說服力的學術傳統的儒學已經終結。但是，從比較文明的角度看，同是作為軸心文明傳統的印度教、佛教、希臘哲學、猶太教及其後來發

展出來的基督教、伊斯蘭教，都不存在發展問題，而且面向新世紀都將具有非常廣闊的前景，一定會影響各個不同地區的文明，這是沒有爭議的；難道唯獨儒學就一定不能繼續發展，而必然像古埃及文明那樣被博物館化嗎？它真是隨著傳統政治結構的解體而變成「遊魂」了嗎？當今中國知識分子果然不可能認同儒學進而推動其發展嗎？我認為這種特殊性是沒有根據的。

再從儒學的內涵及其功能來看。當我切入「儒學創新」這一問題時，人的狀況（human condition）已經面臨困境。在這一背景下，不同傳統的思想性較強的知識分子都在儘量開拓理論空間，力圖建構嶄新的形上學（包括本體論和宇宙論）和普世倫理。因此可以說，人類正在進入第二個軸心時代。如果說第一個軸心時代各大文明的功能是相對獨立地解決該文明人群的存在問題，那麼第二個軸心時代各大文明則必須對全球和平和人類生存有所作為。第二個軸心時代所期待的新的形上學及普世倫理，其核心問題即「何為人」。而正是在關於「人」的問題上，儒學擁有豐富的資源，可以對人類作出很大貢獻。因此我認為，儒學創新具有強烈的現實需要和極大的可能。

我對儒學創新的樂觀預設決不僅僅是一種學派立場。我並不是一個狹隘的民族主義者，也不是一個抱殘守闕者，並非由於這些理念構成我一定要發展儒學的動機。如果我在特殊的文化和學術環境中所理解和接受的資源，到了另外一個環境中變得完全不相干；如果我後來接觸的猶太教、基督教、希臘哲學、現代西方哲學等各種資源以及西方自由主義、個人主義、實證主義、新左派等各種思想確實使我認識到以往的思想空間太狹小；如果我所積累的那些自以為是財富的資源在碰到另一個參照系時充分暴露出缺點，那麼我是不會固執己見的，而且我對它的批判將會不遺餘力。但事實與上述假設相反。在對儒學資源的深層意義不斷加深理解並加以現代轉化的前提下，我倒是依據我所擁有的這種資源，對於西方學術界所提出的問題進行了同情的瞭解和批判的認識。我認為儒學與一切哲學的人學一樣具有真善美的內在價值。這些價值並不受古今中西的限制，而蘊涵永恆意義。常常有人問我：你怎麼可能用封建時代的意識形態來解決後工業社會出現的困境呢？這個問題背後的理據是，特定的思想不能超越特定的時代。准此則無法理解麥金太爾

（Alasdair MacIntyre）在《德性之後》（*After Virtue*）中提出的觀點。他認為，作為奴隸社會思想家的亞里斯多德的思想對於解決當代美國後工業社會的難題具有價值。如果亞里斯多德的思想可能超越奴隸社會，那麼儒家思想為什麼不可能超越封建社會呢？

　　基於對儒學創新的信念，三十年多來，我進行了獨特的學術實踐。近來有些人又提出「儒學終結」說。其理據一方面是五四以來對於儒學的批判；另一方面則以我為例，認為我們這些儒學研究者所運用的語言多半都是現代的、西方的，因此恰恰是我們自己將儒學納入西方學術領域、從而將儒學的意義消解掉了。

　　胡：您指的是不是胡傳勝先生的《儒學的終結》？這篇文章我讀過了，其中存在著根本的矛盾。作者以傳統儒學與現代漢語不可通約為理據，宣判了「儒學的終結」，而將當前漢語圈內實際存在的儒學闡釋現象整個納入西方哲學範疇。但是作者掉進了自己設置的語言陷阱。如果說古今相續的同一語種尚且不可通約，那麼根本不同的語種豈非更加不可通約？既然不可能用現代漢語講古代儒學，那麼同樣不可能用現代漢語講西方哲學，更不可能轉過頭來用現代漢語所講的西方哲學來講古代儒學。胡傳勝先生顯然將語義與語言符號的關係作了絕對的乃至不無偏見的理解，以為現代漢語只能夠表達現代的和西方的內容，據此得出的結論當然是不能成立的。事實上，一套語言符號具有豐富的能指功能。現代漢語當然既能闡釋中國傳統精義，又能譯述其他民族的文化精華。其他文明民族的語言同樣具有這種功能。

　　杜：是這樣。如你所說，胡傳勝的理解實質上確有不貼切之處，但他不僅把握了我的學術特點，而且也對我的「問題意識」具有同情的理解，即運用另外一套語言主動自覺地闡發儒學精義。早在 1967 年我寫作〈仁與禮之間的創造性張力〉（*The Creative Tension between Jen and Li*，發表於美國《東西方哲學》1968 年 4 月號）時，我就認識到這是一個嶄新的領域，不要說儒學第一、二期諸家，就是現代新儒家第一、二代諸前輩也都未曾涉及這一領域。即使他們想向西方有所傳達，也是採取翻譯的方式，而我卻是直接進去。

　　所謂「直接進去」，可以說是「不入虎穴，焉得虎子」的方法。將儒學完全投入英語語境，而這種用英語闡發的儒學仍然與儒家精神具有內在的親合性，同時它對西方學術傳統的議題和議程加以質疑，導致西方對於自己的傳統作重新的瞭解和認識。有沒有這種可能？余英時和我曾在新加坡與李光耀有一次對談。李光耀問儒家倫理能不能用英文傳達，余認為不行，我認為行。我的根據是，儒學與《聖經》一樣，除了根源性之外，還具有普世性；既然《聖經》可以用希伯來文以外的語文、包括中文來傳達，儒學也應該有這種可能。當然這個傳達的過程是十分艱巨的，但可以做下去。現在我的實踐已經在一定程度上使這種可能成為現實。

　　「直接進去」談何容易。即使是自己的母語，要想掌握並在運用能力上有所發展，也還不能掉以輕心；何況英語並非我的母語，它本身又非常複雜，而且一直在豐富，所以我隨時隨地都在學習。「直接進去」實質上就是文化融入，因此不能秉持工具理性，把英語僅僅當作傳達信息的工具。不過，在另一方面，直接進入英語語境有時可以對中文的意涵有更深確的把握。以「情」為例，當我們用 feeling 或 emotion 分別表示時，可以把這個儒學概念所包含的「四端」、「七情」等複雜的義蘊分梳開來。在我的頭腦中，中、英兩種語境一直在對話。我與劉若愚等先生不同，他們逐漸放棄了中文，專事英文寫作。而我自 1967 年前後就形成了一個非常強烈的感覺：如果我不再使用中文而完全以英文寫作，那對我的發展將是很大的殘缺。當時我對這兩種語言有一個分工，中文主要用於寫一些感性文字，理論文章則用英文寫作。這是因為當時在美國接觸的是學術界，而在臺港地區則多接觸知識界或文化界。這種情況一直到 1978 年回國以後才發生變化。此後在國內更多接觸的是學術界，因此也就用中文寫作理論文章了。

主要論域　思想內涵

　　胡：在三十多年的學術生涯中，您開展了許多論域。近來我從您的大量論著中梳理出儒學創新、內在超越、啟蒙反思、文化中國、文明對話、三期

發展六個方面來架構您的思想。我主要著眼於您的思想的邏輯進路，但也照顧到歷史發展，即以儒學的創造性詮釋作為您的思想生發點和根基，以揚棄西方啟蒙主義這一對於儒學的迫壓性話語系統作為您的思想展開的途徑，以「文化中國」的經營以及「文明對話」的參與作為您的思想的實現條件，歸結到作為您的理論目的的「儒學第三期發展」。不知這樣架構是否恰當？

　　杜：我認為你的架構是對我的理解。我們確實有儒學創新、啟蒙反思、文化中國、文明對話等論域。我的四位朋友，一位是郭沂準備投入儒學創新問題，一位是黃萬盛對啟蒙反思進行了一些考慮，還有一位陳引馳對文化中國積累了一些資料，再就是商戈令研究比較文化學（文明對話）。他們想對這幾個論域展開討論。我自己也在考慮上述論域及其相互關係。

　　最近我到愛爾蘭參加由聯合國安排的「文明對話年」特別小組會議。小組成員由聯合國秘書長邀請，共十八位。會議討論了今年「文明對話」的重點。

　　近來在網頁和一些刊物上看到關於「文化中國」的討論，談到兩岸關係問題，其他問題也多多少少接觸到。其實更有意義的問題是中華民族的再生。中國經過一百多年的屈辱，從 1839 年到 1949 年，大約每十年發生一次變動；從 1949 年到 1979 年，幾乎每五年有一次大的改變。1979 年以後，中國成為國際社群的一個成員，中國經濟與國際經濟接軌。中國將以什麼樣的姿態走向世界，就不僅僅是中國自身的問題，而且是關乎東亞乃至世界和平的大問題。在這種背景下來看，中華民族的再生是一個經濟現象，一個政治現象，一個軍事現象，但她背後的文化性質是什麼？古老的中華民族經過屈辱與再生，對於國際社會秩序能夠提出什麼新的理念以促進世界和平？對此我想得很多，從儒家的「協和萬邦」聯想到西方的「啟蒙理性」。

　　在現階段處理人類生存條件和重大關係方面，「啟蒙理性」仍然具有很強的說服力，但另一方面它又面臨很大的困境。這首先表現在人（類）的自我理解、自我發展遇到了很大的挑戰。人的意義何在？按照康德的觀點，人之意義在於知（認識論）、行（倫理學）、期望（神學或形上學）。海德格爾進一步提出了背景問題，即「何為人」？人到底是什麼？這個問題直接產

生於人在宇宙大化中扮演什麼角色，直接同人與自然的關係相關，是今天人類的第一個大問題。第二個大問題是社群問題。無論從演化論或是創生論來看，人類發展到今天，特別是經過了西化、現代化到全球化的過程，人類社群能否和平共處，協調發展。第三個問題是人的自我如何安頓，即儒家所謂的「為己之學」、「安身立命」。最後是人與天道的問題。天道與自然是不能等量齊觀的。自然屬於科學的範疇，並不蘊涵人文價值和宗教意義；天道則牽涉到超越的問題。上述個人、社群、自然、天道四大問題或曰人的問題的四個側面，都不是啟蒙理性所能妥當解決的，而對於這些問題的思考，恰恰是中國文化、特別是儒學所長。

　　儒學本來就是身心性命之學，講究做人首先要自我瞭解。個人問題被儒家深化為身、心、靈、神四個層次。身即身體，亦即體之於身；心即心知，除了個別的功能之外，更主要的是進行創造轉化；靈即靈覺，是個人的自我認識、自我理解和充分完成；神即神明，「神者伸也」，因此「神」也就是達到了最寬廣的境界，獲得了普遍性。這四個方面是綜合的、逐漸擴展和逐漸深化的。在宋明理學中，這方面的資源非常豐富。而佛家所謂自知自證，也是指向這個方面。這實質上涉及到了哲學人類學最核心的自我認識問題。

　　第二個側面就是社群。個人與社群的健康互動，我過去用過「同心圓」這樣一個比喻。這一比喻容易造成誤會，有必要稍加解釋。「同心圓」事實上包含根源性和超越性兩個側面。儒家重視個人的「身」，重視家庭、社群，重視人所立基的「地」，在逐漸向外、向上開展的時候，這些都是「根」。一定要有「根」，一定要植根於現實具體的存在條件。但是，人在逐漸開展的過程中又不可以被「根」所限隔而僅僅成為一個自我中心的身、家、群等等，一定要由身向家、由家向國、由國向天下層層拓展，也就是自我超越。「超越」有兩種意思，一種是外在的，即「超離」，西方學者所謂 over and above；另一種是自我超越。自我超越表示自我決不與根源相脫離。這樣一來，儒家就有一個非常值得注意的傾向，即把塑造人之所以成為一個有血有肉的、活生生的人的所有的原初因素，諸如族群、性別、年齡代、出生地、語言、信仰等基本上與生俱來的各個方面，這些在其他宗教傳統中必

須將其徹底切斷才可能超升的限制或曰「枷鎖」，轉化成自我完成的資源和條件。這裏面包涵著結構的限制與程序的自由的辯證關係。總之，儒家關於個人與社群健康互動的思想非常複雜非常豐富。儒家的修身哲學與其政治哲學、社會哲學必須聯繫起來，並不存在儒家的修身哲學導致其社會政治方面的外王學出了毛病這一問題。按照以上思路來看公私範疇，也是一種互相對待、層層拓展的關係：個人為私，家庭為公；家庭為私，社群為公；社群為私，國家為公；國家為私，人類全體即天下為公；而人類全體仍然為私，宇宙才是大公。如果人（類）的私利不能體現宇宙大化精神，那麼像熊十力先生所揭櫫的大易情性就不能進入到人的生命裏來。概括地說，儒家將個人視為關係網絡的中心，關係體現人的社會性，中心體現人的獨特性，這種獨特性又通向社會通向宇宙，由此便導向人與自然的關係問題。

人與自然的關係問題即人與自然如何可能持久和諧，這是一個非常嚴肅的問題。接下來就是人心和天道的問題，也就是子貢所謂「不可得而聞」的「性與天道」問題。在近年出土的郭店竹簡中，這方面的思想資源非常豐富。

個人、社群、自然、天道四個側面，首先是為了個人的安身立命而提出身、心、靈、神的修身哲學。對於這一側面，即使是對儒學持最嚴厲的批評態度的人也認為它是儒家的看家寶。但是，儒學最突出的方面是它的社會性、它的社會倫理。儒學並不像佛教、基督教一樣只是關注個人涅槃或個人與上帝的關係。它認為整個社群開展出來的問題都是由家庭生發的，其中當然有很多中介。這方面思想凝結的政治哲學和社會理念，集中體現於〈大學〉和《春秋》公羊學中，歸結起來就是：個人與社群的健康互動、人類與自然的持久和諧以及人心與天道的相輔相成如何可能。

以上觀點，我以前就有這樣的理解，直覺上覺得這是很大的課題，但是外面給予的資源很少，也就是回應很少，因此不免有一種閉門造車的疑惑。但是近十幾年來，外面的聲音──不是一般的社會上或政治界、文化界的聲音，而是可以傳達中華民族再生信息的那些具有深刻反思和前瞻能力的長者的聲音──對我這方面的看法有些回應，這對我是很大的鼓勵。這是什麼樣

的聲音呢？1994 年我寫過一篇短文〈如何回應錢穆先生的「徹悟」〉（載
《中國文化》第 10 期）。過去一般的看法是，錢穆先生作為史學家，對於
宇宙、超越這些方面不是特別關注，與唐、牟諸先生的思想沒有投契之處。
但在他晚年發表的最後一篇文章中，錢先生卻認識到，中華民族能夠貢獻給
世界的最珍貴的資源之一就是人心與天道的合一，也就是「天人合一」。錢
先生這篇文章最初刊登在《聯合報》上，他的學生基本上沒有給予回應；一
些讀者則認為這是錢先生年屆衰邁所產生的浪漫思緒和懷古幽情，並不屬於
嚴格意義上的哲學理念；而何炳棣先生還對錢先生進行了非常嚴厲的批評，
認為這是倒退。錢先生的文章在《中國文化》上重新發表時，錢夫人胡美琦
女士撰寫序文回應何炳棣先生，敍說錢先生形成「天人合一」思想的原委，
明確肯定了錢先生晚年有這樣一種「徹悟」。

　　我認為，由錢先生的「徹悟」所透出的信息是，啟蒙精神作為一種強勢
的、以人類為中心的人文主義，一方面主張與中世紀以來的以神為中心的一
切論域劃清界限，另一方面主張對自然採取宰制性的、強權式的立場。正如
你剛才所說，啟蒙主義是一種迫壓性的話語系統，它把作為涵蓋性的、寬廣
的、軟性的人文主義的儒學給消解掉了。由此，中國知識分子中的許多人認
為儒家傳統的宇宙觀、歷史觀、人生觀等等全都過時了，從而按照西方啟蒙
理性對整個人類文明的發展作出一貫的描述。錢先生的「徹悟」則是面對現
代人類文明的困境所作出的創建性的回應。這個回應是回到以先秦和宋明儒
學為代表的涵蓋性的人文精神，其核心就是「天人合一」。後來季羨林、張
世英、李慎之、蔡尚思諸先生對錢先生作出了回應，大多以為錢先生注重自
然，追求人與自然的和諧。但我認為錢先生追求的是更上一層的人心與天道
的相輔相成。這兩個層面之間具有複雜的相互關係，但畢竟不能混為一談。

　　第二個聲音來自馮友蘭先生。馮先生晚年寫作《中國哲學史新編》第七
卷，事實上回到了三四十年代「貞元六書」的思想，所以他特別提倡張橫渠
的「仇必和而解」，而且最後以「橫渠四句」作為他的哲學的總結。這無疑
是與張橫渠「乾父坤母」、「民胞物與」思想以及程明道「仁者以天地萬物
為一體」思想一脈相承、深相契合的。

最近還有一個情況引起我的注意。《國際儒聯簡報》（2000年第4期）刊載了費孝通先生在「經濟全球化與中華文化走向」國際學術研討會上的講話，他提到了「天人合一」、「和而不同」等儒家傳統價值，發出了「提倡新人文思想」的呼籲，這與我的理念完全吻合。他所祈望的「新人文思想」，結合他的社會學專業背景來看，應該是從重視家族的和諧擴展到重視國際秩序的整合，即「協和萬邦」的理想。無獨有偶，香港中文大學中國文化研究中心主任陳方正先生作為一位物理學家，不久前也發表了以儒家「協和萬邦」理念調整國際秩序的觀點，他說過去沒有考慮過這樣的問題，現在覺得越來越重要。

至於唐君毅先生晚年的「心通九境」說，更是把儒家作為天德流行的代表，認為儒者在日常生活中所體現的並不是一個凡俗的、沒有深刻精神意義的頑物，而是一個具有深刻宗教意義的存在。這與羅蒂（Richard Rorty）、哈貝馬斯（Jurgen Habermas）等所代表的完成了的啟蒙心態和強勢的理性主義對於宗教的輕忽，迥然相異。

綜上所述，儒家涵蓋性的人文主義雖然在近代百餘年來受到啟蒙主義的以人類為中心的人文主義的消解，現在卻又恢復了新的生命力。這裏面當然有一些機緣，我提出四個，應該還有其他一些。首要的機緣無疑是生態意識的出現，這是最近三十年出現的意識。第二個就是女權主義的出現。再就是宗教多元的出現，亦即各文明社群通過對話而不是衝突來建構人類和平文化——1990年我在夏威夷東西中心發展的「文化中國」和「文明對話」，對此已有考慮；到1993年亨廷頓（Samuel P. Huntington）提出「文明衝突」，熱鬧了一段時間；現在聯合國重新回到「文明對話」的觀點，當然有一些不得已的地方，但也畢竟認識到建構人類和平文化的極端重要性。還有就是普世倫理觀念的出現。這些機緣體現出一些新的價值，如除了自由還要注重公義，除了法制還要注重禮讓，除了權利還要注重義務，除了個人尊嚴還要注重人作為關係網絡的中心點與其他人之間的持久和諧，等等。由此就發現了儒家比較寬廣的人文精神。

現在國內外一些人認為，儒學復興搞得這麼熱鬧，就是沾了日本和「四

小龍」發展的光，而市場經濟的進一步發展將會把暫時復興的儒學徹底消解掉。代表這種觀點的有美國杜克大學的德里克（Alif Dirlik）。德里克屬於「新左派」，本來研究中國現代政治，八〇年代以後關注新儒家問題，涉獵很淺。他認為儒學復興是「國家話語和知識分子話語合流的一個特別惡劣的實例」。他的看法有很多誤解。首先，新儒學的現狀是「文化中國」三代學人努力的結果，另外還有日本、韓國乃至北美、歐洲學者的貢獻，否則完全依賴外緣是很難發展起來的。其次，儒學的發展並不一定與特定的政治、經濟相掛搭，彼特·伯格提出「儒家命題」，馬若然（Roderick MacFarquhar）提出「儒家論說」，都認為儒學對於療救「富而不好禮」的社會具有普遍價值。至於儒學對於現代化的積極作用，早在 1962 年韓國釜山學術討論會上就提出了這種觀點；到 1974 年，賴世和（Edwin Reischauer）又論證了這一觀點。事實上我們可以反問：如果其他軸心文明的發展都不成為問題，為什麼儒學的發展一定要成為問題？不過，從一些資料和經驗事實來看，德里克的某些觀點也不能說是無稽之談。「商業大潮」對儒學的腐蝕是非常嚴重的。

必須說明，儒學復興絕對不是要返回傳統。儒學作為一條源遠流長的文化長河，從曲阜地域文化發展為華夏主流思想，進而成為東亞文明的體現，它不可能從此停滯不前。它一定會向前流衍，從而面對西方文明，作出自己的回應。

理論期許　形上歸依

胡：您的闡述十分精彩。但我注意到，在您的思想架構中，本體論基本上歸於空缺。雖然您在儒學研究中闡揚過「仁」、「心」一類具有本體性質的範疇，但並沒有據以建構哲學體系。現代新儒家第三代的其他人物似乎也都不大致力於本體論問題，至少迄今尚未建立自己的本體論。相應地，現代新儒家第三代人物的學術品格都比較側重於現實，富於參與性。這種學術路徑與梁漱溟、張君勱、徐復觀諸先生比較接近。但是，具體到您來說，正如

您上面所表示的，您更加服膺的倒是熊十力、牟宗三先生。這種迄今為止學術成就與理論期許之間的差異，我想用「儒家本體論的默認」來解釋，即思、孟、陸、王乃至熊、牟、唐一系的天人學與心性論乃是您的思想體系的不言而喻的基礎，從而使您將本體論的重建視為不必要的重復勞動，不知是否如此？

　　杜：我的看法是，本體論的重建是非常重要的工作，只是至今尚未做出來。很多學者都說，現當代中國哲學界沒有出現懷特海、海德格爾這樣的人物。一方面我認為他們說得對，另一方面我認為將會出現這樣的人物。「雖不能至，心嚮往之」。但是也應該看到，在比較文化學領域，懷特海、海德格爾所面對的問題域是比較狹窄的。他們沒有西方文化以外的經驗，而我們卻陰錯陽差地非得瞭解西方文化不可。

　　在現代新儒學本體論的創建方面，一般認為，熊先生走了這條路，然後牟先生走了這條路，我們現在要想再往前走，似乎沒有精力和時間，這當然是推託之辭。實際上，我們應該繼續熊、牟所走的路。牟事實上是用康德來格義儒家文化，同時又用孟子的心學來豐富康德。他晚年的時間幾乎全都用於讀康德。現在他的弟子李明輝和劉述先分別從內、外兩個方面繼續他的工作。我對這項工作的興趣也比較濃，但我覺得還不能只是在康德的哲學基礎上來建構新的人學。因為儘管沒有一個現代西方哲學家聲稱能夠繞過康德，但也沒有一個傑出的現代西方哲學家認為繼承康德便可以解決當今人類所遭遇的困境。所以康德只能算是一個重要的資源。我們應該具有比康德更寬廣更深入的視域。這在很多人是不可想像的，但是我們可以想像。牟先生給我們提供了一個思路，但他自己跳進了一個陷阱不能自拔。他認為康德以後的西方哲學沒有發展、不重要，這與現代西方哲學發展的具體經驗背離太遠。他觀念上的孟學也不完全是我們今天建構新人文主義所需要的孟學，後者應該涵括了荀學、漢學等。他可能也不會肯認，在當今文明對話的條件下，從比較文化學的角度來看，我們需要處理的問題比康德哲學所對待的問題要複雜得多。

　　我承認本體論的路子要走下去，但也明白想創造一種涵蓋一切優點的理

論並不可能。我也承認，做一個職業性的哲學家，對我的吸引力不是很大，但是要有哲學理念，事實上是希望成為一個思想家（thinker）。很多哲學家、尤其是現在那些專業哲學家沒有思想。

要進行自我定位、自我積蓄，要有自知之明。我們能做的與其他人能做而且做得比我們好的，不能混為一談。如果你做的就是「極高明」的工作，比如一種本體論還要進一步發展，這種純思辯的工作，就怕它不夠高明。這是智慧之學。能夠真正「極高明」，那麼「道中庸」之後，就可以去除「鄉原」之氣，而發展一種豪傑、雄渾的文化理念。熊先生能有那麼遒勁的筆力，蓋本乎此。這個工作要做，而且這個工作現在很嚴峻。如果我們這一代人沒有把這個工作做好，那麼即使下代人還可以做，這中間也還是個殘缺。成中英一直要做本體詮釋論，這個工作真正能做出來，那有很大的貢獻。但這個工作不能成為一個門面語，不能成為一種紋說，要具體落實。在我的有生之年，這個工作會做，但做到什麼程度當然很難預期。我認識到這個工作的嚴峻性、重要性，非做不可！

胡：儒家本體論不同於希臘傳統的本體論，後者可以是純理性的設定，而前者則需要具有宗教情懷加以體知。假如您認同儒家的「仁本論」或「心本論」，那麼您是否確實相信宇宙萬有真是「仁」、「心」的翕辟生化呢？

杜：當初熊十力與馮友蘭發生過一場爭論。馮友蘭認為「良知」是假設。熊十力很不高興，認為馮不能體證，沒有受用感，學問就講不下去了。我比較接近熊先生的立場。事實上，對於儒家傳統關於個人、社會、自然、天道的闡述，我豈止是相信，它就是我的本體－宇宙觀，是我的安身立命之本，是我與西方哲學界進行交流與辯難的最重要的資源。

接著你在此提及「體知」這一範疇，我想對之略加闡述。我個人比較注重「體知」的方式。「體知」本身就是儒家傳統的一個重要方法。「體知」是什麼樣的「知」？它與一般認知有什麼不同？它與博蘭尼（Michael Polanyi）所說的「個人知識」（personal knowledge）有何區異？這些都值得反思。試以知人為例。對一個人的瞭解需要長期的溝通和互動。如果對方不願意讓你瞭解，如果你沒有自知之明，如果你與對方沒有心靈的溝通，如果

你們不是在互相辯難、互相提攜之中逐漸發展，等等，你能夠瞭解對方嗎？在這個過程中所運用的「知」，不僅僅靠頭腦，而且靠心靈，靠身體，這一定是「體知」。體知人人所具，並非如德性之知是認知的特例。體知不同於「冥思」，它是實踐的，但它所達到的理性層次可以與「冥思」相當。體知是否可以完全從牟宗三先生由康德的路數得出的「智的直覺」來理解，或是還有其他意涵？體知與我們希望通過對儒學的深層理解而展現出來的形上學的關係是什麼？──例如，從被熊十力先生置於與量論同等地位的原創性的智，達到他由《易經》傳統發展出來的宇宙創化本體論，這條路是怎樣走出來的？體知與普世倫理如何結合？這些問題如果能夠解決，將導致對啟蒙理性所開拓的、在宗教（天道）和自然兩個向度的理解上存在著片面性的人文主義獲得同情的瞭解和批判的認識。

關注現實　執著本業

胡：以上圍繞您的學思進程、理論架構、形上思考的答問使我獲益匪淺。下面我想就儒學第三期發展的條件問題向您請教。我的主要問題是，您往往將政治化儒家與儒家道統、學統加以區分，基本上認為政治化儒家屬於糟粕一類，儒學復興必須揚棄政治化儒家。這一估價是否恰當？

杜：將儒家的道、學、政三統加以區分，主要是針對列文森在《儒教中國及其現代命運》中把政治化儒家當作儒家全體所作的回應。西方長期以來就是把儒學僅僅當作政治意識形態。在現當代中國也是如此，很長時間把儒學僅僅當作封建意識形態。但事實上，我並不認為儒家的道統、學統與政治化儒家可以決然二分。二者之間本來就是糾纏不清的。但也正因為糾纏不清，所以具體的分疏更為重要。

儒家想以高明的道德理念和寬廣的文化視野來轉化政治，具有很強的現實性。正因如此，所以各種不同的政治力量都要利用儒家作為緩和社會或控制社會的工具。但是只要這種利用落實到社會運作層面，就多少具有積極作用。在孟學傳統中，「王」和「霸」雖然分得非常清楚，但是「霸」還是價

值。「霸」是「假仁義以行」，在統合社會政治秩序上，比「率獸食人」那種完全沒有任何規約的狀況，比較有利於百姓。霸道的世界就有規則，能夠安定。

當然，這個問題值得進一步深扣。如果談不清楚，會給人以頭腦簡單的印象，好像是為了救儒家，先把它與政治、現實、歷史統統分開，到最後只剩下一個抽象的理念，那就真成為余英時所謂的「遊魂」了。

對於儒學，只要有討論，有辯難，有爭議，有批評，那它就還有動力。假如被淡忘，那就沒有什麼意義了。中肯地說，儒學的現狀是比較樂觀的，但我總還是保持著問題意識，不敢掉以輕心。這有兩方面原因。一方面，需要認真對待批評的觀點。對於批評的觀點，愈能加以深層的反思、作出深入的回應，理論發展的前景就可能愈好。我在伯克萊加州大學的時候，曾經開展過批評儒學的討論。儒學在歷史上受過道家、墨家、法家、佛家、基督教、伊斯蘭教的批評，正是通過與這些批評觀點互動，儒學才健康發展起來。儒學在當代面臨著新的批評，這些批評有的觸及儒學核心，有的僅及邊緣；有的意義重大，有的屬於枝節，但都是我所要考慮的。另一方面，儒學在哲學領域確實有待突破，否則即使在現象上很熱鬧，也難有真正健康的發展。雖然這方面工作的難度相當大，但卻非做不可。

胡：談到對於儒學的批評問題，我們不能不注意這樣一種現實，即對於一般大眾、特別是一代代成長起來的青年人中的大多數來說，儒學基本上不具有說服力，從五四到「文革」的思想餘波還有很強的影響作用。我常常在想，當年那些高呼「打倒孔家店」、鼓吹「全盤西化」的知識分子，絕大多數具有相當深厚的國學功底，因此在呼喊和鼓吹之後，或遲或早不同程度地回歸了傳統，找到了寄寓身心的歸宿，卻把被他們帶動起來的大眾和青年留在了往而不返的境地。現在較之五四與「文革」更為不妙的是，當年破立並舉，總還有些約束人心的東西，而現在則是無所相信。一個人群的心靈無所歸依，其境況之糟糕可以想見。對於這種現狀，當代儒學本應有所作為，但實際上有何作為呢？「高明」與「中庸」，聖賢取其兼。「載之空言」與「見之行事」，孔子擇其行。而當代儒學似乎唯趨於「高明」與「空言」之

偏至。事實上，如果在草根階層中沒有根底，所謂「儒學復興」確實只能是「高明」的「空言」。

　　另一方面，與一般大眾和青年對儒學的看法相對，國家當前對於優秀傳統文化、主要就是儒家文化採取提倡的態度，這種態度還有加強的趨勢。根據賈誼「過秦」思想逆推，可以說是攻守異勢，仁義必施。這是政治有取於儒學的地方。而儒學本來不是完備意義上的宗教，不能依靠信仰或者迷狂來歸攏人心，歷來有賴於社會制度、教育制度、法律制度、政治制度等上層建築加以推行；同時儒學作為意識形態，也通過維繫人心來維護上層建築。只要不是執著於恩格斯早就批判過的那種「道德的義憤」，而是歷史地、分析地對待儒學與政治的關係，那便不可否認儒學與政治結合所發生過的積極作用。儒學與政治這個舊題有沒有可能另構新篇？這個問題的提出就存在犯眾的危險，在您歸納的對當代中國人具有深刻影響力的中國近代以來所形成的五種「傳統」中，大概有四種會強烈抗拒這種致思取向，遑論付諸實踐。但是當代儒學本身對此採取什麼態度？是不是「自反而縮，雖千萬人，吾往矣」？恐怕並非如此。我認為，當代儒學對於「政治化」的戒忌意識可能反而比其他思想派別更加強烈，往往自限於道統、學統的畛域，這當然有清算歷史舊債以及顯示清流精神的用心，但可能也不免有標舉清高的矯情。如此而企望「儒學復興」，充其量不過是學術文化領域中的一脈延續而已。

　　杜：你提到的這些問題都在我的觀察之中。我長期以來就有一個想法，就是個人的自我定位。有些工作，限於客觀條件，不會按照個人意願而轉移，只能予以關注和重視。還有一些工作，你如果不去做，人家未必會批評，做了也未必成功，但有一種強烈意願指使你去做，去把那個資源開發出來。

　　不能否認事功也是儒家傳統之一。這符合馬克思所說的，哲學的目的不僅在於解釋世界，而且在於改造世界，對此我能夠理解。我一向持有這種看法，即儒學的發展一定要靠一大批人共同努力，所以我提出「公共知識分子」的概念，他們應該分佈在學術、政治、企業、教育、文藝、宗教各界乃至各種社會組織、職業團體中。通過他們，各界各層得以獲取儒家資源，藉

以體現政治理念，樹立企業精神，開拓文藝領域，等等。這是我的期待。只要有機會，我會為這些發展創造條件。所以我從不排拒與各界接觸。但是，也還有所謂「本業」的問題，不同的本業會有不同的關注。我的本業是學術工作，而且是思想性較強的學術工作。即使合大陸、臺港、東亞以及歐美而言，這個圈子也是非常小的；如果進一步限定於思想的原創性，那麼圈子就更小。要想使之在知識界、文化界乃至社會上起很大的作用，完全不是靠個人主觀意願所能達到的。

　　長期以來，通過與佛教、印度教、猶太教、基督教、伊斯蘭教的大師大德以及研究希臘哲學的學人的溝通，我認識到儒家傳統作為一種論說所應達到的水準應該是極高明，越高明越好。這絕對不是非學術性的、為了向大眾弘法所做的工作可以想像的。我設想，如果子思、孟子、大程子、象山、陽明、龍溪這些賢哲與其他軸心文明對話，他們可能談什麼？他們根據當時所掌握的資源、所面對的困難而發生的問題，與我們今天在同一語境中所發生的問題，有沒有等量的可能？如果沒有這種可能，是什麼原因？是我們的思想力不夠，還是中國近代、特別是五四以來批判傳統所造成的困境？基於這種反思心態來讀《傳習錄》、《近思錄》、《孟子》乃至先秦典籍，我們才會獲得像保爾‧德夏當讀希臘古典哲學那樣的感覺，那完全是在同一意義世界裏面的溝通。

　　至於儒學在堅持極高明的向度的同時又深入草根階層、不被政治化但又通過權威發展其社會影響這些問題，與在深刻的哲學意義上開展儒學論域，有著曲通的內在聯繫。關鍵在於儒學論域能否開展。能夠開展就會有許多可能性，而可能性也會轉變為現實性。如果開展不夠，儒學很容易被污染，從而被政治化。佛教、基督教、伊斯蘭教都有被政治化的情況，但由於開展得比較充分，所以它們還有很多內容沒有辦法被政治化。儒學相對於佛教、基督教、伊斯蘭教更容易被政治化，就是由於開展得不夠。所以儒學目前要做兩個工作，一是使文化資源從薄到厚，一是使價值領域從少到多。這兩個工作做得好，儒學第三期發展的空間就很大。

　　總之，對於儒學目前一陽來復的現狀，我們有理由樂觀，但決不可以掉

以輕心。我們應取的態度是，把儒學內在的資源真正開發出來，使之在中華
大地乃至「文化中國」發展。至於所謂「傳道」，或是利用各種機會讓儒家
論說占一席之地，甚至希望有朝一日儒學能夠一枝獨秀，那些都是可遇不可
求的，不應成為我們關注的重點。

近三十年中國大陸
現代新儒家研究的回顧與展望 [*]

　　本文主要是對近三十年中國大陸現代新儒家研究相關資料的搜集、排比和概述，在此基礎上，對這一研究的應然取向和可能前景作出某些預見和建議，由此構成「回顧」與「展望」兩個部分。「展望」的落實當然尚需待以時日，而「回顧」所表現的近三十年來中國大陸現代新儒家研究的發展脈絡，則已然確鑿無疑地反映出這一時期中國大陸傳統文化思潮從復蘇、積蓄到擴充、噴薄的趨勢，從而不僅證明了現代新儒家研究的巨大理論價值和現實作用，而且凸顯了以復興傳統為指向的當代中國社會心理。

一、回顧

　　「文化大革命」終結之初，中國大陸學術界一片凋零，受到「破舊立新」、「批林批孔」、「評法批儒」持續打擊的儒學研究領域更是成為重災區。當時為數寥寥的有關儒學的文章仍然延續「大批判」的調子，政治應景意味多而學術含量少。然而值得注意的是，由於「四人幫」的倒臺，當初由他們所推動的「評法批儒」本身成為批判的對象，因此那些有關儒學的文章雖然延續著「大批判」的調子，但卻在批判「四人幫」的堂皇旗號下，多少表達了一些對於儒學的正面評價。近三十年中國大陸的儒學研究以及由此生

---

[*]　補記：本文寫於 2006 年，其中關於中國大陸現代新儒家研究狀況的回顧即截止於該年。

發的現代新儒家研究，就是以這種弔詭局面為開端而逐步發展起來。

（一）1977-1986：在儒學復蘇中逐漸浮現的現代新儒家

　　1977 年 4、5 月間，在深入揭批「四人幫」的政治背景下，《歷史研究》編輯部率先在北京、南京、武漢、長沙、廣州、哈爾濱、長春、瀋陽等地邀請學術工作者座談儒法鬥爭問題，定下了對「評法批儒」進行反批判的口徑。[1]在此前後，《歷史研究》發表了一系列批判「評法批儒」的文章。[2]與此同時，許多報刊也分別發表了一些同類文章。[3]這些文章的主旨實際上在於批判「四人幫」在儒法關係方面散佈的謬論；其中對「四人幫」歪曲儒學、污衊儒家的駁斥，主要也是為了揭露「四人幫」的現實政治用心，而並不一定是為儒家翻案；毋寧說，多數文章對儒學的評價仍然相當低下，認為

---

[1]　〈本刊編輯部邀請學術工作者座談儒法鬥爭問題〉，《歷史研究》1977 年第 4 期。

[2]　主要有黎澍〈「四人幫」對中國歷史學的大破壞——評所謂研究儒法鬥爭史的騙局〉（1977 年第 2 期）、金景芳〈論儒法〉（1977 年第 5 期）、延陵〈關於孔子誅少正卯〉（1978 年第 1 期）、田居儉〈人殉、奴隸制與孔丘「愛人」思想——兼評柏青「駁孔丘反對人殉說」〉（1978 年第 9 期）、丁偉志〈儒學的變遷〉（1978 年第 12 期）。

[3]　具有代表性的文章有：鄭其龍〈斥「四人幫」曲解文義偽造史實的惡劣作風——評唐曉文的「有教無類」解〉（《光明日報》1978 年 1 月 12 日）、劉宏章〈試論春秋時代傑出的政治家子產——兼評梁效反黨黑文《評孔老二吹捧的子產》〉（《黑龍江大學學報》哲社版 1978 年第 1 期）、轟本立〈論子產——兼批梁效《評孔老二吹捧的子產》一文〉（《河北大學學報》1978 年第 3 期）、龐樸〈「六家」淺說——兼批「四人幫」的儒法鬥爭擴大化的謬論〉（《光明日報》1978 年 5 月 18 日）、范中〈周公旦是應該肯定的歷史人物〉（《長江日報》1978 年 7 月 21 日）、田居儉〈駁「儒家不重耕戰」說〉（《光明日報》1978 年 9 月 12 日）、駱承烈〈孔子「主張人殉」辨〉（《破與立》1979 年第 1 期）、王玉哲〈研究歷史應當實事求是——駁孔子主張人殉說〉（《歷史教學》1979 年第 2 期）、羅熾〈駁梁效詆誣子產種種〉（《武漢師範學院學報》哲社版 1979 年第 2 期）、張恆壽〈論春秋時代關於「仁」的言論和孔子的仁說——駁關鋒所謂春秋時代「仁」的三種類型說〉（《哲學研究》1979 年第 12 期）、羅世烈〈封建專制主義不是孔孟之道〉（《四川大學學報》哲社版 1980 年第 4 期）、張立吾〈撥亂反正話《論語》——「四人幫」孔子批判之批判〉（《遼寧大學學報》哲社版 1981 年第 1、2 期）。

儒學只是歷史發展低級階段所產生的思想學說，根本無法達到現代思想高度，更不能有益於現實社會。[4]但是無論如何，出於批判「四人幫」的目的而對儒學進行的分析評價，終究為錮閉於「全盤否定」禁區中的儒學鑿開了一道重見天日的罅縫，儒學的生機由此得以重新勃發。

就在對「評法批儒」進行反批判的高潮中，一些比較超脫於批判思維而專就儒學問題本身立論的文章也開始出現。[5]這些文章並非完全不涉及批判「四人幫」的時代政治主題，且其中不少文章還是在唯物與唯心、辯證法與形而上學兩個對子的範式中評論儒學，但是這些文章畢竟已經表現出較多的學術趣向，一定程度上呈現了儒學內在的問題性及其思想價值，為儒學研究的正常開展作了鋪墊。而到1980年《中國社會科學》第1期發表龐樸的〈中庸平議〉和第2期發表李澤厚的〈孔子再評價〉，儒學研究領域中在比較嚴格的學術思想意義上如實地研究和評價儒學的風氣便基本形成。此後的儒學

---

[4] 例如馮友蘭〈從中華民族的形成看儒家思想的歷史作用〉（《哲學研究》1980年第2期）說：「到了十九世紀的中葉，中國所接觸的異民族，是已進入資本主義社會的民族，中國的封建社會就落後了，孔丘和儒家成為中國進步的阻礙。」「我們現在團結中華民族，當然用不著孔子和儒家。我們中華民族是靠馬克思列寧主義、毛澤東思想團結在一起的。」當然，該文對儒學的歷史作用還是予以肯定的。

[5] 主要有陳增輝〈孔子教育思想試評〉（《光明日報》1978年7月18日）、姜法曾〈略評朱熹「格物致知」的認識論〉（《南開大學學報》哲社版1979年第1期）、陳俊民〈儒家考辨──關於儒家之儒的形成及其歷史地位〉（《陝西師範大學學報》哲社版1979年第1期）、劉象彬〈關於孔子再評價的幾個問題〉（《學術研究輯刊》1979年第1期）、鄔俊賢〈論孟子的「仁政」學說〉（《江漢歷史叢刊》1979年第1期）、孫開太〈孔子的思想〉（《歷史教學》1979年第2期）、李乃庚〈對孔子思想體系核心「仁」的探索〉（《四平師範學院學報》哲社版1979年第3期）、張文熊〈論孔子的正名學說〉（《甘肅師範大學學報》哲社版1979年第3期）、汪國棟〈孔子仁學新探〉（《廣西師範學院學報》哲社版1979年第3期）、周予同〈從孔子到孟荀──戰國時的儒家派別和儒經傳授〉（《學術月刊》1979年第4期）、金景芳〈西周在哲學上的兩大貢獻──《周易》陰陽說和《洪範》五行說〉（《哲學研究》1979年第6期）、張立文〈論朱熹的「一分為二」和他的形而上學觀〉（《哲學研究》1979年6期）、趙長勝〈就《論語》一書看孔子思想中的唯物論與辯證法因素〉（《牡丹江師範學院學報》哲社版1980年第1期）等。

研究成果迅速增多，逐漸涉及中國前現代各個時期儒學的諸多方面，對於儒學的評價也以同情理解前提下的基本肯定為主；[6]雖然發生了一些爭論，但都屬於學術思想範圍內的問題，標誌著儒學研究的深入。[7]至 1984 年 9 月中國孔子基金會成立，同年 10 月中國文化書院開辦，以及 1986 年 3 月《孔子研究》創刊，加上這一時期杜維明、劉述先、成中英等海外儒家學者來大陸講學、交流的推動，儒學研究就更加協調而扎實地開展起來。儘管從 1980 年開始，通過反思「文化大革命」的所謂「封建專制思想遺毒」以及認定傳統與現代化絕不相容，從而在自由主義者和民主社會主義者中重新興起幾乎長達十年之久的以「批儒」為重點的反傳統思潮，致使儒學研究或多或少受到沮抑，但由於反傳統方面的「批儒」喧囂不再得到政治上的支援，因此儒學研究的發展勢頭並未被根本阻止，而是在低調中穩步進行。

這一時期關於中國前現代儒學的研究雖然逐漸復蘇並穩步開展起來，但有關現代新儒家的研究卻遲至 1983 年才寥寥出現，並且多以 1949 年以後留在大陸的現代新儒家人物為對象，直到 1986 年才有個別文章將海外新儒家

6　這種情況從當時的《全國報刊索引》中得以反映，在此不遑徵引。

7　當時關於儒學的爭論主要有：1980-1982 年任繼愈、李國權、何克讓、崔大華等圍繞儒教問題展開爭鳴，見任繼愈〈論儒教的形成〉（《中國社會科學》1980 年第 1 期）、〈儒教的再評價〉（《社會科學戰線》1982 年第 2 期），李國權、何克讓〈儒教的質疑〉（《哲學研究》1981 年第 7 期），崔大華〈「儒教」辯〉（《哲學研究》1982 年第 6 期）；1981-1983 年束景南、趙潤琦對嚴北溟關於孟子評價的商榷，見束景南〈也說孟子哲學的評價問題——與嚴北溟先生商榷〉（《哲學研究》1981 年第 4 期），趙潤琦〈孟子的「仁政」學說及其哲學基礎——兼向嚴北溟先生求教〉（《西北大學學報》哲社版 1983 年第 4 期）；1982-1985 年李錦全與羅世烈關於儒法評價問題的爭論，見李錦全〈實事求是評價先秦儒法兩家的思想〉（《四川大學學報》哲社版 1982 年第 1 期），羅世烈〈如何認識儒法兩家的思想——敬答李錦全同志〉（《四川大學學報》哲社版 1982 年第 3 期），李錦全〈也談如何認識儒法兩家的思想——再向羅世烈同志請教〉（《中山大學學報》哲社版 1985 年第 1 期）；1984-1985 年劉蔚華與羅祖基關於孔子研究方法論的討論，見劉蔚華〈孔子研究中的方法論問題〉（《哲學研究》1984 年第 9 期），羅祖基〈在孔子研究方法論上與劉蔚華同志的分歧〉（《哲學研究》1985 年第 9 期）。

納入研究視野。⁸究其原因，固然與儒學的源流順序及其人物或問題的主次地位相關，但主要地或許還是由於政治敏感度的差異。中國前現代儒學雖然在大陸長期被視作所謂「四舊」，但畢竟屬於思想觀念和生活情趣範疇的問題，因而只是「大批判」的對象。而後來被冠以「現代新儒家」稱謂的人物，當他們作為這種人物的時候，則都是非馬克思主義者或反馬克思主義者，這在中國大陸、特別是「文化大革命」期間屬於敵我矛盾，因而是「專政」的對象。隨著思想解放的深入，中國前現代儒學逐漸突破禁區獲得復蘇；但「四項基本原則」的提出仍使現代新儒家處於禁制狀態，對之進行學術性的研究和分析性的評價當然就有犯禁之虞。不過，改革開放的推進、兩岸關係的新變、意識形態的鬆動等諸多原因，導致現代新儒家逐漸在事實上受到寬容，⁹這樣，以闡揚民族文化特別是儒家傳統為一貫宗旨、在中國現

8　根據檢索結果，1983-1986 年有關現代新儒家研究的成果大致有：宋志明〈宋明理學與柏格森哲學的合流——評梁漱溟先生的新儒學〉（《長春師範學院學報》社科版 1983 年第 1 期）、高振農〈熊十力的哲學思想簡介〉（《社會科學》1983 年第 1 期）、郭齊勇、李明華〈試論熊十力哲學的性質〉（《江漢論壇》1983 年第 12 期）、宋志明〈「新形上學」評述〉（《長春師範學院學報》社科版 1984 年第 2 期）、華勇〈熊十力哲學研究〉（《國內哲學動態》1984 年第 8 期）、李惠讓〈《新理學》哲學思想述評〉（《學術研究叢刊》1985 年第 2 期）、景海峰〈試論熊十力的體用觀〉（《深圳大學學報》1985 年第 3 期）、張祥龍〈賀麟傳略〉（《晉陽學刊》1985 年第 6 期）、郭齊勇〈熊十力的認識辯證法初探〉（《中國社會科學》1985 年第 6 期）、郭齊勇〈論熊十力「天人不二」的思維模式〉（《江漢論壇》1985 年第 11 期）、唐文權〈熊十力《乾坤衍》探微〉（《江漢論壇》1985 年第 11 期）、郭齊勇〈熊十力及其哲學基本命題〉（《光明日報》1985 年 12 月 23 日）、郭齊勇《熊十力及其哲學》（北京：華夏出版社，1985 年）、李澤厚〈關於儒學與「現代新儒學」〉（《文匯報》1986 年 1 月 28 日）、劉建國〈論熊十力本心論的唯心主義體系〉（《長白學刊》1986 年第 3 期）、宋祖良〈賀麟先生與黑格爾哲學〉（《國內哲學動態》1986 年第 7 期）。除李澤厚一文外，其餘均以梁漱溟、熊十力、馮友蘭、賀麟為對象，而梁、熊、馮、賀 1949 年以後均留在大陸。此間，武漢大學與北京大學等單位還於 1985 年 12 月在湖北黃州聯合舉辦了熊十力學術思想國際討論會。

9　例如留在大陸並且當時仍然健在的梁漱溟、馮友蘭、賀麟就重新開始了儒學活動，居處臺港的錢穆、牟宗三、唐君毅、徐復觀都曾得到中共高層邀請回訪大陸的信息，而杜維明、劉述先、成中英等海外新儒家則已數回大陸闡揚儒學。

代思想史上曾經發生較大影響並於 1949 年以後在海外遞續發展的現代新儒
家,就於悄然之中進入大陸學界的研究範圍。當然,如上所述,這種研究剛
開始時,還是以留在大陸、甚至一度轉向馬克思主義的人物為對象。只是這
種研究一旦發軔,其涵蓋面便迅速擴大,涉及多位海外新儒家人物;[10]由此
產生的影響,也引發了反傳統方面的駁議。[11]

(二) 1987-1996:從宣州會議到「評大陸新儒家推出的兩本書」

應合著現代新儒家研究逐漸升溫的勢頭,方克立發出了「要重視對現代
新儒家的研究」的倡議。[12] 1986 年 11 月,在全國哲學社會科學「七五」規
劃會議上,「現代新儒家思潮研究」被列為國家社科基金重點課題,[13]方克
立、李錦全擔任該課題負責人。方、李隨後聯絡國內高校、社科院系統十多
家單位的有關學者組成課題組,從而拉開了以國家課題形式從事現代新儒家
研究工作的帷幕。

1987 年 9 月,「現代新儒家思潮研究」課題組在安徽宣州召開了第一次
學術討論暨工作協調會。會議對現代新儒家的學派界定、階級屬性、形成原
因、思想特徵、學術成就、歷史作用、發展階段、代表人物以及關於現代新
儒家研究的方法和工作安排等問題進行了討論,達成了一些基本共識。課題
組成員比較一致地同意以梁漱溟、熊十力、張君勱、馮友蘭、錢穆、賀麟、
方東美、牟宗三、唐君毅、徐復觀作為現代新儒家的代表人物,亦即作為主
要研究對象。研究的指導思想確定為馬克思主義的階級分析方法、社會存在

---

[10] 例如羅義俊〈論錢賓四先生史學對象論〉(《史林》1987 年第 1 期)、何新〈對現代
化與傳統文化的再思考──評海外新儒家〉(《社會科學輯刊》1987 年第 2 期)、李
澤厚〈略論現代新儒家〉(《中國現代思想史論》,北京:東方出版社,1987
年)。

[11] 例見包遵信〈儒家思想和現代化──新儒家商兌〉,《北京社會科學》1986 年第 3
期。

[12] 方克立〈要重視對現代新儒家的研究〉,《天津社會科學》1986 年第 5 期。

[13] 該課題於 1992 年初又被續列為國家社科基金「八五」規劃重點項目。

決定社會意識的歷史唯物主義基本原則以及辯證法精神。[14]

　　此後，現代新儒家研究便以國家課題組為主體而穩步開展起來。隨著研究成果的增加及其影響面的擴大，又由於這一課題本身所蘊涵的理論深度以及研究對象所具有的精神魅力，還由於杜維明等現代新儒家後學在國內的積極推擴，並且不排除某些重建精神家園的企念乃至療救人倫病態的動機，致使越來越多的學者參與到這一研究領域之中。從「七五」到「八五」的十年間，現代新儒家研究取得了相當豐碩的成果。

　　在總體研究方面，這一階段的研究者們探討了現代新儒家的思想源流、地位及其與同時代其他思想派別的關係，[15]尋繹了現代新儒家傳承發展和代際轉變的軌跡及其當下境遇，[16]揭示了現代新儒家在思想資源、學派意識、思維方式、生活形態、存在歸趨、理論取向諸方面的特點，[17]論述了現代新儒家的文化觀及哲學觀，[18]勾稽了現代新儒家的人生哲學和倫理道德思

---

[14] 參見方克立〈關於現代新儒家研究的幾個問題〉、李宗桂〈「現代新儒家思潮研究」的由來和宣州會議的爭鳴〉，均載《現代新儒學研究論集》第 1 輯（北京：中國社會科學出版社，1989 年）。

[15] 主要論文有：滕復〈「五四」時期的東方文化思潮與現代新儒家〉（《孔子研究》1988 年第 3 期），李宗桂〈現代新儒學思潮——由來、發展及思想特徵〉（《人民日報》1989 年 3 月 6 日），羅義俊〈論當代新儒家的歷程和地位〉（《現代新儒學研究論集》第 1 輯），周熾成〈現代新儒家對五四道德革命的批評與回應〉（《華南師範大學學報》1990 年第 4 期），吳光〈略論儒學的衰落與轉型——從清代實學到現代新儒學〉（臺灣《鵝湖》1990 年第 6 期），周熾成〈德性之知與見聞之知：從宋明儒家到現代新儒家〉（《學術研究》1994 年第 2 期），鄭家棟〈當代新儒家的道統論〉（《原道》第 1 輯，1994 年）。

[16] 方克立〈現代新儒學的發展歷程〉（《南開學報》哲社版 1990 年第 4、5、6 期），李翔海〈從「內聖外王」到「批判精神」——略論第三代新儒家的新動向〉（《河北大學學報》哲社版 1994 年第 3 期），李振綱〈救世意識與時代悲感——現代新儒家在中國與當代世界的命運〉（《河北學刊》，1994 年第 5 期），方克立、李翔海〈現代新儒學發展的邏輯與趨向〉（《中國社會科學院研究生院學報》1995 年第 3 期）。

[17] 郭齊勇〈試論現代新儒學的幾個特點〉，《孔子誕辰 2540 周年紀念與學術討論會論文集》（上海：三聯書店，1992 年）。

[18] 李維武〈現代新儒家文化哲學初探〉（《現代新儒學研究論集》第 1 輯）、〈論現代

想，[19]比較了現代新儒學與現代化以及後現代思潮的關係，[20]指陳了現代新儒家的理論得失。[21]一批綜論性的論集和專著也於此間出版，其犖犖大者有：《現代新儒學研究論集》第 1、2 輯（方克立、李錦全主編，北京：中國社會科學出版社，1989、1991 年），《評新儒家》（羅義俊編，上海：上海人民出版社，1989 年），《當代新儒家》（封祖盛編，北京：三聯書店，1989 年），《現代新儒學概論》（鄭家棟著，南寧：廣西人民出版社，1990 年），《現代新儒學研究》（宋志明著，北京：中國人民大學出版社，1991 年），《儒學的現代轉折》（陳少明著，瀋陽：遼寧大學出版社，1992 年），《現代新儒學心性理論評述》（韓強著，瀋陽：遼寧大學出版社，1992 年），《傳統與人文：對港臺新儒家的考察》（胡偉希著，北京：中華書局，1992 年），《寂寞中的復興——論當代新儒家》（黃克劍、周勤合著，南昌：江西人民出版社，1993 年），《哲學與傳統——現代儒家哲學與現代中國文化》（陳來著，臺北：允晨文化實業公司，1994 年），《新儒家評論》第 1、2 輯（鄭家棟、葉海煙主編，北京：中國廣播電視出版社，1994、1995 年），《現代新儒家人生哲學研究》（武東生著，瀋陽：遼寧大學出版社，1994 年），《中國馬克思主義與現代新儒學》（李毅著，瀋陽：遼寧大學出版社，1994 年），《佛學與現代新儒

新儒學對中國哲學本體論的重建〉（《武漢水利電力大學學報》哲社版 1995 年第 1 期），周熾成〈「返本開新」與「中體西用」〉（《學術研究》1991 年第 5 期）、〈「內聖外王」與「中體西用」〉（《東嶽論叢》1992 年第 5 期），鄭家棟〈意義的危機與形上的追求——現代新儒家的哲學取向〉（《新華文摘》1993 年第 2 期），張立文〈宋明新儒學與現代新儒學形上學之探討〉（《新儒家評論》第 1 輯）。

19 武東生〈現代新儒家人生哲學思想的邏輯發展〉（《南開學報》1994 年第 1 期）、〈現代新儒家倫理道德思想述評〉（《南開學報》1994 年第 4 期）。

20 方松華〈現代新儒家與中國現代化〉（《新華文摘》1996 年 8 期），衣俊卿〈評現代新儒學和後現代主義思潮〉（《新華文摘》1996 年第 8 期）。

21 郭齊勇〈試論五四與後五四時期的文化保守主義思潮〉（臺灣《中國文化月刊》第 121 期，1989 年 11 月），牟鍾鑒〈新儒家的歷史貢獻與理論難題〉（《新儒家評論》第 1 輯），李維武〈現代新儒學重建本體論的貢獻與困境〉（《新儒家評論》第 1 輯），高瑞泉〈新儒學與民族價值的重建〉（《開放時代》1995 年 9-10 期）。

家》（盧升法著，瀋陽：遼寧大學出版社，1994 年），《現代新儒學在美國》（施忠連著，瀋陽：遼寧大學出版社，1994 年），《現代新儒家與西方哲學》（趙德志著，瀋陽：遼寧大學出版社，1994 年），《現代新儒家學案》（全 3 冊，方克立、李錦全主編，北京：中國社會科學出版社，1995年），《當代新儒學論衡》（鄭家棟著，臺北：桂冠圖書公司，1995），《新儒學批判》（啟良著，上海：三聯書店，1995 年）。專門學術會議主要有國家課題組等單位於 1991 年初在廣州舉行的「現代新儒學與當代中國」討論會。

在個案方面，這一階段的研究者對於現代新儒家代表人物的研究都有創獲。

梁漱溟（1893-1988）研究　研究者們考察了梁氏的思想淵源、理性觀、非理性主義、直覺說、人生哲學、中西文化觀、文化比較模式、「人生三路向」說、社會改造思想及其生活態度。[22]有關梁漱溟研究的主要著作有：《最後一個儒家》（〔美〕艾愷著，鄭大華譯，長沙：湖南人民出版社，1989 年），《梁漱溟文化理論研究》（馬勇著，上海：上海人民出版社，1991 年），《梁漱溟與現代新儒學》（鄭大華著，臺北：文津出版

---

[22] 郭齊勇〈梁漱溟的文化比較模式析論〉（《武漢大學學報》1988 年第 2 期），方克立、曹耀明〈梁漱溟非理性主義哲學思想述評〉（臺灣《中國論壇》第 26 卷第 7-8 期），鄭大華〈梁漱溟與陽明學〉（《孔子研究》1990 年第 2 期），胡偉希〈梁漱溟「人生三路向」說與中西印文化的互補〉（《孔子研究》1994 年第 1 期），柴文華、孟昭紅〈超越的直覺與直覺的超越——梁、熊、賀三先生直覺說研究〉（《孔子研究》1994 年第 2 期），景海峰〈梁漱溟對西方文化的理解與受容〉（《深圳大學學報》1994 年第 4 期）、〈梁漱溟早期思想論略——以佛學研究為中心〉（《文化與傳播》第 3 輯，深圳：海天出版社，1995 年）、〈梁漱溟的出世間與隨順世間〉（《中國哲學史研究》1996 年第 1 期），喬清舉〈梁漱溟文化思想通論〉（《孔子研究》1995 年第 1 期），陳來〈略論梁漱溟對中國文化的社會學分析——兼論梁漱溟與馬克斯·韋伯的中國文化觀〉（《新儒家評論》第 2 輯），郭齊勇、龔建平〈理性——梁漱溟中國文化觀的中心範疇〉（《珞珈哲學論壇》第 1 輯，武漢：武漢大學出版社，1996 年），龔建平〈梁漱溟人生哲學中的佛儒雙重性〉（《陝西師範大學學報》1996 年第 3 期）。

社，1993 年），《梁漱溟思想研究》（曹耀明著，天津：天津人民出版
社，1994 年），《梁漱溟與胡適：文化保守主義與西化思潮的比較》（鄭
大華著，北京：中華書局，1994 年），《梁漱溟哲學思想》（郭齊勇、龔
建平合著，武漢：湖北人民出版社，1996 年），《梁漱溟社會改造構想研
究》（李善峰著，濟南：山東大學出版社，1996 年）。梁氏年譜和多種傳
記以及梁氏本人著述的全集、選集也於此間出版。[23]另外，汪東林編著的
《梁漱溟問答錄》（長沙：湖南出版社，1988 年）是對梁氏思想資料所作
的一次搶救性發掘。1987 年秋，中國文化書院在北京舉辦了梁漱溟思想國
際學術會議。

　　熊十力（1885-1968）研究　這一研究涉及熊氏思想的演變與形成，熊
氏的本體－宇宙論諸範疇、形上學思想、體用論、心性論、易學思想、佛道
觀、文化思想、中國文化觀、哲學方法論，熊氏與現代新儒家其他代表人物
的思想異同。[24]研究專著和論集主要有：《回憶熊十力》（武漢：湖北人民

---

[23] 年譜有李淵庭、閻秉華合編《梁漱溟先生年譜》（桂林：廣西師範大學出版社，1991
　　年）；傳記主要有馬勇《梁漱溟評傳》（合肥：安徽人民出版社，1992 年），王宗
　　昱《梁漱溟》（臺北：東大圖書公司，1992 年），馬東玉《梁漱溟傳》（北京：東
　　方出版社，1993 年），景海峰《梁漱溟評傳》（南昌：百花洲文藝出版社，1995
　　年）；《梁漱溟全集》全八卷，由山東人民出版社於 1989 至 1994 年陸續出版；選集
　　有黃克劍等編《梁漱溟集》（北京：群言出版社，1993 年），鄭大華、任菁編《孔
　　子學說的重光：梁漱溟新儒學論著輯要》（北京：中國廣播電視出版社，1995
　　年），劉夢溪主編《中國現代學術經典·梁漱溟卷》（石家莊：河北教育出版社，
　　1996 年）。

[24] 郭齊勇〈論熊十力的中國文化觀——《讀經示要》、《原儒》讀後〉（《孔子研
　　究》1987 年第 3 期）、〈熊馮金賀合論〉（《哲學研究》1991 年第 2 期）、〈熊十
　　力「本體－宇宙論」諸範疇闡要〉（《中國文化》1991 年秋季號）、〈熊十力——
　　文化意識宇宙中的巨人〉（《當代中國十哲》，北京：華夏出版社，1991 年）、
　　〈論熊十力對現代新儒學之形上學基礎的奠定〉（《現代新儒學研究論集》第 2
　　輯）、〈唐力權的蘊徵論與熊十力的體用論之比較〉（臺灣《哲學雜誌》總第 13
　　期，1995 年 7 月），唐明邦〈熊十力論船山易學〉（《船山學報》1988 年第 1 期），
　　景海峰〈略論熊十力哲學思想的演變和形成〉（《玄圃論學集——熊十力生平與學
　　術》，北京：三聯書店，1990 年）、〈和而不同兩大師——熊、梁辯難所引發的問

出版社，1989 年），《熊十力與中國傳統文化》（郭齊勇著，香港：天地圖書公司，1988 年；臺北：遠流出版事業公司，1990 年），《玄圃論學集——熊十力生平與學術》（蕭萐父、郭齊勇編，北京：三聯書店，1990 年），《王學通論——從王陽明到熊十力》（楊國榮著，上海：三聯書店，1990 年），《本體與方法——從熊十力到牟宗三》（鄭家棟著，瀋陽：遼寧大學出版社，1992 年），《熊十力思想研究》（郭齊勇著，天津：天津人民出版社，1993 年），《熊十力的新唯識論與胡塞爾的現象學》（張慶熊著，上海：上海人民出版社，1995 年）。評傳類著作主要有：《熊十力》（景海峰著，臺北：東大圖書公司，1991 年），《熊十力評傳》（宋志明著，南昌：百花洲文藝出版社，1993 年），《天地間一個讀書人——熊十力傳》（郭齊勇著，上海：上海文藝出版社、臺北：業強出版社，1994 年）。整理出版的熊氏著述選集主要有：《熊十力集》（黃克劍等編，北京：群言出版社，1993 年），《現代新儒學的根基：熊十力新儒學論著輯要》（郭齊勇編，北京：中國廣播電視出版社，1996 年），《中國現代學術經典·熊十力卷》（王守常編，石家莊：河北教育出版社，1996 年）。

此間，臺灣學者翟志成發表〈長懸天壤論孤心——熊十力在廣州（1948-1950）〉（臺灣《當代》第 76-78 期，1992 年 8-10 月），對熊十力的人格進行了有失客觀公正的過分貶損，並對當時兩岸及海外主要的熊十力研究者作了不甚恰當的批評，郭齊勇遂發表〈為熊十力先生辯誣——評《長懸天壤論孤心》〉（臺灣《鵝湖》1994 年第 2 期）、〈翟志成「審訂」之《熊十力佚書九十六封》糾謬〉（臺灣《鵝湖》1994 年第 3 期）二文，對翟氏基於某種政治標準評判熊十力道德人格的做法予以嚴正反駁，並指出翟氏對熊十力佚書的「審訂」中存在的大量錯誤。這場爭論引起了兩岸及海外人文學界的關注。[25]

題思考〉（《學人》第 7 輯，南京：江蘇文藝出版社，1995 年），陳來〈熊十力哲學的明心論〉（《孔子研究》1992 年第 3 期），李維武〈重建本體論：熊十力與道家哲學〉（《道家文化研究》第 10 輯，上海：上海古籍出版社，1996 年）。

[25] 現代新儒家第三代代表人物劉述先也發表〈如何正確理解熊十力——讀《長懸天壤論

張君勱（1887-1969）研究　這一階段關於張氏研究的主要成果是呂希晨、陳瑩合著的《張君勱思想研究》（天津：天津人民出版社，1996年），劉義林、羅慶豐合著的《張君勱評傳》（南昌：百花洲文藝出版社，1996年）。張氏著述的選集有《張君勱集》（黃克劍等編，北京：群言出版社，1993年），《精神自由與民族文化：張君勱新儒學論著輯要》（呂希晨、陳瑩編，北京：中國廣播電視出版社，1995年），《中國現代學術經典·張君勱卷》（黃克劍、王濤編，石家莊：河北教育出版社，1996年）。

馮友蘭（1895-1990）研究　研究者們考察了馮氏的學思歷程，闡發了馮氏的新理學體系及其諸範疇、哲學方法論、人生境界論、文化類型說、中西文化觀，勾稽了馮氏哲學的終極關懷及其神秘主義意蘊，比較了馮氏哲學思想方法與實證主義的異同，探討了馮氏對中國哲學現代化的貢獻。[26]關於馮氏研究的專著和論集主要有：《馮友蘭哲學思想研究》（王鑒平著，成都：四川人民出版社，1988年），《馮友蘭與新理學》（田文軍著，香

孤心〉有感〉（臺灣《當代》第 81 期，1993 年）一文，對翟志成進行了回應。

[26] 主要論文有：田文軍〈馮友蘭文化類型說芻議〉（《江漢論壇》1987 年第 8 期）、〈馮友蘭的中西文化觀〉（《孔子研究》1989 年第 1 期）、〈馮友蘭「共相說」鉤沉〉（《現代新儒學研究論集》第 1 輯）、〈馮友蘭人生境界論評析〉（《中州學刊》1990 年第 2 期）、〈馮友蘭對新理學的反省與認同〉（《武漢大學學報》1990 年第 2 期）、〈新理學方法簡論〉（《現代新儒學研究論集》第 2 輯）、〈馮友蘭與文化保守主義〉（《中國哲學史》1996 年第 3 期），李維武〈馮友蘭新理學與維也納學派〉（《現代哲學》1990 年第 4 期），蕭萐父〈舊邦新命　真火無疆——馮友蘭先生學思歷程片論〉（《中州學刊》1991 年第 6 期），景海峰〈簡議「新理學」的形上學系統〉（《深圳大學學報》1992 年第 2 期），周熾成〈重評馮友蘭的人生境界論〉（《華南師範大學學報》1993 年第 2 期），王中江〈極高明而道中庸：馮友蘭哲學的終極關懷〉（《馮友蘭先生紀念文集》，北京：北京大學出版社，1993 年）、〈認定超越性的實在：馮友蘭與實證主義的緊張〉（《馮友蘭學記》，北京：三聯書店，1995 年），方克立〈馮友蘭與中國哲學現代化〉（《中國文化研究》1994 年夏之卷），陳來〈論馮友蘭哲學中的神秘主義〉（《中國文化》第 13 期，1996 年），錢耕森、程潮〈馮友蘭與唐君毅的人生境界說之比較研究〉（《新華文摘》1996 年第 2 期），傅雲龍〈馮友蘭的人生價值觀〉（《孔子研究》1996 年第 3 期）。

港：天地圖書公司、臺北：遠流出版事業公司，1990 年），《馮友蘭先生紀念文集》（北京：北京大學出版社，1993 年），《馮友蘭先生百年誕辰紀念文集》（北京：清華大學出版社，1995 年），《馮友蘭學記》（王中江、高秀昌編，北京：三聯書店，1995 年）。年譜和傳記有：《馮友蘭先生年譜初編》（蔡仲德編撰，鄭州：河南人民出版社，1994 年），《信念的旅程：馮友蘭傳》（程偉禮著，上海：上海文藝出版社，1994 年），《馮友蘭評傳》（李中華著，南昌：百花洲文藝出版社，1996 年）。馮氏著述編為《三松堂全集》13 卷，由河南人民出版社於 1994 年出齊。馮氏著述選集有：《馮友蘭集》（黃克劍等編，北京：群言出版社，1993 年），《闡舊邦以輔新命：馮友蘭文選》（謝遐齡編，上海：遠東出版社，1994 年），《極高明而道中庸：馮友蘭新儒學論著輯要》（田文軍編，北京：中國廣播電視出版社，1995 年），《中國現代學術經典·馮友蘭卷》（陳來編，石家莊：河北教育出版社，1996 年）。1990 年和 1995 年冬，由中國文化書院等單位在北京舉辦了兩次馮友蘭思想國際學術會議。

　　錢穆（1895-1990）研究　這一階段切入錢穆研究的主要有羅義俊、郭齊勇、汪學群，他們對錢穆的史學、儒學、文化學思想及其學術成就進行了梳理和評價。羅氏的主要論著有：〈論國史大綱與當代新儒學〉（《史林》1992 年第 4 期）、〈錢穆與顧頡剛的《古史辨》〉（《史林》1993 年第 4 期）、〈錢穆歷史觀要義疏解〉（《史林》1994 年第 4 期）、〈錢穆學術綜論〉（《上海文化》1995 年第 5 期）、〈論錢穆與中國文化〉（《史林》1996 年第 4 期）。郭、汪合作的論著有：〈錢穆的文化學思想〉（《中州學刊》1995 年第 1 期）、《錢穆評傳》（南昌：百花洲文藝出版社，1995 年）、〈縱橫中西，集異建同──論錢穆的文化學與文化比較觀〉（《新儒家評論》第 2 輯）。郭氏另有〈論錢穆的儒學思想〉（《學人》第 8 輯，南京：江蘇文藝出版社，1995 年），汪氏亦獨著〈錢穆學術思想史方法論發微〉（《孔子研究》1996 年第 1 期）。另外，張學智〈錢穆先生治朱子學之方法舉隅〉（《原道》第 3 輯，1996 年）對錢穆在其《朱子新學案》中所貫徹的方法論進行了考繹。

　　賀麟（1902-1992）研究　有關這一個案研究的論文有郭齊勇〈賀麟前期的中西文化觀與理想唯心論試探〉（《天津社會科學》1988年第1期）、〈論賀麟的中國哲學史研究〉（《哲學雜誌》1993年第1期），周熾成〈賀麟：抗戰時期的倫理學家〉（《廣東社會科學》1994 年第 1 期）。論集有《會通集——賀麟生平與學術》（宋祖良、范進編，北京：三聯書店，1993年）。傳記有張學智著《賀麟》（臺北：東大圖書公司，1992 年），王思雋、李肅東著《賀麟評傳》（南昌：百花洲文藝出版社，1995 年）。賀氏著述選集有《儒家思想的新開展：賀麟新儒學論著輯要》（宋志明編，北京：中國廣播電視出版社，1995 年）。

　　方東美（1899-1977）研究　這一階段關於方東美研究的成果不多，現在可見的有余秉頤的〈方東美論中國傳統形上學〉（《學術月刊》1994 年第6期）、〈方東美的哲學觀〉（《學術界》1995 年第2期）。方氏著述選集有蔣國保、周亞洲所編《生命理想與文化類型：方東美新儒學論著輯要》（北京：中國廣播電視出版社，1992 年），黃克劍等編《方東美集》（北京：群言出版社，1993 年），劉夢溪主編《中國現代學術經典·方東美卷》（石家莊：河北教育出版社，1996年）。

　　牟宗三（1909-1995）研究　應該說，在這一階段，大陸學者對於牟氏龐大深邃且尚未終結的理論體系還在觀察、研究和消化之中，因此只有少量論著初步探討了牟氏的道德形上學、文化哲學觀、中西文化觀、歷史觀。[27]從總體上對牟氏思想加以概括的文章有郭齊勇的〈牟先生的學術貢獻不朽〉（香港《法燈》1995 年 5 月號；臺灣《鵝湖》總 240 期，1995 年 6 月），鄭家棟的〈牟宗三思想的意義與當代儒學的轉型〉（《哲學研究》1995 年第 11 期）。比較全面地研究牟氏思想的著作有顏炳罡的《整合與重鑄——當代大儒牟宗三先生思想研究》（臺北：臺灣學生書局，1995 年）。此間

---

[27]　主要論文有：郭齊勇〈簡論牟宗三的中西文化比較模式〉（《現代新儒學研究論集》第 1 輯）、〈論牟宗三「兩層存有論」的道德形上學〉（《天津社會科學》1993 年第 5 期），景海峰〈牟宗三的文化哲學及其歷史觀析論〉（《深圳大學學報》1992 年第 4 期）。

出版的牟氏著述選集有：《道德理想主義的重建：牟宗三新儒學論著輯要》
（鄭家棟編，北京：中國廣播電視出版社，1992 年），《牟宗三集》（黃
克劍等編，北京：群言出版社，1993 年）。1992 年秋，在濟南舉行了牟宗
三與當代新儒家學術思想研討會。

　　唐君毅（1909-1978）研究　郭齊勇、景海峰大致是大陸最早發表關於
唐君毅研究論文的學者，郭氏的〈唐君毅與熊十力〉（臺灣《鵝湖》第 164
期，1989 年 2 月）、景氏的〈唐君毅先生之生平與著作論述〉（《深圳大學
學報》1989 年第 2 期），對唐氏的師承、際遇及其學思進行了梳理。此後發
表的一批論文，對於唐氏的哲學史觀、中國哲學範疇研究、華嚴思想、人文
觀、文化哲學理論、傳統文化觀、人生觀、道德倫理觀以及唐氏與現代新儒
家同代學人之異同、唐氏哲學對黑格爾哲學之取捨，分別進行了論述。[28]唐
氏研究專著有張祥浩所著《唐君毅思想研究》（天津：天津人民出版社，
1995 年）。唐氏著述選集有《文化意識宇宙的探索：唐君毅新儒學論著輯
要》（張祥浩編，北京：中國廣播電視出版社，1992 年），《唐君毅集》
（黃克劍等編，北京：群言出版社，1993 年），《中國現代學術經典·唐
君毅卷》（黃克劍編，石家莊：河北教育出版社，1996 年）。1995 年夏，

---

[28] 景海峰〈唐君毅先生對華嚴思想之闡釋〉（《唐君毅思想國際會議論文集》第 2 冊，
香港：法住出版社，1990 年）、〈唐君毅的新人文觀試探〉（《東西方文化評論》
第 3 輯，北京：北京大學出版社，1991 年）、〈宗教化的新儒學——略論唐君毅重建
中國人文精神的取向〉（《現代新儒學研究論集》第 2 輯），方克立〈中國哲學範疇
研究的鴻篇巨制——唐君毅《中國哲學原論》評介〉（《唐君毅思想國際會議論文
集》第 3 冊，香港：法住出版社，1991 年），周熾成〈唐君毅、牟宗三的道德倫理
觀〉（《社會科學家》1991 年第 6 期）、〈唐君毅人生論述評〉（《華南師範大學學
報》1994 年第 4 期），蕭萐父〈論唐君毅之哲學史觀及其對船山哲學之闡釋——讀
《中國哲學原論》〉（《吹沙集》，成都：巴蜀書社，1991 年），郭齊勇〈論唐君
毅的文化哲學〉（《求是學刊》1993 年第 4 期）、〈唐牟徐合論〉（《學人》第 5
輯，南京：江蘇文藝出版社，1994 年），趙德志〈《生命存在與心靈境界》述評
——兼論唐君毅與黑格爾哲學〉（《孔子研究》1995 年第 1 期），羅義俊〈文化悲願
與傳統護法——論唐君毅先生對「保守」之價值釐定〉（《原道》第 3 輯，1996
年）。

四川省社會科學院與香港法住文化書院在成都合辦了第二屆唐君毅思想國際
會議。

徐復觀（1903-1982）研究　這一階段關於徐復觀的論文主要論述了徐
氏的思想史觀、文化哲學及其對於儒家和道家的研究。[29]徐氏著述的選集
有：《徐復觀集》（黃克劍等編，北京：群言出版社，1993 年），《中國
人文精神之闡揚：徐復觀新儒學論著輯要》（李維武編，北京：中國廣播電
視出版社，1996 年）。1995 年夏，武漢大學與臺灣東海大學合辦了徐復觀
思想與現代新儒學發展學術討論會。

除了以上十位研究對象之外，「現代新儒家思潮研究」課題組在研究工
作開始後不久，就根據海內外一些學者的意見，將馬一浮納入到研究對象範
圍之中。[30]而當時在大陸具有較高知名度和一定影響力的現代新儒家第三代
學者杜維明、劉述先、成中英，雖然其學術和思想尚在發展之中，因而還不
足以被列為正式研究對象，但有關資料的準備以及偶或為之的探討也已開
始。

這一階段關於**馬一浮（1883-1967）**研究的論著主要有：《中國當代理
學大師馬一浮》（畢養賽主編，上海：上海人民出版社，1992 年），〈學
問方向之扭轉的生命路之展示──讀馬一浮先生《爾雅台答問》〉（羅義
俊，臺灣《中國文化月刊》1993 年第 11 期），〈馬一浮的人格境界與哲理
詩〉（郭齊勇，《中國文化》第 9 期，1994 年 2 月），〈馬一浮與儒學文化
體系的重建〉（范兵，《中國文化》第 9 期，1994 年 2 月），〈略論陸王心
學在馬一浮哲學中的地位〉（夏瑰琦，《孔子研究》1994 年第 3 期），〈馬

---

[29] 李維武〈價值世界與人文精神的探索──徐復觀文化哲學的基本路向〉（臺灣《中國
文化月刊》第 130 期，1990 年 8 月）、〈徐復觀文化哲學的基本思想〉（《現代新儒
學研究論集》第 2 輯）、〈徐復觀對道家思想的現代疏釋〉（臺灣《中國文化月刊》
第 188 期，1995 年 6 月），郭齊勇〈論徐復觀的思想史觀〉（《江漢論壇》1993 年
第 6 期），羅義俊〈儒家批判傳統的重建──論徐復觀的時代貢獻〉（日本《中國研
究》1995 年第 12 期）。

[30] 參見方克立〈現代新儒學研究的自我回省──敬答諸位批評者〉，《南開學報》1993
年第 2 期。

一浮的儒佛會通觀〉（李明友，《孔子研究》1995 年第 3 期），另外還有非正式出版的《馬一浮學術研究》（畢養賽、馬鏡泉主編，杭州師範學院1995 年印行）；《馬一浮評傳》（馬鏡泉、趙士華著，南昌：百花洲文藝出版社，1993 年）也已面世；《馬一浮集》全三冊由浙江古籍出版社和浙江教育出版社於 1996 年聯合出版，馬氏著述選集則有《默然不說聲如雷：馬一浮新儒學論著輯要》（滕復編，北京：中國廣播電視出版社，1995年）和《中國現代學術經典‧馬一浮卷》（馬鏡泉編，石家莊：河北教育出版社，1996 年）。1993 年春，杭州師範學院舉辦了馬一浮國際學術研討會。

有關**杜維明（1940-）**的研究多是對他當時在大陸出版的幾種著作的商討，[31]根據杜氏著述選編的《儒家傳統的現代轉化：杜維明新儒學論著輯要》（岳華、關東編，北京：中國廣播電視出版社，1992 年）也已出版。同年出版了**劉述先（1934-）**著述的選集《儒家思想與現代化：劉述先新儒學論著輯要》（景海峰編，北京：中國廣播電視出版社，1992 年），關於劉氏的研究論文似乎僅有李翔海的〈方東美成中英劉述先合論〉（《學術月刊》1996 年第 1 期）。關於**成中英（1935-）**研究的論文，除了上揭李翔海文章之外，也只見到方克立、李翔海的〈成中英新儒學思想述評〉（《學術月刊》1993 年第 2 期）、周熾成的〈分疏‧溝通‧融合——評成中英的比較哲學研究〉（《文化中國》1996 年 3 月號）等少數幾篇。

到 1996 年，「現代新儒家思潮研究」雖然尚未完全結題，但作為國家社科基金重點項目則已截止。當此之時，該項目負責人方克立發表了一篇引

---

[31] 如黃克劍〈「文化認同」和儒學的現代命運：評杜維明《儒學第三期發展的前景問題》〉（《讀書》1988 年第 3 期），冷德熙〈歷史神話和現代神話——讀杜維明《人性與自我修養》〉（《讀書》1990 年第 7 期），劉軍寧〈新加坡：儒教自由主義的挑戰〉（《讀書》1993 年第 2 期），劉墨〈「後儒家的挑戰」——杜維明的新儒學著作〉（《中國圖書評論》1996 年第 3 期）；柴文華、李秀雲〈儒學的層面剖析與重建途徑——論杜維明先生的儒學觀〉（《學術交流》1996 年第 3 期）則比較深入地論述了杜氏的新儒學思想。

人注目的文章〈評大陸新儒家推出的兩本書──〈理性與生命〉〔1〕、
〔2〕〉（《晉陽學刊》1996 年第 3 期）。文章批評了國家課題組原成員、
「後因思想觀點分歧」而退出的羅義俊和另一位學者陳克艱，指出他們「公
開批評『大陸馬列派』」，「無條件地認同港臺新儒家」。文章還提到蔣慶
的〈中國大陸復興儒學的現實意義及其面臨的問題〉（臺灣《鵝湖》第170-
171 期，1989 年 8-9 月）一文，並提及「所謂包容了馬克思主義的『大陸新
儒學』或『社會主義新儒學』」，得出了「大陸新儒家」「在中國大陸已作
為一個學派而存在」的判斷。實際上，在此之前，方氏就已多次批評過蔣慶
的觀點，[32]但撰寫〈評大陸新儒家「復興儒學」的綱領〉（《晉陽學刊》
1997 年第 4 期）一文，專門對蔣氏的「儒學復興論」予以批駁，卻也是在
1996 年。[33]選擇這一時間對蔣慶 1989 年發表的文章和羅、陳 1993 至 1994
年間出版的文集進行批評，固然由於「大陸新儒家」或「文化保守主義」在
此時「已有相當的勢力和影響」，有必要基於馬克思主義的立場、觀點對之
表明態度，但也應該是方氏對於「現代新儒家思潮研究」十年工作得失的一
種特殊的總結。[34]從此，以國家課題組為主體的現代新儒家研究基本結束，
這一研究轉入一種多元開展的局面。

（三）1997-2004：從批評「儒學復興論」到「文化保守主義年」

　　1997 年及以後幾年間，基於馬克思主義立場批評現代新儒家研究所引

---

[32] 參見氏著〈現代新儒學研究的自我回省──敬答諸位批評者〉（《南開學報》1993
年第 2 期）、〈要注意研究 90 年代出現的文化保守主義思潮〉（《高校理論戰線》
1996 年第 2 期）以及關東的〈現代新儒學研究的回顧與展望──訪方克立教授〉
（《哲學研究》1990 年第 3 期）。

[33] 參見氏著《現代新儒學與中國現代化》（天津：天津人民出版社，1997 年）該文題
記。

[34] 在〈評大陸新儒家推出的兩本書〉中，方氏說：「十年來這項研究確有一定的進展，
但有兩個情況開始我卻沒有想到。一是沒想到現代新儒學研究很快會在國內『熱』起
來，從斷頓 30 餘年的『絕學』變成一門『顯學』。……二是沒想到今天會有一些大
陸學者欣賞、認同以至歸宗現代新儒學，自稱『大陸新儒家』。」

發的文化保守主義思潮乃至所謂「儒學復興論」的論著時有發表或出版，除方克立在〈現代新儒學研究十年回顧〉（《社會科學戰線》1997 第 2 期）的訪談中重申對羅義俊、蔣慶等人觀點的批評之外，這類論著主要還有：〈馬克思主義永遠是我們的指導思想——兼評「儒學復興說」〉（李鴻軍，《毛澤東思想論壇》1997 年第 3 期），〈對文化保守主義和現代新儒家的再認識〉（李毅，《教學與研究》1998 年第 10 期），《中國馬克思主義與當代文化保守主義思潮》（李毅著，天津：天津社會科學院出版社，1998年），〈在世界文化中創造中國現代先進的民族文化〉（劉中樹，《清華大學學報》2002 年第 4 期）。[35]不過這些批評並未引起爭論，也沒有影響現代新儒家研究的繼續深入，這一研究實際上呈現出比前一階段更加踴躍的勢頭。

這一階段研究的一個特點是出現了一批綜述性文章，如〈現代新儒家研究綜議〉（向世陵，《人民日報》1998 年 7 月 11 日），〈近五年來中國大陸儒學研究的現狀與發展〉（郭齊勇，《原道》第 6 輯，貴陽：貴州人民出版社，2000 年。此文全面論述了 1993-1997 年大陸儒學研究狀況，其中第三部分專門論述了現代新儒學研究），〈近二十年當代新儒學研究的反思〉（郭齊勇，《求是學刊》2001 年第 1 期），〈牟宗三哲學的研究現狀及其局限〉（王興國，《哲學動態》2001 年第 4 期），〈近二十年中國內地學人有關當代新儒學研究之述評〉（郭齊勇，《人文論叢》2001 年卷，武漢：武

---

[35] 此前的 1994-1995 年間，曾經發生過馬克思主義與國學關係的討論，大致情況是，1994 年 6 月，《哲學研究》發表〈國粹‧復古‧文化——評一種值得注意的思想傾向〉，對「文化復古熱」與「馬克思主義之冷」的現象提出批評。此後，該刊陸續發表一系列文章，對當時的國學研究展開批評或批判。至 1995 年 6 月，《孔子研究》發表一組筆談，對《哲學研究》的有關文章進行反批評。同年 12 月，中央黨校科研部與中國孔子基金會學術委員會聯合召開「馬克思主義和儒學」學術討論會。從會議論文集《馬克思主義與儒學》（北京：當代中國出版社，1996 年）來看，對儒學的批評仍是會議的主調。由於這次討論中馬克思主義學者所批評的乃是包括現代新儒學在內的整個儒學、特別是傳統儒學及其研究，因此與 1996 年及以後幾年中主要對於現代新儒學及其研究的批評還是存在著針對範圍上的差異。

漢大學出版社，2002 年），〈近二十年熊十力哲學研究綜述〉（秦平，
《哲學動態》2004 年第 12 期）。這些文章從不同視角，對此前的現代新儒
家研究成果作了概括的描述和評價。

在總體及個案研究方面，這一階段較前一階段不僅論著數量大大增加，
而且內容都有深化或開拓。總體研究除了繼續深入探討現代新儒家的淵源承
傳、[36]思想特質、[37]表現形態、[38]發展路向、[39]理論局限 [40]及其文化觀、[41]倫

---

[36] 如李道湘《現代新儒學與宋明理學》（瀋陽：遼寧大學出版社，1998 年），彭國翔
〈道德與知識：從宋明理學到現代新儒家——對現代新儒學的一個發生學解說〉
（《原道》第 6 輯，1999 年），成守勇、陳贇〈新儒家為什麼出入佛老——兼論儒學
在現代開展的途徑〉（《孔子研究》2001 年第 4 期），姚才剛〈「第三代新儒家」芻
議〉（《南昌大學學報》，2002 年第 1 期），陳代湘《現代新儒學與朱子學》（長
沙：湖南人民出版社，2003 年）。

[37] 如葉賦桂〈現代新儒家的思想特質〉（《清華大學學報》哲社版 1997 年第 1 期），
樊浩〈論「新儒學理性」與「新儒學情結」〉（《中國社會科學》1999 年第 2 期），
李翔海〈論現代新儒學的內在向度——尋求宗教精神、哲學精神與科學精神的統一〉
（《南開學報》哲社版 2001 年第 1 期），郭齊勇〈論現代新儒學的特色〉（日本北
海道大學《中國哲學》第 30 號，2001 年 12 月），余日昌〈當代海外新儒學的「三
統」觀〉（《江海學刊》2003 年第 3 期）。

[38] 如彭國翔〈為道與為學——當代儒者的社會功能與角色定位〉（臺灣《鵝湖》1999
年第 9 期），景海峰〈清末經學的解體和儒學形態的現代轉換〉（《孔子研究》2000
年第 3 期），顏炳罡〈泛化與界域——論當代新儒家的定性與定位〉（《求是學刊》
2001 年第 2 期）。

[39] 如景海峰〈當代儒學走向多元化〉（紐約《明報》1997 年 7 月 8 日），范希春〈現代
新儒學的轉向省察〉（《山東大學學報》哲社版 2000 年第 6 期），杜鋼建〈新儒家
在大陸的發展前景〉（《江蘇行政學院學報》2004 年第 2 期），王心竹〈註定做不了
旁觀者——中國現代化進程中的儒學〉（《新原道》第 2 輯，2004 年）。

[40] 如孟建偉〈以人文涵蓋科學——現代新儒家文化觀及其偏頗〉（《自然辯證法研究》
2000 年第 7 期），蔣國保〈現代新儒家的理想、困境與迷失〉（《江海學刊》2001
年第 2 期），李宗桂〈當代新儒學發展的若干難題〉（《文史哲》2003 年第 2 期），
李憲堂《先秦儒家的專制主義精神：對話新儒家》（北京：中國人民大學出版社，
2003 年），李永忠〈享其實者懷其樹，飲其流者懷其源——論「新儒家」的存在意
義與其內在理論困難〉〉（《湘潭師範學院學報》社科版 2004 年第 5 期）。

[41] 如余秉頤〈評現代新儒家的文化價值觀〉（數字中國網），柴文華《現代新儒家文化

理觀 [42]之外，還從宗教性、[43]美學、[44]經子學、[45]方法學、[46]社會政治理論、[47]全球化 [48]等方面，對現代新儒家思想作了發掘和闡釋。一些學者還選取不同參照對象與現代新儒家（學）進行比較，諸如新興宗教巴哈伊與現代新儒學在世俗性格方面的差異以及由此導致的現實影響力的強弱，[49]西方後現代主義注重生命意義安頓的思想轉向對於置身於前現代、現代與後現代文化被擠壓在同一個平面上的基本存在境遇中的現代新儒家所造成的困境及其提供的機遇，[50]晚清以迄民國時期的儒者段正元的「中道」觀與現代新儒家的「心性之學」在把握和承續儒家「道統」上的畸正，[51]等等。這些比較對於認識和評價現代新儒家提供了新的視角。在研究對象和時段方面，這一階段也有拓展，金岳霖（1895-1984）、陳榮捷（1901-1994）、蔡仁厚（1930-）、李澤厚（1930-）乃至「鵝湖系」都被一些學者納入到研究範圍

觀研究》（北京：三聯書店，2004 年）。

[42] 如王澤應《現代新儒家倫理思想研究》（長沙：湖南師範大學出版社，1997 年）。

[43] 如郭齊勇〈當代新儒家對儒學宗教性問題的反思〉（《中國哲學史》1999 年第 1 期）。

[44] 如張毅〈現代新儒家生命美學引論〉（《中國文化研究》2004 年第 2 期），侯敏《有根的詩學：現代新儒家文化詩學研究》（上海：上海人民出版社，2003 年）。

[45] 如陳代湘〈現代新儒家的朱子學研究概述〉（《哲學動態》2002 年第 7 期），郭齊勇〈現代新儒家的易學思想論綱〉（《周易研究》2004 年第 4 期）。

[46] 如宋志明〈略論儒家解釋學〉（《北京大學學報》哲社版 2000 年第 2 期）。

[47] 如羅義俊〈當代新儒家的自我定位與其政治學的現代展開〉（臺北中央研究院中國文哲研究所《儒家思想與現代世界》，1997 年 12 月），丁原〈海外新儒家及其外王學〉（《天津社會科學》1998 年第 5 期），任劍濤〈社會政治儒學的重建——關於「儒家自由主義」的理論期待〉（《原道》第 7 輯，2000 年）。

[48] 如李維武〈全球化與現代新儒家的文化保守主義〉（《學術月刊》2001 年第 10 期）、〈現代新儒家對全球化運動的反思——以梁漱溟、馮友蘭、徐復觀為中心〉（《中國哲學的創造性轉化》，昆明：雲南人民出版社，2004 年）。

[49] 蔡德貴、牟宗艷〈儒學現代化應向巴哈伊汲取什麼？〉（《海南大學學報》社科版 1998 年第 3 期）。

[50] 李翔海〈論現代新儒學與後現代主義〉（《教學與研究》1998 年第 9 期）。

[51] 鞠曦〈段正元與現代新儒學「道統」觀念之比較〉（孔子 2000 網）。

之中，所謂「後新儒家時代」也受到了關注。[52]

這一階段比較重要的專著、論集和譯著有：顏炳罡著《當代新儒學引論》（北京：北京圖書館出版社，1998 年），黃克劍著《百年新儒林——當代新儒學八大家論略》（北京：中國青年出版社，2000 年），陳來著《現代中國哲學的追尋：新理學與新心學》（北京：人民出版社，2001年），劉雪飛主編《現代新儒學研究》（《二十世紀儒學研究大系》第 4卷，北京：中華書局，2003 年），吳光主編《當代新儒學探索》（上海：上海古籍出版社，2003 年），美國學者列文森著、鄭大華譯《儒教中國及其現代命運》（北京：中國社會科學出版社，2000 年）。比較重要的會議有 2004 年 4 月在杭州舉行的當代儒學國際學術研討會。

在個案研究方面，有關梁漱溟的研究較多地探討了梁氏的儒佛觀、東西文化觀、人生哲學、心理學思想，[53]一批梁氏傳記於此間出版，[54]美國學者

---

[52] 見喬清舉《金岳霖新儒學體系研究》（濟南：齊魯書社，1999 年），周熾成〈簡論陳榮捷對儒學的世界性貢獻〉（《中國哲學史》1999 年第 4 期）、〈向西方介紹中國哲學——陳榮捷的學思與功業〉（《學術研究》1999 年第 8 期），景海峰〈從仁厚先生所贈書觀其「昭熊述牟」之志〉〉（《蔡仁厚教授七十壽慶集》，臺北：臺灣學生書局，1999 年），石義斌〈儒學傳統的轉化性創造——李澤厚新儒學思想述要〉（《學術論壇》2000 年第 4 期），王其水〈鵝湖系：臺灣新儒學的新趨向〉（《孔子研究》1998 年第 2 期），范桂萍、干春松〈後新儒家時代〉（《哲學動態》1997 年第 3 期），洪曉楠〈也談後新儒家時代〉（《哲學動態》1997 年第 7 期）。

[53] 如程恭讓〈梁漱溟的佛教思想述評〉（《孔子研究》1998 年第 2 期），熊呂茂〈梁漱溟的儒佛文化觀之比較〉（《湖湘論壇》2000 年第 4 期）、〈評梁漱溟的東西文化觀〉（《孔子研究》2001 年第 5 期），陳來〈梁漱溟早期的中西文化觀〉（《武漢大學學報》2001 年第 3 期），劉長林〈梁漱溟對儒家聖賢人格說的現代重構〉（《孔子研究》2001 年第 5 期），楊孝容〈不舍眾生不住涅槃、出世即救世——梁漱溟人生哲學的佛教底蘊初探〉（重慶社會科學院網），柳友榮《梁漱溟心理學思想研究》（合肥：安徽人民出版社，2004 年）。

[54] 白吉庵《物來順應——梁漱溟傳及訪談錄》（太原：山西人民出版社，1997 年），馬勇《末代碩儒》（上海：東方出版中心，1998 年），鄭大華《梁漱溟學術思想評傳》（北京：北京圖書館出版社，1999 年），梁培恕《梁漱溟傳——我生有涯願無盡》（香港：明報出版社，2001 年），鄭大華《梁漱溟傳》（北京：人民出版社，

艾愷的梁氏研究專著在此階段又有新譯本。[55]此階段熊十力研究的最大創獲是由蕭萐父、郭齊勇分任正副主編的《熊十力全集》九卷十冊（武漢：湖北教育出版社，2001 年）一次出齊，為此，武漢大學中國傳統文化研究中心等單位於 2001 年 9 月舉辦了熊十力與中國傳統文化國際學術研討會暨《熊十力全集》首發式；該會議論文集《玄圃論學續集——熊十力與中國傳統文化國際學術研討會論文集》（郭齊勇主編，武漢：湖北教育出版社，2003 年）收入論文 50 餘篇，對熊氏思想作了相當全面深入的探討，並涉及現代新儒家其他一些人物思想。其他一些論著分別研究了熊氏的本體論、宇宙論、體用思想、道家思想、唯識學。[56]丁為祥著《熊十力學術思想評傳》（北京：北京圖書館出版社，1999 年）於此間面世。為數不多的張君勱研究論著主要圍繞張氏的科學觀、憲政觀、自由民族主義思想立論；[57]鄭大華著《張君勱傳》（北京：中華書局，1997 年）、《張君勱學術思想評傳》（北京：北京圖書館出版社，1999 年）和陳先初著《精神自由與民族復興——張君勱思想綜論》（長沙：湖南教育出版社，1999 年）於此間推出。馬一浮研究相對冷清，專著唯見滕復所著《馬一浮思想研究》（北京：中華書局，2001 年），論文〈馬一浮的儒學教育思想與教育實踐〉（金榮昌、馬鏡泉，中國教育和科研網）、〈馬一浮教育思想精粹及其意義〉（朱曉

2001 年）。

55　〔美〕艾愷著，王宗昱、冀建中譯《最後的儒家——梁漱溟與中國現代化的兩難》（南京：江蘇人民出版社，2003 年）。

56　陳來〈熊十力《體用論》的宇宙論〉（氏著《現代中國哲學的追尋：新理學與新心學》），張光成《中國現代哲學的創生原點：熊十力體用思想研究》（上海：上海人民出版社，2002 年），郭齊勇〈熊十力與道家〉（《道家文化研究》第 20 輯，北京：三聯書店，2003 年）、〈熊十力の佛教唯識學批判〉（日本關西大學《東西學術研究所紀要》第 37 期，2004 年 4 月），郭美華《熊十力本體論哲學研究》（成都：巴蜀書社，2004 年）。

57　江日新〈儒家思想與現代世界：「民族復興之學術基礎」的尋求——張君勱的科學概念與研究政策〉（《原道》第 7 輯，2000 年），黃東婭〈試析張君勱憲政觀的文化關懷〉（世紀中國網），許紀霖〈從國民共同體到民族共同體——現代中國的自由民族主義思潮〉（上海社聯網）。

鵬，浙學網）表彰了馬氏的教育理念及其實踐。

　　此階段的馮友蘭研究堪稱熱點。1997 年 10 月和 2000 年 12 月，在鄭州
－開封和北京舉辦了兩次馮友蘭學術思想研討會。一大批研究論集和專著出
版。[58]新出傳記有宋志明、梅良勇的《馮友蘭學術思想評傳》（北京圖書館
出版社 1999 年版），田文軍的《馮友蘭傳》（人民出版社 2003 年版）。其
他論文或闡發馮氏的人生哲學、文化觀、中國哲學史學、道家和宋明理學研
究、對現代新儒學的審視、對傳統與現代化的思考，[59]或梳理其思想歷程、
考稽其理論探求、比較其哲學與西方哲學的關係，[60]或評析其形上學與境界

---

[58] 主要有：《馮友蘭研究》第 1 輯（蔡仲德編，北京：國際文化出版公司，1997 年），
《解讀馮友蘭》（全 3 冊，單純、曠昕編，深圳：海天出版社，1998 年），《馮友蘭
哲學思想研究》（陳戰國著，北京：北京大學出版社，1999 年），《舊邦新命——
馮友蘭研究》第 2 輯（高秀昌編，鄭州：大象出版社，1999 年），《學術與政治之
間：馮友蘭與中國馬克思主義》（鄭家棟著，臺北：水牛出版社，2001 年），《解
析馮友蘭》（鄭家棟、陳鵬主編，北京：社會科學文獻出版社，2002 年），《傳統
與創新——第四屆馮友蘭學術思想研討會論文集》（胡軍主編，北京：北京大學出版
社，2002 年），《生命的層級——馮友蘭人生境界說研究》（劉東超著，成都：巴
蜀書社，2002 年），《哲學與哲學史之間：馮友蘭的哲學道路》（郁有學著，上
海：華東師範大學出版社，2004 年），《馮友蘭哲學生命歷程》（金春峰著，北
京：中國言實出版社，2004 年）。

[59] 主要有：田文軍〈馮友蘭的生活方法新論〉（《中州學刊》1997 年第 5 期）、〈馮友
蘭文化觀芻議〉（《哲學研究》1998 年增刊）、〈馮友蘭與中國哲學史學〉（《學
術月刊》1999 第 4 期）、〈馮友蘭論現代心學與理學〉（《玄圃論學續集》，武漢：
湖北教育出版社，2003 年），蔣永青〈馮友蘭先生的《老子》意義論〉（《中國文
化研究》2000 年春之卷），余敦康〈馮友蘭先生關於傳統與現代化的思考〉（《中
國哲學史》2001 年第 1 期），宋志明〈略論馮友蘭晚年的中國哲學史研究〉（《中國
人民大學學報》2001 年第 1 期），蒙培元〈知識還是境界——評馮友蘭的中國哲學史
「總結」〉（《中國社會科學院研究生院學報》2001 年第 3 期），丁為祥〈從形式與
質料到真際與實際——馮友蘭朱子詮釋芻議〉（《人文雜誌》2001 年第 4 期），陳代
湘〈馮友蘭方法論與朱熹工夫論〉（《湘潭大學學報》2002 年第 6 期）、〈馮友蘭對
朱子學的繼承和超越〉（《船山學刊》2003 年第 1 期）。

[60] 郁有學〈試論馮友蘭的思想歷程〉（《中國文化研究》2000 年夏之卷），陳鵬〈新
理學與西方哲學——新理學形上學形成的一種解釋〉（《哲學研究》2000 年第 1

論的張力，[61]一時蔚為大觀。經過增補調整的《三松堂全集》共 14 卷也於 2000 年由河南人民出版社再版。錢穆研究主要圍繞其歷史觀展開，一些論著還涉及錢氏的學術觀、文化觀、知識分子觀及其朱子學研究。[62]汪學群著《錢穆學術思想評傳》和陳勇著《錢穆傳》分別由北京圖書館出版社於 1998 年、人民出版社於 2001 年出版。《中國現代學術經典・錢賓四卷》（郭齊勇、汪學群編）由河北教育出版社於 1999 年出版。賀麟研究的主要成果是宋志明所著《賀麟新儒學思想研究》（天津：天津人民出版社，1998 年）。2002 年 12 月，中國社會科學院在北京舉行了賀麟誕辰百周年紀念會。關於方東美的研究探討了其哲學思想的儒釋道精神；在判定方氏思想屬性的問題上，胡軍、蔣國保、余秉頤等學者進行了小規模的爭論。[63]第一部

期），李維武〈馮友蘭在全球化與民族性之間的探尋〉（《南陽師範學院學報》2003 年第 4 期）。

[61] 郭齊勇〈形式抽象的哲學與人生意境的哲學——論馮友蘭哲學及其方法論的內在張力〉（《中州學刊》1998 年第 3 期）、〈形式抽象的哲學與生命體驗的哲學——馮友蘭哲學的內在張力〉（日本東北大學文學部《文化》第 68 卷第 1-2 號合刊，2004 年 9 月）。

[62] 此階段對錢氏歷史觀研究成果最多的是徐國利，其上十篇論文散見於《史學理論研究》、《史學史研究》、《求是學刊》、《史學月刊》、《中國社科院研究生院學報》等多種刊物及一些文集，分別探討了錢氏的歷史本體論、歷史文化構成論、人文歷史認識論、聖賢史觀、史學方法論、史體史書論、中西史學比較觀諸方面，在此不遑列舉；其專著《錢穆史學思想研究》於 2004 年由臺灣商務印書館出版。他如羅義俊的〈錢穆及其史學綱要〉（《歷史教學問題》1997 年第 1 期），郭曉東的〈對歷史的一種溫情與敬意——讀錢穆《中國歷代政治得失》〉（《讀書》2003 年第 10 期），亦屬此類。探討錢氏學術、文化觀的論文主要有郭齊勇、汪學群〈錢穆學術思想探討〉（《學術月刊》1997 年第 2 期），郭齊勇〈中國民族性與中國文化精神——錢穆論歷史、民族與文化〉（《珞珈哲學論壇》第 2 輯，瀋陽：遼海出版社，1999 年），徐國利〈錢穆的民族文化生命史觀及其意義〉（《中西會通與中國哲學的近現代轉換》，北京：商務印書館，2003 年）。研究錢氏知識分子觀的論文有羅義俊的〈錢穆的中國知識分子觀〉（《史林》1997 年第 4 期）。關於錢氏朱子學的研究則有陳代湘的〈錢穆的朱子心學論評析〉（《中國文化研究》2001 年第 3 期）及其〈論錢穆與牟宗三對朱子中和學說的研究〉（《泉州師範學院學報》2002 年第 1 期）等文。

[63] 見胡軍〈方東美哲學思想的道家精神〉（《中國哲學史》2000 年第 1 期）、〈也談方

方氏研究專著《方東美思想研究》（蔣國保、余秉頤著）由天津人民出版社於 2004 年出版。

　　牟宗三研究洵為此間另一熱點。作為兩岸分治以來牟氏所接納的大陸唯一弟子，羅義俊在積極推動牟著在大陸出版的同時，撰寫了一批導讀性論著，並針對「後牟時代」的概念提出了「續牟時代」一說。[64]其他學者對牟氏的師承、[65]宋明理學研究、[66]宗教觀、[67]康德研究及其與康德思想之異同、[68]對現象學的把握[69]以及牟氏哲學對中國哲學的繼承與開展、[70]牟氏思想

　　東美哲學思想的儒家精神〉（《中國哲學史》2001 年第 4 期）、〈也談方東美哲學思想的理論歸趣〉（《學術月刊》2004 年第 5 期），蔣國保〈方東美哲學思想的儒家精神〉（《中國哲學史》2001 年第 2 期），余秉頤〈方東美對原始儒家、道家哲學的闡釋〉（《江淮論壇》2001 年第 6 期）、〈方東美哲學思想的理論歸趣——與胡軍先生商榷〉（《學術月刊》2001 年 12 月號）；另外，李安澤著有〈方東美華嚴哲學理境探賾〉（《世界弘明哲學季刊》1999 年第 12 期）、〈共命慧與圓融美——方東美哲學理境探賾〉（《山西大學學報》哲社版 2004 年 27 卷 5 期），吳光興著有〈方東美對原始儒家的哲學闡釋〉（《中國文化》第 21 期，2004 年 6 月）。

[64] 如〈讀牟宗三《生命的學問》〉（加拿大《文化中國》1997 年第 9 期），〈我讀牟宗三：典範的學思生命和哲學創造〉（臺灣《鵝湖》1998 年第 10 期），〈分判與會通——讀牟宗三先生《中西哲學之會通十四講》〉（香港《鵝圃》第 16 期，1998 年 12 月），〈宋明理學研究的典範〉（載牟著《心體與性體》，上海：上海古籍出版社，1999 年），〈宋明理學的幾個問題與牟宗三的通釋〉（載牟著《從陸象山到劉蕺山》，上海：上海古籍出版社，2001 年），〈牟宗三與魏晉玄學研究——讀牟先生《才性與玄理》〉（《史林》2003 年第 2 期），〈圓教與圓善：康德與牟宗三——讀牟宗三先生《圓善論》〉（《社會科學》2004 年第 3 期）；「續牟時代」說見氏著〈續牟宗三時代：新儒學的繼承與發展〉（《學術月刊》1997 年第 9 期）。

[65] 如王興國的〈熊十力與牟宗三〉（孔子 2000 網）。

[66] 如陳代湘的〈牟宗三對朱子中和學說的闡析〉（《湘潭大學學報》2001 年第 5 期）、〈評牟宗三對胡宏和朱熹工夫論的闡析〉（《南開學報》2002 年第 3 期）、〈牟宗三「良知自我坎陷」說與朱子學的關係〉（《朱子研究》2003 年第 1 期）、〈牟宗三「別子為宗」說評析〉〉（《朱子研究》2003 年第 2 期）。

[67] 如程恭讓的〈牟宗三《大乘起信論》「一心開二門」說辨正〉（《哲學研究》1999 年第 12 期），苗潤田〈牟宗三儒學宗教論研究〉（《孔子研究》2000 年第 6 期）。

[68] 如彭國翔的〈康德與牟宗三之圓善論試說〉（臺灣《鵝湖》1997 年第 8 期），鄭家棟的〈超越與內在超越——牟宗三與康德之間〉（《中國社會科學》2001 年第 4 期），

學說的得失及其當下境況[71]等方面進行了探討和評論。幾種牟氏傳記於此間出版。[72] 1998 年 9 月，由中國孔子基金會、山東大學與臺灣東方人文學術基金會、《鵝湖》雜誌社聯合主辦的牟宗三與當代新儒學國際學術會議在濟南召開。唐君毅研究的重要成果是單波著《心通九境——唐君毅哲學的精神空間》（北京：人民出版社，2001 年），此著全面論析了唐氏的心本體論、道德哲學、人文精神論及其宗教哲學。其他論文圍繞唐氏的「心靈境界」說發論，探討其中蘊涵的道家精神和華嚴意旨。[73]比較而言，徐復觀研究亦屬熱點之一，有關論著探討了徐氏的文化哲學、政治哲學、中國史學精神論、中國道德精神論、中國藝術精神論、知識分子論、現代性反思、國際政治觀，評價了徐氏作為二十世紀中國知識分子的學思成就。[74]研究專著有

程恭讓的〈牟宗三對孟子與康德學理相關性的詮釋〉（《學術月刊》2001 年第 6 期），以及上揭羅義俊〈讀牟宗三先生《圓善論》〉一文。

69　如倪梁康的〈牟宗三與現象學〉（中國現象學網）。

70　如彭國翔的〈從中國哲學自身的演進看牟宗三哲學的基本架構與核心概念〉（《北京大學研究生學刊》第 54 期，1998 年第 3 期），李維武的〈牟宗三對「存在」問題的探尋與未來中國哲學的發展〉（《孔子研究》1999 年第 1 期）。

71　如鄭家棟的〈孤獨‧疏離‧懸置——牟宗三與儒家的當代境遇〉（載《儒家思想的現代詮釋》，臺北中央研究院中國文哲研究所 1997 年 10 月印行），景海峰的〈簡議牟宗三圓善論的理性主義困məndə〉（《深圳大學學報》1999 年第 1 期），楊澤波的〈「道德他律」還是「道德無力」——論牟宗三道德他律學說的概念混亂及其真實目的〉（《哲學研究》2003 年第 6 期），閔仕君的〈中國現代形上學建構的反思——以牟宗三「道德的形而上學」為例〉（孔子 2000 網）。

72　顏炳罡著《牟宗三學術思想評傳》（北京：北京圖書館出版社，1998 年），鄭家棟著《牟宗三》（臺北：東大圖書公司，2000 年），李山編著《牟宗三傳》（北京：中央民族大學出版社，2002 年）。

73　如李維武的〈心通九境：唐君毅與道家思想〉（臺灣《中國文化月刊》第 205 期，1997 年 4 月），盧興〈試論唐君毅「心靈境界說」對華嚴佛法的融契和闡揚〉（唐學網）。

74　主要論著分別有：李維武〈國族無窮願無極，江山遼闊立多時——徐復觀的文化哲學與人文世界〉（收入《徐復觀與中國文化》），洪曉楠〈中國文化的現代疏釋——論徐復觀的文化哲學思想〉（《大連理工大學學報》社科版 2001 年第 3 期）；李維武〈徐復觀的政治理想與孫中山的政治哲學〉（收入《徐復觀與中國文化》），任劍濤

蕭濱的《傳統中國與自由理念——徐復觀思想研究》（廣州：廣東人民出版社，1999 年），論集有李維武編《徐復觀與中國文化》（武漢：湖北人民出版社，1997 年），傳記有李維武著《徐復觀學術思想評傳》（北京：北京圖書館出版社，2001 年），新編選集有 5 卷本《徐復觀文集》（李維武編，武漢：湖北人民出版社，2002 年）。2003 年 12 月，武漢大學哲學學院和中國傳統文化研究中心舉辦了徐復觀與二十世紀儒學發展海峽兩岸學術研討會。

　　與杜維明在大陸學界的活躍表現相應，這一階段有關杜氏的研究也日益增多。除了宋開芝、胡傳勝認為杜氏對於儒學的挖掘乃是對於儒學的「埋葬」之外，[75]其他學者基本上肯定杜氏在儒家傳統中注入了現代精神。這一觀點通過探討杜氏的儒學第三期發展說、儒學與馬克思主義互動說、儒家傳統現代轉化說、儒家知識分子論而表現出來。[76]東方朔的〈心靈真切處的體

〈自由主義的兩種理路：儒家自由主義與西化自由主義——徐復觀、殷海光政治哲學之比較〉（《原道》第 4 輯，1997 年），胡治洪〈專制政治・儒家精神・現代自由主義——徐復觀政治思想述論〉（2003 年 12 月徐復觀與二十世紀儒學海峽兩岸學術研討會論文），郭齊勇〈徐復觀論禮樂〉（《江西社會科學》2004 年第 8 期），吳根友〈徐復觀與儒家的政治哲學〉（2004 年 12 月香港中文大學國際新儒學會議論文），陳少明〈從徐復觀看儒學對當代政治觀念的反應〉（中國儒網）；李維武〈徐復觀對中國史學精神的闡釋〉（《思想與文化》第 1 輯，上海：華東師範大學出版社，2001年）；李維武〈徐復觀對中國道德精神的闡釋〉（《江海學刊》2002 年第 3 期）；李維武〈徐復觀對中國藝術精神的闡釋〉（《福建論壇》人文社科版 2001 年第 3 期）；許紀霖〈重建知識與人格的立足點——徐復觀的知識分子論〉（世紀中國網）；李維武〈徐復觀對現代化和現代性的反思〉（《山東社會科學》2003 年第 1 期）；李維武〈徐復觀：一個現代儒者對世界和平的待望〉（《孔學論文集》第 3 輯，馬來西亞孔學研究會，2004 年），徐水生〈徐復觀的日本觀的研究〉（臺灣《鵝湖》2004 年第 3期）；蕭萐父〈徐復觀學思成就的時代意義〉（收入《徐復觀與中國文化》），周熾成〈徐復觀：20 世紀中國知識分子的傑出一員〉（《華南師範大學學報》1998 年 6期）。

75　宋開芝、胡傳勝〈儒學意義世界的挖掘與埋葬——評杜維明的哲學〉，《學海》1998年第 6 期。

76　主要論著有：采臣〈小議儒學三期發展：讀《儒學第三期發展的前景問題》〉（《津

知——杜維明的劉宗周思想研究〉（載氏著《杜維明學術專題訪談錄：宗周哲學之精神與儒家文化之未來》，上海：復旦大學出版社，2001 年），透過杜氏的蕺山學研究，抉發了杜氏的「體知」說、哲學的人學思想及其天人觀。郭齊勇的〈論杜維明學術思想——以新出《杜維明文集》為中心〉（《中國哲學史》2002 年第 4 期）則第一次全面概述了杜氏的儒學創新、啟蒙反思、文化中國、文明對話諸論域。2004 年間，有兩種關於杜維明研究的專著出版。[77] 5 卷本《杜維明文集》（郭齊勇、鄭文龍編）也由武漢出版社於 2002 年推出。劉述先的系統哲學思想開始受到關注。[78]有關劉氏研究的專著有姚才剛的《終極信仰與多元價值的融通——劉述先新儒學思想研究》（成都：巴蜀書社，2003 年）。李翔海的《尋求德性與理性的統一——成中英本體詮釋學研究》（臺北：文史哲出版社，1998 年）是迄今唯一的研究成中英哲學思想的專著。

　　這一階段，一些儒學研究者基於對儒家精神的深切體認，參以對家國天下的現實感知，將研究凝煉為思想，提出了一些具有創發性的論說。如蔡德貴等提倡注重現代社會發展和人類精神家園重建的「實用儒學」，[79]蔣慶主張以《春秋》公羊學所體現的孔子「王心王道」創設中國式政治制度的「政

　　圖學刊》1998 年第 3 期），李存山〈儒學創新與馬克思主義創新：和杜維明先生對
　　話〉（《哲學動態》1999 年第 4 期），洪曉楠〈儒家傳統的現代轉化——論杜維明的
　　文化哲學思想〉（《大連理工大學學報》社科版 2000 年第 1 期），程亞文〈傳統儒
　　家的知識分子形象——評《道、學、政：論儒家知識分子》〉（《開放時代》2001
　　年 10 月號），魏彩霞〈杜維明現代知識分子觀述評〉（《貴州文史叢刊》2002 年第
　　2 期）。

[77] 胡治洪《全球語境中的儒家論說：杜維明新儒學思想研究》（北京：三聯書店，2004
　　年），魏彩霞《全球化時代中的儒學創新：杜維明的現代新儒學思想》（北京：中國
　　社會科學出版社，2004 年）。

[78] 主要論著有：吳俊明〈建構新儒家系統哲學的劉述先〉（《北方論叢》1999 年第 1
　　期），姚才剛〈論劉述先系統哲學思想〉（《湖北行政學院學報》2002 年第 3 期）。

[79] 參見蔡德貴、牟宗豔的〈儒學現代化應向巴哈伊汲取什麼〉。另外，蔡氏在〈實用儒
　　學芻議〉（《魯文化與儒學》，濟南：山東友誼出版社，1996 年）中對此也有論
　　述。

治儒學」，[80]郭齊勇標舉作為生命生活生存之常道的「生活方式」儒學，[81]吳光揭櫫以「民主仁愛為體，科技法制為用」的「民主仁學」，[82]黃玉順構思將生活本源、形而上學、形而下學一體囊括的「生活儒學」，[83]康曉光力陳作為國家合法性基礎的「仁政」和關涉中國未來政治發展前途的「儒化」。[84]若稍加延展，則宋志明於 2005 年提出的從理論轉向實踐、從精英轉向大眾的「德性儒學」亦屬此類。[85]其基本旨歸都在於將儒學從學院推向社會，從理論落到現實，從知性瞭解轉化為德性推擴。

　　2004 年間還出現了一系列與儒學相關的引人注目的事件。5 月，蔣慶選編的《中華文化經典基礎教育誦本》由高等教育出版社出版並引發「讀經運動波瀾」；7 月，蔣慶、陳明、盛洪、康曉光等文化保守主義人士在貴州陽明精舍舉行以「儒學的當代命運」為主題的會講；9 月，中國人民大學舉辦「孔子文化月」；同月 5 日，在許嘉璐、季羨林、任繼愈、楊振寧、王蒙發起的「2004 文化高峰論壇」閉幕會上，70 位高層人士或社會名流簽署發表了旨在保存和發展傳統文化、高揚中華文化的人文精神、捍衛世界文明多樣性的〈甲申文化宣言〉；28 日，山東曲阜舉行建國以來首次由政府主持的公祭孔子大典；12 月，「共同的傳統：新左派、自由派和保守派視域中的儒學」暨《原道》十周年會議在北京舉行。所有這些表明，不僅在學術研究領域，而且從高層到民間，已經形成一股以尊孔崇儒為核心的文化保守主義

---

[80] 蔣慶《政治儒學——當代儒學的轉向、特質與發展》（北京：三聯書店，2003年）。

[81] 見王達三《儒學是我們的生活方式——郭齊勇先生訪談錄》（孔子 2000 網）。

[82] 吳光〈從孔孟仁學到民主仁學——儒學的回顧與展望〉（思問網）。

[83] 黃玉順〈「生活儒學」導論〉，《原道》第 10 輯，2005 年。實際上，「生活儒學」概念是黃氏基於早先幾年的思考而於 2004 年 5 月在一次網上討論中正式提出的。參見《黃玉順「生活儒學」自選集·說明》（中國儒學網）。

[84] 康曉光〈仁政：權威主義國家的合法性理論〉（《戰略與管理》2004 年第 2 期），〈我為什麼主張「儒化」：關於中國未來政治發展的保守主義思考〉（燕南社區網）。

[85] 宋志明〈德性儒學芻議〉（第七屆當代新儒學國際學術會議論文集，第 2 冊，武漢大學 2005 年 9 月）。

思潮。這一思潮的形成當然不完全是由於現代新儒家及其研究的影響，但現代新儒家幾代人物對儒家精神的抉發、闡揚和貼近現實的積極推擴，以及近20 年現代新儒家研究所積累的社會資本，則無疑是催生這一思潮的重要因素之一。正是基於對這種社會思潮的觀察，一些人士將 2004 年界定為「文化保守主義年」。[86]

（四）2005 年以來：當今儒學的新面相

　　近幾年出版的現代新儒家研究專著主要有景海峰著《新儒學與二十世紀中國思想》（鄭州：中州古籍出版社，2005 年），李翔海著《民族性與時代性——現代新儒學與後現代主義比較研究》（北京：人民出版社，2005 年），陳迎年著《感應與心物：牟宗三哲學批判》（上海：三聯書店，2005 年），閔仕君著《牟宗三「道德的形而上學」研究》（成都：巴蜀書社，2005 年），楊澤波著《牟宗三三系論論衡》（上海：復旦大學出版社，2006 年），王興國著《牟宗三哲學思想研究——從邏輯思辨到哲學架構》（北京：人民出版社，2007 年），張晚林著《徐復觀藝術詮釋體系研究》（上海：上海古籍出版社，2007 年），劉愛軍著《「識知」與「智知」：牟宗三認識論思想研究》（北京：人民出版社，2008 年），許寧著《六藝圓融：馬一浮文化哲學研究》（北京：中國社會科學出版社，2008 年）。傳記類著作有劉克敵著《梁漱溟的最後 39 年》（北京：中國文史出版社，2005 年）；雲南教育出版社組織的「大家精要」叢書包括梁漱溟、熊十力、張君勱、馬一浮、馮友蘭、錢穆、賀麟、方東美、牟宗三、唐君毅、徐復觀各一冊，於 2008 年開始陸續出版。論集有吳光主編《當代儒學的發展方向——當代儒學國際學術研討會論文集》（上海：漢語大詞典出版社，2005 年），何仁富主編《唐學論衡——唐君毅先生的生命與學問》（北

---

[86] 參見壁上客〈2004 儒學秀：現代儒生風花雪月〉（搜狐網），陳濤等〈2004：文化保守主義抬頭〉（原載《外灘畫報》，轉自新浪網），方克立〈甲申之年的文化反思——評大陸新儒家「浮出水面」和保守主義「儒化」論〉（《中山大學學報》社科版 2005 年第 6 期）。

京：中國文史出版社，2005 年），胡軍主編《反思與境界——紀念馮友蘭先生誕辰 110 周年暨馮友蘭學術國際研討會文集》（北京：北京大學出版社，2008 年）。陳來主編的「北大哲學門經典文萃」選收了梁漱溟、熊十力、馮友蘭、賀麟的論著精粹（各一冊，均為吉林人民出版社 2005 年出版），「唐君毅著作選」全十冊由中國社會科學出版社於 2005 年出版，4 卷本《成中英文集》（李翔海、鄧克武編）於 2006 年由湖北人民出版社推出，經過修訂的 5 卷本《徐復觀文集》（李維武編）於 2009 年亦由湖北人民出版社出版。

　　總體研究方面較具新意的論文主要對現代新儒家的思想運動、開展方向、發展歷程、現代轉化、後現代性、西學背景、馬克思主義觀、自由主義觀、人文宗教觀、自然科學觀等問題進行了論述。[87]個案研究方面的論文，大多還是在已有論域中進行研究，新闢論域並不多見，其中比較值得關注的新成果涉及：梁漱溟與中國現代學術、現代化和現代性、馬克思主義、現代

87　郭齊勇 "An Overview of the New Confucian Intellectual Movement", *Contemporary Chinese Thought*, Vol.36, No.2, New York, 2005，李承貴〈現代背景下的儒學開展方向——百年來儒學開展方向主要論說及評論〉（《江西社會科學》2005 年第 1 期）、〈儒學當代開展的三個向度〉（原載《光明日報》，轉自人民網），郝海燕〈儒家文化與中國科學：現代新儒家的見解〉（原載《自然辯證法研究》，轉自中國公眾科技網），郭沂〈儒學當代發展的回顧和展望〉（《新華文摘》2005 年第 15 期），陳衛平〈「李約瑟難題」與現代新儒家〉（《儒林》第 1 輯，2005 年 9 月），陳寒鳴〈現代新儒學的發展歷程〉（孔子 2000 網）、〈關於儒學的現代轉化問題——評現代新儒家的儒學轉化觀〉（孔子 2000 網），李翔海〈從後現代視野看現代新儒學的理論特質〉（《中國文化研究》2006 年第 4 期），張三萍〈論現代新儒學馬克思主義觀的研究意義〉（《學術論壇》2006 年第 9 期），宋志明〈論現代新儒家對西方哲學資源的開發和利用〉（《中國人民大學學報》2007 年第 3 期），李翔海〈論儒學現代轉型的兩條基本路向〉（《齊魯學刊》2007 年第 6 期），周甯、賀昌盛〈現代思想的抉擇：新儒家與自由主義之爭〉（《臺灣研究集刊》2008 年第 1 期），謝曉東〈論現代新儒學中的政治自由主義傳統〉（《廈門大學學報》哲社版 2008 年第 2 期），景海峰〈20 世紀儒學的三次轉折〉（《學術研究》2008 年第 3 期），賴功歐〈儒家「以道德代宗教」的思想特質及其現代反思：兼論現代新儒家的「人文宗教」觀〉（《江西社會科學》2008 年第 8 期）。

制度建構的關係及其文藝思想和道德宗教觀；[88]熊十力的中西哲學觀及其儒家民主思想；[89]由張君勱引發的科玄論戰所蘊涵的深層心理動因；[90]馬一浮基於儒學思想所形成的「六藝一心」經學觀和「六藝之學」國學觀以及「心統性情」功夫論；[91]馮友蘭形上學的人生關懷、道德意蘊、情感因素，人生哲學的實用主義傾向，理性宗教觀，自由民主思想，及其哲學的跨學科影響；[92]

---

[88] 高迎剛、馬龍潛〈梁漱溟文藝思想論略〉（《齊魯學刊》2005 年第 2 期），鄭大華〈謀求儒學的現代轉化：梁漱溟與現代中國學術〉（《孔子研究》2006 年第 3 期）、〈梁漱溟與馬克思主義〉（《湖南大學學報》社科版 2006 年第 5 期），董長海〈現代化的儒家回應：梁漱溟的新儒學〉（《鄭州輕工業學院學報》社科版 2006 年第 5 期），顧紅亮〈「理性」與現代性的價值依託〉（《人文雜誌》2006 年第 6 期），干春松〈「是非」與「利害」之間：從梁漱溟的村治理論看儒家與現代制度的關係〉（《中國人民大學學報》2007 年第 1 期），顧紅亮〈梁漱溟的「科學」概念〉（《中國哲學史》2007 年第 3 期），徐福來〈「全盤承受」而「根本改過」：從〈東西文化及其哲學〉中看梁漱溟對民主與科學的思考〉（《南昌大學學報》（人文社科版）2007 年第 6 期），祝薇〈以道德代宗教——論梁漱溟的宗教觀〉（《學術界》2010 年第 2 期）。

[89] 高秀昌〈論熊十力對儒家民主思想的闡揚〉（《學習論壇》2008 年第 8 期），景海峰〈熊十力與柏格森〉（《儒林》第 1 輯，2005 年 9 月），張汝倫〈察異以求會通——熊十力與西方哲學〉（《文史哲》2009 年第 4 期）。

[90] 徐儀明〈張君勱與科玄論戰中的心理學問題〉（《河南師範大學學報》哲社版 2008 年第 1 期）。

[91] 劉煒〈馬一浮功夫論初探〉（《寧波大學學報》人文版 2006 年第 1 期），彭戰果〈由德性之知與聞見之知的關係看馬一浮的儒學修養體系〉（《社科縱橫》2006 年第 3 期），許甯〈現代新儒家視野中的「心統性情」：以馬一浮的詮釋為例〉（《江西教育學院學報》2006 年第 5 期），羅義俊〈「從習氣中解放出來」：馬一浮儒學的系統性格及其旨要〉（《杭州師範學院學報》社科版 2007 年第 4 期），鄧新文〈馬一浮「六藝一心論」對經學的整合〉（《杭州師範大學學報》社科版 2008 年第 6 期），許寧〈心性圓融——馬一浮心性論體系的建構與展開〉（《中國哲學史》2009 年第 3 期），蔣國保〈馬一浮楷定「國學是六藝之學」的現代意義〉（《中共寧波市委黨校學報》2009 年第 4 期）。

[92] 汪傳發〈面向人的存在——馮友蘭形上學的出路及其道德指向〉（《中國哲學史》2006 年第 1 期），徐國亮、呂超〈馮友蘭哲學思想和 20 世紀後期中國文學研究〉（《孔子研究》2006 年第 5 期），耿成鵬、張楓林〈馮友蘭道德理想與民主政治〉

賀麟對中西文化與中國現代化的思考；[93]方東美對中西哲學精神的釐定；[94]
牟宗三儒學、經學、子學、西學研究及其哲學建構的得失；[95]唐君毅哲學的
「立人極」內涵與「致中和」指向；[96]徐復觀的五四反思和社會批判；[97]杜

（《商丘職業技術學院學報》2007年第1期），徐儀明〈馮友蘭論情感在哲學中的地位與作用〉（《中州學刊》2008年第2期），高秀昌〈論馮友蘭對中國自由民主之路的探索〉（《中州學刊》2008年第5期），劉金鵬〈馮友蘭的「哲學代宗教」宗教思想述評〉（《理論月刊》2008年第10期），祝薇〈試論馮友蘭對儒家鬼神觀念的理性解讀〉（《船山學刊》2009年第4期），顧紅亮〈《新世訓》的生活方法論與實用主義〉（《哲學研究》2009年第5期）。

[93] 南星〈西化、化西與儒學的現代化：賀麟與中國現代化問題〉（《哲學研究》2008年第8期）。

[94] 李安澤〈「內在」與「超越」：方東美論中國哲學之精神及其發展〉（《中國哲學史》2007年第4期）、〈「超越」與「超絕」：方東美論中西天人之際〉（《安徽大學學報》哲社版2008年第4期）。

[95] 東方朔〈客觀化及其限制：牟宗三先生《荀子大略》解義〉（《北京青年政治學院學報》2005年第4期），張健捷〈乾坤並建，超越內在：牟宗三後期易學思想研究〉（《周易研究》2005年第5期），郭齊勇〈牟宗三先生以「自律道德」的理論詮釋儒學之蠡測〉（《哲學研究》2005年第12期），楊澤波〈牟宗三三系論的理論貢獻及其方法終結〉（《中國哲學史》2006年第2期），鄧曉芒〈牟宗三對康德之誤讀舉要：關於「先驗的」〉（《社會科學戰線》2006年第1期）、〈牟宗三對康德之誤讀舉要：關於「智性直觀」〉（上）（《江蘇行政學院學報》2006年第1期）、〈牟宗三對康德之誤讀舉要：關於「智性直觀」〉（下）（《江蘇行政學院學報》2006年第2期）、〈牟宗三對康德之誤讀舉要：關於自我及「心」〉（《山東大學學報》哲社版2006年第5期）、〈牟宗三對康德之誤讀舉要：關於「物自身」〉（《學習與探索》2006年第6期），徐瑾〈牟宗三真的「誤讀」了康德嗎？就「智性直觀」與鄧曉芒老師商榷〉（《江蘇行政學院學報》2007年第2期），周建剛〈論牟宗三對康德哲學「物自身」概念的創造性詮釋〉（《江西社會科學》2007年第10期），楊澤波〈康德的物自身不是一個事實的概念嗎？牟宗三關於康德物自身概念之詮釋質疑〉（《雲南大學學報》社科版2008年第3期），李翔海〈牟宗三「中國哲學特徵」論評析〉（《哲學研究》2008年第4期），張俊〈牟宗三對康德圓善的超越與局限〉（《孔子研究》2008年第4期），趙衛國〈牟宗三對海德格爾基礎存在論的誤置〉（《陝西師範大學學報》哲社版2010年第1期）。

[96] 周輔成〈向唐君毅先生致敬：健全「人極」哲學，實現「致中和」社會〉（《邯鄲學院學報》2007年第2期），周輔成〈健全的人道主義哲學：唐君毅哲學體系述評〉

維明的「啟蒙反思」觀；[98]劉述先新儒學思想的方法論原則。[99]

　　近幾年現代新儒家研究的高潮當為 2005 年 9 月在武漢大學舉行的第七屆當代新儒學國際學術會議。來自中國大陸、臺灣、香港以及美國、加拿大、比利時、澳大利亞、以色列、日本、韓國、新加坡的 150 多位學者參加了會議，其中有杜維明、劉述先、成中英、蔡仁厚、戴璉璋等現代新儒家領軍人物；臺灣「鵝湖」、香港「法住」的新儒家群體幾乎全體到場。會議收到論文 120 多篇，對現代新儒家幾代人物乃至原始儒家、宋明儒家進行了廣泛深入的探討；諸如德性儒學、知識儒學、生命儒學、草根儒學、道德儒教、生態倫理、後新儒學等命題以及現代新儒學與康德哲學、與韋伯宗教社會學、與「李約瑟難題」、與民主政道、與合理化社會、與文明對話和全球倫理等問題，在會議上都有表述和討論。[100]

　　在這次會議召開前夕，方克立致信會議主辦者，建議「要開始重視對第四代新儒家（即大陸新生代新儒家）所倡導的『大陸新儒學』的研究」。與 1996 年對「大陸新儒家」的比較寬泛的界定不同，方氏在此信中明確將「大陸新儒家」（或「大陸新生代新儒家」）指定為蔣慶、康曉光、盛洪、陳明等人。他認為，以這些人士為代表的「大陸新儒家」並不是獨立於現代新儒家譜系之外的思想派別，而「正是港臺新儒家進行『反哺』的結果」，

（《西南民族大學學報》人文社科版 2009 年第 3 期），胡治洪〈從心之本體到心靈九境──唐君毅哲學思想述論〉（《浙東學術》第 1 輯，杭州：浙江大學出版社，2009 年）。

[97] 劉緒義〈現代新儒家對「五四」反傳統的反思：以徐復觀為例〉（《華中科技大學學報》社科版 2006 年第 2 期），樊志輝〈心性與社會批判：從徐復觀看現代儒家社會批判理論的建立及局限〉（《哲學研究》2006 年第 11 期）。

[98] 鄭秋月〈從反思啟蒙心態到儒家價值的普世化期盼：杜維明啟蒙觀探微〉（《北方論叢》2007 年第 6 期），胡治洪〈超越啟蒙心態：杜維明「啟蒙反思」論域述論〉（《湖北第二師範學院學報》2008 年第 1 期）。

[99] 姚才剛〈「理一分殊」與儒學重建──論劉述先新儒學思想的方法論原則〉，《湖北大學學報》2005 年第 1 期。

[100] 參見劉體勝〈現當代新儒學的一次盛會──第七屆當代新儒學國際學術會議綜述〉（《中國哲學史》2006 年第 1 期）。

是「整個現代新儒學運動的第四個階段」。[101]由此，方氏不僅指明了「大陸新儒家」的思想定位，而且實際上理出了「大陸新儒家」與當前大陸文化保守主義社會思潮的相互聯繫。亦因此，則不僅蔣、康等人的論著及其思想，而且當前大陸體現文化保守主義思潮的諸多社會現象，都應被納入現代新儒家研究的範疇。對於方氏的觀點，被指為「大陸新儒家」的個別人物及某些同情者並不同意，他們從存在境遇、問題意識、學術觀點、知行興趣等方面論證了所謂「大陸新儒家」與通常意義上的「現代新儒家」的差異。[102]但是，從思想資源、中心關切、理論取向乃至面臨的問題來看，兩者之間的共同點還是顯而易見的；而且在後者對於前者的主導性影響方面，《原道》同人也坦承不諱。[103]只不過從學術、理論及思想諸方面的現實表現看，所謂「大陸新儒家」都還甚為欠缺，並不足以作為研究對象，至多應予一定的關注而已。

　　學界、學界與官方合作、學界與民間合作、大陸與海外合作或民間自發的儒學活動，近年來也方興未艾。僅就現代新儒學研究方面來說，除上述第七屆當代新儒學國際學術會議之外，2005 年 10 月 20-22 日，江南大學等單位在無錫舉辦了首屆錢穆學術思想研討會；[104]同年 11 月 5-6 日，紀念馮友蘭先生誕辰 110 周年暨馮友蘭學術思想國際研討會在北京大學召開；[105]2006 年 12 月 1-3 日，由中國社會科學院哲學所和香港法住文化書院共同主辦的唐君毅思想與當今世界研討會暨《唐君毅著作選》出版紀念會在中國社

---

[101] 見方克立〈致第七屆當代新儒學國際學術會議的信〉（《原道》第 12 輯，北京：北京大學出版社，2005 年）。

[102] 參見陳明、王達三〈「原道」與大陸新儒學的建構〉（《原道》第 12 輯），王達三〈「大陸新儒家」與「現代新儒家」〉（儒學聯合論壇網）。

[103] 《新原道》第 1 輯「編後」說：「港臺新儒學是《新原道》同人從正面走近傳統的接引者。」

[104] 徐國利〈錢穆學術研究的重要推進——大陸首屆「錢穆學術思想研討會」綜述〉（《上海大學學報》社科版 2006 年第 1 期）。

[105] 王仁宇〈「紀念馮友蘭先生誕辰 110 周年暨馮友蘭學術思想國際研討會」綜述〉（《南陽師範學院學報》社科版 2006 年第 1 期）。

會科學院舉行；[106] 2007 年 9 月 21-22 日，由中國哲學史學會馮友蘭研究專
業委員會和南陽理工學院馮友蘭研究會主辦的馮友蘭學術思想高層論壇在南
陽理工學院舉行；[107]同年 10 月 29 日，由美國哈佛大學燕京學社主辦，《開
放時代》和《中國哲學史》編輯部協辦的「儒學第三期的三十年」學術座談
會在北京大學舉行；[108] 2009 年 11 月 12-14 日，由香港法住文化書院主辦，
武漢大學孔子與儒學研究中心、新加坡南洋孔教會、新加坡東亞人文研究所
等單位協辦的「百年儒學」會議在廣東肇慶舉行。[109]其他方面的儒學活動
尚不知凡幾，其中特別重要的有：2007 年 6 月 8-10 日國際儒聯召開的第一
次儒學普及工作座談會；[110] 2008 年 10 月 19-20 日中央黨校哲學部、中國孔
子基金會主辦，華夏文化紐帶工程組委會、中國實學研究會協辦的「2008·
馬克思主義與儒學高層論壇」；[111] 2009 年 9 月 23-26 日國際儒學聯合會、
聯合國教科文組織、中國孔子基金會舉辦的紀念孔子誕辰 2560 周年國際學
術研討會暨國際儒聯第四屆會員大會；[112]同年 9 月 27-29 日文化部、山東省
政府主辦，中國藝術研究院、山東省文化廳、中國孔子基金會、國際儒聯、
濟寧市政府、中國孔子研究院聯合承辦的第二屆世界儒學大會。[113]與此同

---

[106] 馬曉英〈「唐君毅思想與當今世界研討會」綜述〉（《中國哲學史》2007 年第 1
期）。

[107] 王仁宇〈「馮友蘭學術思想高層論壇」綜述〉（《南陽師範學院學報》社科版 2008
年第 1 期）。

[108] 黃萬盛等〈儒學第三期的三十年〉（《開放時代》2008 年第 1 期）。

[109] 胡子軒〈當代儒學的轉折與開新：「百年儒學」學術研討會綜述〉（《中國文化報》
2009 年 11 月 25 日）。

[110] 甯寧〈儒家經典如何走向民眾——國際儒學聯合會召開儒學普及工作座談會〉（《人
民政協報》2007 年 6 月 18 日），王殿卿〈第一次儒學普及工作座談會綜述〉（《中
國德育》2007 年第 7 期）。

[111] 王傑、顧建軍〈2008·馬克思主義與儒學高層論壇綜述〉（《孔子研究》2009 年第 1
期）。

[112] 牛喜平〈「紀念孔子誕辰 2560 周年國際學術研討會暨國際儒聯第四屆會員大會」綜
述〉（《孔子研究》2010 年第 1 期）。

[113] 孔祥林、潘波濤〈第二屆世界儒學大會學術綜述〉（《孔子研究》2010 年第 1 期）。

時，一大批以教授傳統蒙學和儒家經典、普及儒家文化、培養儒學人才為主的學院、書院、私塾和讀經班在各地出現，如武漢大學國學院、中國人民大學國學院、北京大學乾元國學教室、宜賓中華經典讀書班、南京菊齋私塾、蘇州復興私塾、上海孟母堂、珠海平和書院、行唐明德學堂、吉林長白山書院、萊州王財貴經典幼兒園，以及重慶、深圳、徐州等城市和江西、湖南一些地方的類似民辦教學機構；海口還開辦了「中華少兒讀經網」。這些學院、書院、私塾、讀經班以及網站的出現及其教學的形式和內容，在社會上激起了很大反響，多家報刊和網站對此進行過報導和討論。[114]

值得一提的還有：2005 年的祭孔活動表現出建國以來前所未有的特點。先是 4 月間十多位來自全國各地服膺儒學的人士身著深衣，按明代規制祭拜孔廟和孔林，開啟了當代中國大陸首次由儒家學子自主舉行祭孔儀式的先例。[115]至 9 月 28 日孔子誕辰，山東曲阜文廟與河北正定、浙江衢州、甘肅武威、廣東德慶、雲南建水、上海、臺北、香港等國內和臺港 18 個城市的文廟以及韓國、日本、越南、新加坡、德國、美國等國家 10 個城市的文廟同時舉行祭孔活動，首次實現了「世界文廟同祭孔」的盛典。[116]這些活動在一定程度上反映了儒家傳統在當代中國社會心理中的深厚底蘊以及理性

---

[114] 主要有：〈私塾教育是教育創新還是文化復辟〉（原載《江南時報》，轉自新浪網），〈傳統國學風吹革動，「現代私塾」裝模做樣？〉（人民網），左贊〈菊齋私塾：國學復興的一個標本？〉（《鄭州晚報》2005 年 11 月 2 日），黃波〈能否給「現代私塾」一個空間？〉（荊楚網），個一〈現代私塾：風物長宜放眼量！〉（紅網），〈現代私塾，復辟還是弘揚？〉（原載《三晉都市報》，轉自山西新聞網），孫亞軍〈「現代私塾」之我見〉（中國教育線上網），〈劉緒貼：不要再毒害孩子了〉（學術批評網），以及《文匯報》2009 年 2 月 14 日「教育家」欄目關於孟母堂的整版報導。

[115] 「人在瑞士論壇」網站發表了記述這次祭儀全過程的報導，題為〈乙酉春新儒學子深衣祭聖禮〉，並配發了一組照片。

[116] 參見〈聚焦第二十二屆國際孔子文化節‧全球聯合祭孔〉（《經濟導報》電子版 2005 年 9 月 23 日）。

自覺，[117]但也遭到了一些非儒或反儒人士的批評。[118]另如 2006 年 3 月召開的全國人大、政協「兩會」，也出現了一些文化保守主義的新動向。一些政協委員建議重樹仁、義、禮、智、信道德規範，主張將四書五經列為中小學教育和公務員考試的內容。特別是「建議以孔誕為教師節」的提案，得到 40 多位政協委員的連署和各界人士的廣泛支持，成為一個「擠破頭的提案」，[119]當然也激起了一些反對的聲音。

儘管反對聲浪不絕於耳，但這幾年中，文化保守主義思潮的勢頭卻更趨明朗和強勁。具有典型意義的表現是，2005 年 1 月，《新原道》第 3 輯發表杜維明、龐樸、盛洪、程亞文等人文章，率直標舉「文化保守主義」或「文化民族主義」。[120]同輯所收蔣慶〈王道政治是當今中國政治的發展方向〉一文繼續闡揚「政治儒學」觀點，冼岩〈21 世紀來自中國的理性聲音——評康曉光新保守主義〉則對康氏措意於中國現實社會政治問題的新保守主義作了基本肯定的分析評價。該輯還刊發了一組不同思想立場的學者關於兒童讀經活動的爭鳴文章，主張讀經的觀點儼然作為正方。同年 6 月，中國社科院世界宗教所儒教研究中心成立，並於當年 12 月出版了首期《中國儒教研究通訊》，其中刊有蔣慶〈關於重建中國儒教的構想〉一文。該文是蔣氏繼提出關於儒家政體之合理性的「政治儒學」論說之後，進而提出的更具涵蓋性的重建儒家意識形態的論說，其目的在於「在新的歷史時期用儒教來解決

---

[117] 這種自覺在參加過「乙酉春新儒學子深衣祭聖禮」的趙宗來所撰〈乙酉秋民間學子聖城釋奠禮紀事〉一文中有較好的表現。文見「人在瑞士論壇」網站。

[118] 例如趙士林〈「祭孔」的憂思〉（《粵海風》2005 年第 6 期），馮磊〈祭孔，首先與民族出路無關〉（天涯雜談網），鄢烈山〈不妨將祭孔當做「超女」，誰要玩祭孔，就讓他們玩去〉（國際線上網）。

[119] 見〈全國政協委員建議四書五經列入公務員考試內容〉（原載《信息時報》，轉自搜狐新聞 2006 年 3 月 18 日），〈李漢秋委員建議以孔子誕辰日 9 月 28 日為教師節〉（人民網）。

[120] 見杜維明〈《原道》、儒學與文化保守主義〉，龐樸〈我是中國文化的保守主義者〉，盛洪〈文化保守主義的大旗應該舉得高高〉，程亞文〈文化民族主義的知識衛護——《原道》輯刊讀解〉。

中國的政治問題、社會問題和人生問題」，這就明顯區別於以往那些從歷史
形態或比較文化角度討論「儒教」或「儒學宗教性」問題的理路，而具有了
強烈的現實關切。此文一出，便遭到學界和媒體的眾多批評，被指為結黨營
私、爭權奪利、思想專制等等。為此，蔣氏借媒體訪談之機，重申了對於
「儒教復興」的信心。[121]作為蔣氏的信心之注腳的是，近年來公祭炎黃等
華夏遠祖活動的規模不斷擴大、規格不斷提升、規制不斷復古，政府順應民
間傳統習俗而將清明、端午、中秋規定為法定節假日，于丹講《論語》的電
視節目和圖書風靡大眾領域，諸如此類，不遑枚舉。所有這些現象，與現代
新儒家研究狀況一道，構成為當今儒學的新面相。

二、展望

通過以上遠非全面的回顧即可看出，近三十年來，我國大陸的現代新儒
家研究業已取得十分豐碩的成果，這不僅表現為研究論著量豐質高，研究隊
伍不斷壯大，而且表現為社會影響愈益深廣，從而成為培養對於儒家傳統之
「溫情與敬意」的社會心理的重要方面。在當前中華民族全面復興的形勢
下，隨著民族文化自覺意識的復蘇和文化主體性的高揚，現代新儒家研究將
會獲得更加寬鬆的社會、政治和思想環境，因而可望取得更大的成就。

誠然，近三十年的研究已經對現代新儒家領域進行了相當密集的發掘，
現有的研究對象，除杜維明、劉述先、成中英還可能有思想發展和新著產生
之外，其他諸家的思想資料已被歷史定格，而且絕大多數已被爬梳剔抉，因
此，企圖在這一領域通過新資料的發現進行外延式的開發，雖不能說決無可
能，但期望值實在不可懸之過高。而將研究領域下延以涵括牟宗三、唐君毅
弟子輩的一些臺港學者作為研究對象，這種想法也存在問題。這倒不一定是

---

121 見劉敬文〈蔣慶：我對儒教復興信心十足〉（《晶報》2005 年 12 月 28 日），另參見
　　米灣〈對蔣慶先生《關於重建儒教的構想》一文的質疑的質疑〉（華夏復興網）。

由於這個群體中的一些人的思想已經從牟、唐的譜系轉開，[122]也並非因為他們不再繼續心性論形上學的進路而導致所謂「現代新儒家已歸於消解」，[123]而主要在於他們的學思成就與經過近三十年發展積累的大陸學者處於基本相同的水準上；兩岸三地的現代新儒家學者或研究者今後更多的將是切磋攻錯的關係，而再難以如同 1980 年代「現代新儒家思潮研究」課題在大陸剛剛開始實施的時候那樣，一方被另一方作為當然的研究對象了。[124]至於所謂「大陸新生代新儒家」，即使確能納入現代新儒家範疇，也因其學術、理論及思想諸方面均尚甚為欠缺而遠不足以作為研究對象。總之，今後的現代新儒家研究，通過外延式取徑以求新突破的可能性不大。[125]

　　但是，思想和思想史的研究乃是基於當下境遇而對思想資料不斷進行重新詮釋的工作。在這個意義上，從新的問題閾出發而對現代新儒家的深度解讀，還大有文章可做。如果說作為國家課題的現代新儒家詮釋不同於多元開展條件下的現代新儒家詮釋，那麼，一方面，在當前社會各層渴求道德規範、生態倫理和安生立命之道的重建，民族成員深入反思續續不斷的中華五千年文明之未來發展的精神方向，舉國上下期盼增強民族認同感和凝聚力以提高參與國際競爭的綜合國力，乃至政治體制謀求防治腐敗、提升官員從政素質，防止影響國家安全和社會安定的國內外各種思想的滲透或擴張，擘畫關乎中華民族根本利益的兩岸關係問題的解決，以及尋求在中華民族迅速崛

---

[122] 如林安梧認取船山的「氣」範疇作為其思想建構的出發點，霍韜晦及「法住」同人對禪學多有吸取。

[123] 參見鄭家棟〈新儒學：一個走向消解的群體〉（《文化中國》第 2 卷第 3 期，1995 年 9 月），黃玉順〈文化保守主義與「現代新儒家」〉（《讀書時報》2005 年 11 月 30 日）。

[124] 實際上，在大陸「現代新儒家思潮研究」課題啟動之初，對於將牟、唐等人作為研究對象也並不是沒有爭論的。參見方克立〈關於現代新儒家研究的幾個問題〉（《現代新儒家研究論集》第 1 輯）。

[125] 這裡並不排除某些學者將約定的現代新儒家研究對象之外的人物當作現代新儒家加以研究，但這種外延式開發研究的學術、理論和思想價值及其社會反響不會如同既有的現代新儒家研究那麼大。

起的形勢下重塑我國的國際形象這樣一種時代氛圍中，另一方面，在西化人
物從各個方面質疑甚至否定儒家傳統和中華文化的挑戰下，現代新儒家的詮
釋應該而且必然呈現新的面相。

　　對於現代新儒家的重新詮釋，首先在於對其哲學體系的進一步展示。
[126]如果說，現代新儒家建構其本體論形上學的初衷是為了回應科學主義思
潮以科學取代哲學的主張（如熊十力、馮友蘭等）或凸顯西方哲學遮蔽下的
中國哲學睿智（以牟宗三為代表），那麼，對現代新儒家哲學體系的重新詮
釋就特別是為了回應近年來出現的所謂「中國無哲學」的論調。「中國無哲
學」論者基於西方標準，從學科名稱、體系形式、特定術語及其指涉的特定
對象等方面否定中國哲學的存在，而將中國近現代以來冠以「哲學」名稱的
體系化的哲學指為「哲學在中國」，從而質疑其作為中國哲學的「合法
性」。通過展示現代新儒家的形上學體系——如熊十力從理論框架到核心範
疇都取之於中國傳統思想資源而又確乎涵括了本體論、宇宙論和人生論等純
粹哲學問題的「新唯識論」——不僅足以反駁對於中國近現代哲學「合法
性」的質疑，而且可以證明中國歷來自有不同於西方 philosophy 的哲學。應
該指出，關於中國有無哲學的問題決不僅僅是一個學術問題，而是關涉民族
文化自信心的重大現實問題，因此，對於現代新儒家哲學體系的展示也就不
能視為學院派的概念遊戲。在這一方面，一些學者已經做了很好的工作，
[127]但是，更加系統顯豁的闡述，具體地說，現代新儒家哲學史論的構撰，

---

[126] 有些學者並不同意這一觀點，如黃玉順認為，熊、牟的「哲學形而上學，恰恰是對生
活本身的遮蔽。這樣的哲學形而上學，在二十世紀以來的當代思想中，恰恰是必須被
『解構』的東西」（見前揭氏著〈文化保守主義與「現代新儒家」〉）。然而弔詭的
是，黃氏「生活儒學」的建構卻恰恰是採取的哲學形而上學的進路。實際上，缺少了
哲學形而上學建構，生活本身的一切都將失去究極根據。試想現代新儒學若無熊、牟
等人的哲學建構，將是一種多麼平庸的面相。今後儒學如要發展，仍然少不了哲學形
而上學的建構。

[127] 如郭齊勇等對梁漱溟、熊十力、馮友蘭、牟宗三諸家哲學體系的中國特性分別作了精
到的論述。參見郭齊勇著《熊十力及其哲學》（北京：華夏出版社，1985 年）、
《熊十力思想研究》（天津：天津人民出版社，1993 年）、〈形式抽象的哲學與人

仍然是一項十分必要的工作。

　　現代新儒家作為一個學術群體，學術是他們的立身方式，也是他們形成思想、表達理論、發生社會影響的基礎。現代新儒家處於包括學術在內的整個西方文化強勢入侵、中國主流知識精英從對西方文化被動應激到積極認同並出於反正統的目的而倡導傳統文化多元論的時代條件下，為了爭取發言權並使其理論具有說服力，便既要護持儒家傳統的根本精神，又要因應時代潮流而接納學術平等和社會進步的觀念，因此，其學術照顧面就既須沉潛於傳統儒學，又要深研釋道諸子，還需把握「兩希」傳統以及近現代西方思想學說。這種極具挑戰性的學術氛圍恰恰成就了梁漱溟、熊十力、牟宗三、唐君毅等平章三教、軒輊中西的學術巨匠，他們在中國現代學術史上留下了精見紛呈的原創性學術經典。近三十年來，不少研究者對現代新儒家的學術成就進行了探討，涉及現代新儒家與原始儒學、宋明儒學、道家之學、魏晉玄學、佛學、西學（特別是康德哲學、現象學、生命哲學、存在哲學、分析哲學）等方面，取得了可觀的成績。[128]但是，這一探討的整體性、全面性、深入性、系統性都還不夠，並未將現代新儒家的學術成就完全呈現出來。因此，繼續深入進行這一方面的研究也將是今後現代新儒家研究的重要工作。

　　現代新儒家是中華文化的體認者、摯愛者和守護者。面對近代開始走向強勢的西方文化，他們的基本觀點是，中西文化各有長短，強弱之勢可能換位；雙方應該平等互視，而不應以暫處弱勢的一方消泯於暫處強勢的另一方。他們對民族文化的闡揚、對西方文化的分析以及對那種「拋卻自家無盡藏，沿門持缽效貧兒」的全盤西化派的批判，曾經大地提振了民族成員的文化自尊心和自信心，直接或間接地起到了凝聚全民意志的作用。他們的文化觀的確當性，已被「軸心文明」理論以及「多元文化」論說所證明。近三十

生意境的哲學——論馮友蘭哲學及其方法論的內在張力〉（《中州學刊》1998 年第 3 期）、〈牟宗三先生會通中西重建哲學系統的意義〉（第七屆當代新儒學國際學術會論文集，2005 年 9 月）以及郭齊勇、龔建平合著《梁漱溟哲學思想》（武漢：湖北人民出版社，1996 年）。

[128] 限於篇幅，茲不具引有關篇目，讀者可於本文「回顧」部分尋繹。

年來，對於現代新儒家文化觀的研究是一個相當熱門的課題，有不少論著發表或出版。[129]但是，面對近年來以反文化相對主義名義改裝重現的西方中心論，繼續大力闡述現代新儒家的文化觀，仍然具有十分現實的意義。

現代新儒家作為文化保守主義思想派別，在西化人士的想像中，其中心關切自然與民主、科學扞格不通。在現代新儒家研究啟動之前，一些西化人士想當然地將現代新儒家置於民主、科學精神的對立面；隨著研究的深入，現代新儒家關於民主、科學的觀點漸為人知，於是這些人士又極力貶低或否定現代新儒家在民主、科學方面的用心。[130]在這些遵循絕對主義思想方法的人士看來，現代新儒家既然護持儒家傳統，就不可能容受現代性的民主與科學。然而事實上，現代新儒家在堅守儒家精神的同時，對於社會政治層面的民主、科學大都持贊成態度，其中有些人物甚至是民主政治的積極推行者。只不過現代新儒家對民主、科學的態度是分析的、辯證的、歷史主義的，與西化人士的宗教信仰式的民主、科學崇拜大相徑庭；而前者思想觀點的相對確當性，也被作為現代民主、科學原產地的西方世界興起的主張在現代體制中保持傳統精神的新保守主義、反對原子式個人主義民主體制的社群

---

[129] 關於這方面的情況，亦請讀者復按本文「回顧」部分。

[130] 最為典型的是對牟宗三關於通過「良知的自我坎陷」達致「內聖開出新外王」的論說的指責，批評者將這一論說指為完全不具現實可能性的邏輯遊戲。對於這種批評可作以下幾點辯駁。其一，「良知坎陷說」即使確實不具現實可能性，也不必作為理論家的詬病。理論家只對理論本身的周嚴性負責，而不包辦現實問題，古今中外概莫能外。而從周嚴性角度看，「良知坎陷說」是成立的。其二，「良知坎陷」是具有操作可能的，這種可能取決於主體的選擇；如果主體自覺地暫置德性修養，而將制度安排和知性追求作為階段性的中心關切，其「良知」之「坎陷」也就得以實現。其三，寬泛地看，近代以來的中國社會進程，大致就是一種「良知」日益「坎陷」的實踐。從傳統社會以希聖希賢作為首要追求，經鴉片戰爭、洋務運動、戊戌維新、辛亥革命、五四運動乃至當今的現代化建設，民主、科學已經成為社會的中心關切，制度和物質建設也已取得了巨大成就，「良知」已經實現了「坎陷」。問題只是在於，這種「坎陷」，特別自五四以來，採取了非「良知」或反「良知」的方式，民主、科學被當作了唯一的目的。當前，面對極度「坎陷」的狀況，社會各層都在籲求道德重建，「良知」正在被重新喚回。

主義、以及以制止科學無限膨脹導致生態毀滅為核心內容的啟蒙反思思潮所證明。對於現代新儒家的民主、科學觀這個具有重大現實意義的問題，迄今為止的研究還比較薄弱，一些學者在關於梁漱溟、熊十力、張君勱、牟宗三、杜維明等人物的研究中或有不同程度的涉及，另有少數學者對徐復觀的民主政治思想作過專門論述。[131]在今後的研究中，加強對這一方面的探討，也是十分必要和迫切的。

現代新儒家與中國馬克思主義者大致在相同時間登上歷史舞臺。在新民主主義革命時期，雙方基本上處於思想摩蕩的格局中。在 1949 年以後的約三十年間，前者在大陸受到限制、改造或批判，在臺港和海外則成為反馬克思主義的思想派別。改革開放以來，雙方都開始重新互認。無論雙方在哲學觀、歷史文化觀、社會政治觀等方面存在多少歧異，但對於積澱著文化傳統的祖國、民族的熱愛則是根本一致的。在當前中華民族全面復興的偉大進程中，通過客觀研究評價現代新儒家與中國馬克思主義的思想異同，進而著重勾稽雙方的共同點，這對未來中國思想文化的建設無疑具有極其重要的現實意義。

如上所述，近年來表現為尊孔崇儒的文化保守主義社會思潮與現代新儒家研究形成一種相得益彰的關係。學術研究以其厚重的理論成果和相關學術活動為社會思潮的形成積累社會資本；社會思潮則不僅通過推擴和普及方式實現學術研究成果的現實轉化，而且以其日新又新的面相為學術研究提供新的思想資料。隨著這兩方面互動的深入，現代新儒家研究可能日趨泛化，逐漸融入當代儒學運動的潮流之中，從而譜寫中華文化在新的世紀實現偉大復興的新篇章。

---

[131] 參見本文「回顧」部分。

附　錄

一、胡治洪簡介

　　胡治洪，男，1954 年 8 月出生於湖北省武漢市，祖籍江西省奉新縣。1983 年獲文學士學位，1986 年獲文學碩士學位，2002 年獲哲學博士學位。1994 至 1995 年為澳大利亞悉尼大學亞洲研究院訪問學者，2001 至 2002 年為美國哈佛大學哈佛燕京學社訪問學者，2008 至 2009 年為臺灣大學人文社會高等研究院訪問學者。現為武漢大學中國傳統文化研究中心教授、博士生導師，兼任武漢大學國學院教授、武漢大學孔子與儒學研究中心研究員、《儒家文化研究》輯刊副主編、中國哲學史學會學術促進委員會委員、中國哲學史學會現代哲學專業委員會常務理事、中華孔子學會理事、中華孔聖會學術委員會委員、中國朱子學會理事、湖北省國學研究會理事及學術委員會委員。主要研究方向為儒家哲學和中國現代哲學。主要著作有《全球語境中的儒家論說：杜維明新儒學思想研究》（北京：三聯書店，2004 年）、《大家精要：唐君毅》（昆明：雲南教育出版社，2008 年）、《儒哲新思》（北京：中華書局，2009 年）、《現代思想衡慮下的啟蒙理念》（武漢：武漢大學出版社，2011 年）等，迄今已發表學術論文百餘篇。

二、胡治洪新儒學研究論著目錄

一、著作

1. 《全球語境中的儒家論說：杜維明新儒學思想研究》，北京：三聯書店，2004 年。

2. 《大家精要：唐君毅》，昆明：雲南教育出版社，2008 年。

3. 《儒哲新思》，北京：中華書局，2009 年。

二、論文

1. 〈《熊十力全集》第四卷述評〉，《圖書館論叢》1993 年試刊號。

2. 〈平章三教，軒輊中西──《熊十力全集》第五卷述評〉，《編林漫錄》四集，武漢：湖北人民出版社，1998 年。

3. 〈個人、社群與道〉（英譯），《杜維明文集》第 4 卷，武漢：武漢出版社，2002 年。

4. 〈修身〉（英譯），《杜維明文集》第 4 卷，武漢：武漢出版社，2002 年。

5. 〈康橋清夏訪碩儒──杜維明教授訪談錄〉，《哲學評論》第 1 輯，武漢：湖北人民出版社，2002 年。

6. 〈全球倫理與儒家原則──杜維明「全球倫理」觀述論〉，《哲學倫理學評論・2003》，北京：中國財政經濟出版社，2003 年。

7. 〈儒家視角下的多元現代性、新軸心文明與全球倫理〉，《文明對話：東亞現代化的涵義和全球化中的文化多樣性──中國哈佛－燕京第四、第五屆學術會議論文選編》，上海：上海外語教育出版社，2006 年。

8. 〈近 20 年我國大陸現代新儒家研究的回顧與展望〉，《鑒往瞻來──儒學文化研究的回顧與展望》，上海：復旦大學出版社，2006 年。

9. 〈唐君毅哲學思想及其現代意義〉（第二作者），《唐君毅故園文化》總第 9 期，2007 年 3 月。

10. 〈近兩年來現代新儒家研究的回顧〉，《馬克思主義文摘》2007 年第 6

期。

11. 〈專制政治‧儒家精神‧現代自由主義——徐復觀政治思想述論〉，《人文論叢》2007 年卷，北京：中國社會科學出版社，2008 年。

12. 〈超越啟蒙心態——杜維明「啟蒙反思」論域述論〉，《人類文明中的秩序、公平公正與社會發展》，北京：北京大學出版社，2009 年。

13. 〈南港煙春識真儒——劉述先先生訪談錄〉，臺灣《鵝湖》第 34 卷第 10 期，2009 年 4 月；《武漢大學學報》人文科學版 2010 年第 1 期。

14. 〈評《熊十力全集》第四、五卷〉，《臺灣東亞文明研究學刊》第 6 卷第 1 期，2009 年 6 月。

15. 〈超越西化——論胡秋原的西方文化觀及其意義〉，《齊魯學刊》2010 年第 5 期。

16. 〈當代新儒學研究的四個階段、五種取向〉，《光明日報》2010 年 8 月 16 日，《新華文摘》2010 年第 22 期全文轉載。

17. 〈辛亥革命與熊十力的哲學創構〉，《深圳大學學報》人文社會科學版 2012 年第 3 期。

18. 〈唐君毅先生的仁心與霍韜晦先生的事業〉，《法住三十周年紀念特刊》，香港：法住出版社，2012 年。

19. 〈新儒家研究與儒學發展之思考——胡治洪先生訪談錄〉，《孔子學刊》第 3 輯，上海：上海古籍出版社，2012 年。

20. 〈近三十年中國大陸現代新儒家研究的回顧與展望〉，《儒家文化研究》第 5 輯，北京：三聯書店，2012 年。

21. 〈熊十力「新唯識論」之本體－宇宙論梳釋〉，《北大中國文化研究》總第 3 輯，北京：社會科學文獻出版社，2013 年。

22. 〈熊十力「新唯識論」之心性工夫論梳釋〉，廣西大學「傳統工夫理論」學術研討會論文，2013 年。

23. 〈儒家傳統的現代轉化及其現實意義——以唐君毅哲學思想、徐復觀政治思想和杜維明「啟蒙反思」論域為中心〉，《近世哲學的發展與中國哲學的創造轉化》，北京：中國社會科學出版社，2014 年。

24. 〈從心之本體到心靈九境──唐君毅哲學思想述論〉，新亞學術集刊第 20 期《中國哲學研究之新方向》，香港中文大學新亞書院，2014 年。

25. 〈胡秋原──中華民族和中華文化的護法〉，《海峽橋》第 9 期，2014 年 12 月。

26. 〈熊十力量論思想疏釋〉，《中共寧波市委黨校學報》2015 年第 5 期。

27. 〈《大學》朱王之爭與熊十力的評論〉，《貴陽學院學報》2016 年第 6 期。

28. 〈熊十力的經義說〉，《成己成人：共建天下文明：嵩山論壇 2017 年文集》，北京：光明日報出版社，2019 年。

後 記

　　1992 年，我參與《熊十力全集》編輯工作，承擔第四、五兩卷的審稿任務，當讀過其中的〈十力語要〉、〈十力語要初續〉、〈中國哲學與西洋科學〉、〈韓非子評論〉、〈與友人論張江陵〉、〈論六經〉等著述之後，我被熊先生的淵博學識、醇正立場和磅礴文氣所深深折服，於是寫了一篇飽含感情的審讀報告，在撮述這兩卷內容的同時，對熊先生的學品人品作了高度褒揚，這就是後來經過修改發表在《臺灣東亞文明研究學刊》（第 6 卷第 1 期，2009 年 6 月）上的〈養活春意思　撐起窮骨頭——《熊十力全集》第四、五卷述評〉一文，而這可算是我從事現代新儒學研究的開端。

　　1998 年，我進入郭齊勇老師門下攻讀博士學位，郭師指定我以現代新儒家第三代代表人物杜維明的學術思想作為博士論文選題。經郭師力薦，杜先生安排我於 2001 年 5 月前往由他擔任社長的美國哈佛大學哈佛燕京學社作為期一年的訪學，以便我隨時向他請教。數度親承謦欬的結果，就是 2002 年發表的〈康橋清夏訪碩儒——杜維明先生訪談錄〉（《哲學評論》2002 年第 1 輯，武漢：湖北人民出版社 2002 年）。而在構撰博士論文的同時，我也完成了〈儒家傳統的現代轉化——杜維明「儒學創新」論域述論〉（《儒哲新思》，北京：中華書局 2009 年）、〈超越啟蒙心態——杜維明「啟蒙反思」論域述論〉（《人類文明中的秩序、公平公正與社會發展》，北京：北京大學出版社 2009 年）、〈儒家視角中的多元現代性、新軸心文明與全球倫理——論杜維明的「文明對話」觀〉（《文明對話：東亞現代化的涵義和全球化中的文化多樣性——中國哈佛燕京第四、第五屆學術會議論文選編》，上海：上海外語教育出版社 2006 年）、〈解讀杜維明〉（中國孔子網）等相關論文，對杜先生所開展的主要論域進行了架構和闡發。

2003 年 12 月，武漢大學舉辦「徐復觀與二十世紀儒學發展」海峽兩岸學術研討會。這是武漢大學第二次舉辦以徐復觀學術思想為主題的會議，前一次是 1995 年 8 月舉辦的「徐復觀思想與現代新儒學發展」學術討論會，那次會議的論文集《徐復觀與中國文化》（武漢：湖北人民出版社 1997 年）交付出版時，由我擔任責任編輯，這使我對徐先生的生平學思產生了很大興趣，於是閱讀了當時能夠得到的徐先生的所有著述，特別對他既高度推崇儒家仁道傳統、又猛烈抨擊歷代專制政治，既充分肯定現代西方民主體制、又汲汲於以儒家德性政治補救現代西方民主體制之缺失的觀點心有戚戚。我將自己的認識結撰成篇，作為「徐復觀與二十世紀儒學發展」海峽兩岸學術研討會論文，這就是〈專制政治‧儒家精神‧現代自由主義——徐復觀政治思想述論〉一文（《人文論叢》2007 年卷，北京：中國社會科學出版社 2008 年）。

2006 年，復旦大學徐洪興教授組編《鑒往瞻來——儒學文化研究的回顧與展望》文集，約我就現代新儒學研究狀況提供一篇文章。我於是廣泛搜集並瀏覽 1987 年以來的相關資料，加以歸納排比，梳理其中脈絡，寫成〈近 20 年我國大陸現代新儒家研究的回顧與展望〉（《鑒往瞻來——儒學文化研究的回顧與展望》，上海：復旦大學出版社 2006 年）。這篇文章被《社會科學報》總第 1066 期（2007 年 5 月 17 日）和《馬克思主義文摘》2007 年第 6 期節選刊登。到 2010 年，武漢大學舉辦「近三十年來中國哲學的發展：回顧與展望」國際學術研討，郭師囑我將先前的文章加以擴充，作為會議論文。我於是將原文的上限拓展至 1977 年，成為〈近三十年中國大陸現代新儒家研究的回顧與展望〉一文（《儒家文化研究》第五輯，北京：三聯書店 2012 年），為自「文革」結束以至 2006 年中國大陸的現代新儒家研究作了一個階段性小結。

2007 年，雲南教育出版社托人來武漢大學邀約「大家精要」叢書稿件，我承擔了其中的唐君毅評傳（《大家精要：唐君毅》，昆明：雲南教育出版社 2008 年）。寫作過程中，我對唐先生的本體範疇和哲學體系有了較為全面深入的瞭解，遂撰成〈從心之本體到心靈九境——唐君毅哲學思想述

論〉一文。2009 年 5 月，我攜此文參加香港中文大學舉辦的「中國哲學研究
之新方向——中大哲學系創系 60 周年紀念、唐君毅百歲冥壽暨新亞書院 60
周年院慶」國際學術研討會，此文後來收入新亞學術集刊第 20 期《中國哲
學研究之新方向》（香港中文大學新亞書院 2014 年）。

　　2008 年，我的博士生有選擇熊十力哲學思想做學位論文者，為了對其
進行具體指導，我重新研讀《熊十力全集》，由此形成了幾篇關於熊先生的
文章，有〈辛亥革命與熊十力的哲學創構〉（《深圳大學學報》人文社會科
學版 2012 年第 3 期）、〈熊十力「新唯識論」之本體－宇宙論梳釋〉（《北
大中國文化研究》總第 3 輯，北京：社會科學文獻出版社，2013 年》、〈熊
十力「新唯識論」之心性工夫論梳釋〉（廣西大學「傳統工夫理論」學術研
討會論文，2013 年）、〈熊十力量論思想梳釋〉（《中共寧波市委黨校學
報》2015 年第 5 期）、〈《大學》朱王之爭與熊十力的評論〉（《貴陽學院
學報》2016 年第 6 期）、〈熊十力的經義說〉（《成己成人：共建天下文
明：嵩山論壇 2017 年文集》，北京：光明日報出版社，2019 年），這些文
章在研究熊先生生平思想轉折及其本體宇宙論、心性工夫論、認識論和經學
思想等方面有所創獲。

　　2008 年 11 月，我應臺灣大學人文社會高等研究院院長黃俊傑先生俯
邀，前去作為期半年的訪學，此間與棲身於中研院文哲所的現代新儒家第三
代另一位代表人物劉述先先生多有過從。此前我於 2000 年 6 月在臺北參加
首屆海峽兩岸青年易學論文發表會和 2005 年 9 月在武漢大學參加第七屆當
代新儒學國際學術會議時，都曾見過劉先生，但尚不熟稔，此次則因臺大高
研院、中研院文哲所和鵝湖學社之間的頻繁互動而與劉先生日漸親密。2009
年春節期間參加鵝湖師友聚會之後，我與劉先生一道步至捷運站，他回中研
院所在的南港，我回臺大所在的公館，分手前我提出想對他作一次訪談，他
一口答應並希望我儘快進行，於是就有了〈南港煙春識真儒——劉述先先生
訪談錄〉（臺灣《鵝湖》第 34 卷第 10 期，2009 年 4 月；《武漢大學學報》
人文科學版 2010 年第 1 期）這項成果，對劉先生的家世、經歷以及學術思
想作了集中報導。

　　2010年6月，武漢大學舉辦「紀念胡秋原先生誕辰一百周年」學術研討會，我提交了〈超越西化──論胡秋原的西方文化觀及其意義〉一文（《齊魯學刊》2010年第5期），對作為胡先生「超越前進論」文化觀之主導方面的「超越西化」的論說作了比較全面的勾稽和闡述，凸現了胡先生關於現代西方文化陷入全面危機的洞見及其對於西化派的警誡。按照海峽兩岸學界的通常看法，胡秋原並不屬於現代新儒家，但是郭齊勇老師在〈綜論現當代新儒學思潮、人物及其問題意識與學術貢獻──兼談我的開放的儒學觀〉（《探索》2010年第3期）中，除了肯定通常認為是現代新儒家的三代四群十五人之外，還加上了蔡仁厚、陳榮捷、陳大齊、謝幼偉、張其昀以及胡秋原，強調「他們也有非常了不起的、甚至不亞於本文重點介紹之人物（按即通常認為是現代新儒家的人物）的貢獻」。我完全贊同郭師的看法，所以將研究胡秋原的文章也收入本書。

　　以上是對本書所收十七篇文章的簡要交代。由於我專門從事學術研究工作的時間不長，且在這不長的時間中還有許多牽扯和旁騖，所以關於現代新儒家研究的成果為數寥寥。不過我對現代新儒家的涉獵範圍要遠大於業已做出成果的領域，因此我對現代新儒家是具有總體把握的，這在〈近三十年中國大陸現代新儒家研究的回顧與展望〉一文中有所表現。我注意到近些年來有人批評現代新儒家存在諸多局限性，如謂其奉現代西方科學民主為圭臬而主張在中國傳統文化中開發或接植這些成分，比照西方文化中蘊含的基督教精神而汲汲於發掘儒學的宗教性以相比附，仿效西方學術的觀點和方法進行理論表達和體系建構，乃至限於書齋專注心性而與現實社會政治脫離，等等，有些批評者因此認為現代新儒家可以被超越了。我一方面承認現代新儒家確實存在某些局限性，如自覺不自覺地接受的西方中心論觀點，確應歷史具體地予以超越，另一方面則認為現代新儒家自有其不可超越和迄今未被超越之處，其犖犖大者凡三。

　　其一，現代新儒家護持傳統的真誠而執著的信念迄今未被超越。現代新儒家形成和遞續的二十世紀，中國社會處於日益激烈的反傳統潮流之中，貶斥、攻擊、辱罵、唾棄傳統備受追捧乃至習以為常，而護持傳統則不免被嘲

罵、冷落、壓抑、打擊，甚至一度有身家性命之憂，與進入二十一世紀以來傳統轉熱、標榜傳統竟成名利筌蹄以至投機者滔滔皆是的世勢真有天壤之別！現代新儒家如梁漱溟、熊十力、張君勱、馬一浮、錢穆、唐君毅、牟宗三、徐復觀、劉述先、杜維明諸先生不懼橫逆，不慕華袞，守定傳統，生死以之，這種真誠而執著的信念，雖不能說今人完全闕如，但尚需驗以時日遷延和世事反側，所謂「疾風知勁草，板蕩識誠臣」。在這個意義上可以說，現代新儒家護持傳統的真誠而執著的信念迄今未被超越。

其二，現代新儒家接續文化慧命的歷史功績不可超越。清末民初，政體丕變，導致兩千年來作為正統意識形態和主流社會心理包絡貫穿中國歷史社會的儒家文化傳統與所有的制度安排徹底解紐而迅速邊緣化，加上新文化運動的猛烈抨擊，儒家文化傳統遂成為極其負面的符號，被知識精英和社會大眾普遍厭棄，社會意識領域則被外來觀念所充斥，文化殖民幾乎成為事實。主要有賴於現代新儒家「揮魯陽之戈，以反慧日；負太行之石，用截橫流」（徐復觀〈讀經示要印行記〉），通過著述、講學、教育等方式為儒家文化傳統堅守一方道場，護持一線生機，因此儒家文化傳統才沒有完全斷絕而延續至今。當今儒家文化傳統呈現復興的局面，雖不能說沒有直接承續原始儒學、漢唐儒學或宋明儒學的原因，但主要還是受到現代新儒家思想的啟迪，是現代新儒家名山事業的延伸。即使今後儒家文化傳統再遭法難而由彼時賢哲護持發揚，但清末民初迄今這段迍邅歷程有賴現代新儒家相將渡過卻已一次而永遠被歷史定格，不可超越。

其三，現代新儒家的學術成就迄今未被超越。現代新儒家大多處於內憂外患、艱難困苦的時代社會和中西古今文化交織摩蕩的挑戰性局面之中，且梁漱溟、熊十力、錢穆諸先生的學歷均甚為短淺，但他們卻做出了許多具有原創性的學術成就。在本體論哲學方面，熊十力的「新唯識論」，馮友蘭的「新理學」，唐君毅的「心通九境」體系，牟宗三的「道德形上學」；在文化哲學方面，梁漱溟的「人類文化三路向和三期重現」論，馬一浮的「六藝統攝人類文化」論；在史學方面，錢穆的中國通史及專門史，徐復觀的中國思想史，這些都是無可爭議的中國現代學術經典，至今似乎無人做出同等水

準的成果（特別是就本體論哲學而言），更遑論超越！

　　鑒於現代新儒家具有上述不可超越和迄今未被超越之處，我認為對於現代新儒家應取分析揚棄的態度，而不宜輕言超越。現代新儒家昭示的精剛自強的崇高人格及其創造的豐富珍貴的精神產品，很值得我們爬梳剔抉和簡練揣摩，以為加強文化自覺、文化自信和文化自愛、進一步發展學術、弘揚傳統的思想資源。近來郭齊勇老師和高柏園教授承臺灣學生書局委託，組編「當代新儒學叢書」，擬收入海內外三十位學者關於現（當）代新儒家（學）研究的論著，其選題動機恰與鄙意大體相合，觀其「出版緣由」所謂「茲以『當代新儒學叢書』為題，祈望更進一步闡明其學說，以利儒家思想之傳播，為民族復興盡綿薄之力」可知。藐予小子，竟蒙郭師和高教授垂顧邀稿，惶恐何似！唯因不敢拂逆師命，故不揣讜陋而有是編，以就教於方家云。

乙未年臘八節胡治洪識於江夏玉龍島園田居

國家圖書館出版品預行編目資料

胡治洪新儒學論文精選集

胡治洪著. – 初版. – 臺北市：臺灣學生，2022.09
面；公分. – (當代新儒學叢書)
ISBN 978-957-15-1897-8 (平裝)

1. 新儒學 2. 文集

128.07   111014204

胡治洪新儒學論文精選集

主　編　者　郭齊勇、高柏園
著　作　者　胡治洪
出　版　者　臺灣學生書局有限公司
發　行　人　楊雲龍
發　行　所　臺灣學生書局有限公司
地　　　址　臺北市和平東路一段 75 巷 11 號
劃　撥　帳　號　00024668
電　　　話　(02)23928185
傳　　　眞　(02)23928105
E - m a i l　student.book@msa.hinet.net
網　　　址　www.studentbook.com.tw
登記證字號　行政院新聞局局版北市業字第玖捌壹號
定　　　價　新臺幣七○○元
出　版　日　期　二○二二年九月初版
I　S　B　N　978-957-15-1897-8